러시아, 정치체제 구축과 발전전략 I
정치체제 구축편

이 영 형

도서
출판 **엠 - 애드**

러시아, 정치체제 구축과 발전전략 I. 정치체제 구축편

발행일 | 2012년 9월 10일

저자 | 이영형
발행 | 도서출판 엠-애드
편집 | 편집부

발행인 | 이승한
출판등록 | 제2-2554
주소 | 100-863 서울시 중구 충무로4가 36-7, 2층
전화 | 02-2278-8064
팩스 | 02-2275-8064
E-mail | madd1@hanmail.net

표지 | 임선실

정가 : 20,000원

ISBN 978-89-6575-026-0 03340

※ 불법 복사는 지적재산을 훔치는 범죄행위입니다.
※ 잘못 만들어진 책은 바꾸어 드립니다.

책 머리에

　러시아 정치론에 해당되는 『러시아, 정치체제 구축과 발전전략』은 20편이 넘는 논문을 시기 및 영역별 이슈 중심으로 분류해서 러시아의 과거와 현재를 조망하고 있다. 제1부에서는 <공산사회 건설을 위한 70년간의 노력과 좌절>에 관련된 다양한 문제를 다루고, 제2부에서는 소련 해체 이후 나약해진 러시아가 <과거의 영광으로 향한 지난 20년간의 고달픈 노력>과 새로운 모습으로 발전해 가는 현상들을 분석하고 있다. 이러한 연구 과정을 통해 유라시아 국가인 러시아가 유럽 국가에서 동북아에 무게 중심을 둔 아·태국가로 한 발짝 다가서고 있음을 밝힌다.

　지난 100년의 역사를 분석하고 있는 『러시아, 정치체제 구축과 발전전략』은 분량이 방대한 관계로 2권으로 나누어 편집된다. 제1편은 제1부 <공산사회 건설을 위한 70년간의 노력과 좌절>의 내용 전체와 제2부 <과거의 영광으로 향한 지난 20년간의 고달픈 노력>의 제1장 <러시아연방의 체제구축 과정>을 묶어 『러시아, 정치체제 구축과 발전전략 I. 정치체제 구축 편』로 명명되고, 제2부의 2장 <러시아연방의 정치과정과 정치체제, 그리고 중앙정부의 통제력 강화>부터 나머지 전체를 별도의 한권으로 하여 『러시아, 정치체제 구축과 발전전략 II. 정치과정, 개발정책, 안보정책』이라는 이름으로 명명되어 출간됨을 밝힌다.

제1부 <공산사회 건설을 위한 70년간의 노력과 좌절>은 3개의 장으로 구성된다. 제1장에서는 <사회주의 혁명과 공산사회 건설 노력>의 문제를 다룬다. 제2장인 <소비에트 체제와 정치 및 경제발전, 그리고 안보전략>에서는 "소비에트 체제와 정치발전의 문제: 민주화와 자발적인 참여?," "소비에트 경제체제 구축과 경제발전의 딜레마(Dilemma)", 그리고 "소비에트 체제의 안보와 외교" 문제를 다룬다. 제3장인 <고르바쵸프의 개혁정책과 공산사회 건설 노력의 포기>에서는 "고르바쵸프의 개혁정책과 자본주의로의 회귀, 그리고 식민민주주의"로 전락하는 과정과 "소련의 해체와 러시아, 그리고 독립국가연합(CIS)"이 탄생되는 과정을 다룬다.

　마르크스(K.Marx, 1818.5~1883.3)와 엥겔스(F.Engels, 1820.11~1895.8)는 초기 자본주의 사회의 사회적 병폐 현상(가진 자의 권익을 대변하는 정치권력, 부(富)의 불균등 분배 및 노동 착취 등)을 극복할 수 있는 이상 사회를 염원했다. 혁명을 통해 자본주의에서 공산 사회로의 제1단계(사회주의), 그리고 공산 사회의 제2단계(공산주의)로 발전되면서 착취가 없는 평등한 복지 사회 건설을 설계했다. 그러한 이상 사회 건설은 ≪민주화 없이 사회주의가 불가능하다≫는 인식에 기초되어졌다. 복지사회 건설을 목표로 한 사회주의 건설 과정은 러시아에서 시작되었다. 레닌을 비롯한 러시아의 혁명가들은 후진 농업국이었던 러시아에서 세계 최초로 사회주의 정부를 수립했다. 참여, 평등, 복지에 기초해서 전체 인민이 주인이 되는 그러한 사회를 건설하고, 궁극적으로 공산 사회 건설을 완수하려 했다. 국가 권력을 점진적으로 시민 사회에 이양하면서 억압 조직인 국가가 사라지는 그러한 사회를 건설하려 했다.

　러시아는 <소비에트 사회주의 공화국 연방>(이하: 소련}을 결성하고,

지난 70년 동안 공산 사회를 건설하기 위해 노력해 왔다. 레닌, 스탈린, 흐루쇼프, 브레즈네프를 거치는 동안 러시아는 노동 착취가 사라지는 전인민의 사회주의 단계에 도달되었음을 선언했다. 공산 사회로 향한 '제1단계'가 완성되었고, 최후의 단계인 '제2단계' 건설이 과제로 남게 되었다. 그러나 고르바쵸프는 공산 사회 건설이 허구임을 인식하고, 지난 70년간의 공산사회 건설 노력을 포기했다. 자본주의 사회로 회귀하는 정책을 추진하기 시작했다. 이러한 과정에서 소련이라는 연합체가 해체되면서 회원국들이 15개의 개별 국가로 분리되어졌다. 15개의 개별 국가들은 70년 전으로 되돌아가서 자본주의 대열에 합류했고, 서구의 정치체제를 도입하기 시작했다. 구소련의 사회주의 개혁 과정은 다음과 같은 흔적을 남겼다.

첫째, 사회주의 변환과정에서 정치적 변수인 민주화와 경제적 변수인 사회주의 경제구조의 불일치가 확연하게 드러났다. 마르크스와 레닌을 비롯한 사회주의 사상가들은 《민주화 없이 사회주의가 불가능하다》고 했다. 1917년 3월 수립된 세계에서 가장 자유로운 진정한 국민혁명 정부를 전복시킨 레닌, 마키아벨리의 《군주론》을 애독하면서 사회주의 경제토대를 구축하지만 소련 사회에서의 민주화를 소외시킨 스탈린, 소련 사회의 민주화는 호전되지만 경제적 토대를 와해시킨 흐루쇼프, 민주화와 경제 활성화를 동시에 추락시킨 브레즈네프, 그리고 형식적인 민주화를 위해 사회주의 경제구조를 포기하는 고르바쵸프로 이어졌다. 결국, 소련 사회에서 사회주의 시스템과 민주화 변수는 레닌에서 고르바쵸프에 이르기까지 서로 상반된 모습을 보였다. 사회주의 제도의 활성화는 민주적 요소의 감소로 가능했고, 민주화의 활성화는 국가기강의 문란 및 경제침체 등과 같은 사회 혼란으로 이어지면서 사회주의 체제에 대한 불안 심리 상태로 나타났다.

둘째, 자본주의 부활에 토대를 둔 정책 행위가 나타나기 시작했고, 서구로의 접근 정책은 사회주의 사상에 대한 불신으로 이어졌다. 흐루쇼프와 브레즈네프는 중국과의 협력관계를 약화시키면서 서구로의 접근 정책을 추진했고, 이러한 과정에서 사회주의 사상에 대한 위기 현상이 나타나기 시작했다. 브레즈네프 시기에 이미 사회주의에 대한 믿음이 사라져 가고 있었고, 사회주의 위기 현상은 고르바쵸프가 추진하는 개혁 정책에서 구체화되었다. 자본주의 국가의 적극적인 지지에 힘입은 당 및 국가의 창조적 엘리트들이 자본주의를 그리워하는 정책을 확산시켰다. 그리고 고르바쵸프는 권력분산과 민주화를 약속했지만, 오히려 당·정부·의회를 장악하는 막대한 권력을 가진 대통령으로 자신을 위치시켰다. 자신에게로의 권력 집중은 ≪과도기의 불안정을 극복한다.≫는 미명하에 ≪페레스트로이카 독재≫로 명명되었다.

셋째, 미국을 중심으로 하는 ≪해양세력의 대륙세력 봉쇄정책≫에 효과적으로 대응하지 못하고 소련이 해체되는 결과를 낳았다. 미국 등 서구에서 지난 냉전기간 동안 준비해 온 對소련 봉쇄정책이 소련의 약화 및 해체로 현실화되기 시작했다. 고르바쵸프는 서구의 자유주의 정치모델 및 자본주의 요소를 도입하면서 국가의 위기 상황을 극복하려 했다. 고르바쵸프의 부시 대통령에게 조언 요청, 서구 정책의 무조건적 도입, 서구 지도자들에 대한 원조 요청 등은 소련의 국가 자율성에 적지 않은 영향을 미치게 되었다. 자유주의 정치사상의 도입은 다민족으로 구성된 소연방의 여러 공화국으로부터 독립 요구에 직면하게 되었고, 자본주의 요소의 도입은 경제적 위기 상황을 부추기는 결과를 초래했다. 고르바쵸프의 ≪현실적 페레스트로이카≫은 소련의 해체로 나타났다. 이는 서구에서 오랜 기간 준비해 온 대륙세력 봉쇄정책의 결정판이었다.

넷째, 고르바쵸프 시기에 정착되기 시작한 《식민민주의》가 소련을 이어받은 옐친의 러시아로 양도되었다. 소연방의 유산을 물려 받은 옐친은 정치 및 경제 개혁을 가속화하는 과정에서 서구에 대한 의존의 정도를 깊이 했다. 고르바쵸프 집권 말기부터 나타나기 시작하던 서구에 대한 《식민 민주주의》 상황이 옐친 집권 초기에 정착되어 졌고, 러시아 국민들로 하여금 《과거로의 회귀》를 열망하도록 했다. 러시아의 정치적 안정과 국가발전을 위해서는 서구의 종속상태로부터 벗어날 수 있는 국가발전 이데올로기의 확립이 우선적인 과제로 대두되기 시작했다.

제2부 <과거의 영광으로 향한 지난 20년간의 고달픈 노력>은 4개의 장으로 구성된다. 제1장 <러시아연방의 체제구축 과정>에서는 새롭게 구축되는 "러시아연방의 행정구역과 지역별 특징" 분석을 시작으로, '정치체제 구축과 정치엘리트 충원 방식,' 그리고 '경제체제 구축과 경제 안정화' 문제를 다룬다. 제2장 <러시아연방의 정치과정과 정치체제, 그리고 중앙정부의 통제력 강화>에서는 '러시아 연방제(federalism)의 성격 변화,' '민주주의 발전 과정과 주권 민주주의', '중앙·지방관계', 그리고 '조직범죄집단과 국가안보' 문제를 다룬다. 제3장 <러시아의 개발정책: 시베리아와 북극을 향한 열정>에서는 '러시아의 에너지 정책과 동부러시아의 위상 변화,' '동부러시아의 개발정책과 주요 개발 프로젝트,' 그리고 '북극해 확보 및 개발전략'을 다룬다. 제4장 <러시아의 안보 환경과 군사안보정책>에서는 '러시아의 안보환경과 국방정책의 변화' 문제를 분석하면서 러시아의 군사력과 국방정책에 관련된 문제를 다룬다. 그리고 러시아 국경지대에서의 안보정책을 다룬다. NATO 확장과 미국의 MD 구상에 노출되고 있는 서부국경, 상하이협력기구(SCO)를 중심으로 러시아의 동남부 국경지대에서 형성되고 있는 안보벨트 문제를 다룬다.

러시아는 1992년 1월부터 3권 분립에 기초된 의회민주주의, 그리고 시장경제를 기본으로 하는 체제전환 작업을 시작했다. 옐친의 개혁정책은 보수파들로 구성된 입법부와 마찰을 빚으면서 난항을 거듭했다. 결국 옐친은 국회를 무력으로 해산하고, 1993년에 신헌법을 채택했다. 그리고 선거법 등이 정비되기 시작했다. 옐친의 러시아는 새로운 사회를 준비하면서, 과거 소련이 누렸던 국제정치적 영향력이 자연스럽게 자신에게 이전될 것으로 착각하고 있었다. 그러나 러시아의 국제적 영향력은 추락하기 시작했고, 국내에서는 공산당이 국회를 장악하고 있었다. 1995년을 전후한 시기에 국제무대에서 어느 누구도 러시아에게 과거의 영광을 되돌려 주지 않았고, 분노에 가득 찬 러시아 국민들은 공산당에 대한 지지와 함께 <과거로의 회귀>를 열망하고 있었다.

　　러시아는 체제전환 8년 기간 동안 혹독한 시련을 경험했다. 통제력 약화에 기초된 무질서, 경제 침체, 국제적 영향력 하락 등 혼란의 연속이었다. 어설프게 도입된 민주화 열기는 연방으로 구성된 광활한 러시아를 분열시키는 그러한 모습으로 나타났다. 시장경제 정책이 추진되었지만 경제가 활력을 상실해 갔고, 1998년 8월에 Moratorium을 선언하기에 이르렀다. 체제전환 과정에서 경험한 문제들이 2000년을 지나면서 극복되기 시작했다. 푸틴의 강력한 리더쉽이 국가 사회에 질서를 잡아가도록 했다. 국제 유가가 상승하면서 러시아 경제가 안정과 성장을 거듭했고, 러시아의 국제적 영향력이 복원되기 시작했다. 과거의 영광으로 향한 지난 20년간의 고달픈 노력은 다음과 같은 특징을 보이면서 오늘에 이르고 있다.

　　첫째, 옐친은 혼란한 국가 사회를 바로잡지 못했다. 옐친은 1992년 1월부터 서구식 정치체제를 도입하고, 자본주의 경제정책을 추진하기 시작했다. 그리고 새로운 연방제 틀을 잡아가기 시작했다. 러시아 연방제는 과거의 정치문화에 대한 전통과 체제전환 과정에서 나타나는 혼란 상태를 반영하면서 형성되었다. 옐친의 체제전환 작업은 이상 속에서 시작되었지만, 현실의 그것은 너무나 달랐다. 과거에 대한 영광이 소련에서 러시아로 자연스럽게 이전될 것이라는 환상 속에서 개혁정책이 추진되었지만 현실은 냉엄했다. 러시아의 국제적 영향력은 추락했고, 경제적으로 모라토리움(Moratorium)이 선언되었다. 어느 누구도 러시아에게 과거의 영광을 되돌려주지 않았다. 러시아는 국제적으로 '왕따' 당하는 서글픈 신세로 전락했다. 러시아는 유럽 국가도 아니었고, 아·태 국가도 아니었다.

둘째, 러시아 국민들은 민주주의보다 질서를 더 선호하는 모습을 보였다. 2000년에 푸틴 정부가 들어서면서 정치 및 경제 질서가 안정화되었고 과거의 영광을 되찾기 위한 정책이 뒤따랐다. 이러한 과정에서 러시아 민주주의 후퇴 현상이 나타나기 시작했다. 국가 권력이 중앙에 집중되면서 사회에 대한 통제력이 강화되었고, 에너지 자원에 대한 국가 개입이 확산되었다. 이와 함께 러시아는 과거의 영광에 한 발짝 다가섰고, 국제적인 영향력이 회복되기 시작했다. 푸틴의 러시아가 비민주적이며 연방제(federalism)가 아니라 단방제 국가라는 비난을 받아왔지만 국가 질서는 안정화되었다. 주권민주주의라는 이름으로 국가 권력이 중앙에 집중되었지만 러시아 국민들은 푸틴을 선호했다. 러시아 국민들이 민주주의보다 질서를 선호하는 경향을 보이고 있음을 짐작하도록 한다.

셋째, 유라시아 국가인 러시아가 동북아에 초점을 맞춘 아·태 국가로 거듭나고 있다. 안정된 권력구조 창출과 함께 다양한 개발정책이 추진되고 있다. 동부러시아에 대한 개발과 함께 북극해를 개발하려는 움직임이 활발하다. 동부러시아 개발정책은 에너지 자원에 의존되는 경향이 강하지만, 이러한 과정에서 블라디보스톡 지역이 활발히 개발되고 있다. 블라디보스톡에서 개최될 <APEC-2012> 준비 작업과 함께 ≪아태지역 국제협력센터로 블라디보스톡市 발전≫ 계획이 구체화되고 있다. 그리고 극동 및 자바이칼 지역(Far East and Zabaikal Region) 개발 프로그램, 동시베리아-태평양(ESPO, East Siberia Pacific Ocean) 송유관 프로젝트 등이 활발히 추진되고 있다. 동부러시아 개발정책은 러시아를 유럽국가에서 아·태국가로 한 발짝 더 다가서게 만들고 있다.

넷째, 러시아의 안보정책은 지정학으로부터 자유로울 수 없다. 러시아의 영토가 유럽에서 아시아의 동쪽 끝자락까지 연결되고 있기 때문에 지리 환경에 맞는 안보정책이 필요하다. 유럽지역 국경에서는 유럽의 정치문화에 맞는 대응정책이 필요하고, 중동과 중앙아시아, 그리고 동북아 지역 국경안보정책 역시 그 지역의 특수성에 맞게 결정되어야 한다. 서부 국경에서의 안보정책은 NATO 확장 및 미국의 MD 구상에 대응하는 모습으로 구체화되고 있으며, 동부국경에서의 안보정책은 상하이협력기구(SCO)를 통해 안보벨트를 구축하는 방향으로 나타나고 있다. 국제정치경제질서의 변화와 동부러시아 지역개발의 필요성 등이 러시아로 하여금 동북아에 보다 많은 관심을 갖도록 했다. 그리고 자신의 동부국경에 접하고 있는 한반도에 대한 관심이 높아지도록 했다.

러시아연방은 복잡하고 다양한 정치과정을 거치면서 오늘에 이르고 있다. 유럽과 아시아에 걸쳐 있는 광활한 지리환경이 러시아 <지역연구>를 더욱 어렵게 만들었다. 러시아연방이 다민족 사회이며, 복잡하고 다양성을 지닌 국가이기 때문에 러시아 <지역연구>를 어렵게 했다. 복잡 및 다양성을 지닌 러시아 지역연구를 보다 단순화 할 수 있는 키워드가 있다. 지리환경 변수를 중심으로 러시아 사회를 바라본다면, 보다 체계적인 지역연구가 가능할 것이다. 러시아의 다양한 정책이 자신의 지리 환경에 기초되어 추진되기 때문이다. 따라서 지리환경 변수를 토대로 해서, 분야별 및 영역별 이슈 문제를 해석하는 것이 더없이 중요해 보인다.

러시아 사회를 보다 체계적으로 이해할 수 있기를 바라면서, … …

2012년 6월
이 영 형

목 차

책 머리에 · *03*

제1부 공산사회 건설을 위한 70년간의 노력과 좌절

제1장 사회주의 혁명과 공산사회 건설 노력 · *22*
1. 들어가는 말 · *22*
2. 레닌과 사회주의 국가 건설을 위한 토대 구축 · *25*
   1) 레닌과 10월 혁명 · *25*
   2) 레닌과 사회주의 국가건설 방법 · *30*
3. 스탈린과 사회주의 단계로의 진입 · *36*
   1) 사회주의 사회를 위한 경제적 토대 구축 · *36*
      (1) 사회주의 사회의 경제적 토대와 농촌 집단화 · *36*
      (2) 공업국가의 건설 · *40*
   2) 사회주의 헌법 채택 · *43*
4. 흐루쇼프와 공산사회에 대한 환상 · *45*
   1) 공산사회 건설에 대한 낙관론 · *45*
   2) 공산사회 준비, 국가와 공산당의 역할 · *50*

5. 브레즈네프와 발전된 사회주의 · *53*

    1) 발전된 사회주의 단계와 그 특징 · *53*

    2) 발전된 사회주의에서 국가와 당의 역할 · *56*

6. 끝맺는 말 · *60*

제2장 소비에트 체제와 정치 및 경제발전, 그리고 안보 전략 · *67*

제1절 소비에트 체제와 정치발전의 문제: 민주화와 자발적인 참여? · *68*

1. 문제 제기 · *68*

2. 스탈린의 국가 통치와 마키아벨리즘(Machiavellism) · *70*

    1) 1인 체제의 구축 · *70*

    2) 강요된 참여와 마키아벨리즘 · *74*

3. 흐루쇼프와 민주주의에 대한 인식의 전환 · *77*

    1) 민주화와 참여의 정치 분위기 · *77*

    2) 환상속의 민주화 · *80*

4. 브레즈네프와 관료주의 · *83*

    1) 지식인의 자유 및 민주화 욕구와 정부의 대응 · *83*

    2) 관료형 지배체제의 구축 · *86*

5. 끝맺는 말 · *89*

제2절 소비에트 경제체제 구축과 경제발전의 딜레마(Dilemma) · *94*

1. 들어가는 말 · *94*

2. 레닌과 사회주의 경제토대 구축 · *95*

    1) 전시공산주의(戰時共産主義) 정책 · *95*

    2) 신경제정책 · *98*

3. 스탈린과 소련 경제의 불균형 성장 · *101*

      1) 농촌 경제의 집단화 · *101*

      2) 경제개발 5개년 계획 · *108*

   4. 흐루쇼프의 경제정책과 소련 경제의 머뭇거림 · *114*

      1) 흐루쇼프의 경제정책 · *114*

      2) 소련 경제, 환상에서 현실로 · *121*

   5. 브레즈네프와 추락하는 소련 경제 · *123*

      1) 경제발전을 위한 정책 노선 · *123*

      2) 추락하는 경제 현실 · *131*

   6. 끝맺는 말 · *135*

제3절 소비에트 체제의 안보와 외교 · *143*

   1. 들어가는 말 · *143*

   2. 레닌과 국가안보를 위한 선택 · *145*

      1) 국가안보를 위한 굴욕 외교 · *145*

      2) 붉은 군대의 창설 · *150*

      3) 소비에트 연합체제의 구축 · *152*

   3. 스탈린의 안보전략과 강대국을 향한 열망 · *156*

      1) 소비에트 연방군의 국제화와 적극적 안보외교 · *156*

      2) 제2차 대전과 소련의 국제적 위상 · *160*

      3) 스탈린과 부국강병(富國强兵)의 국가 · *163*

   4. 흐루쇼프와 평화공존의 안보외교 · *165*

      1) 사회주의 진영의 단결과 갈등 · *165*

      2) 전쟁 가피론과 평화공존 · *169*

5. 브레즈네프의 정치 이상과 외교 현실 · 172

　　　　1) 프롤레타리아 국제주의와 브레즈네프 독트린 · 172

　　　　2) 평화공존 정책의 이중성 · 176

　　6. 끝맺는 말 · 182

제3장 고르바쵸프의 개혁정책과 식민민주주의, 그리고 소련의 해체 · 188
제1절 고르바쵸프의 개혁정책과 자본주의로의 회귀, 그리고 식민민주주의 · 189

　　1. 들어가는 말 · 189

　　2. 고르바쵸프 개혁정책의 사상적 토대 · 191

　　　　1) 체제개혁에 대한 고르바쵸프의 인식 · 192

　　　　2) 페레스트로이카의 목적 · 194

　　3. 개혁정책의 질적 변화 · 198

　　　　1) 다당제 정치구조의 수용과 쿠데타 · 198

　　　　2) 자본주의 경제제도의 도입 · 203

　　4. 페레스트로이카 정책의 결과론적 이해 · 208

　　　　1) 페레스트로이카 독재 · 209

　　　　2) 식민민주주의 국가로의 전환 · 212

　　5. 끝맺는 말 · 217

제2절 소련의 해체와 러시아, 그리고 독립국가연합(CIS) · 224

　　1. 들어가는 말 · 224

　　2. 소련 분열의 배경 · 225

　　　　1) 소련과 러시아의 이중 권력구조 · 225

　　　　2) 공화국의 독립 운동 · 227

　　　　3) 소련체제 유지에 대한 국민투표 · 231

3. 소련의 해체 과정 · *233*

    1) 노보-오가료보(Novo-Ogaryovo) 협상 · *233*

    2) 민스크(Minsk) 협정 · *236*

    3) 알마티(Almaty) 선언 · *238*

4. 소련의 해체와 독립국가연합(CIS) · *240*

    1) 소련 해체와 고르바쵸프의 사임 · *240*

    2) 독립국가연합(CIS)의 태동 · *242*

    3) 독립국가연합(CIS) 창설에 대한 법적 논거 · *244*

5. 끝맺는 말 · *245*

제2부 과거의 영광으로 향한 지난 20년간의 고달픈 노력

제1장 러시아연방의 체제구축 과정 · 252

제1절 러시아연방의 행정구역과 지역별 특징 · 253

1. 들어가는 말 · 253
2. 러시아연방의 행정구역과 연방주체의 성격 변화 · 254
   1) 러시아연방 행정구역 · 254
   2) 러시아연방 구성 주체 수 조정 논의와 통합 과정 · 261
   3) 연방지구별 <연방대학> 설립과 교육 개혁 · 269
3. 러시아 연방지구별 산업구조와 연방주체별 중앙정부의 보조금 · 273
   1) 연방지구별 산업구조 · 273
   2) 연방주체별 중앙정부의 보조금 · 283
4. 지역별 인구 및 민족구성과 분리주의 경향 · 291
   1) 지역별/주요 도시별 인구 현황 · 291
   2) 지역별 민족 구성과 분리주의 · 295
5. 끝맺는 말 · 298

[별첨-1] 연방지구별 영토 및 인구 그리고 민족구성 · 302
[별첨-2] 개별 행정주체의 예산에서
          중앙정부의 재정적 지원이 유입된 정도 · 311

제2절 러시아의 정치체제 구축과 정치엘리트 충원 과정 · 315

1. 들어가는 말 · 315

2. 정치체제 구축을 위한 갈등과 법적 장치 마련 · *316*

      1) 국회 해산 · *316*

      2) 신헌법의 채택과 양원의 입법부 · *321*

   3. 옐친 시기 정치엘리트 충원 방식과 충원 과정 · *323*

      1) 정치엘리트 충원 방식 · *323*

      2) 정치엘리트 충원 과정 · *330*

   4. 푸틴과 메드베제프 시기의 정치엘리트 충원 · *349*

      1) 정치엘리트 충원 방식 · *349*

      2) 정치엘리트 충원 과정 · *357*

   5. 끝맺는 말 · *369*

[보론] 2012년 러시아 대선 회고:

   대선 직전의 여론조사 분석과 정치 문화적 해석 · *376*

   1. 들어가는 말 · *376*

   2. 연구 목적 및 분석 방법 · *378*

      1) 연구 목적 · *378*

      2) 분석 방법 · *380*

   3. 2011년 12월 총선 분석과 2012년 3월의 대선관련 여론 실태 · *382*

      1) 2011년 12월 총선 결과와 그 파장 · *382*

      2) 2012년 3월의 대선관련 여론 실태 · *387*

   4. 대선에 미치는 러시아의 정치문화 · *395*

      1) 행정부 우위에 대한 전통 · *395*

      2) 시민사회의 미성숙 · *401*

      3) 복종형(subject) 정치문화 · *403*

   5. 끝맺는 말 · *410*

제3절 러시아의 경제체제 구축과 경제 안정화 · *415*

  1. 들어가는 말 · *415*

  2. 옐친과 러시아의 시장경제화 정책 · *417*

    1) 자본주의 사회를 위한 토대 구축 · *417*

    2) 자본주의 시장경제로의 편입 · *423*

    3) 시장경제 정책이 남긴 부정적 현상 · *427*

  3. 푸틴의 경제정책과 러시아 경제의 안정화 · *432*

    1) 경제 활성화 조치 · *432*

    2) 러시아 경제의 안정화 · *434*

    3) 안정화 기금(stabilization fund)과 러시아의 외환 보유고 · *438*

  4. 메드베제프(D.Medvedev) 정부의 경제정책과 발전 전망 · *441*

    1) 러시아 경제의 특징과 경제현대화 전략 · *441*

    2) 경제발전 전망 · *449*

  5. 끝맺는 말 · *452*

제1부 공산사회 건설을 위한 70년간의 노력과 좌절

소련의 역대 최고 지도자와 국가 발전 과정

이 름	재 임 기 간	국가발전 과정 및 성격
레닌(V.I.Lenin)	1917.11~1924.01	· 1917년, 사회주의 혁명 · 사회주의 국가건설 방법 제시 · 국가연합체(소련) 형성
스탈린(I.V.Stalin)	1924.01~1953.03	· 1936년, 사회주의 헌법 채택 · 프롤레타리아 독재국가 · 부국강병(富國强兵) 국가 건설
흐루쇼프(N.S.Khrushchev)	1953.03~1964.10	· 전인민의 국가(1961~) · 공산주의 사회를 위한 토대 구축 시작(1980년 완성 계획)
브레즈네프(L.I.Brezhnev)	1964.10~1982.11	· 1977년, 발전된 사회주의 헌법 채택 · 전인민의 국가
안드로포프(Y.V.Andropov)	1982.11~1984.02	-
체르넨코(K.U.Chernenko)	1984.02~1985.03	-
고르바초프(M.S.Gorbachev)	1985.03~1991.12	· 공산사회 건설 포기 · 자본주의 국가로 회귀

참고) 재임기간에는 집단지도 기간이 포함되며, 전임자가 사망 또는 퇴임한 시기부터 계산

제1장 사회주의 혁명과 공산사회 건설 노력

1. 들어가는 말

마르크스(K.Marx, 1818.5~1883.3)에 의하면, 인류 역사는 고대 노예제·중세 봉건제·근대 자본주의 단계로 발전해 왔다. 그리고 혁명을 통해 사회주의(공산주의) 사회로 나아가게 된다. 마르크스를 비롯한 공산주의 사상가들에 의하면, 사회주의는 공산사회로 나아가기 위한 과도기 단계에 불과하다. 마르크스와 엥겔스(F.Engels, 1820.11~1895.8)는 자본주의에서 공산주의로의 전환에 필요한 2단계를 설정하고 있다. 자본주의에서 공산주의의 보다 낮은 단계 또는 제1단계(사회주의), 공산주의의 보다 높은 단계 또는 제2단계(공산주의)로 구분하여 설명하고 있다.

마르크스는 <고타 강령 비판>에서 "자본주의와 공산주의 사회 사이에는 제1단계에서 제2단계로의 혁명적 전환기가 놓여있다. 이 기간은 정치적 과도기이며, 과도기 국가는 프롤레타리아 혁명 독재를 제외한 어떠한 다른 형태가 존재할 수 없다"[1]고 했다. 프롤레타리아 독재는 노동농민과 노동계급의 연합에 의하여 형성되는 노동계급의 권력이다.[2] 프롤레타리아 독재는 자본주의 사회에서 억압 받아 왔던 절대다수 인민이 소수

---

[1] К.Маркс, Ф.Энгельс, *Соч.*, т. 19, с. 27.
[2] Ли Йын-Хен, *Некоторые особенности опыта социалистических преобразований в СССР (критический анализ)* (Москва: МГУ, 1995), с. 24.

의 가진 자에 대해 독재적인 권력을 행사하는 사회이다.

마르크스는 <고타 강령 비판>에서 공산주의로 향한 낮은 단계인 제1단계의 특성을 다음과 같이 설명하고 있다. 자본주의 사회로부터 막 출생한 사회이기 때문에 경제 및 정신적인 측면을 비롯한 모든 관계에 있어서 舊사회의 잔재가 내부에 남아 있다.3) 사회주의에서 생산수단은 사회 전체의 것이 되면서 착취가 사라지지만, 분배에 있어서는 '능력에 따라 일하고 노동한 만큼 분배 받는다.'는 원칙이 적용된다. 이것은 노동과 분배가 비례하고 있다는 의미에서 평등하다. 그러나 노동의 능력은 사람에 따라 차이가 있기 때문에, 그런 의미에서는 분배의 불평등이 존재한다. 공산사회로 향한 제1단계에서의 평등한 권리는 불평등한 노동에 따르는 불평등한 권리이다.4) 이는 계급적 차이를 인정하는 것이 아니라, 불평등한 개인적 재능(불평등한 노동 능력)을 인정하는 것이다. 마르크스는 노동에 따른 분배는 부르조아적 평등의 권리에 지나지 않지만, 이러한 불평등은 "공산주의 사회의 제1단계에서는 피할 수 없다"5)는 결론을 내린다.

사회가 발전되어 공산 사회의 보다 높은 단계에 이르게 되면 이러한 불평등도 사라진다. '각 개인은 능력에 따라 일하고, 필요에 따라 취한다.'는 원칙이 적용된다. 마르크스는 자본주의 사회에서 노동은 생활을 위한 수단이며 괴롭고 고통스러운 것이지만, 공산주의 사회에서의 노동은 즐거움이 된다는 사실을 강조한다. 그것은 노동이 타인에게 착취당하는 것이 아니라, 자기 자신과 사회 전체를 풍부하게 한다는 인식에 기초

---

3) К.Маркс, Ф.Энгельс, *Соч.*, т. 19, с. 18.
4) *Там же*, с. 19.
5) *Там же*.

되고 있기 때문이다. 그리고 공산주의 사회에서는 정신노동과 육체노동의 대립, 도시와 농촌의 대립이 사라진다.6)

 마르크스와 엥겔스에 따르면, 공산주의는 생산자 연합의 공공조직이며, 대규모 산업에 토대를 둔 집단주의에 기초된 사회이며, 공동 계획 및 단일의 무계급 구조, 그리고 공공 소유로부터 직접 분배되는 사회를 의미한다.7) 이는 휴머니즘에 입각한 인간소외의 극복에 기초되고 있다. 자본 축적의 부정적 요소와 인간소외 현상을 극복하기 위한 사상운동으로 출발한 사회주의의 가장 중요하고 중심적인 개념의 하나는 휴머니즘이다. 이는 새로운 사회의 핵심적 개념이다. 따라서 공산주의는 현실적 휴머니즘이라고 할 수 있을 것이다.8) 마르크스와 엥겔스의 현실적 휴머니즘 사상 운동은 독일 등을 비롯한 서유럽과 러시아의 서부지역에서 활발하게 추진되기 시작했다.

 레닌을 비롯한 러시아의 공산주의 사상가들은 1917년에 공산사회 건설을 목표로 하는 사회주의 혁명을 완수했다. 러시아 사회에 현실적 휴머니즘이 뿌리 내릴 수 있는 토대를 구축하기 시작했다. 그리고 레닌의 후계자들인 스탈린·흐루쇼프·브레즈네프 등 공산당 서기장들은 자신의 방식대로 사회주의 체제를 공고화 했고, 공산 사회로 나아가기 위한 다양한 정책들을 추진했다. 그러나 공산 사회로 나아가지 못했고, 사회주의 단계에서 맴 돌았다.

 본 글은 소련9) 사회의 발전 양상을 사상과 현실의 측면에서 정리하

---

6) См.: *Там же*, с. 20.
7) Г.Л.Смирнов и др., *Очерк теории социализма* (М.: Политиздат, 1989), с. 72.
8) *Там же*, с. 77.
9) 소련은 <소비에트 사회주의 공화국 연방>의 약어로, 1924년 2월부터 국제무대에서 공식 사용되기 시작했다.

고 평가한다. 고르바쵸프가 추진한 페레스트로이카 정책은 전임자들의 정책 노선과 많은 차이를 보이고 있기 때문에, 고르바쵸프 시기의 정책은 별도의 문제로 다룬다. 브레즈네프 말기까지를 연구 범위로 한정한다.

2. 레닌과 사회주의 국가 건설을 위한 토대 구축

1) 레닌과 10월 혁명

제1차 세계대전 발발 이후, 레닌은 자본주의 발전의 불균등성에 기초해서 제국주의 국가간 모순이 첨예화되고 있음을 인식했다. 제국주의 국가간 모순, 본국과 식민지 상호간의 모순, 그리고 노동과 자본 상호간 모순이 첨예화된다는 것이다. 이와 함께, 사회주의 혁명의 객관적 조건이 성숙하고 있음을 인식했다. 따라서 레닌은 1915년을 전후한 시기에 다음과 같은 결론을 도출했다.

> 정치·경제발전의 불균등은 자본주의의 절대적인 법칙이다. 여기에서 처음에는 자본주의의 몇몇 국가에서, 심지어 일국(一國)에서 조차 사회주의의 승리가 가능하다는 결론이 도출된다.10)

레닌은 자본주의에서 사회주의로의 이행은 모든 자본주의 국가의 동시적 궤멸에 의해서가 아니라, 제국주의 사슬 가운데 비교적 약한 곳에서 선차적으로 발생될 수 있음을 인식했다. 일국에서의 사회주의 혁명 가능성은 <유럽 합중국의 슬로건에 관하여>(1915)에서 최초로 체계화되었다. 그리고 <프롤레타리아 혁명의 전시강령>(1916)에서 발전된다. 즉,

---

10) В.И.Ленин, *Полн. собр. соч.*, т. 26, с. 354.

"사회주의는 모든 나라에서 동시에 승리할 수 없다. 그는(필자: 사회주의) 일국 또는 몇몇 국가에서 최초로 승리한다."11) 이러한 인식과 함께, 레닌은 일국 차원에서 혁명의 승리는 러시아와 같이 자본주의 연결고리가 약한 지역에서 가능하다는 사실을 주장했다.

러시아 공산주의 사상가들의 조직적인 활동이 혁명의 잠재력으로 축적되고 있던 1914년 8월에 러시아의 차르(tsar)12)가 제1차 세계대전에의 참전을 결정했다. 레닌은 전쟁을 반대하면서도 러시아의 군사적 패배를 기다리고 있었다. 군사적 패배는 혁명 성공의 불가결한 조건이며, 혁명의 토대를 공고화시켜 줄 것이라는 인식을 가지고 있었다. 전투에서 러시아 군대의 패배는 정부에 대한 불만과 불신으로 나타났다. 상트-페테르부르크(Saint-Petersburg)에서 노동자 및 시민들의 과격 시위가 연일 계속되었다. 1917년 2월에 상트-페테르부르크에서 시민 폭동이 발생했을 때, 예비군 대대가 이에 가담하는 등 반란이 극에 달했다.

1917년 3월의 상트-페테르부르크 노동자 파업은 노동자와 군인의 무장 봉기로 확대되었다. 3월 12일 러시아 제정(帝政)이 붕괴되었고 노동자·병사 대표 소비에트13)가 형성되었다. 이는 프롤레타리아의 지도 아래 프롤레타리아와 농민의 연합 하에 만들어진 부르조아 민주주의 혁명이었다. 그리고 임시정부에 멘셰비키(Mensheviki)14) 세력 등 일부 혁명

---

11) В.И.Ленин, *Полн. собр. соч.*, т. 30, с. 133.
12) 차르(tsar)는 러시아 군주에 대한 호칭이다
13) 소비에트의 대의원은 공장·작업장·병영 등에서 선출되었으며, 페테르부르크 소비에트에는 2500명의 대의원으로 구성되었다. 노동자는 100명당 1명, 병사는 1개 중대에 1명의 비율로 대의원을 선출했다.
14) 러시아어로 소수파(少數派)라는 뜻이다. 1903년 러시아 사회민주노동당 제2차 대회에서 당이 양분되었을 때, 레닌이 이끄는 볼셰비키(다수파)와 대립하던 소수파를 말한다.

가들이 참여하는 2중 권력구조가 형성되었다. 1917년 3월 혁명으로 공화국이 선포된 직후, 레닌은 4월 3일 독일 정부가 제공한 봉인 열차를 타고 귀국했다. 독일은 레닌이 무사히 페테르부르크로 귀국하여 러시아에 있는 독일 민간인의 안전 귀국과 임시정부를 와해시키면서 러시아의 세계대전 참전을 종식시켜 주기를 희망했다. 이는 이전부터 레닌이 러시아 병사들에게 '무기를 버리고 고향으로 돌아가라'라고 호소한 내용에 대한 독일의 믿음이었던 것으로 보인다.

레닌은 페테르부르크 역전에서 시민들로부터 열렬한 환영을 받았다. 레닌은 임시정부가 와해되어야 하며 노동자와 농민이 정권을 장악하여 자본주의를 종식시키고 러시아의 전쟁 개입을 중지시켜야 한다고 주장했다. 그는 소비에트를 가장 바람직한 형태의 혁명 정부로 보고, 러시아에 소비에트 공화국을 수립할 것을 선언했다. 그리고 그는 <모든 권력을 소비에트로!>라는 구호를 내걸었다. 레닌은 지노비예프(G.Y.Zinovyev)와 카메네프(L.B.Kamenev)의 도움으로 각종 군중집회에서 대중들에게 호소했다. 이러한 기간 동안 스탈린은 소비에트 대의원과 지방 당대표들과의 조직 및 연락 업무를 담당하고 있었다. 레닌이 귀국한지 1개월 후, 트로츠키(L.Trotsky)도 귀국했다. 멘셰비키였던 그는 중도를 표방하면서 레닌과의 제휴에 관심을 가지고 있었다. 트로츠키는 '러시아 혁명의 목적이 프롤레타리아 독재 기구를 수립하는 데 있다'는 생각에서 레닌과 뜻을 같이했다. 따라서 볼셰비키당에 입당하게 되었다.

페테르부르크에서 시위는 계속되었다. 레닌은 소비에트가 권력을 장악할 것을 강력하게 요구했다. 따라서 임시정부는 전선에 배치된 기병사단을 수도로 소환하여 봉기를 진압하기 시작했다. 7월 7일 볼셰비키 당 사무소와 <프라브다>(Pravda) 편집국을 점령했으며 트로츠키와 카메네프를 체포했다. 레닌은 7월 11일 국경을 넘어 핀란드로 피신했다. 그 후 레닌은 10월 혁명 전야까지 돌아오지 못했으며, 지노비예프도 잠적했다. 볼세비키 당은 다시 지하로 숨어들었다. 당시에 볼세비키가 페테르부르크와 모스크바 소비에트에서 과반수를 차지하고 있었으며, 병사 소비에트 내에서도 볼세비키 세력이 크게 강화되었다. 소비에트는 볼세비키의 손에 장악되고 있었다.

　핀란드에 체류중인 레닌은 임시정부를 타도할 시기가 도래했음을 판단했다. 9월 15일 레닌은 당중앙위원회에 보낸 서신에서 볼세비키의 무장 반란을 촉구했다. 그러나 지노비예프와 카메네프는 레닌의 무장반란 계획이 지나치게 비현실적이며 위험 부담이 많다고 반대하였다. 이때 트로츠키는 레닌의 제안에 원칙적으로 동의하고 있었다. 시기와 방법상의 문제만 남아 있었다.

　1917년 10월 13일 소비에트 집행위원회는 새로이 임시군사위원회를 창설하고 소비에트 의장인 트로츠키를 위원장에 선임했다. 레닌은 변장을 하고 핀란드에서 귀국했고, 10월 10일 당중앙위원회에 참석하여 거사를 종용했다. 지노비예프와 카메네프의 반대에도 불구하고, 참석한 위원 12명 중 10명의 찬성으로 혁명 거사일이 <전러시아 노동자-병사소비에트대회>가 예정되어 있는 10월 20일로 결정되었다. 그러나 멘세비키가 장악하고 있는 대회 집행부가 5일간 연장하기로 했고, 트로츠키(L.Trotsky)의 제의에 따라 거사일이 25일로 연기되었다. 10월 24일 케렌스키(A.F. Kerensky)[15]의 대반격이 개시되었으나 혁명은 시작되었다. 10월 26일

---

15) 케렌스키(A.F.Kerensky)는 멘세비키의 영수였다. 그러나 1917년 2월 혁명 이후, 공화정 형태의 임시정부가 수립되자 법무부 장관, 국방부 장관을 거쳐 7월에는 총리가 되었다.

국민의 정부는 와해되고 소비에트 정부가 수립되었다.

레닌과 트로츠키를 중심으로 하는 러시아의 공산주의자들은 1914년부터 1918년까지 계속된 1차 세계대전에 연합국 소속으로 참가하여 국력이 소진된 제정 러시아를 전복시켰다. 1917년 10월 혁명을 준비하고 실행하면서 레닌은 사회주의 혁명이 일국에서, 그리고 사회 및 경제적으로 발전되지 않은 소수의 국가에서 승리할 수 있음을 인식하고 있었다. 그리고 일국에서의 승리는 발전된 자본주의 국가에서의 사회주의 혁명을 위한 기폭제 역할을 할 것으로 믿고 있었다. 따라서 레닌과 그의 지지자들은 10월 혁명 이후에 즉시 발전된 유럽지역에서 사회주의 혁명이 승리할 것으로 생각했다.16) 물론, 러시아의 10월 혁명은 완전한 사회주의의 승리를 의미하지는 않았다. 레닌은 1918년 11월 "사회주의의 완전한 승리는 한나라에서 불가능하다. 그것은 적어도 몇몇 선진 국가로부터 적극적인 도움을 필요로 한다."17)고 했다.

레닌은 유럽에서의 연쇄 혁명을 기대하면서 러시아 일국에서 사회주의 정치 및 경제체제로의 전환을 준비해야 했다. "사회주의는 돈과 자본의 권력, 생산수단의 사유화, 상품경제의 폐지를 요구하게 된다. 또한, 사회주의는 땅과 공장을 개인의 손에서 모든 노동자의 손으로 전환시킬 것을 요구한다."18) 사회주의는 사적소유를 철폐하고, 생산자금의 공유화만을 의미하는 것은 아니었다. 사회주의의 본질은 민주주의를 확산시키며, 물질적 소유와 정치권력으로부터 노동대중의 소외를 극복해야 했다.19)

---

16) *Политология: энциклопедический словарь* (Москва: издательство московского коммерческого университета, 1993), с. 179. 180.
17) В.И.Ленин, *Полн. собр. соч., т. 37*, с. 153.
18) В.И.Ленин, *Полн. собр. соч., т. 36*, с. 300.

혁명 이후 레닌은 모든 교전국에 즉각적인 휴전을 호소함과 동시에 <토지에 관한 포고>를 발표했다. 이는 농지에 대한 사적 소유제의 폐지와 농민과 노동자에게 농지를 분배하는 것이었다. 볼세비키가 극복해야 할 당면 과제는 전쟁 종결, 반대파의 제거, 경제위기 극복 등 다양했다. 따라서 1917년 12월 비밀경찰 기관인 <반혁명 및 사보타지 투쟁 비상위원회>[이하: 체카(Cheka)][20]가 창설되었다. 반혁명 요소와의 투쟁을 위해 만들어진 체카(Cheka)의 초대 책임자인 제르진스키(F.E.Dzerzhinsky)는 '법률이 필요한 시기가 아니라 철저한 투쟁뿐이다' 라고 했다. <토지에 관한 포고>에도 불구하고, 농민은 곡물을 정부에 인도하지 않았다. 몰래 비축하고 있었다. 심지어 농민들은 곡물을 불태워버리고 가축을 도살했다. 따라서 체카(ЧК) 요원이 식량 공출을 위해 농촌을 수색하기 시작했다. 이에 대한 농민의 저항도 격렬해졌다.

2) 레닌과 사회주의 국가 건설 방법

레닌은 후진적인 러시아가 권력을 획득한 소비에트 사회이지만 사회주의 국가와는 요원함을 알았다. 러시아에는 이미 정치적인 혁명이 일어났고, 혁명의 결과로 공산당의 지도하에 노동자 계급이 권력을 획득했다. 그러나 삶의 형태는 아직 사회주의적이 아니었고, 만약 되었다 하더라도 부분에 불과했다.[21] 전시공산주의[22] 하에서의 권력은 볼세비키에게 있

---

19) Ли Йын-Хен(1995), с. 10.
20) <반혁명 및 사보타지 투쟁 비상위원회>(ЧК Чрезвычайная Комиссия по борьбе с контрреволюцией и саботажем)는 러시아 최초의 공안기관이다. 이후 수차례 그 명칭이 변경되었고, 최종적으로 국가안보위원회(KGB)로 개편되어 소련 해체 때까지 존속했다.
21) *История СССР : эпоха социализма* (Москва: 1957), с. 125; Роберт Такер, *Сталин путь к власти 1878-1929* (М.: прогресс, 1991), с. 332.

었지만, 생산수단의 국유화는 러시아를 사회주의 국가로 변화시키지 못했다. 따라서 레닌은 경제발전에 관심을 집중시키고 있었다. 레닌은 "파멸하든지, 선진국과 어깨를 나란히 하고, 경제적으로 그들을 앞서든지"23)라고 강조하고 있었다. 그리고 경제 부흥의 열쇠라고 생각했던 전력 보급에 관심을 집중시키면서, "공산주의는 소비에트 권력과 국가전역에 있어서 전력 보급의 결합이다."24)라고 했다.

(1) 소비에트 체제의 구축

1917년 10월 혁명을 전후한 시기에 사회주의를 위한 정치적 토대 역할을 담당하는 소비에트 체제가 형성되었다. 레닌에 의하면, "소비에트, 이것은 프롤레타리아 독재의 러시아적 형태"25)이며, 소비에트 권력은 피착취 대중과 노동자들을 위한, 그리고 대다수 국민들을 위한 민주주의의 발전과 확장을 의미했다.26) 레닌은 1919년 3월에 개최된 코민테론(Communist International)27) 제1차 대회의 개회사에서 "인민은 현재 진행되고 있는 투쟁의 위대성과 중요성을 인식하고 있다. 필요한 것은 프롤레타리아가 그 지배를 실현할 수 있는 실천적인 형태를 찾아내는 것

---

22) 전시공산주의 정책은 혁명 직후인 1918-1921년 초까지 舊지배계급에 대한 국내전과 외국의 군사적 간섭에 대응하면서 사회주의 경제 체제를 구축하기 위해 추진된 임시 경제정책이었다. 전시공산주의에 대한 자세한 내용은 제2장 2절 <소비에트 경제체제 구축과 경제발전의 딜레마(Dilemma)>에 있는 관련 내용 참조.
23) В.И.Ленин. *Полн. собр. соч.*, т. 34, с. 198.
24) Роберт Такер, *Сталин путь к власти 1878-1929* (М.: прогресс, 1991), с. 333.
25) В.И.Ленин. *Полн. собр. соч.*, т. 37, с. 267.
26) *Там же*, с. 256.
27) 코민테른(Communist International)은 레닌의 발기에 의해 1919년 3월 창설되어 1943년 5월 15일 해체된 마르크스-레닌주의당의 국제적 조직체이다.

이다. 그러한 형태는 프롤레타리아 독재를 실현하는 소비에트 제도이다."28) 라고 했다. 러시아에서의 소비에트 권력인 프롤레타리아 독재는 노동계급, 즉 대다수 인민을 위하여 형성된 것이다.29) 레닌의 주장에 의하면, 소비에트의 사회주의적 성격은 다음에서 찾아진다.

> 첫째, 노동자와 피착취 대중이 선거권자로 되며, 부르조아가 제외된다는 점에 있으며, 둘째, 선거의 모든 관료주의적 형식과 제한이 철폐되고 대중 자체가 선거 규정과 선거 기간을 설정하며, 피선거권자를 소환할 수 있는 자유를 가지는 점이고, 셋째, 노동자의 전위대로 하여금 광범위한 피착취 대중을 지도할 수 있게 하며, 그들을 독자적 정치생활에 인입하고, 그들 자신의 경험에서 정치적으로 교양되며, 진실로 전체 주민이 통치하는 것을 배우며, 직접 통치를 시작하는 과정의 제1보를 내딛는 다는 점에 있다.30)

레닌은 자본주의에서 공산주의로의 과도기에 있어서 국가의 본질은 프롤레타리아 독재 이외에는 다른 방법이 있을 수 없다고 했다. 그리고 프롤레타리아 독재의 정치 형태는 각국의 역사적·사회적 조건에 따라 다양한 모습을 지닐 수밖에 없음을 인정하고 있다.

> 모든 민족은 사회주의에 도달 할 것이며, 이는 필연적이다. 그러나 모두가 동일하지는 않다. 각자는 민주주의 방법과 프롤레타리아 독재에 대한 형태, 그리고 사회주의적 개혁에 대한 속도 등에서 다양함을 보여준다.31)

---

28) *Там же*, с. 489.
29) *Там же*, с. 499.
30) В.И.Ленин, *Полн. собр. соч.*, т. 36, с. 203.
31) В.И.Ленин, *Полн. собр. соч.*, т. 30, с. 123.

부르조아 민주주의는 부자를 위한 낙원으로, 피억압자와 가난한 대중을 위해서는 협소하고 축소된 그리고 위선적인 함정과 기만으로 충만 된 현상에 불과하다.32) 그러나 노동자들이 직접선거에 참여할 수 있는 소비에트는 노동자들과 피착취 대중들의 직접적인 통치 기구이다.33) 따라서 舊부르조아 기구는 소비에트 조직 하에서 사라지게 된다. 레닌에 의하면, "프롤레타리아 민주주의는 어떠한 민주주의 보다 백만 배 더 민주적이며, 소비에트 권력은 가장 민주주의적인 부르조아 공화제보다도 백만 배 더 민주적이다."34)

소비에트 권력은 사회주의 본질을 충족시키기에 적합했다. 레닌은 "우리는 부르조아 의회 공화국보다 훨씬 민주적인 새로운 형태인 소비에트 공화국을 설립하여 공고히 했다. 우리는 가난한 농민 계급이 지지하는 프롤레타리아 독재를 형성했으며, 사회주의적 개혁에 따르는 계획된 광범위한 제도를 시작했다."35)라고 지적하고 있다. 소비에트 체제는 수천만 노동자와 피착취 대중들이 국가통치 행위에 자주적으로 참여하도록 유도하는 프롤레타리아 계급의 조직체이다.36) 프롤레타리아 독재의 러시아적 형태인 소비에트 국가는 각 도시와 지방에 조직된 노동자 대표 소비에트와 농민 대표 소비에트, 그리고 그 위에 조직된 상급 소비에트를 근간으로 새로이 조직되는 국가이다. 그것은 지배계급으로 군림했던 자본가·지주 등에 대해서는 엄한 통제와 억압을 가하지만, 주민의 압도적 다수를 차지하는 노동자·농민에 대해서는 철저한 민주주의를 실현하는 프롤레

---

32) В.И.Ленин, *Полн. собр. соч.*, т. 37, с. 252.
33) *Там же*, с. 257.
34) *Там же*, с. 257.
35) В.И.Ленин, *Полн. собр. соч.*, т. 36, с. 79.
36) См.: *Там же*, с. 196.

타리아 민주주의 국가이다. 이는 보통 선거제의 확립과 수시적 해임제, 노동자와 동일한 봉급제 등을 통하여 피착취 대중이 자발적으로 국가 통치행위에 참여할 수 있도록 하는 참여 민주주의적 성격을 지니고 있다.37)

(2) 문화사업과 협동조합 체제

사회주의 혁명과 함께 생산수단의 공공소유가 확립되었으며, 프롤레타리아에 의한 국가권력의 장악, 그리고 프롤레타리아와 다수 농민의 연합 체제가 구축되었다. 사회주의 사회를 건설하기 위한 기본적인 조건이 형성된 것을 의미한다. 레닌은 "생산자금의 공공소유에 기초하고, 부르조아에 대한 프롤레타리아 계급의 승리 하에 있는 문명화된 협동조합 제도가 사회주의 체제이다"38)라고 했다. 협동조합은 사회주의 건설 과업에 농민의 참여를 유도하는 과정이었다. 그리고 당은 반드시 농민의 적극적인 참여를 유도해야 했다.

레닌은 협동조합 속으로 농민과 다른 사회 계층의 사람들을 끌어들이기 위해서는 물질적 자극과 함께 교육 작업이 병행되어야 한다고 밝히고 있다. 러시아에서 그러한 문화 혁명의 실현을 통해서 사회주의를 건설하는 데에는 최소한 10-20년이 필요하다고 했다. 레닌은 농촌에서의 집단화, 이것은 장기적이고 복잡한 과업이며 여러 해 동안의 긴장을 요구하

---

37) 1923년의 소비에트 연방 헌법에 따르면, 연방의 최고 권력기관은 소비에트에서 선출된 대의원으로 구성되는 '전연방 소비에트 대회'로 규정하고 있다. 그러나 국민 스스로가 자발적으로 선출할 수 있는 대의원은 최하위의 소비에트인 '농촌 소비에트'와 '도시 소비에트' 뿐이었다. 그리고 선거권은 18세 이상의 성인으로 노동자, 농민들에게만 인정되었다. 성직자나 부르조아 계급 출신들에게는 선거권이 부여되지 않았다. 성직자는 시민권이 박탈되었고, 1921년에는 청소년에 대한 선교 활동이 금지되었다.
38) В.И.Ленин, Полн. собр. соч., т. 45, с. 373.

는 노력 없이는 불가능함을 지적했다. 농촌에서 문화 및 교육수준의 발전 없이는, 그리고 농촌 경제의 기계화 및 공동 경제활동에 대한 농민의 점진적인 학습 없이는 불가능하다는 것을 잘 알고 있었다.39) 따라서 레닌은 "사회주의 건설을 위해서는 결정적인 문화수준을 필요로 한다."40)고 지적하고 있다.

문맹자는 정치밖에 머무름을 강조하면서, 레닌은 문맹자와 반문맹자를 통치행위 속으로 참여시킬 수 있는 실질적인 가능성을 제시했다. 문화사업과 협동조합 체제를 통해 사회주의 건설 사업에 매진하는 것이다. 그는 장기간의 문화혁명을 거친 후 협동조합의 완성과 단계적으로 사회주의 건설 사업이 실현되어야 될 필연성을 호소했다. 그리고 그는 <협동조합에 관하여>(1923)에서 농민은 사회주의로의 여정에서 전 기간 동안 노동자 계급과 동맹자로 남아 있어야 한다고 생각했다.

> 모든 대규모 생산수단을 장악한 국가의 권력, 프롤레타리아에 의한 국가의 권력, 프롤레타리아와 빈농들의 연합, … … 이것들은 협동조합으로부터 완전한 사회주의 사회를 건설하는 데 필요한 모든 것이지 않는가? 이것은 아직 사회주의 사회의 건설이 아니다. 그러나 이 모든 것들은 완전한 사회주의 사회를 건설하기 위해서 필수적이고 충분한 것이다.41)

프롤레타리아는 농민 대중과 더불어 사회주의를 향해 진군해야 하며, 농민 대중을 협동조합으로 조직하는 것이 농촌에서 사회주의를 건설하는 고도의 길이었다. 또한, 협동조합의 성장은 사회주의 성장과 동일시되었

---

39) Рой Медведев, *О сталине и сталинизме* (М.: прогресс, 1990), с. 186.
40) В.И.Ленин, *Полн. собр. соч.*, т. 45, с. 381.
41) *Там же*, с. 370.

다. 노동자와 농민의 유대는 계급적 구별을 영구화하는 것이 아니라, 계급폐지와 생산협동조합화를 통한 농민의 사회주의적 개조를 그 목적으로 하고 있다. 협동조합화 과정에 농민을 유입시키는 것은 노동자 계급과 농민의 유대를 강화시키는 필요조건으로 강조되어진다.

결국, 산업화, 집단화, 문화혁명이 사회주의 건설의 주요 요소로 인식되고 있다. 집단화와 산업화 그리고 문화혁명을 효율적으로 추진하기 위해서 협동조합이 필요했다. 따라서 1920년을 전후하면서 소비협동조합과 신용조합뿐 아니라 생산조합(기계조합, 파종조합, 토지개량조합)이 계속 증가되었다. 콜호즈(Kolkhoz)42) 역시 협동조합의 일종으로 간주되었다. 한편, 레닌은 협동조합을 매우 높이 평가하면서 사회주의를 문명적인 협동조합원 제도라고 하였다. 그러나 그는 완전한 협동조합화를 위해서 완전한 문화혁명이 필요하며, 이를 위해서는 한 세대를 요하는 장기간이 필요함을 인식했다.

3. 스탈린과 사회주의 단계로의 진입

1) 사회주의 사회를 위한 경제적 토대 구축

(1) 사회주의 사회의 경제적 토대와 농촌 집단화

사회주의 사회를 위한 경제적 토대의 하나로 스탈린은 농촌 집단화를 고려해 왔다. 스탈린은 1926년 1월에 출간된 팜플렛 <레닌주의의 문제에 관하여>속에서 러시아의 농민과 농업은 서유럽의 그것과 차이가 있음

---

42) 집단논장의 한 형태인 콜호즈(Kolkhoz)에 대한 자세한 내용은 제2장 2절에 있는 <농촌 경제의 집단화> 조항 참조.

을 언급하고 프롤레타리아와 농민사이의 유대를 지적했다. 그리고 프롤레타리아가 농민 대중과 더불어 사회주의를 향해 진군할 것을 강조했다. 또한, 그는 농촌에서의 사회주의 건설에 대해서 지적하고 있다. 농민대중을 협동조합으로 규합시키는 것이 그것이다.[43]

농촌의 협동조합에 농민이 조직화되어야 하는 이유를 다음과 같이 보고 있다. 협동조합을 통해서 생산물 판매와 기계를 구입하는 것이 농민에게 유리하며, 궁극적으로 농민 대중을 사회주의 건설 사업에 끌어들일 가능성이 보장된다. 따라서 사회주의 경제 조직은 농촌 경제가 사회주의 공업과 결합을 강화하고, 모든 국민 경제에 있어서 지도적 역할을 담당하며, 집단화속에서 농촌의 사회주의적 요소가 축적될 때 가능한 것으로 인식되었다.[44] 농촌에서의 공동생산과 공동분배를 위한 토대 구축을 의미했다.

스탈린에 의하면 신경제정책[45]은 사회주의적 요소와 자본주의적 요소 사이의 투쟁을 허용하여 자본주의적 요소에 대한 사회주의적 요소의 승리를 목적으로 하는 당의 정책이었다. 그리고 계급을 박멸하고 사회주의적 경제적 토대를 구축하는 프롤레타리아 국가의 특별한 정책이었다.[46] 스탈린은 자본주의적 요소와 함께 출발한 신경제정책이 사회주의적 경제로 나아가기 위해서 "몇 년 동안 공격적이었으며 성공적으로 공격하고 있다."[47]고 했다. 즉, 사회주의의 경제적 토대 구축을 향해 전진하고 있

---

43) См.: И. Сталин, *Вопросы ленинизма* (Москва: госполитиздат, 1953), c. 153.
44) *КПСС в резолюциях..*, т. *3*, cc. 319-320.
45) 신경제정책이란 사경제와 공경제가 공존하였던 1921-28년의 소비에트 경제체제를 말한다. 신경제정책에 대한 자세한 내용은 제2장 2절에 있는 관련 내용 참조.
46) И.Сталин, "ⅩⅣ сьезд ВКП(б)," *Соч.*, т. *7*, c. 364.
47) И.Сталин, *Вопросы ленинизма* (Москва: госполитиздат, 1953.), c. 157.

음을 강조하고 있다. 1926년 12월 스탈린은 코민테른 집행위원회 제7차 총회에서 사회주의의 경제적 토대에 대해서 언급하고 있다.

> 사회주의의 경제적 토대를 형성한다는 것은 단일한 경제체제하에 사회주의적 산업화와 농업을 접목시키는 것, 농업을 사회주의적 산업화의 지도 아래 두고 농업과 산업 생산품의 직접적인 교환에 기초하여 도시와 농촌의 관계를 조정하고, … … 계급이 사라지게 되는 생산과 분배의 조건을 만드는 것을 의미한다.48)

사회주의 사회의 경제적 토대를 구축하는 과정에서 중요한 것은 프롤레타리아 독재의 강화를 통한 개인 경영의 척결과 집단 경영 체제의 확립이다. 이를 통한 농·공업의 균형 발전을 도모하고 산업화를 달성하는 것이었다. 농·공업의 균형 발전을 통해 생산성을 높이고, 나아가 공산주의로 진군할 수 있는 토대를 구축하는 것을 의미하게 된다. 따라서 이에 필요한 당의 기본 노선이 정해졌다.49) ① 집단농장과 국영농장을 확대시킨다.50) ② 중농과 빈농들의 대중적 지지 하에서 곡물조달에 대한 부농의 저항을 분쇄하고, 부농의 잉여곡물을 획득하여 곡물을 수입하지 않으면서 국가재원을 공업발전에 투자하는 일시적인 비상수단을 인정해야 한다. ③ 개인적인 농장을 대규모 집단 경영 및 집단적 노동 노선으로 점

---

48) И.Сталин, *Об оппозиции* (Москва-ленинград: государственное издательство 1928), с. 453.
49) И.Сталин, *Вопросы ленинизма*, сс. 263-264.
50) 집단농장은 두 개의 형태로 분류된다. 첫째는 국영농장인 소프호즈(Совхоз)이다. 이것은 엄격한 의미의 집단농장은 아니지만, 정부가 운영하고 고용노동자가 작업하는 국영기업체이다. 이 국영농장에서 일하는 농민들은 공장에서 일하는 노동자들과 똑같은 임금을 받았다. 두 번째 형태는 순수한 형태의 집단농장인 콜호즈(Колхоз)이다. 콜호즈는 주로 곡물을 생산하고 가축을 집단적으로 사육한다. 집단농장 농민의 임금은 전체 농장의 풍작 여하에 따라 약간씩 달랐다.

진적으로 전환시킨다. 이를 위해서는 집단농장과 국영농장을 발전시키며 광범위한 규모의 계약 제도를 도입하고 기계와 트랙터 농장의 발전을 가속화시켜야 한다. ④ 이 모든 것을 달성하기 위해서 무엇보다 공업(금속, 화학, 기계제작 공업, 트랙터 공장, 농업기계공장 등)의 발전을 가속화시키는 것이 필요하다. 만약 이것이 실패한다면 곡물 문제를 해결하는 것이 불가능하게 될 것이며, 또한 농업을 재건하는 것도 불가능하게 될 것이다.

사회주의의 경제적 토대를 구축하기 위한 당의 계획은 농업의 재건과 함께 공업의 급속한 발전에 두고 있다. 급속한 공업화 정책과 동시에 나약하고 분산된 농업구조를 개혁해야 만 했다. 국가의 산업화를 위해서는 농업과 공업이 함께 발전해야 했다. 이러한 과정은 강압적인 집단화 조치로 이어졌다. 스탈린은 1930년 3월 다음과 같은 내용을 당 기관지인 <프라브다>에 게재했다.

> 현재 사회주의 유형의 생산관계들이 공업뿐만 아니라 농업에서도 보다 깊게 뿌리 내리고 있다. 국영농장의 발전, 집단농장 운동의 양적이고 질적인 측면에서의 거대한 고양, …… 계급으로서의 부농집단의 일소 등이 실현된 것이다.51)

사회주의에 적대계급으로 간주된 부농집단을 박멸하고, 강압적으로 농민들을 집단농장으로 유입시켰다. 따라서 1930년대 중반에는 이미 공업과 농업에서 집단주의 경영이 자리잡아가고 있었다. 비록 강압적이고 무자비한 과정의 연속이기는 했지만 사회주의 사회를 건설하기 위한 경

---

51) Правда, 8 марта 1930 г.

제적 토대는 구축되고 있었다.

스탈린이 강압적인 방법으로 농촌집단화 조치를 취한 이유를 사상적 측면에서 정리하면 다음과 같다. 개인의 농장소유는 공유제를 주장하는 사회주의 경제원칙에 위배된다. 그리고 사회주의를 거쳐 공산주의로 나아가기 위해서는 농업과 공업의 조화·발전을 통한 고도의 경제적 생산성을 필요로 한다. 따라서 급속하게 그러한 환경을 만들려는 스탈린의 조급함이 강제성을 지닌 집단화 조치로 이어진 것으로 보인다. 그리고 협동조합은 개인적인 일상적 이익을 공적인 이익으로 전환시키고, 그것에 의해 개인적인 농민들을 집단주의적인 정신으로 교양하는 것이 가능함을 스탈린이 인식한 것으로 보인다.

(2) 공업국가의 건설

1929년 4월의 제16차 당 대회에서 가장 중요한 문제로 제기된 안건은 제1차 5개년 계획에 관한 것이었다. 스탈린은 "5개년 계획의 주요 목적이 사회주의의 경제적 토대인 공업뿐만 아니라, 농업·수송을 개조하고, 군비 등을 확장할 능력을 가질 수 있는 산업화를 형성하는 것"52)이라고 했다. 따라서 모스크바와 고리키(Горький)市53)에 대규모 자동차 공장, 우랄과 서부 시베리아에 대규모 금속공업 도시가 건설되어야 했고, 볼가강 주변의 스탈린그라드(Сталинград)54)에 대규모 트랙터 공장이

---

52) *История всесоюзной коммунистической партии(большевиков)* (Москва: издательство ЦК ВКП(б), 1938), с. 283.
53) 고리키市는 이곳에서 태어난 막심 고르키를 기리기 위해 1932년에 고리키로 개명되었다. 그러나 1990년에 니즈니노브고로드(Нижний Новгород)로 그 명칭이 다시 환원되었다. 볼가연방지구의 본부가 있는 니즈니노브고로드市는 볼가 강과 오카 강이 합류하는 지점에 있는 러시아 제4의 도시이다.
54) 볼가강(江) 하류의 중공업 도시인 볼고그라드(Волгоград)는 1925~1961년까지 스

건설되어야 했다. 이러한 공단건설 사업은 영하 40도에 이르는 혹한 속에서도 강행되었다.55)

1929년에는 공업생산이 농업생산을 앞질렀다. 스탈린은 "우리나라가 명백히, 그리고 마침내 공업국이 되었다는 것을 의미한다."56)고 했다. 또한, 그는 "공업에서 자본주의적 요소들은 이미 박멸되었고, 현재에는 사회주의적 경제체제가 유일한 체제이며, 우리 공업에서 독점적 지위를 유지하고 있다."57)고 했다. 스탈린에 의하면, 이러한 진전은 사회주의 경제체제가 자본주의 및 개인적 농민 체제를 능가하는 이점에 있음을 인식한 수천만 인민들의 노동에 의해서 달성될 수 있었다.58)

제17차 당 대회에서 2차 5개년(1933-37) 계획이 채택되었다. 2차 5개년 계획의 주요한 정치적 과제는 자본주의적 요소를 완전히 박멸하고, 계급적 차이와 인간에 의한 인간의 착취를 근절시키는 데 두고 있다.59) 이러한 정책목표 아래서 노동계급을 괴롭히는 실업 및 부농의 속박을 완전히 소멸시켜야 했다. 시골의 빈곤 상황을 극복하여 도시와 농촌간 대립이 사라지는 토대를 구축해야 했다. 스탈린의 정책목표는 강압적으로 추진되었다. 그리고 스탈린은 "나라를 공업화하는 정책은 승리했으며, 우리나라의 경험은 격리된 한 나라에서 사회주의 승리가 충분히 가능하다는 것을 보여주었다."60)고 강조했다.

탈린그라드(Сталингра́д)로 명명되었고, 제1차 5개년계획 시대(1928~1932)에 집중적으로 공업화가 추진되어 세계적 규모의 트랙터·전차(戰車) 공장 등이 건설되었다.
55) Джузеппе Боффа, *История советского союза* (Москва: Международные отношения, 1990), c. 334.
56) И.Сталин, "Отчётный доклад XVII сьезду партии" *Соч. т, 13*, c, 311.
57) *Там же*, c, 314.
58) *Там же*.
59) 이 윤-헨(1995), cc. 94-95.

스탈린은 사회주의 사회의 경제적 토대 구축을 위한 국가의 노력을 다음과 같이 설명했다.61) ① 공업과 농업생산의 거대한 발전; ② 이러한 발전에 기초하여 공업과 농업에서의 자본주의 체제에 대한 사회주의 체제의 최종적 승리; 사회주의 체제가 국민경제 전체에서 유일한 체제가 되었고, 자본주의적 요소들은 국민경제의 모든 분야에서 추방되었다; ③ 압도적 다수 농민들에 의한 개인적인 소상품 생산의 최종적인 포기; 집단노동과 생산수단의 집단소유에 기초된 농민의 집단농장으로 유입; 개인적인 소상품 영농에 대한 집단영농의 완전한 승리; ④ 개인적 농민 농가의 흡수를 통한 집단농장의 계속적인 증대 및 확대에 있다.

공업화는 현대문명 전체의 추진력이며 사회주의 건설을 위한 토대가 된다. 러시아 상황에서, 공업화는 지배계급으로서 프롤레타리아의 기반 강화를 의미한다. 그와 동시에 공업화는 농업집단화를 위한 물적·기술적 선행 조건들을 창출해 준다. 그리고 이러한 과정의 진행 속도는 상호 의존적이다. 이는 사회주의 공업화에 대한 스탈린의 인식이었다. 공업화와 농촌집단화가 가능한 한 빠른 속도로 진행되어야 했다. 그럴 경우에만 현재 생성 중에 있는 새로운 사회가 내부의 분열과 외부의 위협으로부터 가장 안전하게 보호될 수 있을 것이다. 또한, 근로 대중의 물질수준을 체계적으로 향상시킬 수 있는 기반이 창출될 수 있을 것이다. 스탈린에 따르면, 산업화와 노동자 이익의 결합을 보장하는 소비에트의 산업정책은 농민대중을 포함하는 모든 대중의 삶의 질을 개선시키는 방향으로 나아가는 것이다.62)

---

60) *ВКП(б) в резолюциях и решениях*, т. 2., с. 554.
61) *ВКП(б) в резолюциях и решениях*, т. 2., с. 549.
62) См.: И.В.Сталин. *Соч.*, т. 8, сс. 286-289.

2) 사회주의 헌법 채택

스탈린이 강압적인 방법으로 추진한 집단화 결과, 1937년 말에는 전체 농촌의 93%인 1천8백5천만 농가가 집단농장에 소속되었으며, 콜호즈(Колхоз)는 24만 3천7백여 개를 헤아리게 되었다. 파종 면적은 전체 농경의 99.1%에 달했다. 이러한 결과는 농촌에서의 공동생산과 집단경영을 의미했다.[63] 그리고 대규모 기계생산이 국민경제의 모든 부분에 침투되었고 공공소유에 기초를 두게 되었다. 정치적 토대인 소비에트가 이미 형성되었고, 경제적 토대 역시 협동조합(콜호즈) 소유 및 모든 국민의 소유가 되는 국가소유 체제가 형성되었다.[64] 스탈린은 사회주의적 소유제(국가 소유와 집단 소유)의 정착과 함께 착취계급이 사라지고 노동자 계급과 근로 농민계급으로 구성되는 새로운 사회를 건설했다.

사회주의를 건설하기 위한 스탈린의 노력은 희생 그 자체였다. 스탈린이 중공업 우선의 급속한 산업화 정책을 강행한 결과 많은 부분에 있어서 희생은 있었지만, 생산수단에 있어 사회주의화의 길을 걸어가기 시작했다. 스탈린의 강압적인 정책이 집단화와 산업화라는 결과를 가져 왔다. 마르크스는 공산주의로 향한 제1단계인 사회주의 단계에서 프롤레타리아 독재와 함께 민주화를 필수 조건으로 제시했고,[65] 레닌 역시 "민주화 없는 사회주의는 불가능하다."[66]고 했다. 민주화는 국가의 정치 및 경제 활동에 있어서 시민들의 자발적인 참여를 근간으로 한다. 그러나 스탈린의 집단화 및 산업화 정책에서는 이러한 모습을 찾아 볼 수가 없었다.

---

63) Ли Йын-Хен(1995), cc. 104-105.
64) См.: *История Советской Конституции. 1917-1956* (М.: 1957), cc. 729-731.
65) См.: К.Маркс и Ф.Энгельс, *Соч.*, т. 4, c. 446.
66) В.И.Ленин, *Полн. собр. соч.*, т. 27, c. 253; *Там же*, т. 30, c. 128.

사회주의 사회의 경제적 토대가 구축되고 있던 1935년 2월에 31인으로 구성된 헌법위원회가 결성되었다. 1924년에 채택되어 효력을 발하고 있던 기존의 헌법을 수정하면서, 변화된 정치·경제적 상황(선거제도의 민주화와 사회주의적 소유)을 첨가하는 새로운 사회주의 헌법을 준비하기 시작했다.67) 1936년 11월에 개최된 제8차 임시 전연방 소비에트 대회에서 사회주의 헌법을 채택하기에 이르렀다. 소련은 공산주의의 첫 번째 단계인 사회주의 단계에 도달되었고, 이러한 사실이 사회주의 헌법에 포함되었다. 즉, 마르크스가 공산사회로 향한 첫 번째 단계 또는 가장 낮은 단계라고 부르는 사회주의 단계에 도달했다.

1939년의 제18차 당 대회에서는 소비에트 사회가 '공산주의 사회 건설로 나아간다.'는 사실을 확인했다. 따라서 새로운 공산주의 건설 프로그램을 준비하기 위해 특별위원회가 결성되었다.68) 그러나 소련이 제2차 세계대전에 참전하면서 경제가 파괴되었기 때문에, 제4차 5개년 계획(1946-50)은 파괴된 경제를 재건하는 대규모 주택건설 사업에 치중되었다. 이러한 과정에도 중공업은 여전히 중요시되었다.69) 스탈린에 의한 사회주의 경제정책의 핵심은 중화학 공업 우선 정책으로 나타났다. 따라서 국민의 생활수준은 개선되지 않았다. 스탈린은 국민의 복지수준을 등한시하면서 군수산업에 박차를 가했다. 이러한 과정에서 국가의 주인인 노동자와 농민은 항상 소외되었다.

---

67) *Правда*, 2 февраля 1935 г.
68) Ли Йын-Хен(1995), с. 110.
69) 1950년에 발표된 제4차 5개년 계획의 성과 보고에서 소련은 전쟁 이전의 생활수준을 회복했고 공업생산이 세계 제2위가 되었음을 밝히고 있다.

4. 흐루쇼프와 공산사회에 대한 환상

1) 공산사회 건설에 대한 낙관론

1956년의 제20차 공산당 대회는 소련 정치사에 중요한 의미를 지닌다. 본 대회에서 사회주의 건설에 대한 레닌적 개념으로 복귀하려는 최초의 시도가 있었다. 본 대회는 공산주의 건설의 당면 과제를 지적하면서 사상적 재무장을 강조했다. 사상 활동의 주요 과제는 마르크스-레닌주의 사상으로 무장된 소비에트 간부의 양성에 있었다. 그리고 모든 소비에트 국민들이 마르크스-레닌주의 세계관을 교육 및 학습하여 공산주의적 정치경제 사상으로 무장하는 것이었다.

흐루쇼프는 스탈린에 의해 왜곡된 레닌의 통치 철학을 높이 평가하게 된다. 정치 민주화와 경제 활성화에 보다 많은 관심을 기울였다. 제20차 당 대회에서 흐루쇼프와 그의 동료들은 인민의 복지수준이 성장된 이후에 더 많은 민주화 실현이 가능할 것으로 생각하고 있었다. 그리고 흐루쇼프는 국제공산주의 사상의 진보는 자신의 국민들에게 더욱 양호한 삶을 보장한 후에 현실적으로 가능하게 된다고 믿었다.[70]

흐루쇼프는 노동자 및 농민의 정치 참여를 강조하고 있다. 그는 "우리는 가능한 한 소비에트 민주주의를 발전시켜야 하고, 이것의 발전을 방해하는 모든 것을 제거해야 한다."[71]고 강조했다. 또한, 전제정치의 제반 현상에 대항하여 투쟁할 것을 호소했다. 특히, 그는 "문란해진 레닌에 의하여 정립된 당 활동 규칙의 재건"[72]에 대해 지적했다. 그러나 흐루쇼

---

70) Ли Йьнн-Хен(1995), с. 118.
71) XX съезд КПСС. Стенографический отчет. Т. 1 (М.: Политиздат, 1956), с. 91.
72) Там же, с. 101.

프는 레닌의 당 활동 규칙이 무엇이며, 왜 그것이 파괴되었는가에 대한 언급은 피하고 있다. 그러나 분명한 사실은 20차 당 대회에서 제기된 3가지(민주화, 합법칙성, 당 활동의 레닌적 규칙)의 문제는 스탈린의 정치 현실로부터 이탈을 의미했다. 흐루쇼프가 스탈린에 의해 추진된 정책이 레닌의 국가 건설 논리로부터 이탈되고 있음을 직시한 것이다.

흐루쇼프는 스탈린의 비민주적 통치 스타일에 대해 비판하면서도, 스탈린 시기의 경제성장에 대해서는 긍정적인 평가를 내리고 있다. 제20차 당 대회에서 흐루쇼프는 "공산주의 - 이것은 멀리 동떨어진 미래의 것이 아니라, 공산주의의 장엄하고 선명한 건물이 인민의 눈앞에 뚜렷하게 펼쳐진다."73)고 강조했다. 이러한 사실은 소련 사회가 경제적으로 성장하고 있음을 직시한 결과이다. 그리고 공산주의로 향하는 과정은 21차 당 대회에서 구체화된다. 21차 당 대회는 소련에서 공산주의로의 이행에 관한 새로운 신화를 탄생시켰다. 1959년 2월 5일의 결정은 다음과 같이 정리되고 있다.

> 공산당 주위에 단결된 소비에트 국민은 ... 공산주의 사회의 완전한 건설 가능성을 제공할 수 있는 거대한 개혁의 정상에 도달했다. ... 자본주의 세계와의 경쟁 단계가 될 것이며, 인민들의 노동생산성이 가장 발전된 자본주의 사회를 따라잡고 추월하는 역사적 과제가 반드시 실현되어야 될 것이다. 공산당과 모든 소비에트 인민은 이러한 과제가 성공적으로 해결될 것으로 믿어 의심하지 않는다.74)

소련은 이미 스탈린 시기에 국가발전 단계의 중간 역인 사회주의에 도달

---

73) Н.С.Хрущев, *Сорок лет Великой октябрьской социалистической революции* (М.: Госполитиздат, 1957), с. 38.
74) *Материалы внеочередного XXI съезда КПСС* (М.: 1959), с. 166.

했다. 따라서 종착역인 공산주의를 향하여 매진할 필요성을 강조하게 된다. "소련에 사회주의는 이미 달성되었다."는 선언에 더해, 1959년에 "사회주의의 승리는 충만(Полный)된 단계일 뿐만 아니라, 최후(Окончательный)의 단계에 도달했다."고 강조했다. 결국, 소련에는 자본주의를 부활하려는 세력이 존재하지 않으며, 자본주의 부활에 대한 위협이 사라졌다.[75] 따라서 개개 국민의 필요를 만족시키며, 강제가 없는 사회인 공산주의 사회로의 진행만 남게 되었다.

공산주의 건설 과제와 방법은 1961년 10월의 22차 당 대회에서 채택된 3차 당 강령에서 제시된다. 22차 공산당 강령은 20년 이내에 공산주의의 물질적·기술적 토대를 형성하는 문제를 구체화하고 있다. 흐루쇼프는 "1980년까지 공산주의의 물질적·기술적 토대가 형성될 것이다."[76]라고 언급하면서, "현 세대의 소비에트 국민은 공산주의에서 살아가게 될 것이다."[77]라고 했다. 그리고 새로운 당 강령에는 공산주의 사회 건설을 위한 준비 과정을 구체적으로 설정해 놓고 있다.

> 처음 10년(1961-1970)의 기간에 생산능력에 있어 미국을 추월하고, 소련 사회에서 나타나고 있는 모든 사회적·경제적 과제를 해결한다. 두 번째 10년(1970-1980)기간 동안에는 모든 국민들에게 물질적 그리고 문화적 복지가 풍요하게 보장되는 공산주의의 물질적·기술적 토대를 구축한다.[78]

---

75) См.: *Внеочередной XXI съезд коммунистической партии советского союза Стенографический отчет. Ч., 1* (М.: Госполитиздат, 1959), с. 107.
76) *Материалы XXII съезда КПСС* (М.: Госполитиздат, 1961), с. 369.
77) *Там же*, с. 319, 428.
78) См.: *КПСС в резолюциях..., Т. 8* (М.: 1972), с. 245.

상기 당 강령에 따르면, 1961년에서 1970년 사이에 개인당 생산에서 세계에서 가장 강대하고 부유한 미국을 추월하게 된다. 그리고 이러한 시기에 소련 인민들의 생활수준이나 문화 및 기술수준은 현저히 개선되며, 모든 사람들이 안락하게 살게 될 것이며, 모든 집단농장이나 국영농장은 고도의 생산성과 이윤을 창출하게 될 것으로 예상되었다. 또한 힘든 육체노동이 사라지고, 소련은 세계에서 가장 짧은 노동시간을 갖는 나라가 될 것으로 보았다.

1971년에서 1980년까지는 공산주의의 물질적·기술적 토대가 갖추어지게 되고, 물질적 풍요로움과 문화적 혜택이 전 인민에게 골고루 돌아가게 될 것으로 보았다. 또한, 동일시기에 소련 사회는 '필요에 따라 분배 받는다.'는 원칙이 적용될 수 있는 그러한 단계로 근접하게 된다고 보았다. 결국, 공산주의 사회가 건설될 가능성이 높아졌다는 것이다. 따라서 공산주의 건설을 위한 새로운 정치적 과제가 제기된다. 즉, 창조적 적극성의 괄목한 증대, 근로자의 주도(솔선), 국가통치 과정에 국민 대중의 광범위한 참여, 사회주의적 합법성의 강화, 사회주의적 민주주의의 발전 등이 요구되었다.

흐루쇼프는 제22차 당 대회에서 "공산주의의 완전한 건설 단계에 돌입했다"[79]고 선언하고 있다. 제22차 당 대회에서 공산주의 사회에 대해 설명하고 있다. 공산주의는 전체 사회 구성원들의 완전한 평등 하에서 생산자금이 전인민의 소유가 되는 무계급 사회이며, 사회 구성원의 전반적인 발전과 발전된 과학 및 기술의 토대위에서 생산력의 증대가 이루어지며, 능력에 따라 일하고 필요에 따라 분배받는 그러한 분배 원칙이 실시되는 사회이다. 그리고 공산주의 사회는 인민의 지치가 확립되고, 자유

---

79) *Материалы XXII съезда КПСС* (М.: Госполитиздат, 1961), с. 185.

롭고 자각 있는 노동자의 조직적 사회이다.80) 흐루쇼프의 논리에 따르면, 소련의 발전단계는 사회주의 단계를 넘어 공산주의 사회로 나아가는 과도기 단계에 위치해 있다.

당시의 소련 사회에 정치적 민주화와 평등 그리고 물질적 복지가 충족되고 있었는가? 이는 공산사회를 위한 필요조건이 된다. 그러나 흐루쇼프의 주장과는 달리, 60년대의 소련에서 어떠한 사회주의도 건설되지 않았다.81) 여기에서 흐루쇼프의 중요한 실수 중에서 하나가 목격된다. 소련 사회를 제대로 인식하지 못한 채 공산주의 사회를 거론한 것이다. 즉, 당시 소련에서 사회주의가 건설되지 않은 점을 고려하지 않고 사회주의로부터 공산주의로의 이행에 관한 마르크스와 레닌의 도식을 원용하여 공산주의로 이행이 가능하다는 것을 강조한 것이다.82)

공산주의 건설이라는 낙관론적 프로그램은 1950년대까지 계속된 고도의 경제성장에 대한 믿음에서 시작된다. 그리고 전임자인 스탈린이 사회주의 단계를 선언했기 때문에 발전론적 비전을 제시해야 만 했던 것이다. 따라서 흐루쇼프는 공산주의 사회의 도래가 20년 후인 1980년이라는 정확한 시기를 제시했다. 흐루쇼프의 기한 설정은 소련 국민들의 적극적인 활동을 도출하기 위한 하나의 정치적 이데올로기 쇼였다. 그리고 공산 당원들과 국민들로부터의 적극적인 지지를 도출하기 위한 정치적 술책이었다. 공산당과 국가의 역할을 강화하기 위한 하나의 술책이었다.

---

80) См.: *Материалы XXII съезда КПСС* (М.: Госполитиздат, 1961), c. 138, 366.
81) Ли Йын-Хен(1995), c. 141.
82) Горбачев-фонд, *Н.С.Хрущев(1894 - 1971) : Материалы научной конференции посвященной 100-летию со дня рождения Н.С.Хрущева 18 апреля 1994 года* (М.: Российский государственный гуманитарный университет, 1994), c. 43.

2) 공산사회 준비, 국가와 공산당의 역할

(1) 국가의 위치

흐루쇼프는 40년 이상 존속되어 온 프롤레타리아 독재 국가가 전인민의 국가로 성장했음을 강조하고 있다. 흐루쇼프는 국가의 위치를 다음과 같이 설명하고 있다. 국가가 혁명 이후에 발전을 거듭하여 노동자의 사회적 조직으로 성장하기 시작했다. 따라서 프롤레타리아 독재는 그의 역사적 사명을 다했고, 소련에서 더 이상 필요하지 않게 되었다.[83] 프롤레타리아 독재로 출발한 국가는 현재 전인민의 국가로 성장하였으며 인민 전체의 이익과 의지를 대변하는 국가가 되었다.

프롤레타리아 독재 국가에서 발전된 전인민의 국가는 다음과 같은 속성을 지닌다. 타도된 착취 계급을 억압하는 기능으로부터 이탈하며, 그들의 사회적 토대를 전체 사회 수준으로 확대시키게 된다. 따라서 전인민의 사회주의 국가는 인민대의원 소비에트 속에서 국민의 전권(全權) 옹호; 콜호즈 및 사회기관에 봉사하는 노동자들의 통치과정에 광범위한 참여(인민의 사회주의적 자치의 실현) 유도; 모든 국가기관의 활동과 건설의 주된 원칙인 민주집중제의 발전 등을 위한 과업을 부여받게 된다.[84]

전인민의 국가는 인민의 의사를 표현하면서 공산주의의 물질적·기술

---

[83] 레닌은 자본주의에서 공산주의로 이행하는 과정에 다양한 정치형태가 존재할 수 있으나, 그 본질은 프롤레타리아 독재일 수밖에 없다고 했다. 프롤레타리아 독재 국가는 사회주의 혁명 이후에 존재하는 국가이다. 이는 패배한 착취계급을 엄격하게 통제하고, 동시에 노동자들을 위한 민주주의를 신장시키는 국가이다. 또한 승리한 노동자 계급이 지배하는 국가이다. 결국, 국가는 계급과 함께 생성되며 동시에 계급의 폐지와 함께 사멸하게 된다. 즉, 계급 자체와 억압의 필요성이 사라졌을 때, 국민들이 자유롭게 자유에 대해서 이야기 할 수 있을 때, 그 때 독재와 국가는 완전히 소멸하게 되는 것이다.
[84] Ли Йын-Хен(1995), cc. 133-4.

적 토대를 조성하고, 사회주의적 모든 관계를 공산주의적 관계로의 이행을 조직해야 한다. 그리고 사회가 발전함에 따라 국가 권력기관들은 서서히 공공자치 기관으로 전환하게 된다. 따라서 제22차 당 대회에서 채택된 당 강령은 국가가 기구적 측면에서 점차적으로 소멸될 것이라고 주장했다. 제22차 당 대회에서 강조된 공공국가론에 따르면, 국가의 여러 기능들은 각각 상응하는 사회조직으로 이전된다. 전체인민의 국가는 국가발전에 있어서 새로운 단계이며, 국가가 없는 사회로의 진행에 있어서 필연적인 단계이다. 그리고 공산주의적 자치(自治)로의 이행은 프롤레타리아 국가로부터 성장한 전인민의 국가를 통해서 만 가능하다.85)

사회주의적 전인민의 국가는 과도기 단계의 국가 형태이다. 국가의 기능이 점차 사회적 조직으로 전환되면서 국가의 소멸이 이루어진다. 그러나 흐루쇼프는 소련 및 동맹국들에 대한 자본주의의 포위와 공격 위험이 완전히 제거되지 않는 한, 국가는 계속적으로 존재할 것이라고 주장한다. 흐루쇼프의 논리에 의하면, 공산주의 단계에서도 지방 소비에트 기관은 소멸되지 않는다. 다만, 그때는 국가기관이 아닌 사회단체로서의 성격을 갖게 된다. 이러한 시기에 당은 소멸되지 않고 오히려 강화되어 국가조직이 사회단체로 이전되는 것을 도와야 한다. 결국, 흐루쇼프는 국가소멸에 대한 유보적 입장을 취하고 있다. 그는 프롤레타리아 독재가 완료되었다고 해서 국가가 바로 소멸되는 것이 아니며, 오히려 공산주의 건설의 물적 토대를 구축하기 위해서 국가의 기능이 최대로 발휘되어야 한다고 보고 있다.

---

85) См.: Н.П.Фарберов, "Общенародное государство - закономерный результат развития государства диктатуры пролетариата," *Советское государство и право*, no 7, 1962, с. 22.

(2) 공산당의 위치와 역할

흐루쇼프는 레닌이 주창하고 있던 '당이 사회주의 건설을 앞장서서 주도해야 한다.'는 <전위 당>적 성격을 포기하지 않고 있다. 그러나 당의 성격 규정에 있어서 레닌의 그것과는 차이를 보인다. 1959년에 마련된 당 강령 초안에서 공산당의 과업을 능력에 따라 일하고 필요에 따라 분배받는 공산주의 원칙을 실현하는 것으로 규정하고 있다.

1961년 10월의 제22차 당 대회에서 채택된 당 강령에서, 1980년부터 시작될 본격적인 공산주의 건설 단계에 당이 결정적 역할을 수행해야 함을 지적하고 있다. 공산주의 건설 시기에 공산당은 사회주의적 민주주의의 완성과 발전을 위해서 노력해야 했다. 공산당은 사회주의적 민주주의의 전면적 강화 및 완성, 국가 통치 행위에 모든 시민의 적극적인 참여를 유도하는 과업을 부여받게 되었다.[86]

소련 사회의 발전과 함께, 흐루쇼프는 당의 성격을 전인민의 당으로 규정했다.[87] 전인민의 사회주의 단계에서는 공산주의의 전면적 건설을 위해 진군하게 된다. 따라서 이러한 시기에 소련 사회의 지도세력으로 공산당의 의미와 역할이 증대되는 특성을 지니게 된다. 즉, 전인민의 국가로 향하는 이행기에 공산당이 국민의 선봉대로 전환되며, 전인민의 당으로 성장하기 때문에 사회의 모든 부문에서 영향력을 증대시키게 된다. 국가 활동에 자신의 영향력을 확장시키게 된다.[88]

결국, 22차 당 대회에서 채택된 공산당 규약에서 당의 역할이 사회·정치조직의 최고 형태로서 소비에트 사회를 지도하고, 다양한 사업을 추

---

[86] *Материалы XXII съезда КПСС* (М.: Госполитиздат, 1961), c. 396.
[87] См.: *Там же*, cc. 224-226.
[88] 리 Йын-Хен(1995), c. 137.

진하는 힘으로 규정되었다. 흐루쇼프는 국가가 소멸되어야 할 공산주의 단계에서도 공산당이 모든 사회조직들의 운동을 지속적으로 지도해야 한다고 확신하고 있다.89) 프롤레타리아 독재 국가에서 노동자 계급의 전위대 역할을 담당해 온 당이 전인민의 국가에서 전인민의 전위대로 성장하는 것이다. 따라서 전인민의 정치조직이 된 당은 고도의 조직성을 기반으로 대중과의 결합을 강조하게 된다. 또한, 당은 국가의 행정 기능들이 사회단체로 이전되는 과정을 지도하면서 반사회적인 경향의 출현을 막아야 한다. 그리고 전인민이 공산주의 의식을 갖도록 교육시켜야 할 의무를 지니게 된다.

5. 브레즈네프와 발전된 사회주의

1) 발전된 사회주의 단계와 그 특징

공산 사회의 신속한 건설이라는 흐루쇼프의 낙관론적 비전은 브레즈네프 시기에 사라지게 된다. 브레즈네프는 1967년의 볼세비키 혁명 50주년 기념 연설에서 "발전된 사회주의 사회를 개척할 가능성이 있다."90)고 했다. 그리고 그는 발전된 사회주의 사회의 건설을 소비에트 국민의 과제로 보고 있다. 브레즈네프 시대의 국가 발전 상태는 <발전된 사회주의>로 규정된다.91) 발전된 사회주의 개념은 공산주의에 대한 믿음을 파

---

89) Alfred B. Evans, JR., "Developed Socialism in Soviet Ideology", *Soviet Studies*, vol. XXIX, no. 3 (July 1977), pp. 421-422.
90) Л.И.Брежнев, *Ленинским курсом. Речи и Статьи, т. 2* (М.: Политиздат, 1970), с. 100.
91) 브레즈네프는 소비에트 사회의 발전을 다음의 4시기로 구분하고 있다. 첫째 시기는 1917년부터 1936년까지로 사회주의 건설기이다. 둘째 시기는 사회주의 사회의 기반이 구축되어 기본적으로 사회주의 사회를 실현하게 된 1936년부터 1960년대 초

괴한 것이 아니라, 현실 상황에 준하는 방향으로 국가의 성격을 변화시 킨 것이다.

　　공산주의 사회로의 진입은 정치 및 경제적으로 풍요로운 사회여야 했다. 정치적으로 노동자와 농민의 적극적인 국가 행위에의 참여가 보장되고, 경제적으로 물질적인 복지가 충족되는 사회이어야 했다. 따라서 브레즈네프는 당시 소련의 현실을 직시하면서 발전된 사회주의 개념을 도입했다. 전인민의 국가 형태인 발전된 사회주의는 공산주의로 나아가기 위한 과도기 사회였다. 1970년 4월 브레즈네프는 전인민의 국가는 공산주의 건설의 주요한 기구라고 강조했다.92)

　　브레즈네프의 지적에 따르면, "성숙한 그리고 발전된 사회주의 단계는 자본주의에서 공산주의로 발전하는 비교적 장기간의 시기이다."93) 브레즈네프는 전체 인민의 사회인 발전된 사회주의를 공고화시키기 위해서 평화와 자유 그리고 모든 노동 대중의 평등과 복지가 정착되는 방향으로 나아가야 됨을 언급하고 있다. 브레즈네프는 사회주의 국가의 발전에 준하여 수백만 국민 모두가 권력 기관과 통치 활동에 적극적으로 참여하게 된다고 보고 있다. 그리고 이에 준하여 생산과 분배, 사회 및 문화정책, 재판 과정에 적극적인 참여가 보장되어야 한다고 보고 있다. 브레즈네프는 사회주의적 민주주의의 발전과 함께 국가는 점차적으로 공산 사회로

　　반까지의 시기이다. 셋째 시기는 1960년대 초에 도달된 발전된 사회주의 시기이며, 넷째 시기는 소비에트 사회의 목표로 남아있는 공산주의 시기이다. Alfred B. Evans. JR., "Developed Socialism in Soviet Ideology", *Soviet Studies*, vol. 29, no. 3, July 1977, p. 414

92) Л.И.Брежнев, *Вопросы развития политической системы советского общества* (Москва: Политиздат, 1977.), с. 138.

93) Л.И.Брежнев, *Исторический рубеж на пути к коммунизму* (М.: Политиздат, 1977), с. 11.

성장하게 된다고 믿는다.94)

1977년에 개정된 소련 헌법에 다음과 같이 규정되어 있다. 소련에 발전된 사회주의가 형성되었다. 소비에트 국가가 지향하는 최상의 목표는 공산주의적 자치(自治)가 형성되는 무계급 공산사회의 건설에 있다. 그러나 현재의 소련은 모든 민족적 노동자 및 농민 그리고 지식계급의 이익과 의지를 반영하는 전체 인민의 사회주의 국가이다.95) 1977년의 헌법 전문은 발전된 사회주의가 경제적으로 산업화되고, 사회적으로 합의에 기초되는 사회임을 분명히 밝히고 있다.

> 발전된 사회주의는 강력한 생산력, 과학과 문화가 진보적으로 창조되고, 인민의 복지가 끊임없이 증진되며, 개인의 발전을 위한 좋은 조건이 성립되어 가는 사회이다. 이것은 모든 국가와 민족의 법률적 및 현실적 평등, 그들의 형제적 협동 하에서 새로운 역사적 공동체인 소비에트 인민이 형성되는 사회이다. 이것은 개개인의 복지에 대한 만인의 배려와 만인의 복지에 대한 개개인의 배려가 생활의 신조어가 되는 사회이다. 그리고 국가생활에 근로자의 보다 적극적인 참여가 이루어지고, 시민의 실질적인 권리와 의무 그리고 자유가 결합되는 진정한 민주주의 사회이다.

발전된 사회주의는 특유한 집단주의적인 방법에 기초해서 사회관계의 전반적인 개혁이 완성되었을 때 나타나는 새로운 사회의 성숙 단계이다.96) 발전된 사회주의는 공산주의로의 이행 과정에 있어서 필요한 기간

---

94) Л.И.Брежнев, *Ленинским курсом. Речи и Статьи*, т. 6 (М.: Политиздат, 1978), с. 534.
95) *Конституция(Основной закон) Союза Советских Социалистических Республик* (М.: 1977), с. 5, 8.
96) Л.И.Брежнев, *Ленинским курсом. Речи и Статьи*, т. 6 (М.: Политиздат,

이다. 공산주의로 향하는 과정에 있어서 발전된 사회주의 단계를 뛰어 넘을 수 없으며 피할 수도 없다.97) 발전된 사회주의는 공산주의의 물질적·기술적인 토대가 형성되며 조화롭고 발전된 인격의 형성 등을 성공적으로 해결하는 과제가 주어진 사회로 정의될 수 있다.98)

결국, 발전된 사회주의는 확고히 확립된 사회적 통일을 전제로 한다. 동질성은 미래의 공산사회에서 실현될 것이지만, 통일은 발전된 사회주의에서 인식될 수 있는 결과물이다.99) 여기에서 제시되는 사회적 통일의 기초는 착취와 계급의 적대감이 제거된 사회를 의미하게 된다. 그리고 보다 높은 사회적 통일은 도덕적·정치적 통일 그리고 공통된 가치의 공유 등을 강조하게 된다.100) 사회적 통일의 기초가 되는 사회주의의 진보는 발전된 사회주의 생산관계의 유지를 통하여 실현될 수 있으며, 발전된 사회주의적 생산관계의 주요한 특징은 평등에 있다.

2) 발전된 사회주의에서 국가와 당의 역할

(1) 국가의 위치

브레즈네프의 국가론은 프롤레타리아 독재론의 변형과 전인민의 국가 개념에서 찾아진다. 브레즈네프는 공산주의라는 지상낙원을 하루 빨리 건설해야 한다는 흐루쇼프 시대의 소련공산당 목표를 수정했다. 그리고

1978), c. 627.
97) Отв. ред.: С.С.Хромов, *Развитой социализм: Вопросы теории и истории* (М.: наука, 1986), сс. 4-5.
98) 리 이인-헨(1995), c. 157.
99) Alfred B. Evans, "Developed Socialism in Soviet Ideology," *Soviet Studies*, Vol. XXIX, no. 3. July 1977, p. 420.
100) *Ibid.*

물질적 풍요와 능력에 따라 일하고 필요에 따라 분배받는 공산 사회의 건설이 요원함을 알았다. 또한, 흐루쇼프가 국가의 빠른 소멸을 강조했음에 반하여, 브레즈네프는 발전된 사회주의 사회에서 국가의 역할과 중요성이 강화되고 증대되어야 함을 주장하고 있다.

제25차 당 대회에서 브레즈네프는 소련 사회를 노동자 계급(노동자, 농민)의 사회인 프롤레타리아 독재 시기를 청산하고, "모든 국민의 의지와 이익을 반영하는 전인민의 국가"101)인 발전된 사회주의 단계에 도달했음을 선언했다. 브레즈네프에 의하면, 발전된 사회주의 사회는 모든 노동자들이 국가 통치 행위에 참여하는 민주주의 활성화를 중요시 한다.102) 브레즈네프는 민주주의를 통한 인민주권 국가를 강조하고 있었다.

브레즈네프는 공산주의가 가까운 시일 내에 실현되는 것이 아니라고 했다. 그리고 그것이 실현될 때까지 국가는 완벽한 역할 수행을 위해서 기능을 계속 확대해 나가야 한다고 보았다. 이러한 관점에서 발전된 사회주의 사회에 적합한 국가 형태로 전인민의 국가 개념이 설정된 것이다.103) 1977년에 채택된 신헌법에 명문화되었다. 신헌법 제1조는 국가의 성격을 <노동자 계급, 농민, 인텔리겐치아104), 국내의 모든 민족의 의지와 이익을 실현하는 사회주의적 전인민의 국가>로 규정하고 있다.

<전인민의 국가> 단계에서 국가의 역할과 기능이 강조되었다. 국가는

---

101) *Материалы XXV съезда КПСС* (Москва: Политиздат, 1976), c. 81.
102) См.: Л.И.Брежнев, *Вопросы развития политической системы советского общества* (Москва: Политиздат, 1977.).
103) 전인민의 국가 개념은 흐루쇼프 시기에 등장했다. 1961년 제22차 공산당 대회에서 프롤레타리아 독재가 소멸되고, 전인민의 국가가 탄생하였음을 밝혔다. 그러나 흐루쇼프의 실각과 동시에 잠시나마 사라졌다. 1960년대 말에 전인민의 국가 개념이 다시 등장하였다.
104) 인텔리겐치아(Интеллигенция)는 지식노동에 종사하는 사회계급을 일컫는다.

공산주의의 물질적·기술적 토대를 구축해나가는 발전 지향적인 개념으로 정의되었다. 다시 말해, 발전된 사회주의 단계에서는 본격적인 과학기술 혁명의 영향으로 생산수준이 향상되고, 그 영향으로 경제규모가 확대되고, 사회구조가 복잡하게 변화된다. 따라서 국가는 경제적·사회적 발전 계획과 엄격한 질서 및 규율 유지를 위해서 적극적이고 정교한 역할을 수행할 필요가 있다는 것이다.

결국, 브레즈네프는 국가 기능의 존속과 확대를 강조하고 사회조직의 정치적 기능을 조직화된 국가의 지도 아래 예속시킨다. 흐루쇼프는 국가의 통치 부분을 축소하고 사회적 자치부분을 확대시킴으로써 국가가 점차적으로 소멸하게 될 것으로 보았지만, 브레즈네프는 발전된 사회주의 단계에 준해서 공산주의가 실현될 때까지 국가의 역할을 지속시키고 있다. 국가의 역할은 공산주의의 물질적·기술적 토대를 구축하는 데 있다. 따라서 국가의 통치 부분이 오히려 확대되어야 된다는 입장을 취한다.

(2) 공산당의 역할

브레즈네프는 당의 개입 없이는 행정적인 자발성이 바람직한 방향으로 진척되지 않는다고 생각하고 있었다. 1968년 3월 브레즈네프는 강철 같은 당 규율을 강조함과 동시에, '오직 당만이, 각종 정치적·조직적 활동의 경험을 통해 공산주의 건설 과업을 수행할 수 있다'고 주장했다.[105] 또한 당 이데올로기 담당 서기였던 수슬로프(M.A.Suslov) 역시 당의 역할을 강조하고 있었다.[106]

1976년에 개최된 제25차 당 대회에서 발전된 사회주의 건설 및 공산

---

105) 이는 레닌의 전위당론을 이어 받은 것으로 볼 수 있다.
106) См.: *Правда*, 7 ноября, 1970 г.

주의로의 점진적 이행에 관한 문제가 제기되었다. 그리고 당과 당중앙위원회가 이에 따르는 활동을 수행하도록 하고 있다.107) 당 대회에서 소련 사회가 프롤레타리아 독재 국가에서 전인민의 국가로 전환되었음을 선언하면서, 이러한 시기에 새로운 역할이 당의 임무로 주어졌다. 브레즈네프는 당이 노동계급, 노동인민 및 전체 인민의 정치적 지도자라고 선언했다.108) 정치적 영역에 있어서 성숙된 민주화 그리고 전인민의 국가를 필요로 했으며, 당의 성격은 노동계급의 정당에서 전체 국민의 정당으로 전환되어야 했다.

브레즈네프는 당의 중요성을 강조하면서 그 임무를 다양한 이익의 조정자 내지는 중재자로 보았다. 또한, 당의 임무가 공산주의 건설을 추진하는 전위적 역할에 있다고 했다.109) 1977년 소연방 신헌법 제6조에 기록된 공산당의 지도적 역할은 다음과 같다.

> 소연방 공산당은 소비에트 사회의 지도적이고 주도적인 힘이며, 그의 정치제도, 국가 및 사회단체의 중핵(中核)이다. 소연방 공산당은 인민을 위하여 존재하고 인민에게 봉사한다. 맑스·레닌이즘으로 무장된 공산당은 사회발전에 대한 종합적인 전망과 소연방의 국내외 정책 방침을 결정하여 소비에트 인민의 위대한 창조적 활동을 지도하며, 공산주의의 승리를 위하여 투쟁한다.

당의 기본적인 역할과 과업은 다음에 있다. 첫째, 당은 주요한 개혁노선을 형성하고 합성하는 창조자로서의 역할을 한다. 정당하고 현실성 있

---

107) *Материалы XXV съезда КПСС* (М.: Политиздат, 1976), с. 81.
108) *Правда*, 25 февраля, 1976 г.
109) G.Breslauer, *Khruahchev and Brezhnev as Leaders: Building Authority in Soviet Politics*, pp. 176-177 참조.

는 정책을 형성 및 실행하고, 그 결과물을 조정한다. 모든 조직체와 사회계층으로부터 정보와 자발성을 확보 및 유도한다. 모든 조직체가 국가이익을 위해 봉사하도록 관리한다. 둘째, 당은 점점 복잡해지는 사회·경제 질서의 조정자 역할을 수행한다. 당은 모든 국가기관과 사회조직체에 침투하여 일반적인 이익을 결합하고 합성해 내는 전통적인 역할을 할 뿐 아니라, 복잡한 사회·경제적 발전의 부산물인 관료주위의 확산을 방지한다. 그리고 사회로부터의 저항을 극복해 내는 역할을 수행한다.110)

결국, 소련의 국가발전에 따른 새로운 과업들이 공산당에게 주어지게 된다. 소비에트 인민은 당의 지도 아래 공산주의의 물질적·기술적 기반을 조성하게 된다. 사회주의적 사회관계를 공산주의적 사회관계로 전환시키게 된다. 공산주의적 의식과 정신으로 인민을 교육시키는 과제가 공산당에게 주어지게 된다.111) 사회 변화에 따르는 새로운 과업이 공산당에게 주어진 것이다.

6. 끝맺는 말

공산사회로 향한 소련의 노력은 〈발전된 사회주의〉 단계에서 종지부를 찍었다. 공산주의 사회로 더 이상 나아가지 못하고 자본주의 경제 시스템을 도입하는 방향으로 정책적 수정이 이루어졌다. 흐루쇼프를 거쳐 브레즈네프 시기로 이어지면서 자본주의 시장경제 시스템에 관심을 갖는 정치엘리트들이 형성되기 시작했고, 사회주의 사상에 의구심을 갖기 시

---

110) D.R.Kelley(ed), *Soviet Politics in the Brezhnev Era* (New York: Praeger Publisher, 1980), pp. 36-37.
111) *Правда*, 05 Июня, 1977 г.

작했다. 이와 함께, 사상적인 의미에서 국가발전이 정지되는 결과를 낳았다. 국가 발전이 더 이상 나아가지 못한 이유는 여러 곳에서 찾아진다. 경쟁의 의미가 약화된 사회주의 사상 차원에서 찾을 수 있고, 공산주의에 대한 신념과 믿음을 국민들에게 제대로 전파하지 못한 문화 교육의 부재에서도 찾아진다. 그리고 정치 및 행정과정에서 국민들의 자발적인 참여가 배제된 정치 시스템 속에서도 찾아진다.

<공산사회 건설은 민주화와 국민들의 참여 없이는 불가능하다>는 마르크스와 레닌의 지적에 동의하면서, 소련의 정치 엘리트들이 국민들로 하여금 자발적으로 정치 및 행정 과정에 참여할 수 있는 그러한 환경을 구축해 주지 못한 정책상의 과오가 사상적인 측면에서 국가가 더 이상 발전되지 못하도록 했다. 불평등 구조 속에서 당과 국가에 의해 강요된 동원은 국가사회에 긴장을 초래하게 되고, 공산사회를 향한 긴 여정에서 교육 및 문화 사업이 함께하지 못하면 국민들의 자발성이 사라지게 된다. 국민들이 공산주의에 대한 확실한 믿음을 가지고 있어야 국가발전 과정에서 보다 적극성을 보이기 때문이다.

경제적으로 발전되지 못한다면 공산주의의 핵심인 <공동생산, 공동분배>가 어려워지게 된다. 아니, 국민들의 당과 국가에 대한 믿음이 사라지게 된다. 경쟁이 없는 조건 하에서 국가의 경제 발전은 어려움에 처할 수 있다. 스탈린 시기에 강요된 활동이 경제 발전을 긍정적으로 유도하기는 했지만, 흐루쇼프와 브레즈네프 시기에 강제성이 다소 완화되면서 국가경제가 추락하기 시작했다. 그리고 일생 생활에서 나타나는 빈곤의 악순환은 국민들로 하여금 당과 국가에 대한 믿음을 상실하도록 했다. 이러한 현상이 공산주의에 대한 희망을 버리도록 유도하는 또 하나의 중요한 요인으로 작용했다.

결국, 공산사회로 나아가기 위한 소련의 노력은 시작 단계에서부터 잘못된 것이었다. 혁명을 위한 객관적 조건의 미성숙, 경제적 토대의 약화, 공산사회를 위한 교육사업의 미완성, 강요된 동원(민주화에 기초된 자발적인 참여의 부재) 등이 문제였다. 특히, 스탈린 이후 시작된 경제 상황의 악화가 소련 사회의 발전을 더 이상 용인하지 않는 것으로 보인다. 이에 더해서, 정치지도자의 공산주의 사상에 대한 확신의 부재, 공산사회를 향한 국민들의 인내의 한계가 어우러지면서 소비에트 사회주의 체제가 더 이상 발전되지 못한 것으로 보인다. 물론, 자본주의 국가와의 대결이라는 외부적 요인이 소련 경제를 악화시켰고, 이러한 상황이 자본주의 체제를 수용하도록 영향을 미쳤다.

<참고 문헌>

이영형, 『러시아정치사』 (서울: 엠애드, 2000).

N.Bukharin, *Economics of the Transformation Period* (New York : 1971).

Lifred B. Evans, JR., "Developed Socialism in Soviet Ideology", *Soviet Studies*, vol. XXIX, no. 3 (July 1977).

D.R.Kelley(ed), *Soviet Politics in the Brezhnev Era* (New York: Praeger Publisher, 1980).

Джузеппе Боффа, *История советского союза* (Москва: Международные отношения, 1990).

Л.И.Брежнев, *Ленинским курсом. Речи и Статьи*, т. 2 (М.: Политиздат, 1970).

Л.И.Брежнев, *Вопросы развития политической системы советского общества* (Москва: Политиздат, 1977.).

Л.И.Брежнев, *Исторический рубеж на пути к коммунизму* (М.: Политиздат, 1977).

Л.И.Брежнев, *Ленинским курсом. Речи и Статьи, т. 6* (М: Политиздат, 1978).

Н.Верт, *История советского государства. 1900-1991* (М.: Прогресс-Академия, 1994).

Внеочередной *XXI съезд коммунистической партии советского союза: Стенографический отчет, Ч., 1* (М.: Госполитиздат, 1959).

ВКП(б) в резолюциях и решениях, т. 2.

Горбачев-фонд, *Н.С.Хрущев(1894 – 1971) : Материалы научной конференции, посвященной 100-летию со дня рождения Н.С.Хрущева. 18 апреля 1994 года* (М.: Российский государственный гуманитарный университет, 1994).

История всесоюзной коммунистической партии(большевиков) (Москва: издательство ЦК ВКП(б), 1938).

История СССР : эпоха социализма (Москва: 1957).

История Советской Конституции. 1917-1956 (М.: 1957).

Конституция(Основной закон) Союза Советских Социалистических Республик (Москва: 1977).

КПСС в резолюциях.., т. 3.

КПСС в резолюциях..., т. 8.

В.И.Ленин, *Полн. собр. соч.*, т. 26.

В.И.Ленин, *Полн. собр. соч.*, т. 27.

В.И.Ленин, *Полн. собр. соч.*, т. 30.

В.И.Ленин. *Полн. собр. соч.*, т. 34.

В.И.Ленин, *Полн. собр. соч.*, т. 36.

В.И.Ленин, *Полн. собр. соч.*, т. 37.

В.И.Ленин, *Полн. собр. соч.*, т. 45.

Ли Йын-Хен, *Некотрые особенности опыта социалистических преобразований в СССР (критический анализ)*, (Москва: МГУ, 1995).

К.Маркс и Ф.Энгельс, *Соч.*, т. 4.

К.Маркс, Ф.Энгельс, *Соч.*, т. 19.

Материалы внеочередного XXI съезда КПСС (М.: 1959).

Материалы XXII съезда КПСС (М.: Госполитиздат, 1961).

Материалы XXV съезда КПСС (Москва: Политиздат, 1976).

Р.Медведев, *О сталине и сталинизме* (М.: прогресс, 1990).

Политология: энциклопедический словарь (Москва: издательство московского коммерческого университета, 1993).

Г.Л.Смирнов и др., *Очерк теории социализма* (М.: Политиздат, 1989).

И.Сталин, *Об оппозиции* (Москва-ленинград: государственное издательство, 1928).

И.Сталин, *Вопросы ленинизма* (Москва: госполитиздат, 1953).

И.Сталин, "XIV съезд ВКП(б)," *Соч.*, т. 7.

И.В.Сталин. *Соч.*, т. 8.

И.Сталин, "Отчётный доклад XVII съезду партии" *Соч. т,* 13.

Роберт Такер, *Сталин путь к власти 1878-1929* (М.: прогресс, 1991).

Отв. ред.: С.С.Хромов, *Развитой социализм: Вопросы теории и истории* (М.: наука, 1986).

Н.П.Фарберов, "Общенародное государство - закономерный результат развития государства диктатуры пролетариата," *Советское государство и право,* no 7, 1962.

Н.С.Хрущев, *Сорок лет Великой октябрьской социалистической революции* (М.: Госполитиздат, 1957).

XX съезд КПСС. Стенографический отчет, Т. 1 (М.: Политиздат, 1956).

Правда, 31 декабря 1922.

Правда, 8 марта 1930.

Правда, 2 февраля 1935.

Правда, 7 ноября, 1970.

Правда, 25 февраля, 1976.

Правда, 05 Июня, 1977.

제2장. 소비에트 체제와 정치 및 경제발전, 그리고 안보전략

마르크스와 레닌을 비롯한 사회주의 사상가들은 ≪민주화 없이 사회주의가 불가능하다≫고 했다. 1917년 3월 수립된 진정한 국민혁명 정부를 전복시킨 레닌, 마키아벨리의 ≪군주론≫을 애독하면서 사회주의 경제토대를 구축하지만 민주화를 무시한 스탈린, 민주화는 호전되지만 경제적 토대를 와해시킨 흐루쇼프, 민주화와 경제 활성화를 동시에 저버린 브레즈네프로 이어졌다.

사회주의 제도의 활성화는 민주적 요소의 감소로 나타났고, 민주화 조치는 국가기강의 문란과 경제침체 등과 같은 사회 혼란으로 이어지면서 사회주의 체제에 대한 불안심리 상태를 보였다. 참여 속의 정치는 경제상황을 악화시켰고, 중앙에 집중된 권력구조는 경제발전을 불러왔다. 정치와 경제의 동시 발전은 불가능한 것으로 판명되었다. 국가안보에 민감한 반응을 보이면서 소비에트 체제가 운영되는 그러한 모습을 보였다.

제1절 소비에트 체제와 정치발전의 문제: 민주화와 자발적인 참여?

1. 문제 제기

마르크스를 비롯한 공산주의 사상가들은 서유럽의 초기 자본주의 현상을 바라보면서 억압과 착취가 없는 사회를 염원했다. 사회발전과 함께 국가의 기능이 점차적으로 폐지되어 국민들이 스스로 통치하는 그러한 사회를 최종 목표로 삼았다. 경제적으로 풍요로우며, 정치적으로 평등한, 그리고 절대다수의 노동자·농민들이 주인이 되는 사회를 염원했다. 마르크스와 엥겔스가 생각하고 있는 공동으로 생산하고 공동으로 분배받는 공산(共産) 사회의 건설 과정은 장기간을 필요로 했고, 그러한 기간 동안과 그 이후에도 국민들의 자발적인 참여가 절실히 요청되었다.

마르크스와 엥겔스는 <공산당 선언>(1848)에서 자본주의에서 사회주의로의 전환과정에 민주주의가 중요한 요소임을 지적하고 있다. 그들은 혁명의 첫 번째 행보는 프롤레타리아를 통치계급으로 전환시키며, 이와 함께 민주주의를 달성하는 것에 있음을 강조했다.[1] 민주주의는 정치 및 행정과정에서 국민들의 평등한 참여가 보장되는 것을 의미하기도 한다. 레닌 역시 사회주의 체제의 구축은 민주주의적 잠재력이 축적되는 어렵고 장기간이 요구되는 과정임을 주장하고 있다.[2] 완전한 민주화가 달성

---

1) К.Маркс, Ф.Энгельс, *Соч.*, т. 4, с. 446.

되지 않는다면, 사회주의 건설은 불가능한 것이었다.3) 그리고 레닌은 사회주의가 위로부터의 명령에 의해서 달성될 수 없음을 인식했다.4)

레닌을 중심으로 하는 러시아의 공산주의 사상가들은 러시아 사회를 개조하기 위한 혁명을 시작했다. 이들은 러시아 군주 국가를 전복한 것이 아니라, 러시아 역사상 최초로 출범한 민주주의 정부이며 1917년 3월 수립된 진정한 국민혁명 정부를 전복했다.5) 레닌 자신이 세계에서 가장 자유로운 국가라고 호칭한 정부를 전복한 것이다. 1917년 3월 2일 출범한 임시정부가 8개월을 채우지 못한 체, 10월 25일 붕괴된 것이다. 혁명을 성공한 레닌은 민주화를 통한 새로운 사회의 건설을 강조했다. 정치 및 국가의 행정과정에서, 그리고 경제활동 영역에서 국민들의 적극적이고 자발적인 참여가 전제되어야 했다. 국민들의 자발적인 참여 없이는 공동으로 생산해서 공동으로 분배받는 그러한 사회가 하나의 환상으로 인식되어질 수 있기 때문이다.

레닌 이후에 집권한 소련의 최고 책임자들은 러시아 사회를 참여와 평등이 보장되는, 그리고 노동자가 주인이 되는 그러한 사회를 건설하려 했다. 그러나 그러한 사회는 건설되지 못했다. 스탈린 시기부터 흐루쇼프와 브레즈네프 집권기를 거치는 동안 국민들의 자발적인 참여는 보이지 않았다. 공산당에 의해 동원되는 그러한 참여의 모습이 소련 사회를 지배했다. 레닌을 비롯한 소련의 사회주의 사상가들은 민주화 없는 사회주의 건설이 불가능하다는 원칙에 동의하고 있었지만, 현실의 정치 및 행

---

2) Л.М.Кузнецов и др., *Россия в XX веке: Историки мира спорят* (М.: Наука, 1994), с. 537.
3) В.И.Ленин. *Полн. собр. соч.*, т. 27, с. 253.
4) В.И.Ленин. *Полн. собр. соч.*, т. 35, с. 57.
5) William Ebenstein & Edwin Fogelman, *Today's ISMS* (New Jersey: Prentice Hall, Inc. Englewood Cliffs, 1980), p. 29.

정 과정은 비민주적으로 일관되었다. 따라서 민주화 변수가 소련의 개혁 문제를 해석하는 중요한 하나의 변수가 된다.

소비에트 사회가 걸어 온 지난 70년의 개혁 경험에서 무엇이 문제점으로 제기되어 왔는가? 정치·경제의 사회화에 중요하고 절대적인 토대 역할을 담당하는 민주화와 참여의 문제가 중심에 서 있다. 따라서 사회주의 사상에 대한 인식적 토대에 기초해서 민주화와 참여에 관련된 변수를 중심으로 소련에서의 사회주의 개혁 과정을 분석하는 작업이 중요해 보인다. 본 글은 <민주화 없는 사회주의 건설은 불가능하다>는 테제 하에서 사회주의와 민주화의 상호관계를 중심으로 소련 사회의 개혁 과정과 그 문제점을 분석한다. 분석 시기는 스탈린에서 브레즈네프시기까지로 한다. 1917년 10월 혁명을 주도한 레닌(~1924.1.21.)은 체제 정비에 몰두하면서 인생을 마감했기 때문에 연구 범위에 포함시키지 않는다.

2. 스탈린의 국가 통치와 마키아벨리즘(Machiavellism)

1) 1인 체제의 구축

스탈린의 정치 현실은 테러와 숙청으로 얼룩졌다. 스탈린 정책의 핵심은 부국강병(富國强兵)에 있었고, 이러한 정책 노선은 인민 대중의 목표와 충돌될 수밖에 없었다. 급속한 산업화와 집단화 과정에서 선택된 효과적인 조처는 보다 엄격한 정치적·경제적 통제였다. 강제 없는 집단화는 불가능한 일이었고, 급속한 산업화는 과도한 긴장을 초래할 수밖에 없었기 때문이다. 따라서 소련 사회는 이념상으로 노동자와 농민의 국가이어야 했지만, 스탈린 집권 초기부터 공산당 일당 체제가 유지되는 비민주적 국가로 전락했다.

스탈린의 숙청은 자신의 정적인 트로츠키(Leon Trotsky)·지노비예프(G.E.Zinoviev)·카메네프(L.B.Kamenev)와의 권력투쟁 과정에서 시작되어, 1935-38년 사이에 추진된 수백만 명을 희생시킨 예조프(N.I.Yezhov)의 대숙청 사건6)과 함께 절정에 이른다. 이러한 과정은 1934년 12월 1일의 레닌그라드 당서기인 키로프(S.M.Kirov) 암살 사건에서부터 시작되었다. 스탈린은 키로프의 암살이 해외에서 조정하는 음모조직의 지령에 따라 트로츠키파의 한 학생[니콜라예프(Nikolayev)]에 의해 이루어졌으며, 자신을 포함한 핵심 당원의 암살도 계획되어 있다고 발표했다. 그리고 지노비예프와 카메네프를 비롯한 많은 당원들이 여기에 관련되었다고 보도되었다. 지노비예프를 따르는 추종자들은 외국에 거주하고 있는 트로츠키와 연관을 맺고 있었다.7) 따라서 스탈린은 트로츠키까지 제거할

---

6) 예조프(N.I.Yezhov)는 1936년 9월 내무인민위원부(NKVD)의 부장이 되었고, 공산당의 중앙집행위원회 위원이 되었다. 예조프는 무자비한 숙청을 단행했다. 1937-1938년 사이에 50-75%의 고위 공산당원과 붉은 군대 고급장교들이 처형되거나 혹은 시베리아에 있는 굴락(ГУЛаг)에서 강제 노역형을 선고 받았다. 또한 수십만 명의 일반 시민도 처형되거나 시베리아로 끌려갔다. 1937-1938년에 130만 명이 체포되었고, 그중 절반 이상이 처형되고 나머지는 굴락(ГУЛаг)으로 끌려갔다. 참고로, 굴락(ГУЛаг; Главное управление исправительно-трудовых лагерей и колонйи의 약자)은 노동수용소를 담당하던 정부기관이다. http://ko.wikipedia.org/(검색일: 2011년 1월 19일)

7) Ф.А.Волков, *Взлет и падение Сталина* (М.: Спектр, 1992), с. 86. 트로츠키는 스탈린과의 권력투쟁과정에서 패하면서 1927년 反혁명 활동에 관한 형법전의 조항에 의해 강제적으로 추방되었다. 트로츠키의 유형지는 소비에트 카자흐스탄의 수도인 알마티(Almaty)로 철도선에서 멀리 떨어져 있었다. 그는 이곳에서 국외로 추방될 때까지 1년간 머무르면서 시베리아에 산재해 있는 자신의 지지자들과 편지를 교환했다. 또한, 모스크바에 있는 자신의 지지자들로부터 비밀 보고를 받으면서 당국에 대한 정치적 항의서를 대량으로 제출했다. 트로츠키가 알마티에 있는 동안 800통 이상의 편지를 발송하였고, 1000통 이상의 편지와 700회 이상의 전보를 받는 등 적극적인 反스탈린 운동을 전개했다. Дмитрий Волкогонов, *Триумф и трагедия: политический портрет И.В. Сталина* (Москва: новости, 1990), с. 258. 트로츠키가 비록 러시아의 한쪽 구석에 고립되어 있었지만, 스탈린에게는 그가 여전히 반대

수 있는 명분을 찾은 것이다.

지노비예프와 카메네프는 살인 사건에 직접적 관련이 없음을 역설했다. 그러나 스탈린은 강력했다. 1935년 1월에 지노비예프에게 강제노동 10년 형을, 그리고 카메네프에게는 5년의 형이 각각 선고되었다. 이들에게는 키로프 암살에 대한 사상적 공범자라는 죄명이 가해졌다.8) 뿐만 아니라, 부하린(N.l.Bukhalin)·쥬코프(G.K.Zhukov) 등도 연루된 것으로 강요받았다. 그리고 1938년 봄 부하린을 포함한 야고다(G.G.Yagoda) 등이 사형 선고를 받았고, 숙청이 계속되었다. 희생된 사람은 약7-8백만 명으로 집계되고 있으나, 다른 집계에 의하면 2천 3백만 명으로 추산되고 있다.9)

스탈린은 확고한 자신의 체제를 구축하기 위해 군부로부터의 지지가 필요했다. 군부로부터의 지지는 권력의 영속성을 보장해 주는 무기가 된다. 따라서 사상적으로 회색 성향을 지닌 군인에 대한 재판이 비공개로 진행되었다. 1937-8년 중에 숙청된 적군 간부는 최고군사회의 멤버의 75%, 원수 5명 중 3명, 군사령관 15명 중 13명, 군단장급 85명 중에 62명, 사단장급 195명 중에 110명, 여단장급 406명 중에 220명이나 되었다. 또한, 대령 이상의 고급장교의 65%와 하부관료의 10%(총2만여 명)가 체포되었다. 체포된 고급장교 6,000명 가운데 1,500명은 처형되었

의견의 중심으로 인식되고 있었다. 그의 도전은 조직적인 것이었다. 따라서 스탈린은 1929년 1월의 정치국 결정에 따라 그를 터키의 프린키포(Prinkipo) 섬으로 추방했다. 그 후 그는 1933년에 프랑스를 거쳐 노르웨이로 피난을 했지만 3년 뒤에 추방당하게 되었다. 그때 멕시코에서 그의 입국을 허가하였고, 그곳에 정착하였다. 그러나 1940년 8월 소련 비밀경찰요원에 의해 암살당했다.

8) Н.Верт, *История советского государства. 1900-1991* (М.: Прогресс-Академия, 1994), c. 233.
9) George Von Rauch, *A History of Soviet Russia* (New York: Praeger Publishers, 1972), pp. 238-253 참조.

고, 나머지는 감옥이나 시베리아의 강제노동수용소에 수용되었다.10)

　자신의 권력을 확장시키려는 스탈린의 움직임은 계속되었다. 1938년 12월에 내무인민위원인 예조프(N.I.Yezhov)가 해임되고, 후임에 스탈린과 동향의 그루지야 출신인 베리야(L.P.Beria)가 임명되었다. 자신의 개인숭배를 위한 기반을 견고하게 구축하기 위한 작업의 일환이었다. 베리야가 중심이 되어, 회색성향을 지닌 당 관료에 대한 숙청이 계속되었다. 스탈린의 이름으로 추진된 수백만 명 이상의 죽음을 몰고 온 숙청은 무의미하며 잔혹한 테러 그리고 초법적이며 비인간적인 살인에 다름 아니다.11) 이러한 숙청 작업은 트로츠키가 망명지인 멕시코에서 1940년 8월 20일 스탈린의 하수인에 의하여 암살되면서 막을 내리게 된다.

　스탈린의 숙청은 자신의 체제강화를 위한 권력욕과 함께 추진되었다. 스탈린은 당 지도부에 대한 도전을 소비에트 공산주의에 대한 도전으로 등치시키고 있었다. 이러한 일련의 과정에서 스탈린은 자신이 레닌의 충실한 제자임을 부각시키는 작업을 병행했다. 그리고 스탈린의 위치를 확고히 하는 작업에 베리야와 말렌코프(G.M.Malenkov)가 함께 하고 있었다. 따라서 스탈린주의자들로 구성된 당중앙위원회는 1949년과 1952년에 베리야와 말렌코프를 높이 평가했다. 아래와 같은 동일한 문구를 1949년에는 베리야에게, 그리고 1952년에는 말렌코프에게 발송했다.

　　중앙위원회와 소련 각료회의는 레닌의 충실한 제자이며, 공산당과 소
　　비에트 국가의 지도적 활동을 하는 스탈린 동지의 전우인 당신(필자:
　　베리야와 말렌코프)을 적극적으로 환영한다.12)

---

10) 崔崇, 『蘇聯邦 七十年史』 (서울: 슬라브연구사, 1990), p. 141.
11) Ф.А.Волков(1992), с. 137.
12) 베리야에 대한 평가는 *Правда*, 29 марта, 1949; 말렌코프에 대한 문구는 *Правда*,

스탈린의 통치 행위는 베리야 등의 도움을 받아 탄압과 테러로 얼룩졌다. 스탈린은 가장 위대한 폭군 중의 한사람으로 냉혹하고 비참한 심문관이었다. 스탈린은 당 및 국가 운영 원칙인 민주집중제를 관료형 중앙 집중제로 전환시켰으며, 개인에게 집중되는 권력구조를 창출했다. 스탈린은 냉혹한 폭군이었고, 수백만 인민을 직·간접적으로 죽인 살인자이다.13) 농촌의 강압적인 집단화 기간 동안 2천2백만 명이 탄압을 받았고, 1935-1941년에는 1천9백만이 체포 및 감금되었다. 그리고 독일과의 전쟁기간에 3천2백만 명이 전사하였고, 전쟁을 전후한 기간(1941-1953)에는 9백만 명이 탄압을 받았다.14)

스탈린은 공산주의 사상에 충실했지만, 그의 정책 행위는 사상과 무관했다. 스탈린은 자신의 정책을 추진하는 과정에서 민주화와 국민들의 자발적인 참여에 대해서는 지나치게 소극적이었다. 자신의 권위와 자신이 추진하는 정책에 도전을 허용하지 않았다. 스탈린은 자신이 계획한 정책을 효율적으로 추진하기 위해서 테러와 숙청의 방법을 기꺼이 수용했다. 스탈린은 나약한 농업 국가였던 자신의 조국을 근대화시키는 가장 효과적인 방법이 테러와 숙청임을 알았다. 스탈린이 독재자로 군림했으나, 자신의 조국은 초강대국의 위치를 확보할 수 있었다.

2) 강요된 참여와 마키아벨리즘(machiavellism)

스탈린은 1920년대 중반에 레닌으로부터 나약하고 분산된 소련을 물러 받았다. 당시의 그러한 상황이 스탈린으로 하여금 국가운영 방향을

---

8 янбарля, 1952 г. 에 각각 기록되어 있다.
13) Ф.А.Волков(1992), с. 281.
14) Там же, с. 301.

결정하도록 영향을 미쳤다. 빠른 시일 내에 강력한 정치·경제적 토대를 정비하기 위해 사용할 수 있는 수단은 무엇인가? 최고 통치권자가 도덕적이고 민주적인 방법으로 그 목적을 달성할 수 있다면, 스탈린의 존재는 필요 없었을 것이다. 그러나 스탈린은 이러한 방법이 장기간을 요구할 것이며, 심지어 견고한 체제를 유지할 수 없을 것으로 인식했다.

스탈린은 1920년대 말에 공업화와 농촌집단화 정책을 강행하기 시작했다. 외부로부터의 안보위협을 극복하고, 단시일 내에 일국에서 사회주의 사회를 건설하기 위해 선택된 방책이었다. 농민을 집단농장에 전원 몰아넣고, 이들의 노동력을 활용하여 농업생산을 높이고, 식량을 국가가 관리하며, 농촌에서 축적된 자본을 토대로 공업화를 추진한다. 이러한 과정을 거쳐 사회주의 경제질서를 구축한다는 논리였다. 스탈린의 급속한 농촌집단화 및 중공업 육성정책은 사회 전반에 걸친 통제 영역을 극대화시켰다. 국가 역할과 기능의 엄청난 확대를 초래했다.15) 스탈린은 진실한 마르크스주의 지도자도 아니며, 진실한 혁명가도 아니었다. 스탈린은 사회주의의 레닌적 개념을 박멸했으며, 인간의 도덕적 가치를 짓 밟았다. 스탈린은 윤리로부터 완전히 자유스러웠다.

농촌집단화와 산업화정책이 강행되고 있던 1929년 말, 스탈린은 "소비에트 러시아는 약3년 후면 세계에서 가장 풍요한 나라가 되든지, 아니면 가장 풍요한 나라들 중의 한 나라가 될 것이다."16)고 했다. 이런 목표 하에 그들이 취해야 할 효율적인 조처는 보다 엄격한 정치적·경제적 통제뿐이었다. 압제의 필요성이 더욱 강화되었고, 검열의 위력이 증대되

---

15) 洪敏植, "브레즈네프 體制의 改革政策과 國家의 役割 – 技術官僚의 社會主義의 作用을 中心으로 –," 고려대학교 대학원 정치외교학과 박사학위 논문(1990), p. 27.
16) И.Сталин, "Год великого перелома," Соч. т. 12, с. 132.

었고, 언론의 자유는 더욱 삭감되었다. 강제 없는 집단화는 불가능한 일이었고, 급속한 산업화는 과도한 긴장을 초래할 수밖에 없었다. 스탈린의 정책은 위로부터의 혁명이었으며, 강력하고도 고도로 중앙집권화 된 관료주의 체제의 형성과 군수(軍需)산업을 근간으로 하는 소비에트 국가의 건설 과정이었다. 이러한 과정에서 스탈린은 폭력적인 동원 정치를 강행했다.

스탈린은 마키아벨리의 <군주론>을 애독했고, 마키아벨리의 주요 사상을 학습했다. 그리고 이것을 권력 획득의 이론과 실천면에서 활용했다.[17] 자신의 정적들을 제거하는 과정에서 스탈린은 극도의 엄격함을 보여주었고, 권력투쟁 과정에서 살라미(Salami) 전술[18]을 순차적으로 구사하면서 자신의 정치권력을 획득 및 유지, 그리고 확대시켜 왔다. 스탈린은 자신이 추구하고자 하는 정책목표 달성을 위해 수단과 방법을 가리지 않았다. 이러한 스탈린의 전략은 마키아벨리의 통치술을 현실화시키는 과정이었다.[19]

소련 연구자들은 레닌과 마키아벨리의 전술·전략적 관계에 관심을 보이고 있었으나, 마키아벨리즘(machiavellism)[20]적인 통치는 스탈린에서 찾을 수 있다.[21] 마키아벨리즘과 마찬가지로 스탈리니즘(Stalinism)은

---

17) Е.Е.Несмеянов, "Сталинизм и макиавеллизм : стили мышления", Социально-политический журнал, no 9-10, 1993 г. c. 122.
18) 살라미(Salami) 전술이란 얇게 썰어서 조금씩 먹는 이탈리아식 소시지 살라미에서 따온 말로, 협상 과정에서 국가 통일성이라는 하나의 카드를 여러 개로 쪼개 각각에 대한 보상을 받아냄으로써 이익을 극대화시키는 전략을 뜻한다.
19) Е.Е.Несмеянов(1993), cc. 120-121 참조.
20) 마키아벨리즘은 목적을 위해서 수단과 방법을 가리지 않는다는 의미로 사용된다. 그리고 정책행위 자체가 비도덕적이라 할지라도 결과에 의해서 정당화된다는 정치적 사고를 광범위하게 일컫는다. 그리고 부국강병(富國强兵)을 지향하는 하나의 이데올로기로 인식된다.

정치권력을 통해 모든 것을 해결하려는 권력만능주의를 지향한다. 스탈린의 정치사상은 당시의 시대적 상황을 배경으로 형성된 시대의 산물이다. 당시의 상황은 국가의 안보를 위해 내정 및 외교를 혁신할 지도자를 필요로 하고 있었다. 스탈린은 분열된 국가를 통일시킬 수 있는 방법에 관심을 갖지 않을 수 없었다. 권력의 집중을 의미하게 된다. 스탈린은 국가를 개인 독재의 무기로 보았다.22) 국가라는 합법적인 토대에 기초해서 자신의 권력을 공고화시키는 것이 가능한 것이었다.

결국, 스탈린은 빠른 시일 내에 공업화를 달성하고, 국내외 자본주의적 위협 요소를 제거하여 완전한 사회주의 사회를 건설하기 위해 마키아벨리즘의 수용이 필요함을 인식한 것으로 보인다. 스탈린의 존재는 필연적인 것은 아니었지만, 그와 같은 인물의 존재 가능성은 단시일 내에 낙후된 소련을 경제·사회적으로 변혁시켜 일국에서 사회주의 사회를 공고화시키기 위해서 필연적이었을 것이다. 사회주의/공산주의 건설과정에 민주화와 국민의 자발적인 참여가 필연적이겠지만, 당시 소련의 국내외 정치상황은 민주화와 참여의 문제를 국민들에게 양보할 여력이 없었다.

3. 흐루쇼프와 민주주의에 대한 인식의 전환

1) 민주화와 참여의 정치 분위기

스탈린 집권기(1924-1953.3) 동안, 소련의 정치 분위기는 차가웠다. 그러나 스탈린 사후(死後)인 1953년 여름부터 말렌코프(G.M.Malenkov)23)와

---

21) А.Авторханов, *Технология власти* (М.: СП 〈Слово〉 - Центр 〈Новый мир〉, 1991), с. 423.
22) Ф.А.Волков(1992), с. 50.
23) 말렌코프(G.M.Malenkov)는 스탈린 사후인 1953년 3월부터 동년 9월까지 소련공산

흐루쇼프의 유화정책으로 인해 소련 사회에서 민주화 바람이 불기 시작했다. 특히, 1956년 2월에 개최된 제20차 공산당 대회는 소련 정치사에서 중요한 의미를 지닌다. 흐루쇼프에 의한 스탈린 비판과 함께 레닌의 역할이 강조되었다. 흐루쇼프는 정치 민주화와 경제 활성화를 강조하는 페레스트로이카(Perestroika)를 구상했다. 그는 진실한 자유·사회적 평등·민족간 우애·노동이 부의 근원이 아니라 인간의 창의적 잠재력 실현을 위한 도구로 활용, 이러한 개념들이 충족되어지면서 인민의 행복이 실현되는 새로운 사회를 염원하고 있었다.24)

제20차 당 대회 마지막 날인 2월 25일의 비밀 연설에서 흐루쇼프는 스탈린 정책의 원칙, 농업 집단화, 중공업 정책에 따르는 공적은 인정하였다. 그러나 권력남용, 개인 우상화, 피의 숙청, 국가와 당의 개인 독재를 위한 기구화 등에 대해서 비판했다.25) 스탈린의 통치 행위를 공산주의 사상에서 제기되고 있는 국민들의 자발적인 참여와 민주화 측면에서만 바라본다면 사상과 현실이 너무나 동떨어져 있었다. 따라서 20차 당대회에서 흐루쇼프는 레닌이 강조한 참여 민주주의 부활을 역설하면서 스탈린에 의하여 왜곡되어진 "소비에트 민주주의를 발전시켜야 한다."26)고 강조했다.

당과 인민 대중을 국가 행정에 참여시키기 위해서 1957년에 중앙부서

당의 서기장에 준하는 최고위층의 서기가 되어 소련의 최고 지도자가 되었다.
24) Горбачев-фонд, *Н.С.Хрущев(1894 - 1971) : Материалы научной конференции посвященной 100-летию со дня рождения Н.С.Хрущева 18 апреля 1994 года.* (М.: Российский государственный гуманитарный университет, 1994), с. 51.
25) F.D.Kohler, *Understanding the Russians: A Citizen's Primer* (New York: Harper & Row Publishers, 1970), pp. 120-122.
26) *XX съезд КПСС. Стенографический отчет, т. 1* (Москва: Политиздат, 1956), с. 91.

중심의 경제 관리를 지역당 위원회를 중심으로 전환했다. 그리고 약화된 각종 소비에트의 활성화를 위한 각종 조치들이 시도되었다. 흐루쇼프는 여러 차례 자신의 연설문에서 민주주의의 공고화 및 확산을 방해하는 모든 요소를 제거하고 소비에트 민주주의의 발전을 위해 모든 노력을 다할 것을 밝혔다. 당중앙위원회는 '레닌으로 돌아가자'는 구호를 내걸면서 소비에트 민주주의, 평화공존, 사회주의로의 다양한 길 등을 주장하는 정책노선을 선택했다.27) 그리고 비밀경찰의 역할이 대폭 축소되었고, 중앙 집중적인 경제정책이 지방분권화 되고 있었다. 동시에 스탈린에 의하여 처형된 수많은 사람들의 명예가 복권되는 한편, 문학·예술 활동에 대한 통제도 크게 완화되었다. 소련에서 해빙(解氷)의 기운이 감지되고 있었다.

1961년 10월의 제22차 소련공산당대회에서 흐루쇼프는 민주주의적 요소를 강조했고, 공산당 강령은 다음과 같은 내용을 포함했다.28) ① 국가권력 기관이 점차적으로 전인민의 자치기관으로 변형되며, 국가기관과 사회조직의 특성이 혼합되는 영역에 대한 소비에트 역할 증대를 약속한다. ② 지방 소비에트는 지방적 특성을 지닌 모든 문제에 대한 최종 결정권을 가질 수 있도록 한다. ③ 정부 관료의 권력 남용을 예방하며 소비에트의 활동에 더 많은 대중의 참여를 보장하기 위하여 소비에트 전체 대의원의 최소한 1/3을 매년 새롭게 선출한다. ④ 개별 공화국과 지방 기관의 주요 지도자들을 연속 3기 이상 피선되지 못하도록 한다.

---

27) 흐루쇼프의 스탈린 비판, 혁명론과 외교정책의 변화 등에 대하여 당내 반발은 강했다. 특히, 수상인 말렌코프(Маленко́в), 부수상인 카가노비치(Каганови́ч), 외상인 몰로토프(Мо́лотов), 그리고 셰피로프(Шепи́лов)와 불가닌(Булга́нин)까지 합세하여 1957년 6월 당 중앙위 간부회의를 개최하여 흐루쇼프를 당 서기장 직에서 해임하도록 결정했다. 흐루쇼프는 이에 불복하면서 중앙위 전체회의를 개최하여 그들을 반당 그룹으로 몰아 숙청했다.
28) *Материалы XXII КПСС*, сс. 183-190.

상기와 같은 당 강령의 내용은 권력남용을 방지하며 보다 많은 인민의 자발적이고, 민주적인 참여를 보장한다는 정책적 차원에서 준비된 것으로 보인다. 지난날 스탈린의 통치행위 측면에서 바라본다면, 국가사회를 새롭게 구축하기 위한 하나의 페레스트로이카(Perestroika) 정책을 의미하는 조치였다.

1962년 11월의 당중앙위원회 정기회의에서 중앙의 통제 기능을 분권화시켰다. 흐루쇼프의 개혁은 당지도 체제에 있어서 페레스트로이카로 나타났다. 당 지역위원회는 공업과 농업분야의 주(州)위원회로 양분되었다. 모든 주(州)에 2개의 주(州)집행위원회가 창설되었다. 보건, 교육, 경찰, 재정, 문화 등의 많은 분야에서 2개의 조직이 형성되었다. 이러한 과정에서 관료(官僚) 수는 증가되었고 다양한 형태로 나타나는 각종 문제점의 분석 및 결정은 더욱 복잡해졌다.

2) 환상속의 민주화

흐루쇼프는 민주화와 국민의 참여 문제를 공개적으로 언급하기 시작했다. 그러나 집단지도 체제에서 자신을 중심으로 권력이 재편되면서 그 성격이 변화되었다. 스탈린 사망 이후 당분간 집단지도 체제가 유지되었으나, 1958년부터 흐루쇼프에 의한 1인 지배체제가 구축되었다. 흐루쇼프는 자신의 정적인 베리아((L.P.Beria), 몰로토프(V.M.Molotov)[29], 말

---

[29] 몰로토프(V.M.Molotov)는 스탈린 시기를 거쳐 흐루쇼프 집권 초기까지 상당한 영향력을 행사했다. 그는 1926년 정치국원이 되었고, 1930년부터 1941년까지 수상을 역임했다. 그리고 1939년부터 1949년, 1953년부터 1956년까지 외상(外相)을 지냈다. 1939년 그가 외상이었을 당시에 독소 불가침 조약을 체결하여 세계를 깜짝 놀라게 했다. 그는 제2차 세계대전 중 스탈린의 오른 팔로서 소련의 외교정책을 주도하였다. 스탈린 사망 후, 탈(脫)스탈린화를 추진했던 흐루쇼프와 대립하다 좌천당했다. http://ko.wikipedia.org/(검색일: 2011년 1월 21일)

렌코프(G.M.Malenkov), 카가노비치(L.M.Kaganovich) 등을 차례로 제압했다. 베리아를 1953년 12월 국가전복 음모 등의 죄명으로 처형했고, 1955년 2월에는 말렌코프가 각료회의 의장직(수상)에서 사임하도록 했다.30) 그리고 불가닌이 1958년 3월에 정부의 수반 직을 사임하면서 흐루쇼프가 이 자리까지 차지했다. 이러한 시기에 1인 체제가 구축되고 있었다. 특히, 1961년 10월의 제22차 당 대회를 계기로 흐루쇼프의 1인 체제는 더욱 확고하게 구축되었다.

흐루쇼프는 자신의 정적을 제거하면서 1인 독재와 개인 우상화를 시도하고 있었다. 당과 국가의 전반적인 인사권을 독점하면서 스탈린식의 개인 우상화를 부활하고 있었다. 그리고 체제 개혁을 위한 각종 계획의 실패는 권력남용을 불러일으키는 방향으로 나타났다. 흐루쇼프는 스탈린에 의하여 왜곡되어진 레닌의 당·국가 지배 원리를 주장하고 있었지만, 정치·경제 개혁에 있어서 강한 권위주의적인 모습을 보여주었다. 정치 및 경제 기구의 변화는 관료주의 방식으로 이루어졌고, 대중의 정치참여가 배제된 상태에서 추진되었다. 이러한 현상은 충분한 연구 없이 즉흥적으로 추진된 불완전한 페레스트로이카 정책의 결과였다.31) 흐루쇼프의 페레스트로이카는 즉흥적인 성격을 지니고 있었으며, 과학적으로 연구되어진 개념은 아니었다.32) 흐루쇼프는 스탈린의 통치 스타일에 대한 비판과 민주화를 약속하고 있었으나, 구체적인 대안을 제시하지 못했다.

흐루쇼프는 정치 및 사회활동에 국민들의 적극적이고 자발적인 참여

---

30) 말렌코프가 물러난 자리를 불가닌이 이어받았지만, 그 역시 1958년 3월에 정부의 수반 직을 사임했다. 그리고 흐루쇼프가 이 자리까지 차지했다.
31) В.С.Мушинский, "Основные этапы развития советское политической системы," *Советское государство и право*, no 9 (Москва: Наука, 1988), с. 18.
32) См: В.С.Мушинский, "Основные этапы развития советской политической системы," *Советское государство и право*, no 9, 1988, с. 18.

를 강조했다. 그리고 민주적으로 살아가는 방법을 연구해야 한다고 했다. 흐루쇼프는 관료주의적 통치 스타일을 비판하면서 국민들의 적극적인 참여를 주장했다. 그러나 그에게는 민주적인 소비에트 국가의 근본 개념에 대한 이해가 결여되어 있었고, 스탈린의 통치행위에 대항하는 빈정거림은 풍부했다.33) 소비에트 사회의 변화에 관련된 주요 경향을 설정하지 못했다. 흐루쇼프는 스탈린식의 폭력적인 통치 방법을 부정하고 있었으나, 실질적으로 스탈린의 통치 형태를 보존하고 있었다.34) 흐루쇼프 시기의 정치변화는 국민들의 참여 없이 위로부터의 행정적인 방법에 의해 실시되었다. 흐루쇼프는 국가의 탄압기구를 축소 또는 약화시키고 새롭게 성장하는 인텔리겐치아(intelligentia)35)의 창의력 발현을 위한 상대적 자유를 인정했으나, 관료주의적인 공산당 권력의 본질에는 영향을 미치지 못했다.

결국, 흐루쇼프는 상반되고 모순된 사람이었다. 그는 자주 무례하고 난폭했으며, 집념이 강력하지 못했다.36) 흐루쇼프는 유토피아주의자였다.37) 흐루쇼프는 1964년에 당과 정부의 지도적 위치에서 축출 당하는 비운을 겪게 된다. 흑해의 소치(Sochi)에서 휴양 중이던 1964년 10월에 당중앙위원회는 흐루쇼프를 당서기장과 수상 직에서 해임시켰다.38)

---

33) Джузеппе Боффа, *История советского союза. том 2* (Москва: Международные отношения, 1990), с. 501.
34) См.: Ли Йын-Хен, *Некоторые особенности опыта социалистических преобразований в СССР (критический анализ)*, (Москва: МГУ, 1995), с. 164.
35) 인텔리겐치아(intelligentia, 러시아어: Интеллигенция)는 지식노동에 종사하는 사회 계급이다.
36) Горбачев-Фонд(1994), с. 36.
37) Горбачев-фонд(1994), с. 181.
38) 흐루쇼프의 실각 요인은 다음에서 찾아진다. 첫째, 흐루쇼프가 실시한 농업정책의 실패 및 지방분권화에 따르는 농민과 관료들의 저항; 둘째, 중국과의 관계 악화, 쿠

1964년 10월 15일의 주요 신문 보도에 따르면, 흐루쇼프가 자신의 건강 악화로 인해 스스로 당 서기장과 수상 직에서 퇴임할 것을 요청한 것으로 되어 있다.39) 그러나 이는 브레즈네프, 수슬로프(М.Суслов) 등이 중심이 된 하나의 쿠데타였다.

4. 브레즈네프와 관료주의

1) 지식인의 자유 및 민주화 욕구와 정부의 대응

브레즈네프 통치 시기의 소련 사회는 발전된 사회주의 단계였고, 발전된 사회주의 사회는 정치 및 행정과정에 노동자 및 농민들의 자발적인 참여를 전제로 한다. 그리고 전인민의 국가 개념은 더 이상 착취대상이 존재하지 않는 그러한 상황에 도달했음을 의미하기 때문에, 모든 국민들이 다양한 행정 과정에 평등하게 참여할 수 있는 조건이 형성되었음을 뜻하기도 한다. 레닌은 '매일 매일의 국가 및 사회 통치 활동에 노동자들의 참여는 사회주의의 가장 훌륭한 특권'이라고 했다. 브레즈네프 역시 이러한 사실을 강조하고 있다.40)

브레즈네프는 전임자(前任者)인 흐루쇼프가 추진한 무계획적인 개혁 정책을 원점으로 되돌렸다. 그리고 1970년부터 스탈린식 개인 우상화 작

바미사일 위기에 따르는 국가위상의 실추 등에 대한 불만, 병력 감축으로 인한 군 장교의 실직 문제, 로켓부대에 대한 우선 지원으로 인한 타군종의 불만 등에 기인할 것이다. 또한, 흐루쇼프 개인의 지도체제가 구축되면서, 동료들의 의사를 무시하는 태도가 나타나고 있었다. 따라서 이에 따르는 정치적 반대 그룹이 성장하고 있었다.

39) Н.Верт, *История советского государства* (Москва: Прогресс-Академия, 1994), с. 429.
40) Л.И.Брежнев, *Вопросы развития политической системы советского общества* (Москва: Политиздат, 1977.). с. 138.

업을 추진했다. 브레즈네프는 국민이 자발적으로 참여하는 민주화를 통한 사회주의 건설 논리를 강조하고 있었지만, 자신의 정치적 욕망과 함께 하면서 국민들의 민주화 욕구를 외면했다.

민주화 정치 분위기를 확산시키는 방법과 그 기제는 다양하며, 자유로운 출판문화가 민주화를 자극하는 하나의 동기 부여가 된다. 그러나 브레즈네프는 소비에트 문학 세계에 제동을 걸면서, 체제의 정통성 확보에 노력해 왔다. 흐루쇼프 시기에 나타나고 있던 사상 차원에서의 해빙이 소비에트 체제를 비판하는 움직임으로 연결되면서, 사하로프(A.D.Sakharov)와 솔제니친(A.I.Solzhenitsyn) 등과 같은 지식인들을 탄압하기 시작했다.

사하로프(A.D.Sakharov)는 소련의 민주화 및 인권확립 등을 주장하고 있었다.[41] 그는 1974년 솔제니친(A.I.Solzhenitsyn)이 추방된 이후부터 소련의 대표적인 반체제 지식인이 되었다. 그는 반소 활동으로 낙인 찍혀 격렬한 비판과 탄압을 받았으며, 1980년 1월 체포되었다.[42] 1980년 1월 당국에 의해 연행되어 국가에 대한 반역의 이유로 모든 국가적 명예를 박탈당하고, 고리키 시(市)로 유배되었다. 그러나 저항은 계속되었다.[43]

사상의 자유와 검열폐지를 주장하고 있던 솔제니친(A.I.Solzhenitsyn)

---

41) 소련의 핵물리학자이며, 수소폭탄의 아버지로 불리고 있던 사하로프(А.Д.Сахаров 1921-1989)는 핵실험으로 인한 방사능 오염을 우려했다. 1958년에 핵실험 중지를 흐루쇼프에게 건의하기도 했다. 그는 반체제 및 인권 활동가였다. 그는 소련 사회에서의 인권 향상을 위해 노력했고, 그 공로로 1975년 노벨 평화상을 수상했다. 1975년 노벨평화상 수상식 때 출국이 금지되어 부인이 대리 수상했다.
42) Пер. Л.Я.Хаустовой, Джузеппе Боффа От СССР к России. История неоконченного кризиса. 1964-1994 (М.: Международные отношения, 1996), c. 129.
43) 고르바쵸프가 등장한 직후인 1986년 12월 유배에서 풀려났고, 89년 4월 소련인민대표회의 대의원으로 선출되었다. 사하로프는 고르바쵸프에게 보다 급진적인 개혁을 요구하면서 개혁파 의원들을 단결시키고, 대중 운동을 전개하는 데 앞장섰다.

은 1969년에 소련 <작가 동맹>에서 제명되었다. 1970년 노벨 문학상을 수상한 솔제니친은 사하로프와 함께 소련의 반체제 지식인의 중심적 역할을 했다.44) 특히, 그는 1973년에 스탈린의 탄압체제 뿐만 아니라 1917년부터 모든 소비에트 정치를 신랄하게 비판하는 작품인 <수용소 군도>45)를 간행했다. 따라서 브레즈네프는 1974년 2월 중순에 솔제니친을 외국으로 추방했다. 추방당한 솔제니친은 처음에는 서독으로, 다음에는 미국으로 이주했다.46)

결국, 흐루쇼프 시기에 보여 진 정치적 해빙(解氷)의 물결이 다시 얼어붙어 결빙(結氷) 상태로 변화되어 갔다. 브레즈네프는 자신의 권력유지와 안정을 위해서 민주화와 자유 그리고 참여의 문제를 외면했다. 헌법 제2조에 모든 권력이 인민에게 귀속되고, 소련의 정치적 토대인 인민대의원 소비에트를 통해서 인민의 권력이 행사되도록 규정되고 있다. 그리고 1981년에 브레즈네프는 민주 집중제가 소련공산당의 불변의 규범이며,47) 이는 중앙과 지방 그리고 당 지도부와 대중사이의 긴밀한 연계를

---

44) 솔제니친(А.И.Солженицын)은 1962년 『노브이 미르』(신세계)지에 스탈린 시대 강제노동수용소의 암흑상을 다룬 <이반 데니소비치의 하루>를 발표했다. 그리고 러시아 관료주의를 비판한 <유익한 사업을 위하여>를 발표했다. 과거의 암흑상을 주제로 한 <암 병동>과 <제1원>을 완성했으나 국내 출판이 금지되어 외국에서 출판되었다. 1969년 11월에 반소 작가라는 낙인이 찍혀 <작가 동맹>에서 추방되었다. 1970년 러시아의 훌륭한 문학적 전통을 추구해 온 노력을 높이 평가받아 노벨 문학상을 받았다. 1971년에는 제1차 세계대전을 무대로 한 역사 소설 <1914년 8월>을 파리에서 출판했다. 그리고 1973년에 <수용소 군도>가 해외에서 발표되면서 舊서독으로 추방당했다. http://ko.wikipedia.org/(검색일: 2011년 1월 20일)
45) 소설 <수용소 군도>는 여러 형태의 정치범 수용소와 비인도적인 감방, 조작된 재판, 불법적인 처형과 레닌에서 스탈린에 이어지는 통치자들의 잔혹하고도 야만스런 지배체제에서 희생된 수백만 명의 비참한 고통을 기록한 연대기이다.
46) С.В.Кулешов и др., Наше Отечество. Том 2 (Москва: ТЕРРА, 1991), c. 494.
47) 민주집중제 원칙은 1917년의 사회주의 혁명 이후에 소련에서 당과 국가 관리의 일

전제로 하고 있음을 밝히고 있다. 그러나 브레즈네프의 통치 스타일은 정치 및 행정과정에서 민주가 차단되며, 중앙의 지시 및 통제에 순응하는 복종형 정치문화를 만드는 그러한 형태로 나타났다. 이는 권력유지 및 안정의 이름으로 포장되어 졌다.

2) 관료형 지배체제의 구축

브레즈네프 체제는 국가의 다양한 행정 과정에 시민들의 적극적인 참여를 자극하기 위한 일련의 선언들을 채택했다. 그러나 실질적인 참여의 수준은 미미했다. 아니, 자발적인 참여가 불가능했다. 경제 및 교육 그리고 사회보장과 노동문제 등에 대한 구체적인 결정은 권위 있는 관료들 사이에서 이루어졌다. 자유로운 토론은 형성되지 않았다. 상부의 권력구조에 일반 국민들이 접근할 수도 없었으며, 모든 것이 비밀에 쌓여 있었다.48) 흐루쇼프가 당과 행정기구의 지방 분권화 정책을 추진하고 있었으나, 브레즈네프는 전임자의 분권화 정책을 다시 중앙 집중화 시켰다. 통제에 기초된 브레즈네프 시기의 정치적 안정은 강력한 관료제도의 형성을 가능하게 했다.49)

브레즈네프 시대만큼 엘리트 그룹이 <주고 받는 정치>에 전념한 사실은 과거에 예를 찾아 볼 수 없었다. 최고 지도층에 대한 숭배, 당과 국가권력의 중앙 집중화, 그리고 완전한 계획경제 등에서 주고 받는 정치 분위기를 감출 수가 없었다.50) 브레즈네프는 과학기술 전문가들로 충원

반 원칙으로 사용되어 왔다. 브레즈네프 헌법 제3조에 다음과 같은 내용이 규정되고 있다. 소비에트 국가는 하부에서 상부에 이르는 모든 국가 권력기관이 선거에 의해 구성되며, 하급기관은 상급기관의 결정에 따를 의무를 갖는다는 민주주의적 중앙 집중의 원칙에 따라 조직되어 활동한다.
48) Ли Йын-Хен(1995), с. 161.
49) Ли Йын-Хен(1995), сс. 161-162.

되는 새로운 관료들에게 특권을 보장했고, 그의 의지가 이들에게 그대로 전달되었다. 브레즈네프는 자신의 의지를 국가 사회에 강요하고 있었다. 관료정치가 형성되고 있었다.

브레즈네프 시기의 권력구조는 당-국가 기구에 의해 형성되는 상부권력 체계에 순응하는 기회주의적 조직에 다름아니다. 브레즈네프 통치 시기의 정치국 회의는 사실상 브레즈네프의 생각을 추인하는 지배그룹의 회합으로 인식되었다. 당 대회나 중앙위원회 총회 그리고 정치국에서 대규모 공식적인 토론은 거의 사라졌다. 1971년의 24차 당 대회에서 1976년의 제25차 대회, 그리고 1981년의 제26차 당 대회는 정치적인 내용이 배제된 화려한 승리의 행진이 지나간 브레즈네프의 당 대회였다.

〈표: 1〉 역대 공산당 서기장 말기의 정치엘리트 평균 연령

	1952	1964	1982
정치국원	55.4	61.0	69.4
정치국원 후보	50.9	52.8	66.8
서기국원	52.0	54.1	67.6

윤해수, 『러시아체제 변동론』(한울: 1995), p. 305의 각주23에서 재인용

인사권을 독점하고 있는 브레즈네프는 당과 국가기구의 고위직에 대한 인사교체를 줄였다. 정책의 연속성이라는 명분이 이를 가능하게 했다. 간부 안정화 정책에 따라 당과 국가 관료들이 자신의 직위에 재임하는 기간이 길어지면서 고령화되었다. 스탈린과 흐루쇼프 말기에 비교해서, 브레즈네프 말기인 1982년의 정치국원 평균 연령은 69.4세로 고령의 노

---

50) 崔鍾起, 『現代蘇聯政治論』(서울: 법문사, 1991), c. 174.

인들로 구성되었다. 그리고 정부기관의 주요 간부는 평균 68세였다. 50세 이하는 실질적으로 통치자 그룹에서 제외되었다.51)

정치엘리트들의 노령화는 정치변화를 허용하지 않았다. 이들은 주로 현실에 안주하는 경향을 보여주었다. 크렘린 주위에 결집된 노령화된 지배그룹은 소련의 정치변화를 정지시키는 역할을 담당했다. 브레즈네프 생존의 마지막 당 대회인 1981년의 제26차 당 대회에서도 안정을 강조하면서 산적한 현안 문제를 처리하지 않았다. 사실, 브레즈네프의 건강은 1976년부터 외국의 원수와 정부 수반을 효과적으로 영접할 수 없을 정도였다.52) 그가 공산당 서기장으로 재직한 18년 중에서 14년여 기간 동안에는 경제 및 군사부문의 활성화에 충실 하는 모습을 보여주었지만, 최후의 5년여 기간 동안에는 정치 및 경제 그리고 외교 문제에 따르는 산적한 과제를 해결할 수 없었다.

결국, 브레즈네프 통치기에 행정적 관료 사회주의가 형성되었다. 이는 국가행위에 적극적으로 참여하는 소수의 당-행정 관료들이 권력의 주위에 결집되고 있는 것을 특징으로 한다.53) 실질적인 국가 통치 및 행정

---

51) Пер. Л.Я.Хаустовой, Джузеппе Боффа(1996), с. 110.
52) 1976년 이후에 브레즈네프는 건강상의 이유로 활동 능력을 상실하고 있었다. 그는 외국의 원수와 정부수반을 영접하고 있었으나, 회담에 관련된 텍스트를 사전에 낭독하면서 중요한 회담을 지속할 수가 없었다. С.Ф.Ахромеев и Г.М.Корниенко, Указ. соч., с. 39-40. 이때부터 6년여 동안 브레즈네프는 무능력한 정치인으로 소련을 지배하고 있었다. 브레즈네프는 하루에 6시간 이상을 근무할 수 없었으며, 금요일부터 모스크바를 떠나 휴식을 취해야 했다. 그리고 소련의 남부지방으로 1년에 2회의 장기 휴가를 떠나야 했다. 정치국과 비서국의 회의는 간략하고 신속히 처리되었다. Пер. Л.Я.Хаустовой, Джузеппе Боффа(1996), с. 109. 비슷한 시기에 그의 동료들이 사라졌다. 코시킨은 1980년, 수슬로프는 1982년 초에 각각 사망했다. 브레즈네프의 현실정치는 1982년 11월 11일의 죽음과 함께 종료되었다. 브레즈네프는 소련 정치사에서 예가 없을 정도로 지도부 인사에 소극적이었으며, 변화를 최소화시키면서 안정을 희망하고 있었다.

과정은 권력 상층부에 있는 소수의 당 및 행정 관료들에 의해 이루어지고 있었다. 각종 결정은 상부에서 명령하는 형식으로 이루어졌다. 정책 결정과정에 대중의 참여 가능성은 열려있지 않았으며, 수십만 가족 또는 수백만 명으로 추산되는 새로운 지배계급인 노멘클라투라 계급이 형성되고 있었다.54) 발전된 사회주의 사회에서도 국민들의 소외는 여전히 지속되고 있었다.

5. 끝맺는 말

레닌이 인민들의 적극적인 참여를 통한 새로운 국가 건설을 염원했고, 스탈린은 나약한 러시아를 부국강병(富國强兵)의 국가로 변화시키는 데 자신의 노력을 다했다. 스탈린의 정치 행위는 무자비했지만, 자신의 국가를 미국과 어깨를 나란히 하는 초강대국의 위치로 올려놓았다. 이러한 기간 동안 민주와 참여에 기초된 정치 상황은 찾아보기 힘들었다. 평등·민주·참여에 기초된 사회주의 이념이 현실 속에서 왜곡되어 졌지만, 강대국 국민으로 자부심을 느끼고 있는 러시아 국민들은 스탈린을 그리워하고 있다.

자발적인 참여와 평등에 기초되는 공산사회로의 진보는 후임자들의 몫으로 남겨졌다. 흐루쇼프는 레닌으로 되돌아가자는 정치적 슬로건과 함께 스탈린을 비판하고 민주화와 참여를 강조하기 시작했다. 브레즈네프 역시 정치 및 행정 과정에 국민들의 자발적인 참여를 강조했다. 그러

---

53) Ли Йын-Хен(1995), с. 163.
54) См.: Михаил Восленский, *Номенклатура* (М.: МП 'октябрь', 'советская россия', 1991), сс. 149-154.

나 이들은 공히 관료주의 본체인 공산당 조직과 그들의 특권적 지위에 대해서는 개방을 불허했다. 일반 국민들에게는 실질적인 참여의 문이 열리지 않았고, 공산당 권력 엘리트 집단의 정치적 목적에 따라 형식적이고 수사적인 의미의 참여 또는 민주가 제공되는 수준에 그쳤다.

국가발전 과정에서 사회주의와 민주주의 요소는 상반된 형태로 나타났다. 사회주의 활성화는 민주주의적 요소의 감소로 가능했고, 민주주의 요소의 활성화는 국가 기강의 문란 및 경제 침체 등과 같은 사회 혼란으로 나타났다. 그리고 사회주의에 대한 불안 심리를 자극하면서 자본주의 체제를 부활하려는 정치적 행위로 이어졌다.

결국, 공산사회를 지향하는 소련에서의 국가정책은 민주화와 국민들의 자발적인 참여가 결여된 상태로 추진되었다. 국민들이 자발적이고 적극적으로 정치 및 행정과정에 참여하지 못하고, 상부의 권력 엘리트 집단에 의해 만들어진 정치적 이데올로기에 동원되는 형태로 나타났다. 이러한 과정에서 공산당에 대한 국민들의 대중적 지지와 공산사회에 대한 믿음이 사라져 갔다. 민주화와 국민들의 자발적인 참여가 배제된 정치과정은 아무리 좋은 이데올로기라 해도 하나의 환상에 불과하다는 점을 일깨워준다.

<참고 문헌>

윤해수, 『러시아체제 변동론』(한울: 1995),
이영형, 『러시아정치사』(서울: 엠애드, 2000).
洪敏植, "브레즈네프 體制의 改革政策과 國家의 役割 - 技術官僚的 社會 主義의 作用을 中心으로 -," 고려대학교 대학원 정치외교학과 박사학위 논문(1990).
崔崇, 『蘇聯邦 七十年史』(서울: 슬라브연구사, 1990).
崔鍾起, 『現代蘇聯政治論』(서울: 법문사, 1991).
N.Bukharin, *Economics of the Transformation Period* (New York : 1971).
William Ebenstein & Edwin Fogelman, *Today's ISMS* (New Jersey: Prentice Hall, Inc. Englewood Cliffs, 1980).
F.D.Kohler, *Understanding the Russians: A Citizen's Primer* (New York: Harper & Row Publishers, 1970).
George Von Rauch, *A History of Soviet Russia* (New York: Praeger Publishers, 1972).
А.Авторханов, *Технология власти* (М.: СП <Слово> - Центр <Новый мир>, 1991).
А.Авторханов, *Загадка смерти Сталина* (М.: СП<Слово>: Центр <Новый мир>, 1992).
С.Ф.Ахромеев и Г.М.Корниенко, *Указ. соч.*,
Джузеппе Боффа, *История советского союза. том 2* (Москва: Международные отношения, 1990).

Л.И.Брежнев, *Вопросы развития политической системы советского общества* (Москва: Политиздат, 1977.).

Н.Верт, *История советского государства. 1900-1991* (М.: Прогресс-Академия, 1994).

Ф.А.Волков, *Взлет и падение Сталина* (М.: Спектр, 1992).

Д.Волкогонов, *Триумф и трагедия: политический портрет И.В. Сталина* (Москва: новости, 1990).

Михаил Восленский, *Номенклатура* (М.: МП 'октябрь', 'советская россия', 1991).

Горбачев-фонд, *Н.С.Хрущев(1894 - 1971) : Материалы научной конференции, посвященной 100-летию со дня рождения Н.С.Хрущева. 18 апреля 1994 года.* (М.: Россий ский государственный гуманитарный университет, 1994).

Л.М.Кузнецов и др., *Россия в XX веке: Историки мира спорят* (М.: Наука, 1994).

С.В.Кулешов и др., *Наше Отечество. Том 2* (Москва: ТЕРРА, 1991).

В.И.Ленин. *Полн. собр. соч., т. 27.*

В.И.Ленин. *Полн. собр. соч., т. 35.*

Ли Йын-Хен, *Некотрые особенности опыта социалистических п реобразований в СССР (критический анализ),* (Москва: МГУ, 1995).

К.Маркс, Ф.Энгельс, *Соч., т. 4.*

Материалы XXII КПСС.

В.С.Мушинский, "Основные этапы развития советское политич

еской системы," *Советское государство и право*, no 9 (Москва: Наука, 1988).

Е.Е.Несмеянов, "Сталинизм и макиавеллизм: стили мышления", *Социально-политический журнал*, no 9-10, 1993.

И.Сталин, "Год великого перелома," *Соч, т. 12*.

Пер. Л.Я.Хаустовой, Джузеппе Боффа, *От СССР к России. История неоконченного кризиса. 1964-1994* (М.: Международные отношения, 1996).

XX съезд КПСС. Стенографический отчет, т. 1 (Москва: Политиздат, 1956).

Правда, 29 марта, 1949.

Правда, 8 янбарля, 1952.

http://ko.wikipedia.org/(검색일: 2011년 1월 19일)

제2절 소비에트 경제체제 구축과
경제발전의 딜레마(Dilemma)

1. 들어가는 말

농업국가인 러시아에서 사회주의 혁명이 완수되었지만, 공산사회를 위한 물질적 및 기술적 토대는 너무나 낙후되어 있었다. 경제적으로 보다 풍요로운 사회를 준비해야 했지만, 당시의 러시아 경제는 후진적인 상태였다. 곡물위기 상황이 나타났다. 따라서 이러한 상황을 극복하기 위해서 레닌은 문화/교육 사업을 통한 점진적인 체제개혁을 준비했다. 레닌은 농촌경제의 기계화 및 공동경제활동에 관련된 학습을 중요시 했다. 혁명 이후 전시공산주의 경제정책이 추진되었으나 곡물위기 상황은 여전했다. 따라서 경제위기를 극복하기 위해 자본주의적 요소를 도입하는 신경제정책을 도입하기에 이르렀다.

스탈린은 급속한 산업화와 함께 사회주의 경제 질서를 구축하기 시작했다. 농촌 집단화와 중화학공업 우선의 경제정책 하에서 사회주의 경제 토대를 구축해 나갔다. 스탈린이 집권하는 기간 동안 소련경제는 성장했다. 스탈린 시기에 달성된 경제성장을 낙관적으로 보고 있던 흐루쇼프는 공산사회 건설에 대한 확신을 국민들에게 홍보하기 시작했다. 그러나 1960년을 전후한 시기부터 소련경제는 하향 곡선을 그리기 시작했다. 브레즈네프 시기의 소련은 경제적으로 정체되기 시작했고, 경제는 회복될 기미를 보이지 않았다. 식량에 이어 육류까지 수입하는 국가가 되었다.

사회주의 혁명, 그리고 소비에트 경제체제가 수립된 이후부터 고르바쵸프 시기에 이르기 까지 소련경제는 발전의 딜레마(Dilemma)에 빠져 있었다. 스탈린 시기에 경제가 성장되는 모습을 보이고 있었지만, 이는 개발을 위한 독재와 함께 가능했다. 흐루쇼프와 브레즈네프가 집권하는 30년 동안 소련경제는 하향 곡선을 그리기 시작했다. 스탈린 시기부터 브레즈네프 말기까지 추진된 경제정책의 특징은 소비에트 국민의 일상생활에 직접적으로 영향을 미치는 경공업이 아니라, 중화학 공업이 우선시 되는 그러한 방향으로 나타났다. 소련 국민들은 가난하고 불편한 삶을 살아야 했다.

결국, 억압과 착취가 없는 소비에트 국민을 위한 사회는 하나의 환상이었다. 공산주의가 지향하는 그러한 경제상황은 만들어 지지 않았다. 경쟁의 의미가 사라진 소련의 경제 체제에서 평등에 기초되어 공동으로 생산하고 분배하는 그러한 경제체제가 형성될 기미는 보이지 않았다. 이러한 상황은 소비에트 국민들로 하여금 자본주의 경제에 환상을 갖도록 하는 하나의 정신적 및 물질적 토대가 된다. 따라서 1917년 혁명 이후부터 고르바쵸프가 집권하는 1985년 직전의 기간 동안 소련경제가 걸어 온 과정을 정리하면서 소비에트 경제의 문제점을 시기별로 정리한다.

2. 레닌과 사회주의 경제토대 구축

1) 전시공산주의(戰時共産主義) 정책

1917년 혁명 이후, 러시아는 기업을 국유화하고 농민을 수탈하는 과정에서 각종 혼란에 직면했다. 전시공산주의 정책은 혁명 직후인

1918-1921년 초까지 舊지배계급에 대한 국내전과 외국의 군사적 간섭에 대응하면서 사회주의 경제체제를 구축하기 위해 추진된 임시 경제정책이었다. 전시공산주의 정책은 전체공업의 국유화와 중앙집권적 관리체제, 자가 소비용을 제외한 곡물을 국가에 집중시키는 식량할당 징발제, 분배 면에서 배급제, 화폐의 의미 축소, 전반적 노동 의무제 등을 주요 특징으로 하고 있었다.

전시공산주의 정책은 사회주의 사상에 충실하면서 경제난을 극복하기 위해 구상되었다. 그러나 정책의 수행은 농민과 병사들의 불만으로 나타났다. 전시공산주의 정책하의 강제징발 제도는 농민의 노동의욕을 저하시켰다. 여분의 식량은 모두 체카[ЧК, 반혁명 및 태업(사보타지) 투쟁 비상위원회]가 강압적으로 수탈해 갔기 때문에 농민은 생활에 필요한 만큼의 경작만 했다. 농민으로부터 수탈한 식량은 도시의 노동자에게 배급되었으나, 절대적으로 부족한 형편이었다. 따라서 산업 노동자들은 식량을 구하기 위해 농촌으로 향했고, 강제징발로 인해서 농촌에서조차 기아현상이 나타나고 있었다.

전시공산주의 정책 기간에 체카(ЧК) 요원과 당 활동가들은 부농과 중농의 잉여 곡물을 착취하기 위해 농촌으로 파견되었다. 1918년 5월 9일 식량징발 제도가 실시됨과 동시에 식량인민위원에게 농민으로부터 식량을 강압적으로 탈취할 수 있는 비상대권이 부여되었다. 그리고 볼세비키 정부는 탈취한 농산물을 분배하는 업무를 맡게 되었다. 이러한 정책은 국가가 농민들에게 공업생산품을 분배해주고, 대신 잉여 농산물을 물물교환 형식으로 환수하는 것을 의미하기도 했다. 그러나 실제로 농민은 공업생산품을 전쟁 이전에 비해 12-15% 밖에 보급 받지 못했다.

사회주의 체제는 사적영역에서의 경제활동이 금지된다. 따라서 사적 상업의 폐지는 전시공산주의 정책의 주요 부분 중에서 하나였다. 모든 산업과 은행이 국유화되고 있었다. 정부의 상업독점과 수요독점이 확립되어 사적조직을 대체하게 되었고, 국가가 상품 배분을 전담했다. 따라서 1918년 11월에 국내의 모든 사적 상업이 폐지되었고, 국가가 소비재의 유일한 공급자가 되었다.[1] 정당한 매매제도가 폐지되었기 때문에, 생활필수품의 공급처로 암시장이 성장했다. 암시장이 주요 소비재를 지속적으로 공급했으며, 특별히 당국에 의해 비공식적으로 묵인되었다.[2] 생산수단의 국유화는 거대한 권력을 기초로 하는 중앙집권적 통제 조직에 의해 운영되었다. 국가가 공장에서 생산을 감독하고, 이윤을 추구하는 그러한 형태로 변화되었다.

국유화된 공장에서 전문 경영인이 추방되었고, 공장의 노동자 소비에트가 경영을 관리했다. 경영상의 미숙에 따르는 혼란과 함께, 원료와 연료 부족과 같은 부작용이 나타났다. 그리고 휴업 및 폐업하는 공장이 속출했다. 1921년 초에 공업 생산은 사회주의 체제가 수립되기 이전의 12%, 그리고 철과 주철 생산은 2.5%에 불과했다.[3] 식료품 공급은 절대적으로 부족했고, 이러한 상황은 농촌보다 도시에서 더욱 심했다. 동년 2월에 페테르부르크에서 64개의 대규모 공장만이 가동되고 있었다. 노동자들은 거리를 배회했고, 그 일부는 식료품을 위해 고향 농촌으로 귀향했다. 이러한 현상으로 인하여 1921년까지 노동자의 절반을, 특히 페테르부르크에서는 노동자의 2/3를 상실했다.[4]

---

1) 1917년 12월에 은행이 국유화되었고, 1918년 1월에는 상선이, 2월에는 곡물상이, 5월에는 광산, 6월에는 석유산업이 국유화되었다. 그리고 사탕공장이 1918년 봄에 국유화되었다. 1920년 가을 무렵에는 총3만7천개의 기업이 국유화되었다.
2) A. Nove, *An Economic History of the USSR* (London : Penguin, 1969), p. 62
3) Н.Верт, *История советского государства. 1900-1991* (М.: Прогресс-Академия, 1994), с. 151.

전시공산주의 체제하에서 권력은 볼세비키에게 있었고 생산수단은 국유화되었다. 그러나 러시아를 사회주의 국가로 변화시키지 못했다. 사회주의는 생산수단에 있어서의 단순한 공유만을 의미하는 것이 아니다. 경제 및 문화 발전 수준이 높고, 기계·기술의 사회여야 했다. 따라서 레닌은 사회주의 체제의 안정을 위해 시장적 요소와 부분적으로 타협하는 방안을 모색했다. 사회주의 경제건설을 위해 자본주의 사회로 일보 후퇴하는 신경제정책을 구상했다.5) 레닌은 신경제정책의 실행과 동시에 사회주의로 무장된 주민들이 능동적으로 사회적 과업에 참여하고 자발적으로 노동조합 속으로 흡수될 것으로 믿고 있었다.

2) 신경제정책[네프(НЭП, Новая экономическая политика)]

전시공산주의 체제하에서 공업의 과도한 국유화 정책은 공업관리기구가 제기능을 못하게 만들었고, 농민으로부터 식량징발은 농민들의 불만을 증대시켰다. 식량 사정의 악화로 인한 식량 배급의 제한은 노동자의 불만과 실망으로 이어졌다. 1921년 2월 페테르부르크에서 노동자들이 시위를 계속하는 그러한 결과를 만들어 갔다. 이런 과정에서 동년 3월 크론슈타트(Kronshtadt)6) 요새 수병들의 반란이 발생했고, 크론쉬타트 해군의 집회에서 군인들이 볼세비키 일당 독재를 비판했다. 크론쉬타트의 해군은 임시혁명위원회를 결성하여 볼세비키 없는 소비에트를 외치고 있었다. 따라서 볼세비키는 무력을 동원하여 3월 18일 반란을 진압하기에 이른다.

---

4) См.: *Там же*, с. 153.
5) В.И.Ленин, *Полн. собр. соч.*, т. *43*, с. 329, 340, 409.
6) 크론시타트(Kronshtadt)는 레닌그라드州에 있는 도시이다. 해군기지이자 항구도시이다. 상트페테르부르크로부터 서쪽으로 약32㎞에 위치하고, 핀란드 만의 코틀린 섬에 위치해 있다.

전시공산주의의 군사적·행정적 조치들이 소비에트 정권과 농민의 대립을 심각하게 노출시켰고, 농민의 생산의욕을 감퇴시켰다. 식량부족 현상이 계속되고 있었다. 따라서 레닌은 자본주의로 향한 전략적 후퇴를 의미하는 새로운 경제정책을 구상했다. 농민의 생산 의욕을 증가시켜 안정적인 식량 공급이 가능하도록 유도하려는 전략이었다. 레닌은 1921년 3월의 제10차 당 대회에서 전시공산주의 정책을 포기하고, 현물 세제의 도입과 잉여곡물의 판매를 허용하는 정책을 채택했다. 새로운 경제정책인 신경제정책이란 사경제와 공경제가 공존하였던 1921-28년의 소비에트 경제 체제를 말한다. 신경제정책은 기존의 식량강제징수를 폐지하고 그 대신 생산의 일부를 세금으로 정부에 납부하고, 나머지를 시장에 팔 수 있도록 허용했다. 사적 소유를 부분적으로 인정하면서 생산 활동을 자극시키려는 정책이었다.

1921년 3월부터 중공업, 운수, 금융, 무역 등 국가 기간산업을 제외한 중소기업 및 소비재 공업에서 사유화가 인정되었다. 사유재산권도 일정한 범위에서 부활되었고 농민은 자신이 생산한 곡물을 자유시장에 팔아 부를 축적할 수 있게 되었다. 새로운 경제정책은 국유화된 대기업과 소규모의 개인 기업이 서로 경쟁하도록 자극하는 혼합경제 제도의 도입이었다. 소규모 공장에 대해서는 21년 5월에 국유화를 해제시키고, 소규모 공업의 발전이 장려되었다. 개인의 소기업 운영이 인정되었다. 7월에는 21인 이하의 노동자를 고용하는 기업에 대한 국유제를 폐지했다. 1년 내에 1만개 이상의 기업이 개인의 수중으로 넘어갔다.[7] 국영 대공장은 21년 8월 9일의 법령에 따라, 제품을 판매해서 경비를 충당하는 독립채산제로 이행되었다.

혼합경제 제도를 도입한 직후부터 노동자에 대한 통제가 완화되었다.

---

7) H.Верт(1994), с. 158.

노동 능력에 기초한 임금의 차등지급 등으로 노동 계급의 사기가 향상되었으며 생산성이 증가되는 그러한 결과를 만들었다. 따라서 레닌은 1922년 모스크바 지역 소비에트에서 "우리는 사회주의를 일상생활 속으로 유도했다. … 신경제정책하의 러시아로부터 사회주의 러시아로 이행하는 과제를 해결해야 할 것이다."[8]라고 했다. 레닌은 신경제정책의 핵심을 노동자와 농민의 연합에 두고 있었기 때문에, 국가의 경제적 낙후성 문제를 해결할 수 있을 것으로 보았다.[9] 신경제정책에 대한 레닌의 인식은 공업과 농업이 상호간 원조해야 양자가 동시에 발전된다는 농·공 연합 사상에 기초되고 있었다.

레닌과 그의 동료들은 경제발전, 특히 산업화에 보다 많은 관심을 집중시키고 있었다. 레닌은 "파멸하든지, 선진국과 어깨를 나란히 하고 경제적으로 그들을 앞서든지"[10]라고 강조했다. 한편, 레닌은 경제부흥의 열쇠라고 생각했던 전력 보급에 관심을 집중시키면서, 공산주의는 소비에트 권력과 국가 전역에 있어서 전력보급의 결합에 있음을 주장했다.[11] 레닌에 의하면, "신경제정책하의 러시아를 사회주의 사회로 유도하기 위해서 사회의 전반적인 개혁과 가난, 문맹, 관료성, 태만 등을 극복해야 했다."[12]

레닌은 신경제정책하의 러시아 경제체제를 부르조아의 이익에 반하고 프롤레타리아의 이익을 위한 프롤레타리아 국가의 자본주의라고 했다. 그리고 "이것(필자: 신경제정책)은 국가자본주의로부터 사회주의로의 이행에 도움이 된다."[13]고 했다. 레닌에게 주어진 과제는 신경제정책을 통

---

8) В.И.Ленин, *Полн. собр. соч.*, т. *45*, с. 309.
9) Н.Верт(1994), с. 176.
10) В.И.Ленин, *Полн. собр. соч.*, т. *34*, с. 198.
11) Роберт Такер, *Сталин путь к власти 1878-1929* (М.: Прогресс, 1991), с. 333.
12) В.И.Ленин, *Полн. собр. соч.*, т. *45*, с. 309.

해 당면한 경제 문제를 해결하고, 신경제정책하의 러시아를 사회주의 러시아로 전환시키는 것이었다. 그러나 이러한 정책이 제대로 실현되기도 전에 레닌은 자신의 사후(死後)를 걱정하고 있었다. 자신의 사후(死後)에 나타날 당내 분열 현상을 우려하고 있었다. 레닌은 집단지도체제(스탈린, 지노비예프, 카메네프, 트로츠키, 부하린 ······)를 대안으로 제시하는 유언을 남겼다. 그리고 1924년 초에 역사의 뒤안길로 사라졌다.

3. 스탈린과 소련 경제의 불균형 성장

1) 농촌경제의 집단화

신경제정책의 시작과 함께 농촌에서 땅을 임대하고 사람을 고용하는 것이 합법화되었다. 공산품 가격이 하락하고 농지세 또한 경감되었다. 이 조치는 농촌에서 중심 부분을 차지하고 있는 중농의 농촌 활동에 활력을 불어넣기 위해서였다. 그 결과 농촌경제의 총생산고가 1913년 수준을 넘었으며 계속 증가되었다.14) 국가의 곡물조달 기관은 1924년의 고정가격을 폐기했으며, 수시로 조절될 수 있는 가격체제로 변화되었다. 많은 사람들은 풍작이 물가 상승을 억제하고, 수출용 잉여 곡물이 획득되며, 수확물의 매상 자금은 공업투자 재원이 될 것이라고 생각하고 있었다. 그러나 1925년의 수확 후 부유한 농민들은 곡물을 환금해야 할 필요성을 갖지 못했기 때문에 다량의 곡물을 퇴장시켰다. 곡물은 거의 시장에 나타나지 않았고 가격은 폭등했다. 곡물 수출에 대한 기대, 수확물로 획득

---

13) В.И.Ленин, *Полн. собр. соч.*, т. 43, с. 226.
14) 1926년에는 1913년도 수확량의 18%를, 27년에는 21%를 초과 달성했다. *Юбилейный статистический справочник* (Москва: 1972), с. 219.

된 자원의 공업 부문에의 투자에 대한 기대는 무산되었다.

　　1926년 농촌에서의 수확이 완료되자 많은 농민은 곡물의 판매자가 되었다. 전년과 같은 사정의 절박함은 되풀이되지 않았고, 가격은 적당한 수준에서 유지되었다. 그리고 1927년의 수확고는 1926년보다 낮았지만 만족한 상태였다. 따라서 곡물조달은 순조롭게 진행되어 질 것이라고 생각되었다. 그러나 농민들은 식량을 공급하지 않았다. 그들은 종이가 된 돈이 필요한 것이 아니라, 공업제품이 필요했다. 따라서 농산품 가격이 상승하게 되고, 1927년에 식량 위기가 발생했다. 부농들과 중농들은 식량을 저장해 두면서, 보다 높은 가격과 필요한 공업 제품을 기다리고 있었다. 따라서 일련의 법령과 긴급조치가 취해졌다. 은닉된 곡물의 몰수와 이에 따르는 처벌이 뒤따르는 형법이 발동되었다. 그 결과 상당한 량의 곡물이 입수되었으나 이것으로 부족했다. 따라서 공업화를 추진하기 위해 필요로 했던 외화를 활용하여 곡물을 수입해야 하는 상황으로 나아갔다.

　　1927년 가을부터 충분한 농기구와 소비재를 농민들에게 공급할 수 없었기 때문에 농민들은 농산물을 도시에 공급하지 않고 스스로 소비해 버렸다. 1927-28년의 겨울은 빵을 구하려는 시민들로 장사진을 이루었다. 버터, 치즈, 우유는 거의 섭취되지 못했다. 국가의 곡물저장도 동이 났다. 부족량을 충당하기 위해 곡물이 수입되었고, 소맥과 호밀에 보리와 옥수수가 섞인 빵이 만들어 졌다. 그리고 대도시에서 빵의 배급제가 도입되었다. 소비에트 국민들은 암시장에의 의존이 불가피했다. 식량난은 만성적으로 되었다.

　　신경제정책과 함께 1920년대 후반기에 부유한 농민들이 성장했고 풍작이 그들에게 이익이 되었다. 그들은 경제적으로 강해져서 소자본을 축적하여 시장에서 조종하는 지위에 서게 되었다. 부농들은 가격이 인상될 것을 예상했으며, 그들의 잉여곡물은 은닉되고 있었다. 그들은 곡물의 잉여가 자신을 부유하게 하는 수단일 뿐만 아니라, 빈농을 노예화하는 수단이라는 것도 알고 있었다. 부농의 손에 있는 잉여곡물은 그들의 위치를 정치·경제적으로 강화시키는 수단이 되고 있었다. 스탈린의 입장에서 본다면, 부농들로부터 잉여곡물을 몰수하는 것이 도시와 혁명 역군에게 안정적으로 곡물을 공급해줄 뿐 아니라 정치·경제적으로 부농을 강화시키는 수단을 파괴시키는 것이었다.

〈표: 1〉 농촌 인구의 사회 구성(1924-1927년)

인구 구분	자영 농가 수: 천가구(비율)		
	1924-1925	1925-1926	1926-1927
프롤레타리아	2,184(9.7)	2,454(10.9)	2,560(11.3)
빈 농	5,803(25.9)	5,317(23.7)	5,037(22.1)
중 농	13,678(61.1)	13,822(61.7)	14,280(62.7)
부 농	728(3.3)	816(3.7)	896(3.9)
전 체	22,393(100)	22,409(100)	22,773(100)

Джузеппе Боффа, *История советского союза* (Москва: Международные отношения, 1990), с. 232 재인용.

1927년 12월에 열린 15차 당 대회는 농촌집단화에 관련된 결정을 채택했다. 집단화는 10월 혁명과 같은 의미의 혁명적 대변혁으로 간주되었다.15) 집단화 정책은 농촌에서 사회주의 토대 강화를 의미했다.16)

---

15) *История В К П(б): Краткий Курс* (Москва: ОГИЗ государственное издательство политической литературы, 1990), с. 291.
16) Ф.Д.Волков, *Взлёт и падение сталина* (Москва : издательства Спектр 1, 1992), с. 78.

<표: 1>에서 보는 바와 같이, 당시(1926-1927년) 농촌의 사회구성 비율은 동요하는 계급인 중농이 62.7%를 차지하고 있었다. 따라서 중농을 집단농장으로 유입하는 길이 농촌에서의 집단화를 위한 열쇠이며, 사회주의 경제구조의 토대를 건설하는 첩경이었다.

집단화 계획이 수립되고 있던 시기(1927년 말부터 28년 초)에 소비에트 권력은 심각한 식량부족 문제에 직면하고 있었다. 따라서 당지도자들은 곡물징수를 활성화하기 위해 주요 지역으로 파견되었다. 스탈린은 1928년 1월 15일 시베리아로 향했다.[17] 그는 시베리아의 주요 도시들을 시찰하면서 3주를 체류했다. 그는 일부 중농과 부농들이 저장해 둔 곡물을 보고 전시공산주의 정책 하에서 채택되었던 그러한 강압적인 방식이 필요하다는 인식을 가지게 되었다.[18] 곡물징수를 위한 스탈린의 정치적 고뇌가 계속되는 기간 동안에 부유한 농민들의 저항은 계속되었다.

1928-29년에 부농들은 파종의 량을 감축했고, 사료와 식료품의 부족으로 인해 가축의 수가 급격하게 줄어들기 시작했다. 도시에서 식료품이 부족하여 1929년 2월에 식량배급제가 도입되었으며, 공장에서는 노동자들에 대한 생산증진 압력이 가중되고 있었다. 노동자들은 공장마다 태업

---

[17] 스탈린은 농촌 실정에 대해서 잘 알지 못했다. 그는 1928년 1월 곡물징수 차 시베리아에 한번 갔었을 뿐, 그 때부터 자신의 모든 삶 기간 동안 한 번도 농촌을 방문하지 않았다. 그는 당시 "부농들을 보십시오. 그들은 식량을 저장할 장소가 부족해서 처마 밑에 쌓아 두고 있으며, 헛간과 창고에 보관하고 있습니다. 모든 부농들은 각각 5만-6만 푸드씩의 잉여분을 가지고 있습니다."라고 지역당원들과의 회합에게 연설했다. 그는 또한 "국가 공정가격으로 모든 잉여분의 식량을 부농들로부터 공출한다. 만약에 이들이 이를 거부할 경우, 형법 제107조의 책임을 그들에게 부과하고 법을 집행한다. 그리고 그들로 부터 몰수한 잉여분의 25%를 일부 중농 및 빈농에게 분배한다."라는 강한 입장을 밝혔다. Дмитрий Волкогонов, *Триумф и трагедия: политический портрет И.В.Сталина* (Москва: новости, 1990), с. 290, 293.

[18] Роберт Такер, *Сталин путь к власти 1878-1929* (М.: прогресс, 1991), с. 368.

과 불량품 생산으로 대응했다. 농산품의 가격 인상이 뒤따랐으며 경제 전반에 걸친 물가 인상과 투기 현상이 나타났다. 1929년 4월에 스탈린은 '부농들이 성장하고 있으며 소비에트 정부의 정책을 침해하고 있다'고 주장했다. '그럼에도 불구하고, 당과 정부 기관은 적을 인식하지 못하거나 그들과 싸우는 대신에 그들에게 순응했기 때문에 곡물 조달의 어려움이 발생하고 있음'을 스탈린은 강력하게 지적했다. 스탈린은 새로운 형태의 농촌발전을 강조했고, 그 방법으로 집단농장인 콜호즈(kolkhoz)와 국영농장인 소프호즈(sovkhoz) 제도를 언급했다.

> 농업을 재정비하기 위해서는 분산된 개인적 농민 경영을 대규모 농장, 집단농장으로 통합시켜야 한다. 우리는 집단농장에 기초해서 농업을 건설해야 하며, 집단농장을 확대시켜야 하며, 낡은 국영농장과 새로운 국영농장을 발전시켜야 하며, … 노동을 집단화하도록 돕는 기계와 트랙터 시스템을 발전시켜야 한다. 한마디로, 우리는 소규모의 개인적 농민 경영을 점차 대규모 집단 생산으로 전환해야 한다.19)

1929년 4월의 제16차 당 대회에서, "콜호즈(kolkhoz) 농민은 소비에트 권력의 견고한 발판이 된다."20)고 했다. 이와 함께, 당 지도부는 집단화를 위해 완벽한 독재의 필요성을 절감했다. 1929년 6월에 전체 농가의 겨우 4% 미만이 집단화되었다.21) 그러나 단지 3개월(1929년 7월-9월)

---

19) И.Сталин, *Вопросы ленинизма* (М.: госполитиздат, 1953.), с. 261.
20) *КПСС в резолюциях и решениях*, т. 4, с. 449, 458.
21) 모스크바 당 서기이자 중앙위원회 농촌 지부장인 바우만은 6월에 다음과 같이 말했다. "모스크바 지역은 5년 내에 지역 농민의 25%를 집단화할 계획이다. 인구 전체를 집단화하려면 약20년이 걸릴 것이다." *Правда*, 16 июню 1929г. 실제로 비교적 완만한 속도로 집단화되었던 서부지역의 그것은 다음과 같다. 1928년 10월 1일: 0.8%, 1929년 10월 1일: 2.5%, 1930년 3월 1일: 38.8%였다. 1930년에 접어들면서 집단화가 급속하게 이루어 졌음을 볼 수 있다. 이는 '부농집단을 소탕하고

동안에 콜호즈(kolkhoz)로 약1백만 명이, 그리고 그해의 나머지 3개월 동안에 약2백4십만 명의 농민이 합류되었다. 1929년 11월 개최된 중앙위원회 총회에서는 "대중의 콜호즈 운동은 우리나라의 사회주의 건설과 업에 있어서 새로운 역사적 단계를 의미한다."22)고 했다. 소규모 경영에서 대규모 기계제 농업으로 대중을 이동시키는 작업은 소련의 농촌경제에 있어서 하나의 대변혁이었다. 1억 2천만 주민 중 1억이 희생되었다. 그 중에는 8백50만 빈농, 1천5백만 중농, 1백만 부농, 2천4백50만 명의 자영농업인구가 포함되어 있다.23)

집단화에 더욱 박차를 가하고, 이를 토대로 공업화를 강행한다는 결정이 1929년 11월 중앙위원회에서 가결되었다. 1929년 말에 국영농장인 소프호즈(sovkhoz)와 집단농장인 콜호즈(kolkhoz)에서는 4억 푸드(pud)24)의 식량을 생산했으며, 1억3천만 푸드를 국가에 판매했다. 스탈린은 지속적인 집단화와 함께 계급으로써의 부농 박멸이라는 정책을 추진하기 시작했다. 테러 수단에 의한 농민층 탄압은 피할 수 없었다. 이는 1929년 12월 27일 부농 계급의 타파를 요구한 스탈린의 연설 직후에 시작되었다. 수개월 동안 경찰력과 콤소몰(Комсомол)25)의 지원을 필두로 당은 총력

집단농장 조직을 강화하라'는 상부의 명령이 어떠한 성격을 지니고 있었는지를 보여준다. 대니엘즈 지음, 석영중 옮김, 『스탈린 혁명』(서울: 도서출판 신서원 1990), p. 145. 한편, 1929년 4월에 스탈린이 당중앙위원회 및 중앙통제위원회의 전체회의에서 "이제 집단농장은 200만 헥타르 이상의 토지를 보유하고 있다. 5계년 계획 말기에는 집단농장이 2,500만 헥타르 이상을 갖게 될 것이다."라고 했다. И.Сталин, Вопросы ленинизма (Москва: госполитиздат, 1953.), с.278.
22) КПСС в резолюциях и решениях т. 4 (Москва: государственное издательство политической литературы, 1970), с. 323.
23) Ф.Д.Волков(1992), с. 78.
24) 푸드(pud)란 러시아에서 쓰는 무게의 단위이며, 1푸드는 약6.38kg에 해당한다.
25) 공산주의 청년동맹(Коммунистический союз молодёжи)인 콤소몰(Комсомол)은 소련공산당의 지도하에 청년들에게 공산주의 교육을 실시하고 당과 국가기관에 참

을 기울여 농민층을 급속히 집단농장으로 재편성했고, 테러를 행사하여 부농의 소유지를 몰수하는 강제적인 작업이 강행되었다.

〈표: 2 〉 집단화 추이

	콜호즈 참가 농가 수(백만)	집단화 비율(%)	전체 농가(백만)
1929	1.0	3.9	25.6
1930	6.0	13.6	25.4
1931	13.0	52.7	24.7
1932	14.9	61.5	24.2
1933	15.2	65.0	23.2
1934	15.7	71.4	22.0
1935	17.3	83.2	20.8
1936	18.4	90.5	20.3
1937	18.5	93.0	19.9

ЦГАОР СССР, Ф. 1562, оп. 82, д. 271, л. 130.

    1930년 7월 초에 약8만6천개에 달하는 콜호즈가 형성되었으며, 거의 1/4에 해당하는 6백만 농민들이 콜호즈 대열에 참여했다.[26] 그리고 1930년 여름까지 40-50%의 순수 농민들이 콜호즈에 영입되었다. 스탈린은 "콜호즈 속으로 이렇게 많이 유입되는 것은 … … 계급으로써의 부농 박멸의 과제가 이미 무르익었거나 무르익고 있다는 것을 의미한다."[27]고 했다. 농촌의 집단화 조치와 함께 농촌 경제의 사회주의적 토대는 확

    여시키는 것을 목적으로 한 공산당원 양성 단체이다.
26) История КПСС (Москва: государственное издательство политической литературы, 1954), с. 384.
27) История всесоюзной коммунистической партии(большевиков) (М.: издательство ЦК ВКП(б) "правда", 1938), с. 285.

립되었고, 자본주의적 요소의 재생과 농민 분화를 위한 토대는 사라졌다.

제2차 경제개발 5개년(1933-1937) 기간 동안에 농촌집단화는 더욱 조직적이고 체계적으로 추진되었다. 따라서 1937년 말에 전체 농촌의 93%인 1천8백5천만 농가가 참가하였으며 콜호즈는 24만 3천7백여 개를 헤아리게 되었다. 그리고 파종 면적은 전체 농경의 99.1%에 달했다. 이러한 결과는 공동생산에 토대를 둔 단일의 사회주의 체제를 의미했다.28) 당시의 농촌 상황을 무시한 스탈린의 강압적인 정책이 집단화의 완성이라는 결과를 낳았다.

2) 경제개발 5개년 계획

스탈린이 취한 또 다른 하나의 주요한 경제정책은 급속한 산업화 정책이었다. 이는 신경제정책을 중단하고, 경제개발 5개년 계획을 시작함을 의미한다. 1925년의 제14차 당 대회에서 소련의 정치·경제적 성장에 관한 청사진이 그려졌다. 자본주의 국가가 포위하고 있는 소련의 경제적 독립을 위하여, 그리고 국가의 방어능력을 증대시키기 위해서, 당은 반드시 농업국가를 공업국가로 전환시켜야 했다. 스스로의 힘으로 필요한 각종 장비와 설비를 제작하는 능력을 필요로 했다.29) 따라서 공업화 정책이 당의 주요 노선으로 채택되었다. 이는 농업국가로 소련을 보존해서는 안 되며, '세계 최초의 사회주의 국가를 파괴하려는 침략적이고 제국주의적인 국가 앞에 소련을 무방비 상태로 방치해 둘 수 없다'는 생각의 결과였다.30)

---

28) Ли Йын-Хен, *Некоторые особенности опыта социалистических преобразований в СССР (критический анализ)*, (Москва: МГУ, 1995), cc. 104-105.
29) И.Сталин, "ХIV съезд ВКП(б)," *Соч. т. 7*, c. 355.
30) Ф.Д.Волков(1992), с. 71.

스탈린은 자본주의 국가의 포위로부터 벗어나기 위한 가장 현실적인 방법으로 집단화 및 급속한 산업화를 통한 국력신장에 있음을 인식했다. 따라서 1928년 초반에 스탈린은 소련의 당면한 경제문제를 해결할 현실적인 대안 책을 제시했다. 그것은 신경제정책이 아니라, 집단화 및 급속한 산업화 정책이었다. 사실, 신경제정책 말기의 경제위기는 정치위기를 동반했다. 농산품의 도시 공급에 대한 무능력과 수백만 농민의 저항 확대, 불평불만의 저항세력 확산 등이 소비에트 체제에 어두운 그림자를 드리우고 있었다. 이러한 상황이 스탈린으로 하여금 심경의 변화를 일으키도록 했다. 스탈린은 1928년에 신경제정책을 중단하고, 제1차 경제개발 5개년 계획(1928-1932)에 의한 산업화 정책을 제시했다.[31] 제1차 5개년 계획과 함께 산업화의 근본적인 목적이 국민의 물질적 복지가 아니라, 국가권력의 증대에 있었다. 스탈린의 산업화 정책은 중공업에 역점을 두었으며, 소비재 생산에는 별 관심을 두지 않았다. 스탈린은 원시적이고 농촌적인 국가를 근대적 공업 강국으로 변화시켜, 자본주의 열강과 대등하게 맞설 수 있게 하는 정책개발에 에너지를 결집시켰다.

제1차 5개년 계획의 첫해(1928-29)에 공업생산은 20% 증가되었다. 그리고 다음해에는 32%의 증가를 목표로 정책이 강행되었다. 이 수치는 계획안의 그것 보다 절반이상 초과된 목표였다.[32] 1929년 4월의 제16차

---

31) 1928년에 시작된 경제개발 계획은 소련 전 역사를 통해 총13 차례 있었다. 제2차 세계대전 기간에는 개발계획이 없었고, 1991년에는 1년간의 계획과 함께 소련이 해체되면서 중요되었다. 개발정책 시기는 다음과 같다. 제1차 계획(1928-1932), 제2차 계획(1933-1937), 제3차 계획(1938-1941), 제4차 계획(1946-1950), 제5차 계획(1951-1955), 제6차 계획(1956-1960), 제7차 계획(7 개년 계획, 1959-1965), 제8차 계획(1966-1970), 제9차 계획(1971-1975), 제10차 계획(1976-1981), 제11차 계획(1981-1985), 제12차 계획(1986-1990), 제13차 계획(1991) 등이다. 상기 계획들 중에서 정권이 바뀌는 시기에는 개발 일정 등이 다소 수정되는 경향을 보였다.

당 대회에서 스탈린은 "5개년 계획의 주요 목적이 사회주의의 토대인 공업뿐만 아니라 농업·수송을 개조하고, 군비 등을 확장할 능력을 가질 수 있는 산업화를 형성하는 것"33)이라고 했다. 무리하게 출발한 5개년 계획의 목표는 4년 만에 96.4%를 달성했다. 특히, 중공업 분야에 있어서는 이 기간에 이미 108%를, 그리고 경공업 생산품은 187%를 초과 달성했다.34)

제1차 경제개발 5개년 계획(1928-1932)의 핵심은 중화학 공업 중심의 산업화에 있었다. 따라서 모스크바와 고리키(Горький)市에 대규모 자동차 공장, 우랄과 서시비리에 대규모 금속공업 도시가 건설되어야 했고, 볼가 강 주변의 스탈린그라드(Сталинград)에 대규모 트랙터 공장이 건설되어야 했다. 공단건설 사업은 영하 40도에 이르는 혹한 속에서도 강행되었다.35) 그리고 스탈린은 공업화에 필요한 자금조달 방법의 하나로 러시아 사람들이 즐겨 마시는 술인 보드카(Vodka)36) 판매를 생각하고 있었다. 1930년 10월 스탈린은 몰로토프(V.M.Molotov)에게 다음과 같이 자신의 생각을 밝혔다.

---

32) *История СССР*, т. 8 (Москва: государственное издательство политической литературы 1962), сс. 473-474.
33) *История всесоюзной коммунистической партии(большевиков)* (Москва: и здательство ЦК ВКП(б), 1938), с. 283.
34) Анри Барьбс, *Сталин* (Москва: гослитиэдат, 1937), с. 254. 259.
35) Джузеппе Боффа, *История советского союза* (Москва: Международные отношения, 1990), с. 334.
36) 보드카(Vodka)의 도수는 40~50도 사이를 오간다. 그 보다 독한 보드카도 있다. 제정 러시아 정부는 1894년 러시아 공식 보드카의 도수를 40도로 결정했고, 이 전통이 지금까지 내려오고 있다. 따라서 러시아에서 생산되는 공식 술 <보드카>는 대부분 40도 이다. 40도 보드카가 몸에 가장 해를 끼치지 않고 최상의 술 맛을 낸다는 것이 과학적으로 증명됐기 때문이다.

내 생각으로는 가능한 한 보드카 판매를 확대시킬 필요가 있습니다. 잘못된 수치심을 버리는 것이 필요하고, 보드카 생산의 증대는 방해 없이 가능해야 될 것입니다.37)

1932년에 완료된 제1차 5개년 계획은 중앙통제 경제를 완성하는 이데올로기의 승리를 의미했다. 농업 집단화 과정에서 전체 경지의 약75%가 콜호즈에 편입되었고, 공업 분야에서는 중공업의 핵이라 할 수 있는 철과 석탄 생산에 우선권을 두면서 탄광이 기계화되었다. 그리고 새로운 제련소가 건설되었다. 우랄지방을 비롯한 기타 지역에 거대한 공단이 건설되었다. 1932년에 모스크바로부터 서남쪽에 있는 드네프르(Днепр)38) 강변에 유럽 최대의 수력발전소가 건설되었다. 이러한 시기에 국내총생산에서 공업이 70% 이상을 차지했다. 농업 국가에서 공업 국가로 그 성격이 변화되었다.

〈표: 3〉 국민경제의 총생산에서 공업의 비중(%)

	1913	1929	1930	1931	1932	1933
공업(소규모 공업 제외)	42.1	54.5	61.6	66.7	70.7	70.4
농업	57.9	45.5	38.4	33.3	29.3	29.6
합계	100	100	100	100	100	100

И.Сталин, "Отчётный доклад XVII сьезду партии" Соч. т. 13, с. 310.

---

37) Ф.Д.Волков, *Взлёт и падение сталина* (Москва: издательства Спектр, 1992), с. 71.
38) 드네프르(Днепр) 강은 스몰렌스크州의 발다이 구릉 지대 남쪽 기슭에서 발원하여 러시아·벨라루스·우크라이나를 남쪽과 서쪽으로 2,200km 흐른 뒤 흑해로 들어가는 강이다. http://ko.wikipedia.org/(검색일: 2011년 1월 21일)

제2차 5개년(1933-37) 계획은 소비재 생산의 증대를 기초로 하는 산업 근대화와 생산의 기계화에 보다 많은 관심을 갖도록 했다. 경제 전반에 걸친 생산성 향상에 있었다. 공업화와 함께 농촌 집단화가 병행되었다. 스탈린은 1933년에 집단화 정책을 보다 완화하면서 국민들의 불만을 약화시키려 했다. 불만이 높은 콜호즈 농민에게 양보조치를 취했다. 이 기간까지 농민의 경작지는 공유재산이었지만, 농민에게 생산의 인센티브를 주기 위해 약간의 사유지 소유를 인정했다. 사유지의 상속은 금지시켰으나, 사유지에서 경작된 농산품의 시장판매는 허용되었다. 또한, 스탈린은 새로운 기술 인력의 필요성을 직시하고 기술 훈련의 중요성을 강조했다. 따라서 기사, 농업기술자, 공장 지배인 등이 새로운 엘리트 그룹으로 성장하기 시작했다. 그리고 스탈린은 급여 차등제를 실시하여 생산 목표를 초과 달성한 노동자들에게는 그에 상응하는 특별 수당을 보장했다.

산업부문의 능률 향상을 위해 스타하노프(Stakhanov) 운동을 전개했다. 스타하노프 운동은 1935년 8월 알렉세이 스타하노프(A.Stakhanov)라는 탄광 노동자가 표준 생산량의 13배를 초과 달성하자, 스탈린이 이를 대대적으로 선전하면서 모든 경제분야에 강요하기 시작한 운동이다. 농부 출신의 광부인 스타하노프는 1일 평균 6-7톤의 채탄(採炭)량을 102톤으로 증대시켰다. 따라서 스탈린은 생산 목표를 현저하게 초과 달성한 노동자에게 사회주의 영웅의 칭호를 부여하고 높은 임금과 주택 그리고 훈장을 수여했다.

공업생산성 증대와 농촌집단화는 새로운 경제구조를 창출했다. 1937년에 45만 6천대의 트랙터, 약12만 9천대의 콤바인, 그리고 14만 6천대의 화물자동차가 가동되고 있었다. 이 모든 것은 농촌경제를 위한 기술적 토대가 달성되었음을 의미했다.[39] 그리고 집단화는 농민의 사회적 다양함을 근절시키고, 그들을 착취자로부터 해방시켰다. 농민계급은 사회주의 경제를 유도하는 공공생산의 제도 속에서 자신의 위치에 따르는 사회주의적 계급으로 형성되었다. 노동계급과 그 동맹세력이 경제변화를 주도하고 있었다. 따라서 30년대 대부분의 서구 자본주의 국가들이 대공항에 처해 있었지만, 소련은 지속적이고 급속한 경제발전을 이루었다.

제2차 5개년(1933-37) 계획 기간 동안 달성된 경제성장에도 불구하고 노동 착취는 여전했다. 아니, 노동 착취에 기초해서 경제성장이 가능했다. 계획경제가 실시된 이후 노동조합은 국가와 당의 이익을 반영하는 전위대의 역할을 충실히 수행했다. 노동조합은 볼세비키 독재기구의 하수인으로 전락했으며, 노동자의 생산능력을 착취하는 역할을 수행했다. 특히, 1938-40년에 의무노동제의 채택으로 인해 노동자의 강제노역이 심각한 문제로 제기된다. 1940년 6월의 포고는 하루 20분 이상의 지각, 1개월에 3회의 결근에 대한 각각의 벌칙이 정해졌고, 처벌은 25%의 임금 몰수에서 최대 6개월의 금고였다.40)

제18차 당 대회에서 승인된 제3차 5개년(1938-1941) 계획은 지나친 목표 수치를 제시하고 있다. 군사비 지출을 삭감하지 않으면서,41) 생산수준에서 발전된 자본주의 국가를 추월하는 것이었다. 농업생산은 52%, 공업생산은 92%를 증대해야 만 했다. 특히, 화학공업의 발전, 알루미늄

---

39) К.В.Гусев и др., *Строительство социализма в СССР и крах оппортунизма* (Москва: политиздат, 1982), c. 233.
40) 崔榮, 『蘇聯邦 七十年史』 (서울: 슬라브硏究社, 1990), p. 133.
41) 군수산업을 육성하기 위한 공업화 정책이 계속되었고, 국방예산 또한 증가되었다. 국방예산은 1934년의 50억 루블에서 1936년에는 148억으로, 1939년에는 430억 루블로 증가했다. 적군의 상비 병력도 1934년의 94만, 1938년 200만, 1940년 400만으로 꾸준히 증가하였다. 군사력이 증강되고, 국민총생산의 1/4이 국방비로 지불되었다. 崔榮(1990), p. 144.

및 전기설비 생산에 많은 관심을 두었다. 그러나 이러한 계획은 실현되지 못했다. 1937-41년의 공업생산 성장 속도는 연간 3-4%를 초과하지 못했다.42) 경제성장 속도가 둔화된 상황에서도 군수산업 생산은 현저하게 증가되었다. 물론, 당시가 제2차 세계대전을 앞둔 상황이라는 사실이 스탈린으로 하여금 군수산업에 보다 많은 관심을 갖도록 한 것으로 보인다.

제2차 세계대전 이후 제4차 5개년 계획(1946-50)이 수립되었다. 동 계획은 소련이 제2차 세계대전에 참여하면서 경제가 파괴되었기 때문에, 파괴된 경제를 재건하는 대규모 주택건설 사업에 치중되었다. 이러한 시기에도 중공업은 여전히 중요시되었다.43) 결국, 스탈린에 의한 경제정책은 중화학 공업 우선 정책으로 일관되었다. 스탈린은 국민의 일상생활 수준 및 복지 수준을 등한시하면서 군수산업에 박차를 가했다. 경제건설 과정에서 국가의 주인인 노동자와 농민은 동원 되는 수준에서의 참여에 만족해야 했고, 국가 행정 과정에서 철저히 소외되었다. 스탈린 시기의 경제정책은 강한 국가건설에 치중되었고, 힘을 통한 국제적 영향력 확대에 초점이 맞추어져 있었다.

4. 흐루쇼프의 경제정책과 소련 경제의 머뭇거림

1) 흐루쇼프의 경제정책

제20차 당 대회에서 제기된 제6차 5개년 계획의 중요한 과제는 중공

---

42) Н.Верт, *История советского государства. 1900-1991* (Москва: Прогресс- Академия, 1994), c. 252.
43) 경제파괴 과정을 경험하면서도 1950년에 발표된 제4차 5개년 계획의 성과 보고에서 소련은 전쟁 이전의 생활수준을 회복했고 공업생산이 세계 제2위가 되었음을 밝히고 있다.

업 우선 발전에 기초된 중단 없는 기술발전과 노동생산성 향상에 있었다. 농업생산의 완전한 증진과 함께 국가경제를 향상시킨다는 것이다. 그리고 이러한 토대위에서 충만된 물질적 복지와 국민의 문화수준 향상이 이룩된다는 것이다. 노동생산성 측면에서 단시일 내에 가장 발전된 자본주의 사회를 추월하는 것이었다.44) 1959년 제21차 당 대회에서 거대한 목표가 제시되었다. 늦어도 1970년까지 공업과 농업생산에 있어서 미국을 타라 잡고 추월하는 것이다. 이는 소련이 가장 높은 복지국가이며 소련 인민들은 가장 높은 삶의 수준을 영위하는 것을 의미했다.45) 경제계획과 함께 공업생산성을 향상시키기 위해 분권화 경제구조가 도입되었고, 농촌경제의 활성화를 위해 콜호즈(kolkhoz) 연합 운동 및 처녀지 개간사업이 추진되었다.

(1) 분권화 경제구조와 콜호즈(kolkhoz) 연합정책

흐루쇼프의 경제정책에서 보여 지는 중요한 특징은 경제정책의 지방 분권화와 콜호즈(kolkhoz) 연합 정책이다. 흐루쇼프는 지역적인 산업조직 형성과 수직적 통치 기능의 감소, 그리고 수평적 통치 기능을 확대하는 정책을 입안했다. 구체적인 경제개혁은 다음과 같이 계획되고 추진되었다.

첫째, 분권화 경제구조이다. 흐루쇼프는 중앙에서 계획 및 통제되는 기존의 산업구조를 지방에 분산시켰다. 따라서 1953-1956년 사이에 약1만5천개의 기업들이 개별 공화국 부서의 직접적인 통제 하에 들어갔다. 그리고 더욱더 광범위한 지방 분권과 이에 따르는 기업 분산의 필요성이

---

44) *История СССР: эпоха социализма* (М.: Политиздат, 1957), с. 729.
45) *XXI съезд КПСС..*, ч. 1, с. 65.

제기되었다.46) 1957년 초에 소련에서는 20만개 이상의 크고 작은 기업체와 약10만개의 건축 현장이 있었고,47) 이들 활동에 대한 중앙의 통제는 수많은 어려움에 직면했다. 따라서 보다 효율적인 경제 활동을 위해 분권화가 필요했다. 중앙에 귀속된 산업 부분의 많은 부처들을 폐지하고, 공장 운영에 대한 다양한 수준의 통치 체제를 지역단위로 구축하는 정책이 그것이다.

흐루쇼프는 산업관리를 위한 지역 전문조직의 형성, 그리고 수직적인 운영체제의 감소와 수평적인 통치 기능의 확대에 대한 계획을 발표했다. 1957년 봄부터 중앙정부로부터 보다 자유로운 조건하에서 국민경제회의(sovnarkhoz)48)가 지역 단위로 설립되기 시작했다.49) 국민경제회의에 국가경제 전반을 기획 및 조정할 수 있는 권한이 부여되었고, 장기 계획을 수립하는 책임이 주어졌다. 한편, 30여 개가 넘는 중앙정부의 경제부처가 폐지되고, 그 기능은 새로이 설치된 105개의 지역경제회의로 이관되었다.50) 계획경제의 중심이 중앙부처 수준에서 지역 수준으로 전환된 것이다. 이는 "중앙부처보다 지역경제회의가 개별 지역의 노동력과 지역적 특성을 보다 정확하게 판단하고 있다"는 논리에 따르는 경제 활성화 조처였다. 경제 행정의 무게 중심이 개별 경제지역으로 이전된 것이다.

---

46) Рой Медведев, "Н.С.Хрущев. Политическая биография," *Дружба народов*, no 8, 1989 г (М.: Издательство "известия советов народных депутатов С ССР", 1989), с. 167.
47) 이 윤-현(1995), с. 123.
48) 국민경제회의(Sovnarkhoz, Совнархоз)는 Sovet Narodnogo Hozyaistva(러시아어 Совет Народного Хозяйства)로 Council of National Economy로 영작된다.
49) 국민경제회의(sovnarkhoz)에 대한 자세한 내용은 다음을 참조 바람. 박수헌, "흐루시초프 시기 국민경제회의 개혁에 대한 일고 – 개혁의 변질과정을 중심으로,"『國際政治論叢』제40집 3호(2000) 참조.
50) 지역경제회의는 1965년에 브레즈네프에 의해 폐지되었다.

소련 전역에 걸쳐 연방 및 공화국의 산업담당 부처들을 해체하고 대신 지역을 기본단위로 한 국민경제회의를 신설하여 중앙정부로부터 독립된 형태로 산업관리를 담당하도록 했지만 부작용이 적지 않았다. 국민경제회의를 통해 지방적 이익을 우선시 하려는 지역들이 형성되고 있었다. 자신의 지역이 소유하고 있는 자원을 스스로 활용할 것을 요구했다. 이러한 과정에서 경제기구들 간의 협력이 약화되기 시작했다.

둘째, 콜호즈(kolkhoz) 연합정책이다. 흐루쇼프는 농촌경제의 활성화를 자극하기 위해 대규모 콜호즈 연합정책을 추진하기 시작했다. 농촌지역에 사회주의 개혁을 강화하려는 정책적 의도에서 추진되었다. 흐루쇼프 시기에 콜호즈 수가 감소되었고, 소프호즈(sovkhoz) 수는 증가했다. 1954년이 시작되면서 가장 빈약한 콜호즈가 점차적으로 통합되었고, 그들의 빈약한 경제를 개선시키기 위해 소프호즈로 전환되었다. 1950년에 소프호즈는 약5천개 정도였으나, 1964년에는 약1만개로 늘어났다. 이들 모두는 평균 2만7천 헥타르의 영토를 가지고 있었다. 그리고 이기간 동안의 콜호즈 수는 9만 1천개에서 3만8천3백 개로 감소되었다.[51] 채산성이 맞지 않는 나약한 콜호즈를 통합하는 정책은 계속되어 대형화되었다. 그리고 소프호즈로 전환되어 갔다.[52] 한편, 소프호즈가 직접적으로 생산자원을 소유하고 자유롭게 처리할 수 있게 되었다. 이러한 현상은 중앙으로부터의 간섭과 통제가 보다 약화되고 있음을 의미한다.

---

51) См.: *Народное хозяйство СССР в 1965 г. Статистический ежегодник* (Москва: Статистика, 1866), с. 257, 407, 425.
52) 소련 해체 직전에 국가 전역에 약2만 6000개의 집단농장과 약2만 3000개의 국영농장이 존재했으며, 집단농장은 평균 6,100ha의 농경지를 그리고 국영농장은 평균 2만ha의 농경지를 각각 경영한 것으로 알려지고 있다.

(2) 농업정책의 부작용

스탈린 사후(死後)에 가장 중요하게 제기된 것은 경제활성화 문제, 특히 농촌경제의 활성화 문제였다. 새로운 지도자에게 농업문제를 해결할 수 있는 정확한 프로그램은 없었지만, 농촌경제를 활성화 시킨다는 문제에 대해 보다 많은 관심을 가지고 있었다.53) 곡물 문제가 해결되었음을 발표한 스탈린의 성명은 허위였음이 드러났다. 곡물을 비롯한 각종 상품의 부족 사태가 발생되고 있었다. 소련경제에서 큰 비중을 차지하는 농업이 가뭄과 냉해로 인해 생산에 한계를 드러내고 있었다.

농업문제 전문가로 자처하고 있는 흐루쇼프의 개혁은 처녀지(處女地) 개간 운동에서 시작되었다. 1955년까지 시베리아와 카자흐스탄에 1천3백여만 헥타르의 토지를 개척한다는 처녀지 개간 운동을 구상했다.54) 1953년의 흉작으로 인하여 곡물 수확량이 하락하자, 카자흐스탄 북부·서시베리아·북카프카스 동부지역 등에 있는 미개간지를 대대적으로 개발하는 정책을 발표했다. 이 계획에 따르면 미개간지를 개척하여 곡물 생산지대로 변모시키고, 전통적으로 곡창지대인 우크라이나 지방을 가축 사료용으로 사용되는 옥수수 산지로 전환시키는 것이었다.

흐루쇼프의 처녀지(處女地) 개간 사업은 강행되었다. 그러나 1956년을 기점으로 땅의 비옥도가 떨어지고 있었다. 미개간지 개척운동이 한계에 이르자 새롭고 획기적인 농업정책이 필요함을 인식하기 시작했다. 이와 동시에 <기계·트랙터 배급소>55)를 폐지하고, 콜호즈가 <기계·트랙

---

53) Т.А.Сивохина и М.Р.Зезина, *Апогей режима личной власти. "Оттепель". Поворот к неосталинизму* (М.: Изд-во Моск. ун-та, 1993), с. 14.
54) 1960년대까지 4천만 헥타르가 개간되었다. 이는 총경지면적의 29%에 해당된다. 서울대 국제문제연구소, 『소련정치경제사전』 (서울: 민음사, 1990), p. 367.
55) 이 기구는 스탈린 시대 경제정책의 상징체였다. 이는 단순히 농기구를 콜호즈에 빌려주는 기관이라기보다, 사실상 농민들을 통제하고 그들에게 권한을 행사하는 관료

터 배급소>의 트랙터를 양도받을 수 있도록 했다. 그리고 집단농장에 더 많은 자율권을 부여하고 현금에 대한 인센티브를 강화했다. <기계·트랙터 배급소>의 폐지로 인해 개별 집단농장이 필요한 농기구를 직접 소유할 수 있게 되었다. 흐루쇼프는 <기계·트랙터 배급소>에 기구 사용 대가로 국가가 받아 오던 농산물의 적당한 량과 강제적인 공출제도를 폐지시켰다. 대신 정부의 구매 기관과 농장 사이에 계약된 생산물을 지역에 따라 일정한 가격으로 구입하도록 했다.

흐루쇼프의 농업정책은 농촌에 대한 당의 통제를 완화시키고, 신경제정책 시기와 같은 현금에 대한 인센티브를 강화시켰다. 집단농장 노동자들에게 최저 임금이 보장되었고, 노동에 따른 현금 축적이 가능할 수 있게 되었다. 이러한 정책은 농산품의 유통을 시장경제에 의존시켜 생산량을 증대시키려는 목적에 따른 조처였다. 이러한 변혁은 의사결정을 분권화시키는 역할을 하도록 했다. 중앙의 계획자가 토지사용·파종·수확 등의 세목에 개입하지 않는 대신, 지방의 농장 관리자에게 세목을 결정하도록 하여 목표 양을 달성하도록 했다. 중앙에 집중되었던 권력구조를 부분적으로 지방에 분산시킴과 동시에, 국민들의 자발적인 참여를 유도하면서 생산성을 증대시키려는 조치의 일환이었다. 그리고 1962년 3월 흐루쇼프는 농업경제에 관련된 지배구조를 변화시켰다. 지방 지도자들에게 새로운 책임이 부과되었고, 그들이 당 지역위원회 활동에 종속되도록 했다.56)

흐루쇼프의 2번째 농업개혁은 옥수수 재배에 있었다. 1959년 미국

기구로 이용되었다.
56) См.: Н.С.Хрущев, *Строительство коммунизма в СССР и развитие сельского хозяйства. Речи и документы*, т. 6 (М.: Политиздат, 1963), сс. 397-442.

방문 길에 아이오와州의 옥수수 재배에 깊은 감명을 받았다. 따라서 흐루쇼프는 소련의 여러 지역에 옥수수를 재배하도록 했고, 이를 가축 사료로 활용할 의사를 밝혔다. 옥수수 재배에 필요한 기후와 토양을 고려하지 않은 상황 하에서 계획은 강행되었다. 이러한 계획은 실패로 끝났다. 특히, 옥수수 캠페인이 절정에 이른 시기는 1962년이었다. 3천7백만 헥타르 이상에 옥수수 종자를 파종했지만, 다만 7백만 헥타르에서 옥수수가 성장했을 뿐이다. 심지어 옥수수가 성장한 지역에서도 여름에 차가운 날씨가 이어졌고 축축한 기운이 계속되었다.57)

농업 전문가로 자처하고 있던 흐루쇼프가 농촌경제 활성화를 위해 다양한 정책들을 시도했으나 그 결과는 부정적이었다. 이러한 시기인 1962년에 정부는 식료품 가격을 인상했다. 몇몇 도시에서 폭동이 발생했다. 전국적인 대규모 폭동 사태로 이어졌고 사회 불안이 초래되고 있었다. 특히, 1963년에는 가뭄과 옥수수 캠페인의 역효과로 인하여 곡물 수확은 1억7백만여 톤에 불과했다. 곡창지대인 우크라이나에서 조차 빵 배급을 기다리는 긴 줄이 나타났다. 농민들과 투기꾼들은 보다 쉽게 배급이 이루어지는 모스크바와 상트페테르부르크로 향했다.58)

결국, 흐루쇼프는 국가의 비상 곡물을 활용해야 했고, 비상용으로 남겨둔 국가 자금으로 곡물을 수입해야 했다. 1963년 9월에 캐나다에서 대량의 곡물을 수입함으로써 대기근을 면할 수 있었다. 소련이 형성된 이후에 최초로 곡물을 수입하는 국가가 되었다. 흐루쇼프는 자신의 전공영역인 농업분야에서 조차 자신의 영향력이 상실되는 그러한 결과를 낳았다.59) 농업정책의 실패가 자신의 정치적 운명을 위태롭게 하는 중요한

---

57) Ли Йын-Хен(1995), с. 127.
58) *Там же*, с. 140.

하나의 요인이 되기도 했다.

2) 소련 경제, 환상에서 현실로

스탈린 시기에 산업화 정책이 강압적으로 추진되기는 했지만 소련경제는 성장 가능성을 보여 주었다. 1950년대까지의 소련경제는 고도 성장기에 해당된다.60) 따라서 흐루쇼프는 스탈린 말기의 소련경제에 믿음을 가지면서 보다 탈중앙화되는 개혁정책을 추진하기 시작했다. 흐루쇼프 개혁정책의 전반기에 국민소득의 증가를 가져왔다. 1957년의 7%에 비해 1958년의 국민소득 증가는 12.4.%로 나타났다.61) 이러한 성장의 주된 배경은 스탈린 말기의 경제정책이 관성을 타고 흐루쇼프 집권 전반기에 구체화된 것으로 보여 진다.

1959년 1월 27일 개최된 21차 특별 당 대회에서 1956년에 채택된 6차 5개년 계획을 폐기하고 새로운 7개년 계획을 수립했다. 새로운 계획에 따르면, 7년 동안에 중공업 85%, 경공업 62%, 농촌경제 70%, 국민소득 65%, 실질임금 40%의 성장을 확보하도록 되어있다.62) 7개년 계획에 기초되면, 1965년까지 산업생산에서 미국을 초월하여 세계 제1의 산

---

59) 제프리 호스킹, *История Советского союза. 1917-1991* (М.: Вагриус, 1994), cc. 370-371.
60) 국민총생산은 1950년대에 연평균 5.5%의 성장률을 보여주었다. 그러나 1960년대 전반부에는 저하되어 5.0%를 보여준다. 특히, 산업생산은 1950년대 초반부의 성장률 10.2%에서 후반부에 8.3%, 1960년대 초반부에는 6.6%로 하락했다. 농업생산 증가율은 3.5%에서 1950년대 후반기에 4.2%를 기록했고, 1960년대 초반에 이르러서는 2.8%로 급격히 감소되었다. 서울대 국제문제연구소, 『소련정치경제사전』 (서울: 민음사, 1990), pp. 366-367.
61) С.В.Кулешов и др., *Наше Отечество. Том 2* (Москва: ТЕРРА, 1991), с. 459.
62) Н.Верт, *История советского государства* (Москва: Прогресс-Академия, 1994), с. 413.

업국가가 된다.63)

  1961년의 제22차 당 대회에서 미국의 공업생산을 추월할 계획이 제시되었다.64) 그러나 실질적으로 1959년부터 경제 성장률이 둔화되기 시작했고, 1960년에 들어서자 연평균 성장률은 5.4%로 감소되었다. 후기로 갈수록 공업생산량은 둔화되고 있었다. 이미 60년대 초에 경제성장 속도는 현저하게 하락했다. 국내총생산이 하락했으며, 과학기술 발전은 정체되었다. 농업생산 역시 하락하고 있었다.65) 경제성장을 자극하기 위해, 1962년의 중앙위원회 11월 총회에서 흐루쇼프는 새로운 제안을 하게 된다. 당 기관을 농업과 공업 담당 구조로 분류시키는 결정이었다.66) 그러나 1962년 비교 1963년의 국민소득 증가는 5.7%에서 4.0%로 하락했고, 공업생산 증가는 9.7%에서 8.1%로 하락했다. 그리고 농업총생산은 1962년의 92.5%에 그쳤다.67)

---

63) *Там же.*
64) 1950년대 미국의 GNP 연평균 성장률이 2.9%이었으나, 소련은 1953-58년 5년간 연평균 6.7%(소련의 공식발표는 10.2%)를 기록했다. 이런 추세가 계속되면, 미국을 추월할 수 있다는 것이다. 그러나 미국을 따라 잡을 계획이 제시되면서 소련 국민들 사이에 조심스럽게 비웃음 짓는 소리가 나타나고 있었다. '열심히 노력해서 미국과 어깨를 나란히 하자. 그러나 미국을 추월하지는 말자'는 내용이었다. 그 이유는? '미국을 추월하기 위해서 (?) 빠지도록 노력해야 되기 때문에, 추월하게 되면 뒤에서 빠진 (?)를 보고 비웃는다.'는 것이었다.
65) Горбачев-фонд, *Н.С.Хрущев(1894-1971): Материалы научной конференции посвященной 100-летию со дня рождения Н.С.Хрущева 18 апреля 1994 года* (М.: Российский государственный гуманитарный университет, 1994), с.с. 43-44.
66) С.В.Кулешов и др., *Наше Отечество. Том 2* (Москва: ТЕРРА, 1991), с. 469.
67) *Там же,* с. 475.

〈표: 4〉 흐루쇼프 시기의 경제실적(평균성장률)

경제부문/기간	1951-1955	1956-1960	1961-1965
총국민생산	5.5	5.9	5.0
공 업	10.2	8.3	6.6
농 업	3.5	4.2	2.8
서비스	1.9	3.5	4.4
소 비	4.9	5.7	3.7
투 자	12.4	10.5	7.6

U.S. Congress, *USSR: Measures of Economic and Development, 1950-80* (U.S. Government Printing Office, 1982).

결국, 흐루쇼프가 추진한 개혁정책에 대한 초기의 환상은 시들어가고 있었다. 스탈린 시기에 보여 준 경제 부흥기를 틈타 흐루쇼프는 가까운 시기에 미국을 추월할 수 있다는 환상을 가지고 있었다. 그러나 흐루쇼프 집권 중반기를 지나면서 소비에트 경제는 추락하기 시작했다. 스탈린 시기에 시작된 경제성장 추진력인 관성의 힘이 사라진 것이다. 충분히 연구되지 않은 상태에서 실시된 경제 개혁안이 현실과 괴리된 것이다. 따라서 불안해진 당 관료들은 흐루쇼프의 무모한 계획들이 몰고 올 경제적 재난을 두려워하기 시작했다.

5. 브레즈네프와 추락하는 소련 경제

1) 경제발전을 위한 정책 노선

브레즈네프는 생산성 향상을 위한 다양한 정책을 구상하고 추진했다. 과학-기술혁명을 강조하기도 했고, 분권화 경제구조를 실시했고, 생산연합체 구상을 현실화하기도 했다. 이러한 정책들을 중심으로 브레즈네프의 경제노선을 설명하기로 한다.

첫째, 과학-기술 혁명이다. 과학-기술 혁명을 통한 생산성 향상 문제는 흐루쇼프 집권기부터 대두되기 시작했지만, 그것이 구체화되는 시기는 브레즈네프 집권기이다. 과학-기술 혁명은 눈부시게 발전된 과학의 역할이 생산력 발전을 자극하는 동력이 된다는 것이다.68) 브레즈네프는 과학의 발전이 생산력 증대로 연결되며, 이러한 생산력 발전은 공산주의로 향하는 경제적 토대를 구축하게 됨을 강조했다.

소련 사회에서 과학-기술 혁명에 관한 연구는 1960년대 말에서 70년대 초반기까지 활발하게 추진되면서 다양한 연구 결과물들을 생산했다.69) 과학-기술 혁명의 주요한 특성은 다음과 같이 요약된다. 전력 확보를 위한 새로운 방법의 채택, 에너지 잠재력의 괄목한 증대 및 에너지 시스템의 효율성 향상, 종합적인 생산의 자동화, 생산의 화학화로 표현되는 기술분야에서의 혁명, 생산관리의 사이버네틱스(cybernetics)화70) 등

---

68) *Человек-наука-техника. Опыт марксистского анализа научно-технической революции* (М.: Политиздат, 1973), с. 353.
69) См.: А.А.Кузин и др, *Современная научно-техническая революция. Историческое исследование* (М.: Наука, 1970); *Человек - наука - техника. Опыт марксистского анализа научно-технической революции* (М.: Политиздат, 1973); С.В.Шухардин и др., *Научно-техническая революция и общество* (М.: Мысль, 1973); А.М.Экмалян и др., *Научно-техническая революция и социализм* (Ереван: Издательство АН Армянской ССР, 1975); С.В.Шухардин В И Гуков *Научно-техническая революция* (М.: Наука, 1976); И.М.Артоболевский и др., *Партия и современная научно-техническая революция в СССР* (М.: Политиздат, 1974); Н.В.Марков, *Научно-техническая революция: анализ, перспективы, последствия* (М., 1973); И.А.Козиков, *Проблемы соотношения социальной и научно-технической революций* (М.: 1972); И.А.Козиков и др., *Современная научно-техническая революция* (М.: 1974) и др.
70) 정보와 처리에 관련된 사이버네틱스(cybernetics)화를 의미한다.

으로 요약된다.71)

공산주의 물질적-기술적 토대 구축의 주요한 조건은 과학-기술혁명의 달성과 사회주의 체제가 지닌 우월성간의 합리적이고 효과적인 결합이다.72) 과학-기술 혁명은 사회주의 발전의 요소이며, 공산주의 건설의 기구들 중에서 하나이다.73) 과학기술 혁명은 생산 발전에 있어서 과학이 핵심적 요소로 등장한다. 노동의 성격과 기능을 변화시키고, 정신노동과 육체노동간의 차이를 축소시켜 준다. 따라서 과학-기술 혁명은 산업관리, 교육, 일상생활, 문화, 인간의 심리, 자연과 사회간의 관계를 비롯한 사회의 모든 부문에 영향을 미치게 된다.

발전된 사회주의 단계에서는 과학-기술혁명의 영향으로 생산의 질적-양적 팽창이 있게 되고, 경제규모가 보다 확대되며 복잡해지게 된다. 따라서 보다 발전된 경제규모에서 엄격한 질서와 규율, 그리고 행정의 중앙 집권화가 요구되어진다. 또한, 발전된 사회주의 사회에서는 중앙집권화 된 전문적인 행정엘리트의 역할이 증대된다. 과학-기술 진보와 더불어 점점 고도화-복잡화 된 소련 경제에서 요구되는 선진화된 관리 형태는 사회주의적 자치를 증대시키거나, 중앙집권화 된 계획과 관리의 기술적 개선을 통해서 확보될 수 있기 때문이다.74)

둘째, 경제정책의 분권화와 물질적 인센티브 제도의 활성화이다. 1960

---

71) Под. ред. Н.А.Цаголова, *Научно-техническая революция и система экономических отношений развитого социализма* (М.: Издательство Московского Университета, 1979), сс. 28-30.
72) Р.М.Персианов и др., *Научно-техническая революция и проблемы создания материально-технической базы коммунизма* (Ленинград, 1974), с. 59.
73) Ред коллегия: Н.З.Чавчавадзе и др., *Научно-техническая революция и развитое социалистическое общество* (Тбилиси: издательство 'Мецниерева', 1977), сс. 4-5.
74) 洪敏植(1990), pp. 34-35 참조.

년대 초반에 소련 경제의 성장이 중단되었다. 따라서 경제개혁 논의가 당 내에서 활발하게 제기되기 시작했다. 경제학자인 리베르만(E.Liberman)이 1962년 9월에 당 기관지인 <프라브다>에 "계획, 이윤 및 상여금"이라는 논문을 발표하면서 본격적으로 경제개혁 논의가 시작되었다. 리베르만의 논문은 경제정책 결정의 지방분권화와 이윤제도의 도입을 주요 내용으로 하고 있다.

리베르만의 제안은 다음과 같이 요약된다.75) ⓐ 중앙의 지시적 계획은 산출량 목표 설정에만 한정시키고 나머지 투입요소는 개별 기업이 결정하도록 한다. ⓑ 기업의 물적 관심을 자극하기 위해 수익성이 가장 중요한 성과 지표가 되도록 하면서 인센티브 제도를 도입한다. 그리고 산출량 목표를 성공적으로 달성하도록 한다. 또한, 누진적 구조의 상여금으로 목표의 초과 달성을 유도한다. ⓒ 계획기간을 연장하여 기술혁신을 도모하고, 단기적 생산조건에 따르는 목표 조정은 하지 않는다. ⓓ 지역경제위원회가 기업의 실적을 기초로 과제를 할당하는 방식을 중지한다. ⓔ 가격개혁을 시도하여 탄력성 있는 가격 원칙을 도입한다.

리베르만의 정책 제안은 시장에 대한 의존과 경제정책 결정의 분권화이다. 그러나 완전한 분권화를 주장하는 것은 아니다. 생산품의 구성, 양, 가격에 관한 기본적 결정은 중앙의 계획 기관에서 내려져야 한다고 보았다. 그리고 국가계획위원회와 같은 중앙의 계획 부처들에 의해 개별 기업에 부과된 많은 목표량을 축소할 것을 요구하고, 자원의 효율적 사용의 지표로 수익성을 강조한다.

1964년 11월에 브레즈네프는 생산발전에 경제적 자극을 활용할 필요성이 증대되었음을 강조했다. 그리고 코시킨(A.Kossygin) 총리는 사회주

---

75) Правда, 9 сентября, 1962 г.

의 구조에서 인민들의 욕구를 만족시키는 주요한 원천이 노동에 따르는 보수에 있음을 언급했다.76) 코시킨(А.Н.Косыгин) 총리는 리베르만 방식에 입각한 분권화와 인센티브 제도에 관심을 기울이고 있었다. 소련의 중앙집권적 계획경제를 개혁하려는 노력은 1965년 코시킨에 의해 구체적으로 제기되었다. 당시 브레즈네프는 농업정책의 열렬한 옹호자로 인식되었으나,77) 공업부문의 개혁에 중심을 두고 있는 코시킨의 개혁안을 반대하지 않았다.

코시킨의 개혁 논리는 상부에서 일방적으로 개별 기업체에 하달되는 형식을 탈피하고, 기업 종사원들에게 생산에 대한 자극을 주기 위해 노동에 따르는 분배의 차별을 인정하고 있다. 노동에 따라 소득의 일부를 기업체가 스스로 노동자에게 지불할 수 있도록 하고 있다. 또한, 행정적 통치 시스템으로부터 신축성 있고 유용하게 경제수단이 활용되는 방향으로 개혁을 구상하고 있었다.78) 이러한 개혁은 가격 형성 체제를 비롯하여,79) 많은 부문의 변화를 필요로 했다. 따라서 코시킨은 자신의 개혁

---

76) *Правда*, 10 декабря, 1964 г.
77) 1965년 3월의 중앙위원회 총회에서 브레즈네프는 새로운 농업정책을 발표했다. 이에 따르면, 흐루쇼프에 의하여 추진된 농민들의 사적소유 영역의 제한이 사라졌으며, 농민들은 생산성을 높이기 위한 재정적 인센티브를 받게 되었다. 농산물 수매가격도 상당히 인상되었다. 그러나 소련의 역대 서기장들이 농업 개혁에 많은 관심을 보였으나, 농업정책의 구체화 과정에서 실패하였다. 따라서 소련 농업은 계속 낙후와 침체를 면하지 못했다. Ronald J. Hill, *The Soviet Union: Politics Economics and Society. From Lenin to Gorbachev* (London : Frances Pinter, 1985), pp. 158-163.
78) Пер. Л.Я.Хаустовой, Джузеппе Боффа, *От СССР к России. История неоконченного кризиса. 1964-1994* (М.: Международные отношения, 1996), с. 19.
79) 코시킨의 경제개혁은 가격개혁과 함께했다. 가격정책은 1967년 7월부터 점차적으로 도입된 도매가격 개혁에서 출발한다. 1955년 이래 산업부문별 평균가격 체제가 형성되기 시작했으나, 대부분 산업생산물의 도매가격에 대한 변동은 없었다. 그러나 코시킨에 의한 새로운 가격개혁은 가격 책정에 있어서 정상적 이윤에 더하여

구상이 장기적 발전 과정의 시작 단계로 생각해 줄 것을 주장했다.80)

코시킨 총리의 경제개혁 구상과 함께 브레즈네프는 흐루쇼프 시기에 발생해 왔던 빈번한 행정적 인원 교체를 중지했다. 그리고 관리자들에게 안정되고 예측 가능한 업무 환경을 약속했다. 아울러 기업에는 종전의 기업 기금 대신에 경제적 자극을 위한 각종 기금을 설치했다. 생산발전 기금은 생산시설의 개선에 이용되었으며, 사회복지 및 주택 기금은 복리후생 시설 및 종업원의 주택건설에, 그리고 물질적 인센티브 기금은 노동자들에 대한 상여금 지불에 충당되었다.81)

1966년의 제23차 당 대회에서 브레즈네프는 개혁에 대한 문제를 가볍게 언급하는 데 그쳤다. 이러한 현상은 개혁의 부정을 의미했으며, 실질적으로 개혁이라는 용어가 사라졌다.82) 브레즈네프와 권력 상층부에서는 개혁에 대해 확신을 갖지 못하고 있었다.83) 이러한 상황에서 코시킨은 리베르만 계획을 전국적으로 확대 실시하게 된다. 1967년 1월에 2천 5백여 개의 기업에, 1970년에는 전국의 모든 기업체에 인센티브 제도를 적용하도록 했다.84) 개별 기업에게 어느 정도 자율권을 부여하는 경제결

자본과 임대료 지불에 따르는 기업체의 비용 상승분이 고려되어 있다. 가격개혁의 목적은 국민경제의 효율성을 위한 자극제로 추진되었다. 즉, 기술진보와 국민경제의 효율성 제고를 위한 자극 수단으로 가격의 역할이 강화되었던 것이다.

80) А.Н.Косыгин, Указ. соч., с. 291.
81) 洪敏植(1990), p. 190에서 재인용.
82) См.: XXIII Съезд Коммунистической Партии Советского Союза Стенографический ответ, т. 1. с. 54-55.
83) Литературная газета, 14 сентября, 1988 г.; Советская Россия, 19 февраля, 1989 г.; Иэаестия, 18 ноября, 1988 г.
84) 또한, 1967년 국영농장에 독립채산제를 도입하여 390개 국영농장에 우선적으로 실험 조치하였고, 1970년 초에는 전체 국영농장의 1/3에 해당하는 3,800개소의 국영농장이 이 제도를 도입하였다. 그리고 1972년 2월에는 전체 국영농장의 55%에 해당하는 8,576개의 농장에 신제도를 도입하였다. 서울대 국제문제연구소, 『소련정치경제사전』(서울: 민음사, 1990), p. 369.

정의 분권화 시도가 제한적으로 실시되던 초기에는 얼마간의 성과가 있었지만, 전국적으로 적용 범위가 확대되면서 효율성이 다시 떨어지기 시작했다.

1969년 12월의 중앙위원회 총회에서 브레즈네프는 코시킨이 주도했던 경제개혁과 뒤이은 가격개혁에 대해 비판하기 시작했다. 행정주도 세력들은 계속해서 기업 관리자들의 행동을 세부적인 부분까지 지시하고 있었다. 이윤과 판매에서 성공적인 성과를 거둔 기업 관리자들에게 부여하던 상여금 규모도 한계를 두었다. 기업 관리자의 수입이 공장노동자의 수입보다 월등히 많지 않을 것이 강조되었다. 그리고 계획의 입안자들이나 관리들은 시장가격과 무관한 정책 목표에만 집착하는 경향을 보였다. 이러한 시기를 전후하여 집단지도체제 내에서의 권력 균형이 브레즈네프 쪽으로 기울어졌고, 브레즈네프 체제는 보수적인 성향으로 정책 노선을 선회하게 되었다. 또한, 국가 관료에 대한 당 관료의 영향력이 보다 증대되었다.

셋째, 생산연합체 구상 및 현실화 정책이다. 1971년의 제24차 당 대회에서 브레즈네프는 소련경제의 활성화 문제를 제기했다. 발달된 서구의 테크놀로지를 과감히 도입하고, 낮은 대우를 받는 노동자들의 임금을 개선하며, 주요 정책결정 과정에 과학-기술 전문가들의 견해를 보다 많이 수용할 것을 포함하는 정책 강령을 제시했다.[85] 24차 당 대회에서 또 하나의 새로운 경제발전 안이 제시되었다. 광범위한 컴퓨터 망을 활용하여 경제부문의 현대화와 통치기구의 효율성을 증가하는 것이었다.[86]

---

85) Donald V. Schwartz (ed), *The Brezhnev years 1964-1981 : Resolutions and Decisions of the CPSU* (Toronto : University of Toronto Press, 1982), pp. 173-190.
86) См.: XXIV Съезд Коммунистической Партии Советского Союза Стенографический ответ, т. 1 (М.: Политиздат, 1971). с. 92-96.

그러나 이러한 계획안은 기존의 개혁에 대한 일종의 대용품으로 생각되었기 때문에 현실화되지 못했다.87)

코시킨의 개혁이 실패로 끝난 뒤 실시된 1970년대의 개혁은 산업부문의 기능적 측면보다 구조개편에 초점이 맞추어져 있었다. 1973년의 <생산 연합체> 개혁안으로 대표된다. 브레즈네프는 제24차 당 대회에서 <생산 연합체> 구상을 밝혔다. 브레즈네프는 오직 거대한 연합체 만이 충분한 기술 전문가를 집중시키거나, 급격한 기술진보와 모든 자원의 합리적 사용을 보장할 수 있다고 했다. 연합체 조직 중심의 산업구조에 대한 개편은 1970년대 초에 입안되어 1975년에 전면적으로 실시되었다.

브레즈네프는 개별 공장 관리자에게 권한을 이양하는 것보다 <생산 연합체>를 조직하는 것이 구매·조사·행정·수송 등에 있어서 경제적 절약 효과를 기대할 수 있다는 생각을 가진 것으로 보인다.88) 거대한 연합체 결성은 여러 행정부서 아래 난립되어 있던 동일 종류의 기업체 및 연구기관을 하나의 부서로 통합하여 산업 운영체계를 단순화시키는 것을 의미한다. 이를 토대로 산업전반의 효율성과 생산성 및 기술혁신을 높이고자 한 것이다. 소기업들의 비효율성은 기업의 대형화 및 협동화를 통해 제거하고, 생산 연합체를 통해 과학-기술과 생산의 결합을 시도하여 생산의 전문화를 실현하는 데 그 목적이 있었다. 1978년에 생산 연합체의 수는 3,600개로 공업생산총액의 43%를 책임 맡고 있었다.89)

연합체의 결성은 중앙으로부터 기업체에 대한 통제가 용이하며, 산업

---

87) Е.К.Лигачев, *Указ. соч*, с. 39-40.
88) George W. Breslauer, *Khrushchev and Brezhnev as Leader's Building Authority in Soviet Politics* (London : George Allen and Unwin, 1982), pp. 184-187.
89) George R. Feiwell, "Economic Performance and Reforms in the Soviet Union," in Donald R Kelley (ed), *Soviet Politics in the Brezhnev Era* (New York : Praeger, 1980), p. 82.

부문과 행정기관 사이의 위계질서를 체계화 및 단순화시켜 정보 흐름을 원활하게 할 수 있다는 이점을 가지고 있다. 그리고 동일한 종류의 생산 기업체들로 구성되어 있기 때문에, 개별 기업의 내부 사정 파악이 용이하며, 이를 토대로 각종 생산지표를 현실적으로 책정할 수 있게 된다. 연구 개발 기관들을 연합체 조직으로 통합하는 것은 연구 개발과 생산 과정 사이의 연계를 이룩하여 기술 혁신을 촉진할 수 있다. 또한, 연합체 조직은 원자재와 생산품의 유통관계를 원활히 하며, 효과적인 투자 결정이 가능하도록 한다. 이러한 내용들은 연합체 조직의 결성에 대한 브레즈네프와 당·행정 관료들이 생각하는 기대효과들이다.

상기 기대효과와 함께 추진된 연합체 조직으로의 체제 개혁은 산업 생산성을 호전시키지 못했다. 개혁을 방해하는 요인들이 분출되고 있었다. 관료적 배타주의, 개혁에 대한 묵시적 반항 및 지연, 연합체 조직에 포함되는 대상 기업체들의 지역적 분산성 등이 연합체 형성을 방해하고 있었다. 또한, 통합된 기업들 조차 연합체 조직에 회의적이었고, 기업체 사이의 기능 중복 현상이 존재하고 있었다. 산업 전문화를 방해하면서 추진된 이러한 개혁은 각종 부작용만 노출시켰다.

2) 추락하는 경제 현실

브레즈네프 시기는 소련경제의 침체를 그 특징으로 한다. 농촌 경제가 지속적으로 하락하고 있었으며, 1970년대에 농촌 주민들이 도시로 이주하는 현상이 강하게 나타났다. 특히, 젊은 층의 도시화로 인해 농촌은 고령화되고 있었다.[90] 1970년대에 곡물 감소가 계속되었고, 1970-80년 사이에 식량 확보 문제가 중요한 현안으로 제기되었다. 곡물의 재고량은

---

90) Пер. Л.Я.Хаустовой, Джузеппе Боффа(1996), с. 111.

급속히 하락하였다. 자유시장에서의 곡물 가격은 급등하였다. 그리고 몇몇 생산품은 상점의 진열대에서 오랫동안 모습을 감추었다.91) 소련에서의 곡물 위기 현상이 처음은 아니지만, 지금의 위기는 경제적 위기를 넘어 국가 체제에 대한 위협으로 인식되고 있었다.

1980년 이후 계속된 3년간의 흉작으로 곡물과 육류를 수입해야 했다. 1981년 한 해에 전체 소비량의 20%에 해당하는 4천6백만 톤의 밀을 70억 달러를 지불하면서 수입해야 했다. 그리고 1백만 톤의 육류를 수입하는 육류 수입국이 되었다. 소련의 주요 수출품 가운데 하나인 원유 가격도 하락하여 1981년 한 해 동안 대서방 외환 적자는 40억 달러에 육박했다. 이 격차를 메우기 위해 소련은 250톤의 금을 팔아 30억 달러를 확보해야 할 처지였다.92) 식량 문제 해결이 중요한 과제로 부각되고 있음에도 불구하고, 브레즈네프는 국방비의 삭감 없이 동유럽에서의 영향력 유지를 위해 재정적 지원을 계속했다.

브레즈네프는 기존의 계획 경제를 강화시켜 생산성을 향상시키려는 정책 변화를 구상하고 있었다. 그러나 관료적 분파주의를 극복하지 못했으며, 국영기업의 부패 역시 해결되지 못했다. 브레즈네프는 경공업 발전에 더 많은 우선권을 주려 했지만, 1965년부터 1979년 기간 동안 중공업에 더 많은 투자가 이루어졌다. 여전히 중공업에 우선순위가 주어졌다.93)

브레즈네프 정권 말기에 가장 심각한 문제는 계속되는 국내경제 침체였다. 도표에서 보는 바와 같이, 5%를 초과하던 연평균 GNP 성장률이

---

91) *Там же*, с. 112.
92) 김학준, 『러시아사』 (서울: 대한 교과서주식회사, 2005), p. 464.
93) B. Rumer, "Soviet Investment Policy: Unresolved Problems," *Problems of Communism* 31, September-October, 1982, pp. 53-54.

1980년대에는 2%가까이 하락했다. 1970년대 전반기의 3.8%에서 후반부에 2.8%, 1980년대에는 2% 가까이 떨어졌다.94) 1976-1980년은 평균 3% 성장률을 보였다. 그리고 1981년의 공업 성장률은 2%, 1982년에는 1.5%로 하락했다.95) 농업 성장률은 변덕스러움을 보이고 있으며, 1970년대 초기에서 중기에 이르는 기간 동안에 2% 넘게 둔화되었다. 투자 및 소비 성장률은 둘 다 비틀거렸다. 투자는 연9%에서 1980년대에 3-4%로 떨어졌다.

〈표: 5〉 브레즈네프 시기의 경제실적(연평균 성장률)

경제부문/기간	1955-1965	1966-1970	1971-1975	1976-1980	1981-1983	1984-1987
국민총생산	5.4	5.2	3.7	2.7	2.3	1.6
공 업	7.5	6.3	5.9	3.4	1.5	2.1
농 업	3.5	3.5	-2.3	0.3	4.2	0.8
서비스	4.0	4.2	3.4	2.8	2.1	-
소 비	4.7	5.3	3.6	2.6	1.7	2.4
투 자	9.1	6.0	5.4	4.3	4.2	3.0

한종만외 옮김, 폴 그레고리, 로버트 스튜어트 지음, 『러시아·소련·독립국가연합 경제의 구조와 전망』 (서울: 열린책들, 1992), p. 208 재인용

국내외 상황에 따라 경제성장 목표가 줄어들었음에도 불구하고, 달성된 실제 실적은 계획의 수치와 너무나 동떨어졌다. 1960년대 후반기에 실질 성장은 계획된 성장 목표의 3/4에 그쳤다. 1970년대 중반과 1980년대 초에는 계획된 성장의 약50% 가까이 떨어졌다. 1960년대 후반에서

---

94) 한종만외 옮김, 폴 그레고리, 로버트 스튜어트 지음, 『러시아·소련·독립국가연합 경제의 구조와 전망』 (서울: 열린 책들, 1992), p. 209 참조.
95) 崔鍾起, 『現代蘇聯政治論』 (서울: 법문사, 1991), c. 95.

1981-1985년 기간 동안의 경제성장 상황은 아래와 같다. 공업 부문의 성장 속도 하락은 60년대 후반의 8.4%에서 1981-85년에 3.5%로 하락했다. 그리고 농촌 경제는 4.3%에서 1.4%로, 노동 생산성 6.3%에서 3% 이하로, 목표량에 비해 기간산업에 투자되는 자금량은 7.5%에서 1.8%로 하락했다.96)

〈표: 6〉 계획과 실제 달성 정도(연평균 성장)

구분/기간		1966-1970	1971-1975	1976-1980	1981-1985
국민총생산	계획	6.5-7.0	5.8	5.0	4.0
	실제	5.0	3.1	2.2	1.8
공업	계획	8.2	8.0	6.5	4.9
	실제	6.3	5.4	2.6	1.8
농업	계획	5.5	3.7	5.0	5.0
	실제	3.7	-0.6	0.8	2.1

한종만외 옮김, 폴 그레고리, 로버트 스튜어트 지음, 『러시아・소련・독립국가연합 경제의 구조와 전망』(서울: 열린 책들, 1992), p. 214에서 재인용.

결국, 브레즈네프 통치기에 3차례의 5개년 계획이 추진되었지만 한 번도 목표량에 도달하지 못했다. 이전의 목표량에 비해 감소된 목표가 설정되었지만, 이러한 목표량 역시 달성되지 못했다.97) 경제 부진은 긴축정책과 서구로부터의 기술 도입에 의존되는 결과를 낳았다. 사실, 1971년의 제24차 당 대회에서 브레즈네프는 서구의 발전된 생산관리 및 운영체계에 대한 연구가 소련 경제발전에 필수적이라고 보았다. 그리고

---

96) Н.Верт, *История советского государства* (Москва: Прогресс-Академия, 1994), cc. 449-450.
97) Пер. Л.Я.Хаустовой, Джузеппе Боффа(1996), c. 62.

자본주의 국가의 기술적 진보를 사회주의적 가치와 타협시키지 않으면서도, 서구의 그것을 효율적으로 소련에 접목시킬 수 있다고 보았다. 미국과의 데탕트를 통해 고도 산업화된 선진 기술을 도입하고, 동-서 교역을 확대하여 과학기술 진보를 가속화시킨다는 것이다. 그러나 70년대 중반 이후에 소련 경제는 지속적으로 악화되고 있었고, 산업화된 서구의 과학기술은 소련의 경제시스템에 합류되지 못했다.

6. 끝맺는 말

자본주의 시장경제 시스템이 확립되지 못한 후진 농업국가인 러시아에서의 사회주의 혁명은 레닌을 비롯한 많은 공산당 서기장으로 하여금 경제 발전문제에 대해 고민하도록 했다. 사회주의 체제를 공고화시키면서 공산사회로 나아가기 위한 조건들 중에서 중요한 하나가 경제문제였기 때문이었다. 경제성장과 미래에 대한 낙관론적 희망이 국민들로 하여금 공산주의 사회에 대해 확고한 믿음을 가질 수 있도록 하기 때문이다. 그리고 이러한 상황이 국민들의 자발적인 참여를 유도할 수 있기 때문이다. 그러나 소련 사회에서는 이러한 모습이 보이지 않는다.

소비에트 경제의 활성화를 위한 다양한 노력들이 있었지만, 특정 시기를 제외하면 침체의 연속이었다. 소련경제가 낙후되면서 국민의 생활수준은 하락되고 있었다. 곡물위기 상황은 수차례 반복되었다. 사회는 무기력에 빠져 있었고, 중앙의 지방에 대한 통제는 그 효율성을 상실해 가고 있었다. 특히, 스탈린 이후 미래에 대한 환상과 공산주의 이념에 대한 냉소적 변화가 나타나고 있었다. 그리고 소련의 역대 지도자들은 농업, 경공업, 중공업 등 국가산업의 균형발전에 관심을 갖고 있었지만, 현실은 그렇지 못했다. 어느 분야에 우선순위를 둘 것인가의 문제로 개발 딜레마(Dilemma)에 빠졌다. 이러한 상황에서 국가재원이 우선적으로 할당되는 영역은 군수산업에 관련된 중공업이었다. 이러한 과정을 거치면서 소련경제는 추락을 거듭했고, 사회 전반에 무력감과 패배주의가 팽배해지기 시작했다.

소련경제가 침체된 원인들 중에서 중요한 하나는 노동생산성 저하에서 찾을 수 있다. 노동에 따른 분배제도가 도입되기는 했지만, 모든 것이 중앙에 의해 통제되는 구조 하에서 이루어졌다. 따라서 국민들의 자발적인 참여에 따르는 생산의욕이 그만큼 줄어들게 된다. 그리고 국민들의 지배엘리트에 대한 믿음이 상실되는 그러한 결과를 낳았다. 자본주의 사회에서 나타나는 지나친 경쟁과 이에 따르는 노동 착취 현상이 사라진 것은 긍정적으로 평가되겠지만, 소비에트 국민들에게 내일에 대한 확실한 믿음을 주지 못한 것이 노동생산성을 저하시킨 중요한 요인들 중에서 하나로 지적될 것이다.

결국, 소련경제가 추락하게 된 원인은 평등에 대한 현실적 배려의 빈약함과 경쟁에 대한 인식의 부재에서 찾을 수 있다. 공동생산 및 공동분배라는 평등의 논리가 국민들의 생산의욕 증대로 연결되지 못했다. 경제영역에서 평등의 논리가 효과적으로 뿌리를 내리지 못한다면, 노동 생산성은 낮아지게 된다. 경제성장은 공동생산 및 분배제도에 의해서가 아니라, 경쟁의 현실 속에서 찾아짐을 가르쳐준다. 소련사회에서 공산주의를 염원하면서 시작된 공동생산 및 분배제도에 대한 환상이 사라지기 시작하면서, 자본주의 사회로 회귀되어 새로운 경쟁의 무대에 뛰어들 준비를 하기에 이른다.

<참고 문헌>

김학준, 『러시아사』 (서울: 대한 교과서주식회사, 2005).
박수헌, "흐루시초프 시기 국민경제회의 개혁에 대한 일고 - 개혁의 변질과정을 중심으로," 『國際政治論叢』 제40집 3호(2000).
대니엘즈 지음, 석영중 옮김, 『스탈린 혁명』 (서울: 도서출판 신서원, 1990).
서울대 국제문제연구소, 『소련정치경제사전』 (서울: 민음사, 1990).
이영형, 『러시아정치사』 (서울: 엠애드, 2000).
한종만외 옮김, 폴 그레고리, 로버트 스튜어트 지음, 『러시아·소련·독립국가연합 경제의 구조와 전망』 (서울: 열린 책들, 1992).
洪敏植, "브레즈네프 體制의 改革政策과 國家의 役割 - 技術官僚의 社會主義의 作用을 中心으로 -," 고려대학교 대학원 정치외교학과 박사학위 논문(1990).
崔崇, 『蘇聯邦 七十年史』 (서울: 슬라브硏究社, 1990).
崔鍾起, 『現代蘇聯政治論』 (서울: 법문사, 1991).
George W. Breslauer, *Khrushchev and Brezhnev as Leader's Building Authority in Soviet Politics* (London : George Allen and Unwin, 1982).
George R. Feiwell, "Economic Performance and Reforms in the Soviet Union," in Donald R Kelley (ed), *Soviet Politics in the Brezhnev Era* (New York : Praeger, 1980).
Ronald J. Hill, *The Soviet Union: Politics Economics and Society. From Lenin to Gorbachev* (London : Frances Pinter, 1985).

A. Nove, *An Economic History of the USSR* (London : Penguin, 1969).

B. Rumer, "Soviet Investment Policy: Unresolved Problems," *Problems of Communism* 31, September-October, 1982.

Donald V. Schwartz (ed), *The Brezhnev years 1964-1981 : Resolutions and Decisions of the CPSU* (Toronto : University of Toronto Press, 1982).

U.S. Congress, *USSR: Measures of Economic and Development, 1950-80* (U.S.Government Printing Office, 1982).

И.М.Артоболевский и др., *Партия и современная научно-техническая революция в СССР* (М.: Политиздат, 1974).

Анри Барьбс, *Сталин* (Москва: гослитиэдат, 1937).

Джузеппе Боффа, *История советского союза* (Москва: Международные отношения, 1990).

Н.Верт, *История советского государства. 1900-1991* (Москва: Прогресс-Академия, 1994).

Ф.Д.Волков, *Взлёт и падение сталина* (Москва : издательства Спектр 1, 1992).

Д.Волкогонов, *Триумф и трагедия: политический портрет И.В. Сталина* (Москва: новости, 1990).

Горбачев-фонд, *Н.С.Хрущев(1894-1971): Материалы научной конференции, посвященной 100-летию со дня рождения Н.С.Хрущева. 18 апреля 1994 года* (М.: Российский государственный гуманитарный университет, 1994).

К.В.Гусев и др., *Строительство социализма в СССР и крах оппортунизма* (Москва: политиздат, 1982).

История всесоюзной коммунистической партии(большевиков) (Москва: издательство ЦК ВКП(б), 1938).

История КПСС (Москва: государственное издательство политической литературы, 1954).

История СССР, т. 8 (Москва: государственное издательство политической литературы, 1962).

История В К П(б): Краткий Курс (Москва: ОГИЗ государственное издательство политической литературы, 1990).

История СССР: эпоха социализма (М.: Политиздат, 1957).

И.А.Козиков, *Проблемы соотношения социальной и научно-технической революций* (М.: 1972).

И.А.Козиков и др., *Современная научно-техническая революция* (М.: 1974).

А.Н.Косыгин, *Указ. соч.*.

КПСС в резолюциях и решениях, т, 4.

КПСС в резолюциях и решениях т. 4 (Москва: государственное издательство политической литературы, 1970).

А.А.Кузин и др, *Современная научно-техническая революция. Историческое исследование* (М.: Наука, 1970).

С.В.Кулешов и др., *Наше Отечество. Том 2* (Москва: ТЕРРА, 1991).

В.И.Ленин, *Полн. собр. соч., т. 43*.

В.И.Ленин, *Полн. собр. соч., т. 45*.

В.И.Ленин, *Полн. собр. соч., т. 34.*

Ли Йын-Хен, *Некотрые особенности опыта социалистических п реобразований в СССР (критический анализ)*, (Москва: МГУ, 1995).

Е.К.Лигачев, *Указ. соч,.*

Н.В.Марков, *Научно-техническая революция: анализ, перспективы последствия* (М., 1973).

Рой Медведев, "Н.С.Хрущев. Политическая биография," *Дружба народов*, no 8, 1989 г (М.: Издательство "известия советов народных депутатов СССР", 1989).

Народное хозяйство СССР в 1965 г. Статистический ежегодник (Москва: Статистика, 1866).

Р.М.Персианов и др., *Научно-техническая революция и проблем ы создания материально-технической базы коммунизма* (Ленинград, 1974).

Т.А.Сивохина и М.Р.Зезина, *Апогей режима личной власти. "О ттепель". Поворот к неосталинизму* (М.: Изд-во Моск. ун-та, 1993).

И.Сталин, *Вопросы ленинизма* (Москва: госполитиздат, 1953.).

И.Сталин, "Отчётный доклад XVII съезду партии" *Соч. т. 13.*

И.Сталин, "XIV съезд ВКП(б)," *Соч. т. 7.*

Роберт Такер, *Сталин путь к власти 1878-1929* (М.: Прогресс, 1991).

XXI съезд КПСС.., ч. 1.

XXIII Съезд Коммунистической Партии Советского Союза Стенографический ответ, т. 1.

XXIV Съезд Коммунистической Партии Советского Союза Стенографический ответ, т. 1 (М.: Политиздат, 1971).

Пер. Л.Я.Хаустовой, Джузеппе Боффа, *От СССР к России. История неоконченного кризиса. 1964-1994* (М.: Международные отношения, 1996).

Д.Хоскинг, *История Советского союза. 1917-1991* (М.: Вагриус, 1994).

Н.С.Хрущев, *Строительство коммунизма в СССР и развитие сельского хозяйства. Речи и документы, т. 6* (М: Политиздат, 1963).

ЦГАОР СССР, Ф. 1562, оп. 82, д. 271, л. 130.

Н.З.Чавчавадзе и др., *Научно-техническая революция и развитое социалистическое общество* (Тбилиси: издательство 'Мецниерева', 1977).

Человек-наука-техника. Опыт марксистского анализа научно-технической революции (М.: Политиздат, 1973).

Под. ред. Н.А.Цаголова, *Научно-техническая революция и система экономических отношений развитого социализма* (М.: Издательство Московского Университета, 1979).

С.В.Шухардин и др., *Научно-техническая революция и общество* (М.: Мысль, 1973).

С.В.Шухардин, В.И.Гуков, *Научно-техническая революция* (М.: Наука, 1976).

А.М.Экмалян и др., *Научно-техническая революция и социализм* (Ереван: Издательство АН Армянской ССР, 1975).

Юбилейный статистичесний справочник (Москва: 1972), с. 219.

Правда, 16 июню 1929г.

Правда, 9 сентября, 1962 г.

Правда, 10 декабря, 1964 г.

Литературная газета, 14 сентября, 1988 г.

Изаестия, 18 ноября, 1988 г.

Советская Россия, 19 февраля, 1989 г.

http://ko.wikipedia.org/(검색일: 2011년 1월 21일)

제3절. 소비에트 체제의 안보와 외교

1. 들어가는 말

　1917년 세계 최초로 소비에트 정부를 수립한 레닌은 국가안보를 위해 고민해 왔다. 이러한 과정에서 당시 적대국이었던 독일과의 굴욕외교를 마다하지 않았다. 자본주의 세력들이 자신을 포위하고 있는 상황 하에서 피할 수 없는 선택이었다. 그리고 레닌은 1921년에 서구 선진공업국에서의 프롤레타리아 혁명에 대한 기대가 불가능함을 알면서 소비에트 사회주의 공화국 연방(이하: 소련)이라는 사회주의 블록을 결성하여 공동으로 안보문제를 해결하려 했다. 그리고 소련을 통한 안보외교는 후임자인 스탈린의 몫으로 남겨졌다.

　정치현실주의에 기초된 스탈린의 안보정책은 마키아벨리즘에 기초되었다. 최고 통치권자가 도덕적이고 민주적인 방법으로 안보 환경을 조성할 수 있다면, 스탈린의 존재가 필요 없었을 것이다. 그러나 현실은 그렇지 않았다. 스탈린은 부도덕적이고 비민주적인 수단을 동원하면서 까지 군사적 자급자족 및 팽창주의로 일관했고, 부국강병(富國强兵) 정책을 강행했다. 해양세력들이 소련과 사회주의 블록을 봉쇄하는 정책을 추진했고, 스탈린은 이러한 봉쇄 노선을 파괴하는 외교정책을 구사하기 위해 노력했다. 부국강병을 위한 스탈린의 안보정책은 계속되었고, 제2차 세계대전을 전후한 시기부터 미국과 더불어 세계 최강의 군사대국으로 부상했다. 그리고 국제적 영향력도 그만큼 상승되었다.

흐루쇼프는 사회주의 국가들 간의 상호협력과 존중 등을 주요 내용으로 하는 레닌의 프롤레타리아 국제주의를 수용하면서 동유럽 사회주의 국가들의 다양성과 개별성을 어느 정도 인정하는 외교정책을 추진했다. 그리고 스탈린의 전쟁 불가피론을 비판하고 평화공존을 제창하기 시작했다. 미국과 NATO를 비롯한 유럽제국과의 대화를 지향했다. 그러나 흐루쇼프의 데탕트 외교는 각자의 세력권을 침범하지 않는 범위에서 현상유지와 함께 공동이익을 추구하자는 것이었다.

브레즈네프의 외교정책은 프롤레타리아 국제주의와 평화공존 정책으로 대별된다. 브레즈네프는 동유럽에서 불고 있는 자유화 물결을 진압하기 시작했다. <브레즈네프 독트린>으로 명명되는 정책 논리는 동유럽 사회주의 형제국의 내정에 개입할 수 있도록 했다. 브레즈네프는 흐루쇼프의 평화공존 원칙을 더욱 발전시키면서 국제적인 긴장완화를 제창하고 있었지만, 브레즈네프의 평화공존 정책은 이중성을 보였다. 평화공존을 지속적으로 강조하면서도, 프롤레타리아 국제주의 원칙이나 자신의 국제적 영향력을 우선시 하는 방향으로 정책들이 구체화되었다.

상기와 같이 소련의 안보외교는 레닌에서 브레즈네프로 이어지는 기간 동안 프롤레타리아 국제주의와 평화공존 정책을 오가면서 지속되어 왔다. 자본주의 국가에 대항할 수 있을 정도의 힘을 축적하는 기간 동안은 강압외교로 일관했고, 그 이후에는 평화공존을 강조하는 모습으로 전환되었다. 그러나 자신의 이익확보라는 기본적인 입장은 계속적으로 유지되었다. 따라서 본 글에서는 소련의 외교정책이 어떠한 방향으로 수정을 거듭해 왔는지를 살펴보는 것으로 한다. 특히, 미국과의 외교에 초점을 맞춘다.

2. 레닌과 국가안보를 위한 선택

1) 국가안보를 위한 굴욕 외교

(1) 브레스트-리토프스크(Brest-Litovsk) 조약

러시아는 1917년 혁명 직전에 제1차 세계대전에 참여하고 있었다. 혁명에 성공한 볼세비키는 레닌의 이름으로 전쟁을 중단하고, 평화회의를 개최할 것을 골자로 하는 평화선언문을 발표했다. 레닌과 트로츠키는 만약 러시아가 세계평화를 호소하는 선언문을 발표한다면, 세계의 인민이 이에 호응하면서 전쟁이 중지될 것으로 생각했다. 러시아가 1917년 11월 8일 모든 동맹국에게 휴전을 제안했지만, 동맹국의 반응은 냉담했다. 그러나 독일이 11월 14일 러시아와 협상할 용의를 보였다. 독일로부터 긍정적인 회답을 얻은 레닌은 11월 18일 동맹국에게 러시아와 평화회담을 논의하자고 했고, 만약 회답이 없으면 러시아가 독일과 단독강화 협상을 시작할 것이라고 했다. 그리고 11월 22일 벨라루스의 서부 국경도시인 브레스트 리토프스크(Brest Litovsk)[1)]에서 러시아와 독일간 휴전협상이 시작되었다.

독일과의 협상 과정에서 소비에트 혁명정부의 입장은 승자도 패자도 없는 '민주적 평화'를 전제로 하는 종전을 희망하고 있었다. 평화조약은 어떤 조건도 있을 수 없으며, 영토 할양과 전쟁 보상금도 있을 수 없다는 것이 소비에트 정부의 입장이었다. 그러나 독일은 이미 유리한 전세를 확보하고 있었다. 독일은 1917년 12월 22일 당시 러시아 주변 영토(서부 우크라이나, 리투아니아, 라트비아, 에스토니아, 폴란드)에 자신의

---
1) 현재의 명칭은 브레스트이다.

정치적 의지를 강요할 수 있는 위치에 있었다.2) 따라서 독일 측은 소비에트 혁명 정부에 굴욕적인 전제조건을 제시했다. 독일의 요구에 따르면, 볼셰비키는 핀란드 뿐 아니라, 우크라이나까지 포기해야 할 상황이었다. 따라서 회담은 중단되었다. 당시 트로츠키는 '독일 제국주의 세력에 영토 할양과 전쟁 보상금을 허용할 수 없다'는 입장을 견지하고 있었다.

    1917년 12월 22일 시작된 평화협상에서 러시아는 몇 차례의 회의를 거듭하면서 협상 진행을 늦추어 왔다. 수석대표인 트로츠키는 독일 국내에서 혁명 여건이 성숙되고 있음을 인식하면서 교섭을 장기화시키는 전략을 선택하였다. 트로츠키의 협상 전략은 <평화도 아니고, 전쟁도 아닌 상태>의 구축이었다. 1918년 1월 18일까지 협상의 실질적 진전이 없자, 독일은 우크라이나와 이전에 러시아가 다스렸던 폴란드, 발트 해 지역에 독립국이 세워져야 한다는 입장을 보였다. 그리고 소비에트 대표가 협상을 지연시켜 나가자, 독일은 2월 9일 우크라이나 민족주의자 대표들과 별도로 평화조약을 맺었다.

    독일군이 발트 연안에서 우크라이나까지 진격했다. 레닌은 당중앙위원회를 소집했다. 그는 즉각적으로 베를린에 평화를 희망하는 전보를 발송할 것을 제안했다. 레닌의 입장은 만약 러시아가 독일의 요구를 거절하면 독일이 즉시 전쟁을 확산시킬 것이고, 그렇게 되면 러시아는 더 많은 영토를 독일에게 잃게 된다는 생각을 가지고 있었다. 본 제안에 반대한 트로츠키는 전쟁의 장기화에 따라 독일의 산업 프롤레타리아들에 의해 혁명적 소요가 발생할 것이고, 전시 체제가 해체될 것으로 생각했다. 그러나 독일 프롤레타리아들은 로자 룩셈부르그(Роза Люксембург)의

---

2) Н.Верт, *История советского государства. 1900-1991* (М.: Прогресс-Академия, 1994), с. 124.

말과 같이 시체처럼 움직이지 않았다.3)

　소비에트 인민위원회와 당중앙위원회에서 독일의 강화조건 수락 여부를 놓고 격렬한 논쟁이 있었다. 만약 러시아가 혁명을 수호하기 위해 독일의 영토병합을 수락하게 된다면, 그것은 독일 사회주의와 국제사회주의를 동시에 배반하는 것이라는 논리가 강하게 제기되었다. 이러한 시기인 2월 18일 독일이 다시 군사공격을 시작했다. 독일군의 진격은 계속되어 수도인 페테르부르크를 위협할 정도였다. 따라서 중앙위원회가 소집되었다. 전쟁을 계속하기에는 신생 소비에트 국가가 너무 약한 상태임을 깨달은 레닌은 독일의 요구 조건을 받아들이지 않을 경우 사임하겠다는 의사를 보이기도 했다. 레닌의 주장이 당중앙위원회에서 승인되었고, 즉시 독일로 전보가 발송되었다.4) 맑스주의에 충실하고 있던 부하린을 비롯한 볼세비키 일부 지도층과 사회혁명당 좌파들은 제국주의에 대한 굴욕 외교에 반대할 명분을 잃었다.

　1918년 3월 3일 브레스트-리토프스크에서 조약이 체결되었고,5) 이 조약이 3월 15일 소비에트 회의에서 비준되었다. 러시아는 우크라이나6), 폴란드와 발트 해 지역, 그리고 핀란드를 잃었다. 1914년과 비교해서, 러시아 영토는 80만 평방킬로미터가 감소되었다. 붉은 군대는 우크라이나로부터 철수해야 했고, 우크라이나의 중앙기관과 평화조약을 체결해야 했다. 또한, 핀란드와 발트해 연안 국가를 포기해야 했으며, 중부유럽 지역에서 볼세비키 활동을 중지해야 했다. 브레스트-리토프스크 조약의 체

---

3) H.Верт(1994), c. 125.
4) 전보에 대한 회답은 4일 후에 도달했다. 그동안 독일군은 진격을 계속했다.
5) 우크라이나와 러시아가 각각 맺은 이 두 조약은 1918년 11월 11일 동맹군의 패배를 뜻하는 휴전이 체결되자 폐지되었다.
6) 우크라이나는 1919년 되찾았다.

결로 인해, 러시아는 인구의 26%, 농업생산의 32%, 공업생산의 23%, 석탄과 금속의 75%를 상실했다.7)

결국, 러시아는 제1차 세계대전 중의 교전국인 독일, 오스트리아, 터키 등과 단독강화 조약인 브레스트-리토프스크 조약을 체결했다. 이 조약에 따라 러시아는 연합국(영국, 프랑스, 미국, 일본)에서 이탈하고, 독일과의 적대관계를 중단했다. 그리고 레닌의 요청에 따라 당의 명칭이 러시아 <사회민주노동당>에서 <볼세비키 러시아 공산당>으로 개칭되고, 수도를 페테르부르크에서 모스크바로 옮기게 된다. 러시아 혁명 정부의 굴욕적인 조약은 '현실적 국익추구가 이상론적 이데올로기보다 우선한다.'는 사실을 보여주는 사례가 되고 있다. 독일 침략의 경험은 군사력의 중요성을 재삼 강조하도록 했다. 그리고 레닌으로 하여금 러시아 소비에트 사회주의 연방 공화국과 이웃하고 있는 여타 사회주의 국가들과의 연합을 준비하도록 했다.

(2) 라팔로(Rapallo) 조약

1917년 혁명 이후, 레닌은 서구 선진공업국에서의 프롤레타리아 혁명을 기대하고 있었다. 그러나 1921년에 이러한 기대가 불가능함을 알았고, 3월 8일 러시아 공산당 제10차 대회에서 세계혁명의 조기 실현은 기대할 수 없음을 인정했다. 따라서 러시아는 국제무대의 각종회의에 참가하면서 소비에트 러시아의 국가 승인을 바라고 있었다. 그러나 1921년 워싱톤에서 개최된 국제군축회의에 러시아가 초청되지 않자 모스크바는 커다란 충격을 받았다.8)

---

7) H.Верт(1994), c. 126.
8) 러시아는 국제무대에서 국가로 승인 받기 위해 지속적으로 노력했다. 1920년 봄부터

1922년 4월 이탈리아의 제노바(Genova)에서 열린 <세계경제부흥회의>에 러시아가 초청되었다. 소비에트 외교관이 처음으로 중요한 국제회의에 모습을 보였다. 치체린(G.Chicherin)은 만일 서구 열강이 러시아에 차관을 제공하고 러시아를 국가로 승인한다면, 소비에트 정부는 경우에 따라 제정시대의 부채를 인정하고 러시아에 대한 외국의 손해를 배상할 용의가 있음을 밝혔다.9) 동 회의에서 영국은 러시아로부터 원유를 수입하는 문제에 관심을 가지고 있었다. 그러나 프랑스는 냉담한 반응을 보이고 있었다.10) 러시아는 기대한 만큼의 성과를 거두지 못했다.

제노바(Genova)에서 수확을 얻지 못한 치첸린은 4월 16일 독일 외상을 방문하여 제노바 근교의 소도시인 라팔로(Rapallo)에서 회담을 개최했다. 독일 역시 전후복구와 관련하여 제노바 회의에 큰 기대를 하였으나 독일의 부흥을 반대한 프랑스의 제동으로 큰 성과를 얻지 못했다. 따라서 러시아는 서구 열강에서 얻을 수 없었던 것을 독일과의 협정에서 얻으려 했고, 독일은 러시아와 협력관계를 구축하여 영국과 프랑스에 대한 견제 세력으로 등장하기를 바라고 있었다.

1922년 4월에 러시아와 독일은 <라팔로 조약>을 체결하면서, 우호협력 관계를 구축하였다.11) 독일의 경제인뿐만 아니라, 군 관료들이 러시

영국과 무역교섭이 시작되었고, 21년 3월 16일 <영-러 무역 협정>이 조인되었다. 이는 영국 정부에 의한 러시아의 국가 승인을 의미하는 것이었다. 그리고 21년 9월 2일 노르웨이와 무역협정을 체결했으며, 동년 12월에는 오스트리아, 이태리, 독일과 무역 협정이 각각 체결되었다.

9) 崔崇,『蘇聯邦 七十年史』(서울: 슬라브硏究社, 1990), p. 101.
10) 1918년 1월 18일 볼세비키 정권은 '제정시대의 외채를 무조건 파기한다'고 선언하였다. 프랑스가 대부분 제공한 것으로 19세기 말부터 제정의 군장비 현대화와 전쟁준비에 사용한 수백만 달러의 차관이 지불 거절되고 있었다. 崔崇(1990), p, 68 참조.
11) 라팔로 조약은 1922년 4월 16일 이탈리아의 제노바 근교인 라팔로에서 독일과 러시아 사이에 체결된 우호조약이다. 제1차 세계대전 후 패전독일과 소비에트 러시아

아와의 관계를 지향하고 있었다.12) 그리고 본 조약에는 손해배상 요구권을 포기하고, 외교관계를 재개하며, 통상관계에 있어서 서로 최혜국 대우를 한다는 내용을 담고 있다.

결국, 러시아는 국제무대에서 주권 국가로 인정받기 위해 노력했고, 독일과 굴욕적인 조약을 체결하여 왔다. 러시아는 독일과 함께 하면서 국제무대에 주도적으로 참여할 수 있게 되었다. 가장 강력한 적대세력의 도움을 받으면서 러시아는 국제정치 주체가 되고 있었다. 이와 함께 국가안보를 위한 레닌의 노력은 러시아와 그 주변부에서 수립된 소비에트 국가의 결속을 통해 해결하려는 방향으로 나아갔다.

2) 붉은 군대의 창설

1917년 혁명과 함께 창설된 러시아의 군대는 노동자와 농민들로 구성된 붉은 군대(Красная Армия; 1917-1946) 또는 적군(赤軍)으로 명명되었다. 혁명에 가담한 노동자와 일부 병사들로 구성된 민병대 수준의 적위대(赤衛隊)였다. 그러나 이를 조직적인 군대로 재탄생시킨 사람이 트로츠키(L.Trotsky)였다. 혁명에 반대하는 백군이 반란을 일으켜 러시아 내전이 발생하자, 트로츠키가 이 적위대를 개편하여 백군에 대항하는 적

는 국제적으로 소외된 존재였다. 특히 소비에트 러시아는 제노바 회의에서 러시아 제국의 외채승인(外債承認) 문제로 불만을 갖고 있었으며 경제건설과 군강화를 위해 독일과의 교섭을 원했다. 독일도 국방군을 비밀리에 재정비하기 위해 소비에트 러시아의 협력에 적극적인 태도를 취했으며, 중공업계도 러시아 시장에 매력을 느껴 경제협력에 의욕적이었다. 원래 제네바 회의에서 영국 및 프랑스에 대한 러시아 제국의 채무를 독일의 소비에트 러시아에 대한 배상금으로 대신하려 했는데, 이 조약에 의해 러시아 제국의 채무와 독일의 대소(對蘇) 배상이 상쇄되어 영국과 프랑스의 계획은 수포로 돌아갔다.

12) См.: Джузеппе Боффа, *История советского союза том 1* (М. : Международные отношения, 1990), cc. 190-194.

군을 만들었다.13) 그리고 군부대 내에서 혁명에 반대하는 군인이 혁명 정부에 반기를 들 것을 두려워한 트로츠키는 군에 정치지도원을 배치하면서 직업 군인을 감시, 감독하기 시작했다. 사실 러시아군의 지휘관들 중 상당수가 사상성이 의심스러운 러시아 제국 장교 출신이었다. 따라서 정치위원은 야전군 소대에 이르기까지 모든 단위 부대에 지휘관과 동시에 배치되었다. 부대의 명령은 지휘관, 참모장, 정치위원의 승인이 있어야 집행되었다. 이 제도가 지휘권의 단일화라는 측면에서 부정적인 영향을 미쳤으나, 군에 대한 당의 통제력을 강화하는 데 효과적으로 활용되었다.

1918년부터 1920년까지 붉은 군대와 백군간의 충돌이 발생하는 국내전이 계속되었다. 공산당에 대항해 각지에서 전투가 발생되고 있었다. 불안한 틈을 타고 외국 군대가 러시아를 침범하기도 했다. 미군, 일본군도 백군을 지원하며 공산세력과 싸웠다. 그러나 승리는 적군에게 돌아갔고, 승리의 주역은 트로츠키였다. 트로츠키는 붉은 군대를 창설했으며, 백군에 대한 승리의 장본인이었다. 그는 전쟁 경험이 풍부한 차르 치하의 많은 장군들과 장교들을 붉은 군대 속으로 흡수시켰다. 그는 붉은 군대내의 군기 확립을 위해 무자비하였으며 엄격하였다. 그는 군기를 어기는 사람은 신분 여하를 막론하고 사형을 집행하기도 했다. 레닌은 트로츠키가 군을 통치하는 냉엄한 방법에 찬성하였으며, 전쟁작전 능력 또한 높이 평가했다.14) 트로츠키의 이름은 각종 노래와 군가 속에서도 들을

---

13) 정식 명칭은 노동자와 농민의 붉은 군대인 노농적군(勞農赤軍, Рабоче-Крестьянская Красная Армия)이었다. 그 명칭이 1946년 2월 25일 소비에트 연방군(Вооружённые Силы Советского Союз; 1946-1991)으로 변경되었다.
14) Рой Медведев, *О сталине и сталинизме* (Москва: прогресс, 1990), с. 81; Троцкий Л. *Моя жизнь: Опыт автобиографий* (Москва: Панорама, 1991), с. 204.

수 있을 정도였다.15) 그러나 트로츠키에 대한 부정적인 평가와 붉은 군대를 재정비하는 작업은 스탈린 시기에 강력하게 추진되었다.

3) 소비에트 연합체제의 구축

1917년 10월 러시아에서 혁명이 성공하였고, 러시아 주변부에서 사회주의 정부가 들어서기 시작했다. 이러한 시기에 레닌은 소비에트 체제의 안보를 우려하고 있었다. 1922년 당시 자본주의와 사회주의로 양분된 국제정치 무대 속에서 자본주의에 포위된 사회주의 진영의 위기를 극복하기 위해서 사회주의 국가의 통합화를 준비해 왔다. 1922년 12월에 <소비에트 사회주의 공화국 연방의 형성>에 관한 선언이 발표되었다.

> 모든 상황이 ... 단일 연방국가로의 통일을 강압적으로 요구한다. (연방은: 필자) 국제적 안보, 국내경제의 성공적 발전 ... 을 보장한다. .... 연방은 평등한 국민의 자발적 연합이다. 모든 공화국은 연합으로부터 자유롭게 탈퇴할 수 있는 권한을 보유한다. ... 소비에트 사회주의 공화국에 가입이 개방된다. ...16)

상기 <소비에트 사회주의 공화국 연방의 형성>에 관한 선언에 이어, 1922년 12월 30일 제10차 전러시아 소비에트 대회에서 러시아 연방, 우크라이나, 벨라루시, 카프카스 연방(그루지야, 아제르바이잔, 아르메니아) 등 4개 사회주의 공화국의 동의하에 26개 조항의 "소비에트 사회주의 공화국 연방의 형성에 관한 조약"이 체결되었다.

---

15) Рой Медведев(1990), cc. 85-86.
16) *Правда*, 31 декабря 1922 г.

23. 소비에트 사회주의 공화국 연방의 수도는 모스크바이다.
24. 연방공화국은 자신의 헌법에 현재의 조약에 따른 변경 사항을 기록한다.
25. 연방 조약의 보충, 변경, 비준은 소비에트 사회주의 공화국연방 소비에트 대회의 독점적인 관할에 속한다.
26. 연방 공화국의 모든 회원은 연방으로부터 자유롭게 탈퇴할 수 있는 권한을 보존한다.17)

<소비에트 사회주의 공화국 연방> 형성은 러시아를 중심으로 하는 쌍무계약에 의해 이루어졌다. 1920년 11월 30일 러시아와 아제르바이잔 사이에 조약이 체결되었다. 본 조약에는 쌍방이 '가까운 시기에 6개 부문(국방, 경제와 대외무역, 식료품, 철도와 교통, 우편과 전보, 재정)에 통합한다.'는 내용을 담고 있다. 러시아와 우크라이나는 동년 12월 28일 우크라이나의 독립을 보장하는 조건으로 외무위원회를 존속시킨 상태에서 조약이 체결되었다. 그리고 1921년 1월에는 러시아가 벨라루시를 우선적인 파트너로 인정하면서 양국간 조약이 서명되었다.

레닌은 카프카스 3국(그루지야, 아제르바이잔, 아르메니아)을 연합시키는 문제에 관심을 보였다.18) 자발적으로 <카프카스 연방>이 형성되기를

---

17) Там же.
18) 소련형성 과정에서 스탈린이 했던 역할 가운데 중요한 하나는 자신의 출신지 그루지야에 대해 취한 행동이었다. 1918년 5월부터 1921년 2월까지 그루지야는 러시아 정치 무대에서 축출 당한 유능한 그루지야 멘셰비키들이 통치하는 순수한 독립국가였다. 그루지야는 당시 영국의 보호 아래 있었다. 그리고 그루지야 정부는 서구 사회주의자들로부터 폭넓은 지지를 받고 있었다. 따라서 레닌은 그루지야를 합병시키는 데 있어서 무력사용을 피하고자 했다. 그러나 스탈린은 그루지야 볼셰비키 정부를 급조하여, 1921년 2월에 동일 지역의 유일한 행정 당국임을 선포했다. 1922년 가을, 그루지야의 소련 가입문제는 그루지야 당위원회로부터 강력한 저항에 직면하고 있었다. 그러나 스탈린은 그루지야를 인접한 아르메니아와 아제르바이잔 소비에트 공화국에 합병시킬 것을 주장하였다. 나아가 이 정책에 반대하는 일부

원했다. 그러나 연방 형성은 강제력이 동원되어 강압적으로 이루어졌다. 이러한 연방 형성의 토대위에 1922년 12월 30일 <소비에트 사회주의 공화국 연방> 형성 조약이 체결되었다.19) 카프카스 연방을 포함하여, 4개 사회주의 공화국을 중심으로 나약하게 연합체가 형성되었다. 1923년 7월 6일 소비에트 사회주의 공화국 연방 헌법이 제정되었다. 그리고 1924년 1월 31일 제2차 소비에트 대회에서 추인 받았다.20) 이때부터, 소비에트 사회주의 공화국 연방[이하, 소련]의 이름으로 국제무대에서 활동을 시작했다. 그 이후 소련을 구성하는 회원국 수는 계속적으로 증가되었다.

〈표: 1〉 소련 구성 회원국 현황

위 치	국가(수도)	소비에트 정부 수립	소련 병합
유라시아	• 러시아 (모스크바)	• 1918.3	• 소련 창립 국[1922]
유럽	• 벨라루시 (민스크)	• 1919.1	• 소련 창립 국[1922]
	• 우크라이나 (키예프)	• 1920.12	• 소련 창립 국[1922] • 1917년 러시아 제국의 몰락과 함께 러시아로부터 자치권 요구. • 러시아는 군대를 이용하여 1918년 우크라이나 장악

그루지야 공산 당원에게 물리적 압력을 행사했다. 따라서 그루지야 중앙위원회 전체가 사임하는 사태를 빚었다. 공산당원들에게 강제력을 사용하여 이러한 결과를 초래한 것을 보고 받은 레닌은 격노했다. 레닌외 지음, 김진태 역, 『레닌의 반스딸린 투쟁』(서울: 신평론, 1989), pp. 70-71.
19) H.Верт(1994), с. 167-8.
20) 1922년 12월 30일 개최된 제10차 전러시아 소비에트 대회에서 연방조약을 체결하여 소련이 성립되었다. 따라서 제10차 전러시아 소비에트 대회가 소련의 제1차 소비에트 대회로 인정된다.

	· 몰도바 (키시뇨프)	· 1924.10	· 1924.10, 몰도바 자치 소비에트사회주의 공화국 탄생. · 1939년 8월의 독소(獨蘇)불가침조약에 따라 1940년 6월 몰도바가 소련에 가입[동년 8월 몰도바 소비에트사회주의공화국이 탄생].
카프카스	· 카프카스연방 [그루지야(트빌리시); 아르메니아(에리반); 아제르바이잔(바쿠)]	· 그루지야 (1921.2.25) · 아르메니아 (1920.12.29) · 아제르바이잔 (1920.4.28)	· 소련 창립국[1922] · 1936.12월, 카프카스연방이 해체되면서 그루지야, 아르메니아, 아제르바이잔으로 분리.
발틱 연안	· 에스토니아 (탈린)	· 1940.8	· 1939.8월 소련과 독일의 불가침조약[일명, 몰로토프-리벤트로프 밀약(Molotov-Ribbentrop Pact)]을 맺고, 동년 9월 1일 독일이 폴란드를 침공하자 소련이 폴란드의 동부지역 점령. · 1940.8월, 발틱해의 에스토니아·라트비아·리투아니아 3국을 점령하여 공산화 [발틱 3국 점령]
	· 라트비아 (리가)	· 1940.8	
	· 리투아니아 (빌뉴스)	· 1940.8	
중앙아시아	· 카자흐스탄 [알마타⇒아스타나(97)]	· 1925	· 1925년, 카자흐 소비에트 사회주의 자치공화국 성립 · 1936년, 소비에트연방에 편입되어 카자흐 소비에트 사회주의 공화국이 됨.
	· 우즈베키스탄 (타슈켄트)	· 1924.10	· 1924년 10월에 병합
	· 키르기스스탄 (프룬제)	· 1924.10	· 1924년 투르크메니스탄에서 분리되어 키르기스스탄 자치주가 되었고, 1926년에 자치공화국이 됨. · 1936년, 키르기스스탄 공화국으로 승격 [소련 가입].
	· 타지키스탄 (두샨베)	· 1924.10	· 1924년 부하라 소비에트 인민공화국이 부하라 사회주의공화국으로 재편되어 소비에트연방에 가입, 그 후 우즈베키스탄 공화국 내 타지키스탄 자치공화국이 설립. · 1929년 소련 가입.

중앙아시아	・투르크메니스탄 (아슈가바트)	・1922.12	・1918년 4월 러시아 군대에 의해 투르크 자치소비에트 사회주의 공화국이 선포되었으나, 7월 영국군의 지지를 받고 있던 민족주의자들에 의해 볼셰비키 정부가 전복. ・영국군 보호아래 독립정부가 수립되었지만, 영국군이 철수하자 1920년 붉은 군대에 의해 다시 전복. ・1924년 10월 투르크메니스탄 소비에트 사회주의 공화국이 수립[소련 병합].

3. 스탈린의 안보전략과 강대국을 향한 열망

스탈린의 국제정치관은 <전쟁 불가피론>으로 요약된다. 세계는 사회주의와 자본주의로 양분되어 있으며, 양 체제의 문제를 최종적으로 해결하는 불가피한 결전을 위해서 군비경쟁이 불가피하다. 자본주의와 제국주의가 계속 번성하는 한 전쟁은 불가피하다.

1) 소비에트 연방군의 국제화와 적극적 안보외교

(1) 소비에트 연방군의 질적 및 양적 성장

스탈린의 관점에서 적대적인 자본주의 국가에 대응할 수 있는 방법은 국방력 강화에 있었다. 이와 함께, 스탈린은 민족부대를 건설하기 시작했다. 1924년 3월 카프카스 지역에 민족부대를 창설하였다. 그루지야에 2개, 아르메니아 및 아제르바이잔에 각각 1개의 보병사단을 창설하였다. 또한, 러시아 공화국내 다게스탄과 야쿠치야, 그리고 부하라 등지에 민족부대들이 형성되었다.[21]

민족부대를 창설하기 위한 노력은 계속되어 1925년과 1926년에는 우즈베키스탄(1개 보병사단과 1개 기병사단), 투르크메니스탄(1개 기병사단), 카자흐스탄(1개 기병사단), 타지키스탄(1개 기병연대), 키르기스스탄(1개 기병연대) 등에 부대가 창설되었고,22) 러시아 공화국내의 야쿠치야, 타타르, 바쉬키르 등 주요 자치공화국에 보병과 기병부대들이 설립되었다.23) 이러한 과정을 거치면서, 1927년에 모든 공화국에서 중앙의 적군 수준에 준하는 민족부대 창설이 완료되었음이 선언되었다.24) 그러나 이러한 민족부대는 보잘 것 없는 전투력을 가지고 있었다.25)

군수산업을 육성한다는 인식과 함께 국가의 공업화 정책이 당의 주요 노선으로 채택되었다. 이는 농업적 잔재로 소련을 보존해서는 안 되며, 사회주의 국가의 파괴를 생각하고 있는 침략적이고 제국주의적인 국가 앞에 소련을 무방비 상태로 방치해서는 안 된다는 생각의 결과였다.26) 스탈린은 후진 농업국인 소련에 군수산업을 육성하면서 강성대국을 준비하고 있었다. 군수산업을 육성하기 위한 공업화 정책은 계속되었고, 국방예산 또한 증가되었다. 국방예산은 1934년의 50억 루블에서 1936년에는 148억으로, 1939년에는 430억 루블로 증가되었다. 적군의 상비 병력도 1934년의 94만, 1938년 200만, 1940년 400만으로 꾸준히 증가되었다. 군사력이 증강되고, 국민총생산의 1/4이 국방비로 지출되었다.27)

---

21) См.: *Советские вооружённые силы* (Москва: Воениздат, 1978), сс. 153-154.
22) *Там же*, с. 154.
23) *Советская военная энциклопедия, Т. 5* (Москва: Воениздат, 1978), с. 552.
24) *Советские вооружённые силы*(1978), с. 154.
25) *Советская военная энциклопедия, Т. 5* (Москва: Воениздат, 1978), с. 552.
26) Ф.Д.Волков, *Взлёт и падение сталина* (М.: издательства Спектр, 1992), с. 71.
27) 崔崇(1990), p. 144.

스탈린은 군조직의 정비 및 확대와 함께 군부대 명칭을 변경했다. 1946년 2월 25일부터 기존의 노동자와 농민의 붉은 군대를 의미했던 노농적군(勞農赤軍, Рабоче-Крестьянская Красная Армия)이라는 명칭을 소비에트 연방군(Вооружённые Силы Советского Союз; 1946-1991)으로 변경했다. 소련 연방군은 미국을 필두로 하는 해양세력에 대항하기 위해 재래식 무기를 증강함은 물론이고, 1949년에 원자폭탄을 만들었고 1953년에는 수소폭탄을 만들었다.

결국, 스탈린은 소련 공업화의 근본 목적을 국민의 물질적 복지에 필요한 경공업(소비재 공업) 생산을 증대시키는 것에 둔 것이 아니라, 군사력 증강에 필요한 중공업에 역점을 두었다. 군 시설과 군 장비를 보완하고, 그것을 현대화하는 데 보다 많은 관심을 기울였다. 스탈린의 산업화 정책에서 강조되고 있는 공업 강국은 군사 강국을 의미하는 방향으로 나아갔다. 따라서 소련의 군사력과 군사과학기술은 국제수준으로 격상되었다.

(2) 독일과의 협력. 적과의 동침

1922년 4월 16일 이탈리아의 제노바 근교인 라팔로에서 독일과 체결된 라팔로(Rapallo) 조약이 1934년까지 소련 외교에서 중요한 조약으로 자리하고 있었다.28) 라팔로(Rapallo) 조약에 기초해서 양국간 우호협력관계가 유지되고 있었다. 소련 외교에서 독일이 주요한 외교 파트너로 인식되었다. 이러한 협력관계 속에서도, 양국의 관계는 자신의 국가이익을 위해 상대방을 적절히 활용하는 모습을 보였다.

1939년 8월 23일 제2차 세계대전을 앞두고, 독일외상 리벤트로프

---

28) Н.Верт(1994), с. 268.

(Ribbentrop)와 소련 인민외무위원 겸 인민위원회 의장인 몰로토프(Molotov)가 모스크바에서 양국간 <불가침 조약>을 체결했다.29) 본 조약 제4조에는 당사국 중에서 일방이 他일방에 반대되는 어떠한 강대국 그룹에 참가할 수 없도록 하고 있다. 또한, 제5조에는 양국간 분쟁이 발생할 경우 평화적인 방법으로 문제를 해결할 것을 명기하고 있다.30) 그러나 독일과의 이러한 관계 형성에 대해서 많은 소련 국민들은 위험한 정책으로 인식했다. 스탈린 역시 불과 수개월 전에 개최된 제18차 당 대회에서, 공격적인 3개 국가로 독일과 이탈리아 그리고 일본을 직접적으로 지명하고 있었다.31)

1939년에 소련이 유럽집단안보구상을 제안했으나, 서구동맹국으로부터 무시당했다. 서구동맹국들은 소련으로 하여금 독일의 위협을 받고 있는 폴란드를 지원해 줄 것을 요청했다. 이 단계에서 소련이 전쟁에 가담하지 않는 길은 독일과의 협상뿐이라는 생각을 하고 있었다. 따라서 스탈린은 1939년 9월 28일 독일과 <우호 및 국경 조약>(Договор о дружбе и границе)을 체결했다.32) 그리고 1940년 6월 10일 모스크바에서 소련과 독일은 <국경분쟁과 사고조정 규칙에 관한 협약>에 서명했다.33)

상호 불가침 조약을 체결한 독일과 소련이 동구를 분할 점령했다. 독일이 폴란드를 침공할 때 소련은 중립을 지켜주고, 그 대가로 소련은 발트 3국 및 기타 동구(에스토니아, 라트비아, 리투아니아, 몰도바)를 접수할 수 있게 되었다. 이러한 비밀협정에 대해 많은 국제공산주의자들은

---

29) С.В.Кулешов и др., *Наше Отечество. Том 2* (Москва: ТЕРРА, 1991), с. 381.
30) *Правда*, 24 августа, 1939г.
31) С.В.Кулешов и др(1991).
32) *Правда*, 29 сентября, 1939г.
33) *Правда*, 16 июня, 1940г.

공산주의 혁명 정신에 위배된 행위라고 비난하고 코민테론을 탈퇴하는 경우도 생겼지만, 스탈린의 소련은 동유럽으로 진출할 수 있는 교두보를 확보했다.

스탈린은 독일의 침공을 전혀 예견치 못한 체, 마음을 놓고 있었다. 바로 이때 독일의 소련 침공이 시작되었다. 1941년 6월 22일 최초의 독일 공격이 있었고, 수주일 만에 독일은 동구뿐만 아니라 소련 영토로 침투하고 있었다. 소련은 드디어 연합국에 가담했고, 그로부터 4년에 걸친 전쟁 동안 엄청난 희생을 치르게 된다. 그리고 독일의 항복과 함께 전체 동유럽을 획득하게 된다.

결국, 스탈린 시기의 소련은 이론적으로 공산주의 혁명 이데올로기를 견지했다. 그러나 현실적인 국가이익을 위해 제국주의 전쟁을 마다하지 않았다. 스탈린은 공산주의 이데올로기를 거역하고, 소련의 제국주의적 국가이익을 추구하고 있었다. 스탈린은 장기적인 평화를 위한 세계 공산주의 혁명보다 단기적인 안전 보장을 위한 실리 노선을 택했다.

2) 제2차 대전과 소련의 국제적 위상

(1) 유럽전선과 소련의 안보

소련은 유럽의 질서 재편성에 많은 관심을 보이고 있었다. 독일을 의식하지 않을 수 없었다. 따라서 강력한 적대 국가인 독일과 불가침조약을 체결하는 등 관계 개선을 위해 노력하고 있었다. 독-소 불가침 조약에도 불구하고, 히틀러는 선전포고 없이 1941년 6월 22일 소련을 공격했다. 같은 날 독일의 동맹국인 이탈리아, 루마니아, 핀란드가 공습을 했고, 6월 27일에는 헝가리와 슬로바키아가 공습을 단행했다. 1941년 6월 현재 소련의 전체 병력 수는 약5백만 명이었다. 그러나 6월 22일 소련의 서부전선에 배치된 독일과 연합국의 군사력은 소련 군사력의 2배를 상회했다.34) 따라서 독일과의 전쟁이 시작되면서 소련의 제3차 5개년 계획 (1938-1942)이 중도에 국방경제로 전환되었다. 소비재 생산을 거의 중단하고 전쟁 물자를 대량 생산했다.

전쟁을 전후한 시기에 스탈린의 대외정책은 서유럽 국가와의 갈등을 전제로 채택되었으며, 소련 안보외교의 방향성은 자신의 지배 영역을 확장시키는 것이었다. 따라서 1940년 8월 발트 3개국(에스토니아, 라트비아, 리투아니아)에 압력을 행사하여 소연방에 합병시키려 노력을 하고 있었다. 그러나 1941년 말까지 소련군은 서부전선을 완전히 상실하게 되었다. 독일은 자신의 군사력 중에서 70%를 소련에 대항하여 집중시켰다.35) 독일군은 10월 2일 모스크바를 향해 진군했다. 독일군의 선봉부대는 모스크바 근처 30마일 지점까지 진격해 들어왔다. 지역에 따라서는 경계에서 불과 6마일 지점까지 진격한 부대도 있었다.

1943년 겨울과 44년 여름의 전투에서 소련의 적군은 북부와 남부에서 전쟁이전의 국경선에 도달했다. 그리고 전쟁 종반에 접어들면서 적군은 동유럽으로 진군할 수 있었다. 동유럽 사회주의 국가의 탄생에 조력한 스탈린은 소련과 동유럽에 '대소비에트 제국'을 건설할 수 있었다. 스탈린은 동유럽에 자신의 뜻대로 움직일 수 있는 거대한 블록을 결성할 수 있었다. 스탈린은 막강한 군사력을 배경으로 동구 8개국(유고슬라비아, 헝가리, 체코슬로바키아, 루마니아, 불가리아, 알바니아, 폴란드, 동

---

34) Ф.А.Волков, *Взлет и падение Сталина* (М.: Спектр, 1992), с. 177.
35) Н.Верт, *История советского государства. 1900-1991* (М.: Прогресс-Академия, 1994), с. 298.

독) 점령지역에서 공산화 작업을 마무리했다. 스탈린의 이러한 혁명 방식은 마르크스가 주장한 사회혁명과 그 성격을 달리하였고, 밑으로부터 무장봉기에 의한 폭력적인 정치혁명을 주장하고 있던 레닌의 그것과도 달랐다. 스탈린의 공산화 전략은 군사적인 힘을 바탕으로, 그리고 외부로부터 강요된 혁명 방식이었다.

(2) 아시아 전선과 소련의 안보

동부전선에서의 상황은 어떠한가? 제2차 대전 중인 1941년 4월 13일 소련과 일본은 5년 동안의 불가침 조약을 체결하여 서로 공격하지 않고 중립을 지킬 것을 약속했다. 상호간 우호 관계를 지지하고, 영토적 통일성과 불가침을 존중할 책임이 쌍방에게 주어졌다. 또한, 쌍방 중 일방이 일국 또는 소수의 다른 국가와의 군사 활동에서 주체로 확인되었을 경우에, 타 일방은 모든 분쟁에 중립을 지킬 것을 약속했다.36)

그러나 일본은 독일에게 소련의 군사력과 극동지역에서 소련의 군사 활동, 그리고 소련의 군사 잠재력 등을 전달했다.37) 따라서 소련은 1945년 4월 5일 일본과 체결된 중립조약의 폐기를 통보했다. 일본과의 전쟁을 의미한다. 일본과의 전쟁에 참여하는 소련의 입장은 극동지역에서 발생하고 있는 위협을 제거하면서, 자신의 국경지역에 대한 안전보장을 확립하는 것이었다.

바로 이때, 최초의 원자폭탄이 일본의 히로시마에 투하되었다. 그리고 이틀 후인 8월 8일 소련은 일본에 선전포고를 했다. 소련이 개입한 날에 제2의 원자폭탄이 나가사키에 투하되었다. 이러한 시기인 8월 9-10일

---

36) *Известия*, 13 апреля, 1941 г.
37) Ф.А.Волков, *Взлет и падение Сталина* (М.: Спектр, 1992), с. 221.

소련군은 중국의 북동지역과 북한 그리고 사할린과 쿠릴열도를 공격하고 있었다.38) 일본은 항복을 결정했다. 소련이 만주를 점령하여 일본군의 전력을 약화시키고 있었으나, 소련이 참전하지 않아도 일본의 항복은 필연적인 것이었다. 그러나 소련의 참전과 만주지역의 점령은 중국과 북한 지역에 자신의 영향력을 침투시킬 수 있는 하나의 자원이 되었다.

1949년 극동에서 소련의 움직임이 활발하게 전개되었다. 49년 3월에 <조선민주주의 인민공화국>과 경제문화 협력 협정을 체결했다. 그리고 동년 10월에 수립된 <중화 인민공화국>을 즉시 승인하고, 다양한 원조협정을 체결했다. 1950년 2월 4일 소련과 중국은 30년간의 상호우호 원조조약을 체결했다. 동유럽에서와 마찬가지로 아시아 지역에서도 소련의 영향력이 증대될 수 있는 토대가 마련된 것이다.

결국, 스탈린의 소련은 독일과 일본에 대응하는 전쟁에서 승리했다. 유럽과 아시아 지역에서 자신의 위성국가를 건설할 수 있었다. 이러한 시기에 소련 국내에서는 '스탈린이 있는 곳에 승리가 있다.' '승리가 있는 곳에 스탈린이 있다.'는 말이 나돌기 시작했다.

3) 스탈린과 부국강병(富國强兵)의 국가

스탈린은 강력한 권력을 통해 국가를 경영함과 동시에 국력을 집중시켜 안보체제를 확립하는 문제에 고민했다. 강력한 국가를 건설하여 외국 침략자로부터 국가 안보를 보장받는 것이 그에게 주어진 첫 번째 과제였다. 스탈린이 집권하는 1924년을 전후한 시기의 소련은 정치 및 경제적으로 분열되고 나약했다. 따라서 스탈린은 부국강병(富國强兵)의 국가를 건설하기 위해 폭군이라는 악명을 두려워하지 말아야 했다. 당과 국가

---

38) Там же.

그리고 군사부문을 비롯한 전체 영역의 발전은 탄압과 테러 없이는 순항할 수 없었다.39)

스탈린에게는 국가의 보전과 확장이 주된 관심 대상이었다. 스탈린의 국가관은 '만약에 소련에 대한 자본주의 국가의 포위가 사라지지 않고, 외부로부터의 공격에 대한 위험이 제거되지 않는 한, 프롤레타리아 독재 국가는 계속 존재하며 오히려 더욱 강화되어야 한다.'는 것이다. 부하린 (Н.И.Бухáрин) 역시 국가권력이 혁명의 가장 강력한 지렛대라고 인식하였고, 당시 소련의 경제적 파국과 위기 상황의 극복을 위해 국가가 모든 경제활동을 집중적으로 관리할 것을 역설했다.40) 공산주의 사상가들에 의하면, 공산주의의 제2단계인 보다 높은 단계에 이르면 국가가 폐지된다. 그러나 스탈린은 국가지상주의에 입각한 강력한 국가건설을 주장하고 있었으며, 부국강병(富國强兵)의 입장을 견지해 왔다.

스탈린은 죽을 때까지 국가는 군사적으로 자급자족되어야 하며 강한 군대를 요구하게 될 것으로 보았다.41) 모든 사상이 시대와 환경의 영향을 중심으로 하고 있듯이 스탈린의 부국강병(富國强兵)화 정책 역시 당시의 시대적 상황을 반영한다. 당시의 국제정치 상황은 미국을 중심으로 하는 해양세력이 소련을 비롯한 공산주의 블록을 봉쇄하는 정책을 추진하려 했다. 당시의 상황은 국가안보를 위해 내정 및 외교를 혁신할 지도자를 필요로 하고 있었다. 따라서 스탈린의 정책은 대내적으로 자신의 정적들을 제거하여 통치의 효율성을 확립하고, 대외적으로 군사적 자급

---

39) Ф.А.Волков(1992), сс. 271-2.
40) N.Bukharin, *Economics of the Transformation Period* (New York : 1971), p. 151
41) А.Авторханов, *Загадка смерти Сталина* (М.: СП <Слово>: Центр <Новый мир>, 1992), сс. 137-141.

자족 및 팽창주의를 통한 국가안보 체제의 확립으로 나타났다.

스탈린 시기에 지속된 부국강병(富國强兵)화 정책이 많은 부분에서 문제점을 분출시켰지만, 국가안보 영역에서는 괄목할 만한 성과를 거두었다.42) 해양세력의 군사공격을 방어할 충분한 능력이 축적되었을 뿐만 아니라, 사회주의 형제국의 안보문제를 해결할 수 있을 정도의 군사능력이 축적되었다. 결국, 1920년대 중반에 외부의 압력을 우려하고 있던 자신의 조국을 1950년대 초반에는 미국의 군사력에 견줄만한 강력한 국가로 변모시켰다.

4. 흐루쇼프와 평화공존의 안보외교

1) 사회주의 진영의 단결과 갈등

(1) 사회주의 진영의 단결
1955년 서독이 NATO에 가입하자 소련과 동유럽 국가들은 <바르샤바조약기구>(WTO; Warsaw Treaty Organization)를 결성하였다. 사회주의 진영의 군사적 유대를 강화하기 위해 1955년 5월 11일-14일 바르샤바(Warsaw)에서 동구 8개국 회의를 개최하여, <바르샤바 조약기구>(WTO)를 탄생시켰다.43) 이것은 북대서양조약기구(NATO)에 대항하

---

42) 부국강병(富國强兵)을 위한 스탈린의 정책은 계속되었고, 스탈린 시대의 소련은 군사력뿐만 아니라 산업분야에서도 수준 높은 발전을 이룩했다. 그리고 국제적 영향력도 그만큼 상승되었다. 그러나 스탈린 치하의 부국강병(富國强兵)화 정책이 강압적인 이주정책, 대규모 숙청작업 등과 같은 인권문제를 야기 했다. 또한, 식량, 생활필수품, 주택 등과 같은 기본적인 생활수준에서 인민들의 불만이 고조되었다.
43) 바르샤바조약기구(WTO; Warsaw Treaty Organization)의 정식 명칭은 <우호, 협력, 상호 원조 조약>(Договор о дружбе, сотрудничестве и взаимной помощи)이다.

는 형식의 군사 협력체였다. 이에 따라 통일군이 창설되었다.

흐루쇼프는 동년 5월 26일 유고슬라비아를 방문하여 내정불간섭과 상호존중의 원칙아래 공동선언을 발표했다. 이러한 과정에서 흐루쇼프는 사회주의로의 다양한 길을 인정하면서, 사회주의 진영의 통일과 단결을 강조하고 있었다.44) 이는 스탈린 집권하의 소비에트화 정책에 대한 체코슬로바키아 등에서의 반소 운동을 잠재우고, 노동자의 반발을 무마시키려는 움직임에서 출발한다.

체코슬로바키아에서는 소련식 사회주의 건설 방법을 무리하게 도용했다. 과도한 중공업 우선 정책은 경공업과 농업분야의 성장을 억제하는 결과를 낳았다. 농업 집단화의 강행은 농업생산성을 저하시켜 생필품 및 식료품 부족현상을 초래하고 있었다. 따라서 국민의 불만이 증대되고 있었다. 소련화 정책에 대한 노동자들의 반발이 정치 쟁점화 되고 있었다. 그리고 1956년 6월에 폴란드 노동자들은 빵과 자유, 임금 인상, 소련으로부터의 독립 등을 주장하면서 시위를 강행했다. 동유럽 사회주의 국가에서 탈소 및 자유화 움직임이 나타나고 있었고, 소련은 사회주의 체제의 분열을 우려하고 있었다.

흐루쇼프는 20차 당 대회에서 동유럽 사회주의 국가들의 다양성과 개별성을 어느 정도 인정했다. 그리고 사회주의로의 다양한 길을 제기했다. 이러한 사상은 사회주의에 도달하는 방법은 동일하지 않다는 레닌의 사상을 원용한 것에 다름아니다. 한편, 사회주의 국가들 간의 상호협력과 존중 그리고 원조 등을 주요 내용으로 하는 레닌의 프롤레타리아 국제주의를 기본적으로 수용하고 있었다.

---

44) Джузеппе Боффа, *История советского союза. том 2* (Москва: Международные отношения, 1990), cc. 454-456.

흐루쇼프는 수상 불가닌(N.A.Bulganin)과 함께 유고슬라비아의 베오그라드를 방문했다. 그리고 티토(J.B.Tito)의 독자노선을 인정했다.45) 흐루쇼프의 정책은 소련 중심주의를 지나치게 강조한 스탈린과는 달리 일정 정도 동유럽 국가들의 개별성을 인정하고 있었다. 그리고 소련으로부터 독립된 정치 및 경제정책의 입안을 허락하고 있었다. 이러한 흐루쇼프의 정책 변화는 탈소 움직임을 차단하면서, 동유럽 국가들을 소련의 울타리 속에 남겨두기 위한 전략적 선택으로 인식되었다.

(2) 소련과 중국의 갈등과 분쟁

1950년 소-중 동맹을 계기로 중국은 소련 일변도 정책을 추진하면서

---

45) 티토가 지속적으로 유고의 독립을 위해 노력하자, 스탈린은 이를 차단시키고 있었다. 경제봉쇄, 폭동, 국경선 충돌 등으로 양국의 마찰이 시작되었다. 따라서 1948년 6월 코민포름 회의는 '유고를 사회주의권으로 부터 추방시킨다.'는 결의문을 채택하였다. 티토는 <발칸연맹>을 수립할 계획을 발표하였다. 이 계획은 티토의 지도적 역할 하에 유고, 불가리아, 알바니아가 연방을 형성하는 내용이었다. 소련은 친소적인 불가리아가 발칸에서 영향력을 강화할 수 있을 것이며, 불가리아의 군대와 경찰을 통해 관리할 수 있을 것으로 믿고 있었다. 그러나 티토는 폴란드와 체코슬로바키아를 참가시키려는 노력과 함께, 발칸지역의 영향력 확대를 모색하고 있었다. 티토는 스탈린 모델에 의해 건설된 유고는 정통마르크스주의가 아님을 인정하고, 마르크스주의를 유고의 상황에 맞게 재창조해야 함을 역설하고 있었다. 그리고 1950년 6월 정치-경제적 개혁을 단행하였다. 정치-경제 개혁의 단행은 <노동자 자주관리제도>로 나타난다. 노동자 자주관리제도는 유고의 기업제도이다. 이 제도는 생산수단의 사회적 소유를 기초로 하여 자원배분 기능을 시장과 계획 양자에 맡기며, 경제활동을 노동자가 자주적으로 관리하도록 하는 경제체제이다. 중앙의 의사결정권이 개별 기업에게 대폭 이양되게 되었다. 정부가 장악하고 있던 생산물의 양과 질의 결정, 원료 구입, 생산제품 판매, 고용-인사, 계약, 연간계획 등 기업 활동 결정권이 개별 기업에게 이양되었다. 또한, 생산수단인 자본재의 매매도 인정되었으며, 이윤제도가 도입되어 기업의 수익이 노동자 자신들의 것이 되었다. 소련은 이러한 제도가 자국의 민족적 특수성 만을 강조하기 때문에 공산주의 운동의 연대를 약화시킨다고 주장한다. 또한 부르조아적 요소와의 투쟁을 부정하고, 민족공동전선이란 이름하에 공산당의 지도권을 부농에게 넘겨주는 부르조아 민족주의로 후퇴했다고 비판하였다.

스탈린의 경제발전 모델을 채용했다. 그러나 1956년을 전후하면서 중국은 소련식 경제발전 전략을 거부하고 있었다. 한편, 1956년 소련의 제20차 당 대회에서 흐루쇼프가 스탈린 격하, 평화공존, 사회주의로의 다양한 길 등을 주장했다. 이에 대해 중국은 스탈린의 과오는 있으나, 공적을 인정해야 한다고 했고, 흐루쇼프의 평화 공존론을 비난했다. 동시에 중국은 흐루쇼프의 노선을 수정주의라고 비난했다.46)

악화되기 시작한 양국관계는 1959년을 전후하면서 보다 선명해 졌다. 1959년의 제21차 당 대회에서 흐루쇼프는 극동과 태평양에 비핵화 지대를 설정하자고 제안했고,47) 중국은 이에 강력히 반대했다. 또한, 동년 6월에는 1957년에 중국에 제공하기로 약속했던 국방기술에 관한 양국간 협정을 거부하였다. 그리고 기술자들을 철수시키고, 핵무기생산 기술과 자료제공 약속을 철회했다.48) 이러한 일련의 과정을 거치면서 양국관계는 냉각되고 있었다. 그리고 흐루쇼프는 1959년에 미국을 방문하여 양국관계를 개선시키고 있었다. 또한, 중국과 인도사이의 국경문제에 대해서 흐루쇼프는 인도에 군사 및 경제 원조를 취하는 등 중국의 불만을 자극했다.

1960년 4월부터는 이데올로기 논쟁으로 양국간 갈등이 고조되기 시작했다. 양국의 이념 갈등은 평화 공존론49), 스탈린의 통치방식에 대한

---

46) 소련과 중국의 관계를 소원하게 만든 원인들 중에서 하나는 모택동이 스탈린과 같은 우상화를 추진하려 했으나, 흐루쇼프가 스탈린을 비판함에 따라 자신의 계획에 많은 차질을 초래할 것으로 보았기 때문이다. 趙範淳 외, 『현대 소련 정치론』(서울: 형설출판사, 1988), p. 69.
47) XXI съезд КПСС..., Т. 1, сс. 77-78.
48) Джузеппе Боффа(1990), с. 513.
49) 흐루쇼프는 지역 국가간 전쟁이 초강대국사이의 핵전쟁으로 비화될 것으로 판단하면서 지역전쟁 마저도 가능한 한 막아야한다고 인식하였다. 그러나 중국의 입장에 따르면, 지역전쟁은 혁명과정의 중요한 한 부분이며 제국주의가 존속하는 한 전쟁은 국제적 현상의 일부이다.

의견 차이, 프롤레타리아 독재에 대한 이견50) 등으로 대표된다. 또한, 양국은 제국주의에 대한 평가, 전쟁과 평화, 사회주의로의 이행 방식, 1962년의 쿠바 위기51) 등에 대해서 입장을 달리하고 있었다.

1963년 7월 미국-영국-소련 등이 회동하여 핵실험을 금지시키는 문제에 뜻을 같이하고 있었다. 이에 중국은 강대국의 핵독점이라고 비난했다. 양국의 분쟁은 이념과 영토분쟁으로 급속히 확대되었다. 따라서 1963년부터 중국은 소련과 흐루쇼프를 수정주의, 사이비 공산주의자로 평가하고 있었다. 그리고 무모한 모험주의자, 미국의 압력에 굴복한 투항주의자 등으로 흐루쇼프를 비난했다. 그리고 소련은 중국을 교조주의에 집착되고 있음을 비난하고 있었다. 양국관계가 악화되는 방향으로 나아갔다.

2) 전쟁 가피론과 평화공존

흐루쇼프는 스탈린의 자본주의 포위론과 전쟁 불가피론을 비판하고 평화공존을 제창하기 시작했다. 흐루쇼프는 제20차 당 대회에서 서로 다른 사회 질서를 가진 국가들 사이의 평화공존이라는 레닌의 원칙은 예나 지금이나 소련 외교의 일반노선 임을 강조했다. 결국, 흐루쇼프는 레닌이 제기한 '일시적' 및 '잠정적' 평화 공존론에 새로운 의미를 부여한다. 즉, 평화공존은 사회주의 속성에서 연유되고 있음을 강조한다.

> 서구에서 종종 평화공존이 사회주의 국가의 전술적인 방법에 지나지 않는다고 말하고 있다. … 평화공존은 … 사회주의 사회의 속성으로부

---

50) 흐루쇼프가 제22차 당 대회에서 소련은 더 이상 프롤레타리아 독재가 필요하지 않고, 전인민의 국가로 진입했다고 주장하였다. 그러나 중국은 이에 반대 의사를 표출하였다.
51) 쿠바 미사일 위기는 다음 항 <전쟁 가피론과 평화공존> 참조.

터 나오는 것이다. 소련과 여타 사회주의 국가는 … 무제한적인 국내 시장을 확보하고 있기 때문에 정복을 위한 팽창정책을 추구할 필요가 없다.52)

레닌이 언급한 평화 공존론은 당시에 러시아가 처한 경제 및 안보문제를 해결하기 위한 '일시적'이고 '잠정적'인 공존을 의미했다. 그러나 흐루쇼프의 그것은 사회주의 체제의 속성상 자본주의 사회와 평화공존을 추구할 수 밖에 없다는 것이다. 흐루쇼프의 이러한 주장 근거는 사회주의 진영 및 소련체제의 안정적 발전에서 찾아진다. 즉, 핵무기가 등장하여 인류가 공멸할 수 있는 가능성이 커졌고, 소련과 동맹국의 힘이 서방국가보다 우위에 있다는 판단에 기초된다. 1956년부터 평화공존 노선이 소련 외교정책에서 자주 목격된다. 스탈린 사후(死後)의 소련 외교는 NATO를 비롯한 유럽제국과의 대화를 지향했다. 특히, 프랑스, 영국, 이탈리아, 그리고 서독과의 대화를 희망하고 있었다. 그러나 이들이 미국의 이익에 종속되고 있었기 때문에, 중요한 회담과 성과는 나타나지 않았다.53)

소련의 외교정책은 신중하였으며 선택적이었다. 이와 동시에 미국과의 관계에 대한 관심이 항상 뒤따랐다. 1959년 제네바에서 미-소 외무장관 회담이 개최되었고, 동년 9월에는 흐루쇼프가 미국을 방문했다. 그리고 1961년 케네디 행정부가 들어섰고, 동년 6월 오스트리아 빈(Wien)에서 미-소 정상회담이 개최되었다. 그러나 어떠한 합의에도 도달하지 못했고, 긴장의 수위 만 높아 갔다. 따라서 흐루쇼프는 국방비를 대폭 증

---

52) N.S.Khrushchev, "On Peaceful Coexistence," *Foreign Affairs* 38(1), October, 1959, p. 3.
53) Джузеппе Боффа(1990), с. 472.

액하면서 베를린 장벽을 쌓기 시작했다. 흐루쇼프의 데탕트는 각자의 세력권을 침범하지 않는 범위에서, 공동이익을 추구하고, 현상을 유지시키며, 경쟁지역에서 일정한 행동규칙을 따르자는 것이었다.

    1962년의 쿠바 미사일 위기는 소련과 미국간 냉전적 갈등 분위기를 고조시켰다. 1962년 10월 22일부터 11월 2일까지 11일간 소련의 탄도 미사일 쿠바 배치 문제를 놓고 미-소간에 벌어진 핵전쟁 위기는 한때 세계를 멸망의 공포로 몰아넣었다. 이러한 사건은 1961년 봄에 미국이 쿠바의 카스트로(Castro) 공산 정권을 전복시키려는 기도 속에서 발생되고 있었다. 1962년 여름에 소련은 군사동맹국인 쿠바기지에 미국의 영토를 겨냥한 핵탄두를 장착할 수 있는 중거리 미사일을 배치하려 했다.54) 소련은 미국의 공격을 받는 쿠바를 지키려는 방어적 조치라고 했다. 당시 케네디(Kennedy) 대통령은 미국을 공격할 수 있는 핵미사일의 쿠바 배치가 기정사실화 되자, 1962년 10월 22일 쿠바 해안을 격리 봉쇄하고 쿠바에 입항하려는 소련 선박을 저지시키려는 움직임을 보였다. 그리고 이미 반입된 미사일 장비를 쿠바로부터 철퇴할 것을 요구했다. 군사시위로 맞서고 있었다. 수일에 걸친 숨 막히는 대치 상황 끝에 소련은 쿠바로부터 미사일 장비를 거두고 퇴각하였다.

    흐루쇼프는 당시 미국을 공격 사정거리로 하는 해외기지에 소련의 핵미사일을 배치함으로써, 이미 터키에 배치된 미국의 대소 핵미사일과 상쇄시키려는 모험을 한 것으로 보인다. 그러나 미국의 강한 저항으로 인해 발생될지 모르는 전면전을 생각해야 했다. 흐루쇼프는 지리적 위치나 전력 면에서 월등히 유리한 미국에 대항할 필요성을 느끼지 못했을 것이다. 이러한 이유로 인해 미사일 장비를 철수한 것으로 보인다.

---

54) Там же, с. 476.

1963년 들어 흐루쇼프와 케네디는 양국의 협력 단계를 발전시키고 있었다. 동년 7월에 소-미-영 등 3국간에 부분적인 핵실험 금지조약을 체결하기 위한 움직임을 본격화했다. 1963년 8월에 제한핵실험금지조약이 체결되었다.55) 또 다시 평화공존의 분위기가 싹트고 있었다. 그러나 동년 11월 22일 케네디가 암살되면서 양국간 평화공존 노력이 새로운 단계로 진입하게 되었다.

5. 브레즈네프의 정치 이상과 외교 현실

브레즈네프의 외교는 흐루쇼프의 외교 노선을 답습해 왔다. 대규모 군비경쟁과 함께 소련의 영향력과 이익을 증진시키며 국제공산주의 운동을 주도하는 제국주의적 입장을 유지하면서도, 다른 한편으로는 미국과의 화해를 주창하며 국제협력과 평화를 강조했다. 브레즈네프의 이러한 이중적 외교정책은 프롤레타리아 국제주의와 평화공존 정책에서 잘 나타난다.

1) 프롤레타리아 국제주의와 브레즈네프 독트린

브레즈네프는 바르샤바조약기구를 탈퇴하고 중립화를 시도한 헝가리를 무력으로 억압했다. 헝가리의 나지(I.Nagy, ~1958.6)가 1953년 6월

---

55) 소련, 미국, 영국 등 3개국이 1963년 8월 5일 모스크바에서 조인한 핵실험금지조약의 정식 명칭은 <대기권 내, 우주공간 및 수중에서 핵무기 실험을 금지하는 조약>(Treaty of Banning Nuclear Weapons Tests in the Atmosphere in Outer Space and Under Water)이다. 이는 지하를 제외한 모든 핵폭발을 금지함으로써 핵무기 경쟁을 억제하고, 핵폭발에 의한 환경오염을 방지하는 것을 목적으로 하고 있다.

에 수상으로 취임했다. 스탈린 사후, 헝가리 민중은 저임금과 식량난에 저항하는 파업을 결행했다. 나지(I.Nagy)는 이러한 위기 상황을 극복하기 위해 농업집단화 제도를 느슨하게 하였고, 종교적 관용과 강제수용소 폐지를 실행하였다. 이 같은 정책이 스탈린주의자들과 대립을 불러 왔고, 1955년 4월에 실각되었다. 그리고 민주화, 언론의 자유를 요구하는 국민들의 목소리가 높아지면서 1956년 다시 수상이 되었다. 그는 일당독재 체제의 해체와 바르샤바 조약기구에서의 탈퇴, 그리고 헝가리의 중립화 등 민주화와 자유화 정책을 추진하였다. 이러한 정책들이 소련의 영향권에서 이탈로 간주되었고 소련군이 헝가리를 침공했다.

체코에서는 1967년 여름과 가을에 경제 문제를 비롯한 각종 위기의 징후들이 분출되고 있었다.56) 국민들은 시장경제 체제로의 조속한 이행, 그리고 광범위한 정치적 자유를 위한 범사회적 운동을 전개하기 시작했다. 개혁주의자들의 지지로 정치적 이니셔티브를 잡은 두브체크(A.Dubcek)가 1968년 1월에 당 제1서기로 발탁되면서 개혁노선이 본격화되기 시작했다. 이러한 시기인 1968년 3월에 폴란드의 바르샤바(Warszawa) 대학교에서도 대규모 학생시위가 발생했고, 몇몇 도시에서 시위가 계속되고 있었다.57) 자유화 열풍은 체코슬로바키아를 비롯하여 동유럽의 여타 국가로 확산되고 있었다. 따라서 소련은 5월에 체코슬로바키아에 대한 무력 개입을 계획했다.58) 소련의 침공이 시작되었다.59) 서구에서는 이러한 침

---

56) 이러한 징후는 소련에서 흐루쇼프가 등장하는 시기부터 조심스럽게 나타나고 있었으며, 1960년대 초에 심각한 경제위기 상황에 직면했다.
57) Там же, с. 49.
58) А.С.Черняев, Указ. соч., с. 7.
59) 체코슬로바키아의 자유화 운동으로 동구 국가들이 동요하고, 그 파문이 확대되었다. 따라서 소련은 1968년 8월 21일 소련군을 포함한 바르샤바 조약기구 5개국의 군대 약22만 명을 동원하여 체코슬로바키아에 무력 침공을 감행했다. 이는 '프라하의

공의 이론적 기조를 사회주의 국가에 대한 <브레즈네프 독트린>으로 표현하고 있다.60)

브레즈네프 독트린은 한 나라의 주권이 전체 사회주의 권의 이익과 국제공산주의 운동에 부합되는 경우에 무력을 행사할 수 있다는 제한주권론이다. 즉, 사회주의 공동체의 이익은 각국의 개별적 이익에 우선한다는 것이다. 브레즈네프 독트린은 동맹국내에서 국제공산주의를 위협하는 反사회주의 세력이 성장하고, 당사국이 이를 통제할 능력이 상실되면 동맹국은 이를 보호하기 위해 군사력을 포함한 모든 힘을 동원한다는 논리이다. 이에 따르면, 단일 사회주의 국가의 개별 정책이 전체 사회주의권의 이익을 저해하는 경우에 단일 국가의 주권은 무의미하게 된다. 한 나라의 사회주의가 내부 또는 외부로부터 위협을 받고 있을 경우, 다른 사회주의 국가는 공동으로 그러한 위협에 대응한다는 논리이다.

브레즈네프는 프롤레타리아 국제주의의 의무와 공산당의 지도적 역할을 강조했다. 그리고 몇 가지 지침을 제시했다.61) 첫째, 사회주의 국가간의 전분야에 걸친 협력은 진영내의 결속을 강화하는 데 있어 매우 중요한 요소이며, 자본주의와 사회주의 양대 진영간의 대치상태가 심화될수록 이 협력은 강화되어야 한다. 둘째, 체코슬로바키아 민주화 운동은 공산당 권력의 독점적 지배가 와해되었기 때문에 시작되었다. 따라서 공산

봄' 사건으로 명명되고 있다. 수도 프라하와 전국 주요 도시들을 완전 장악한 소련군과 바르샤바 동맹군은 '두브체크' 제1서기를 포함한 다수의 개혁주의자들을 구금-체포하였다. 그리고 '구스타프 후삭'을 수반으로 하는 신정부를 출범시켰다. 후삭은 국가와 당의 정상화라는 명분하에 약50만 명의 개혁주의자들을 숙청하였고, 그 동안 개혁주의 노선에 따라 추진되던 경제개혁과 체제 민주화 작업을 다시 원점으로 되돌리는 보수적인 탄압정치를 감행하였다.

60) *Правда*, 11 сентября, 1968 г.; *XXIV съезд...* T. II, c. 35-36.
61) R.J.Mitchell, *Ideology of A Superpower: Contemporary Soviet Doctrine on International Relations* (Stanford: Hoover Institution Press, 1982), pp. 30-31.

당의 구심적 역할을 강화해야 한다. 셋째, 전체 사회주의 블록은 개별 국가의 사회주의 건설에 공동의 책임이 있다. 따라서 어느 사회주의 국가가 맑스-레닌이즘의 원칙으로부터 벗어날 때 형제 사회주의 국가들은 프롤레타리아 국제주의 원칙에 입각하여 간섭할 권리를 갖는다.

브레즈네프 독트린은 동유럽 사회주의 형제국의 내정에 개입하는 것을 가능하도록 했다. 소련은 독자노선을 추진하는 동유럽 공산주의 국가의 공산당 서기장을 친소련파로 교체하는 정책을 추진했다. 폴란드의 고물카(W.Gomulka)를 해임시켰다. 그리고 1968년 체코에서 발생한 민주화 운동을 주도하고 있던 두브체크(A.Dubcek)를 해임하고 친소적인 후삭(G.Husak) 정부를 수립했다. 이처럼 소련은 동유럽의 개별국가에 개입하면서 친소련 정책을 추진하도록 압력을 행사해 왔다.

1977년에 채택된 소련의 신헌법에 프롤레타리아 국제주의 원칙에 입각한 사회주의 국가간 협력을 강조하고 있다. 신헌법 제30조에 다음과 같이 규정되고 있다. 소련은 사회주의적 국제주의 원칙에 의거하여 사회주의 국가들과 우호, 협력, 동지적 상호원조를 발전 및 강화시킨다. 그리고 경제적 통합과 국제 사회주의적 분업에 적극 참여한다는 내용이다. 결국, 브레즈네프의 對사회주의권 정책의 기본 시각은 프롤레타리아 국제주의 원칙에 입각하여 사회주의 국가들의 이탈과 분열을 방지하고 결속을 강화하는 데 있다.

흐루쇼프와 브레즈네프에 의해 추진된 데탕트 정책은 소련의 국제적 위상을 약화시켰다. 중국으로부터의 도전과 동구 사회주의 국가들로부터의 탈소화 움직임에 직면했다. 프롤레타리아 국제주의에 대한 중-소간 입장 차이는 양국간 분쟁을 야기시키는 하나의 원인으로 작용했다. 중국은 소련의 노선을 수정주의로 비난했다. 정치적으로 당 지도부가 특권적

부르조아 계층으로 변질되었으며, 경제적으로는 자본주의 부흥을 획책하고 있음을 비난했다. 소련과 중국은 1969년 3월 우수리(Ussuri) 강변의 국경충돌로 비화되었다. 양국간 관계 개선을 위해 동년 9월에 코시킨(Koshkin) 총리가 중국을 방문하여 주은래(周恩來)와 국경안정, 모스크바-북경간 핫라인 설치, 상호비방 완화 등에 합의했지만 이후 어떠한 진전도 없었다.

1976년에 주은래와 모택동이 사망하였다. 소련에서는 이를 계기로 관계 개선을 시도하였지만, 조문조차 거절당했다.[62] 양국의 관계는 지속적으로 악화되었고, 소련은 중국을 국제적으로 고립시키는 작업을 계속하고 있었다. 그러나 1981년 후반에 이르러 변화의 움직임이 나타나기 시작했다. 동년 9월에 차관급 중-소 정치회담을 재개하는 데 합의했다. 그리고 중국과 소련간에 화물수송 협정이 조인되었다. 양국간 인적교류가 시작되었고, 무역이 확대되었다.

2) 평화공존 정책의 이중성

흐루쇼프는 제20차 당 대회에서 평화공존을 역설했다. 그는 핵전쟁이 인류파멸의 위험을 내포하고 있는 이상, 사회주의와 자본주의 국가는 함께 공존하는 길밖에 없다고 했다. 평화공존 논리였다. 그리고 소련이 핵전력에서 미국과 균형을 이룬 1970년 초에 브레즈네프는 흐루쇼프의 평화공존 원칙을 더욱 발전시키면서 국제적인 긴장완화를 제창했다.

지난 시절에 소련은 '핵전쟁은 정치의 연속이다.' '재래식 무기에 의한 전쟁은 핵전쟁으로 확산될 가능성이 크다.'는 핵전쟁 개념을 토대로 전략 핵무기를 개발해 왔다. 그러나 1963년 6월 20일 미국의 백악관과

---

62) 김학준, 『러시아사』 (서울: 대한 교과서주식회사, 1995), p. 397-398.

소련의 크렘린간에 핫라인이 설치되었다. 이는 원치 않는 핵전쟁의 위험을 줄이기 위한 위기관리 협력의 효시였다. 그리고 브레즈네프는 1964년 11월 6일 개최된 10월 혁명 제40주년 기념 대회에서 평화공존을 언급하고 있다.[63]

> 소련은 사회제도를 달리하는 여타 국가와의 평화공존이라는 레닌의 정책을 수행하여 왔으며, 앞으로도 수행할 것이다. …… 평화공존 정책은 사회제도가 서로 다름에도 불구하고 여러 국가들 사이의 이해와 호혜적 협력-발전을 위한 기준을 제공해줄 것이다.

브레즈네프는 자본주의 국가와의 평화공존은 세계전쟁으로부터 인류를 구하기 위한 것이라고 했다. 브레즈네프의 이러한 주장은 다음의 사실에 기초된 것으로 보인다. 브레즈네프의 초기 통치 시절에 소련의 국제적 영향력은 증가되고 있었다. 이러한 상태는 70년대 초반에 최고 단계로 진입하게 된다. 이시기에 소련의 군사적 잠재력은 미국 수준에 근접해 있었고, 전략적 균형관계를 형성할 수 있었다.[64] 핵무기를 비롯한 대량살상 무기의 균형상태가 구축되고 있었다. 소련의 경제상황 악화에도 불구하고 군사력에 있어서 미국과 소련의 초강대국 양극체제가 공고화되고 있었기 때문에, 미국을 대상으로 하는 평화공존 정책이 소련의 세력 약화를 의미하는 것이 아님을 알았기 때문이었다.

소련 외교에서 미국이 가장 중요한 파트너로 인식되고 있었다. 양 강대국은 핵 분쟁을 가장 중요한 희생의 수단으로 인식하면서 상호 양보하

---

[63] 평화공존이라는 용어는 1977년의 헌법에 수록되고 있다.
[64] Пер. Л.Я.Хаустовой, Джузеппе Боффа, *От СССР к России. История неоконченного кризиса. 1964-1994* (М.: Международные отношения, 1996), с. 29.

는 자세를 보이고 있었다. 이러한 분위기는 데탕트 외교로 나타나게 된다. 1971년 24차 당 대회의 주요 정책강령은 동서 냉전체제를 종식하고 미국과 데탕트 정책을 추진하며, 소련의 경제발전을 가속화시키기 위해서 발달된 서구의 테크놀리지를 과감히 도입한다는 것이었다.65) 소련의 이러한 입장과 함께, 1972년 5월 닉슨(R.Nixon)이 미국 대통령으로 최초로 모스크바를 방문하여 브레즈네프와 함께 로케트 방어와 핵무기 제한에 관련된 조약을 체결했다.

1968년 7월에 핵확산금지조약(NPT, Nuclear Non-Proliferation Treaty)66)을 체결하였고, 1969년 11월 17일 전략무기 제한 협상이 시작되었다. 그리고 1972년 5월 26일 모스크바에서 전략무기 제한 협정(SALT I)이 조인되었다. 또한, 양국간 경제협력을 위한 공동 성명서를 작성했고, 양국 지도자간 연차적 교환 방문에 합의했다.67) 양국간 관계

---

65) Donald V. Schwartz (ed), *The Brezhnev years 1964-1981 : Resolutions and Decisions of the CPSU* (Toronto : University of Toronto Press, 1982), pp. 173-190.
66) 1963년 8월 5일, 미-영-소 3국은 제한적 핵무기실험금지조약에 서명하였고, 1968년 7월에 핵확산금지조약(NPT)을 체결했다. NPT는 1968년 미국-소련-프랑스-영국-중국 등 5대 핵보유국을 중심으로 핵무기 확산을 막기 위해서 체결되어 1970년 3월부터 발효되었다. 그러나 NPT는 핵보유국들에게 만 배타적으로 핵 주권을 허용하며, 비핵국가들에게 만 엄격한 통제를 가하는 불평등 조약이다. 비핵국가들에게 핵실험 중지, 핵의 평화적 이용 등을 요구해 왔다. 핵국들은 이에 응하지 않아 핵무기 보유량도 증가하고, 핵실험도 계속되었다. 핵확산금지조약이 발효된 1970년 미-소 양국이 보유하고 있던 핵탄두는 모두 7천 5 백기였다. 그러나 1989년 2만 4천기로 3배 이상 증가되었고, 1995년 10월에 프랑스가 핵실험을 했다. 중국 역시 1995년 지하 핵실험을 실시했다. 결국, NPT는 핵보유국들에게는 의무 조항이 없고 비핵국가들에게 엄격한 통제를 가함으로써 수직적 핵확산은 허용하고 수평적 핵확산은 규제하는 구조상의 불평등 체제이다. 불평등 협정에 서명한 비핵국가들의 의도는 강대국들이 이미 보유한 핵무기야 어쩔 수 없지만, 주변 적성국들이 핵무기를 보유하는 상황을 막아야 한다고 생각했기 때문이다.
67) Пер. Л.Я.Хаустовой , Джузеппе Боффа(1996), с 34.

는 평화공존을 강조하면서 가까워지고 있었다. 브레즈네프와 닉슨은 1973년에 워싱톤에서, 1974년에 모스크바에서 정상회담을 개최했다. 특히, 1973년 7월의 회동에서는 양국간 자연환경 보존 문제에서부터 핵에너지의 평화적 활용에 이르는 23개의 양국간 협력 협정을 체결했다.[68] 그리고 1974년에 제2단계 전략무기제한협정(SALT II)이 체결되었다.

1971년 제24차 당 대회에서 브레즈네프는 6개항의 평화안을 제안하면서 전유럽 안보회의 개최를 촉구해 왔다. 그리고 1975년 8월에 헬싱키에서 35개국 정상 회담을 개최하여 유럽안보협력회의(CSCE, Conference on Security and Cooperation of Europe)를 결성하게 되었다.[69] 회의 마지막 날 채택된 최종 문서에는 국가주권 존중, 무력행사 금지, 국경 불가침, 영토보존, 분쟁의 평화적 해결, 내정 불간섭, 인권 및 자유 존중 등 10개 원칙을 천명했다.[70] CSCE는 유럽 분단이라는 역사적 상황의 산물이었다. CSCE는 NATO[71]와 WTO[72]가 군사적으로 대치하는 상황 하에

---

68) Н.Верт, *История советского государства* (Москва: Прогресс-Академия, 1994), c. 476.
69) 유럽안보협력회의(CSCE)는 1954년 2월 소련에 의해 공식 제기되었다. 그리고 1975년 8월 미국과 캐나다를 포함한 35개국 정상들이 헬싱키에서 공식 출범시켰다. 동-서구 국가들이 참여한 다자간 안보협력회의로 출발하였으나, 1989년 동구권이 붕괴되면서 새로운 안보 상황에 대처하기 위해 CSCE의 기능이 점차 강화되어 1995년 1월 1일부터 그 명칭이 유럽안보협력기구(OSCE, Organization for Security and Cooperation in Europe)로 개칭되었다. 미국과 캐나다를 포함하여 유럽 55개국이 참여하는 다자간 안보협력기구로 유럽안보질서 구축 과정에서 그 역할이 증대되고 있다.
70) См.: Пер. Л.Я.Хаустовой, Джузеппе Боффа(1996), cc 38-40.
71) 북대서양조약기구(NATO)는 2차 대전 이후 야기된 안보적 위협 요소를 통제하고자 1949년 4월 4일 미국, 캐나다와 유럽 10개국이 참여한 가운데 워싱톤에서 창설되었다. NATO창설의 기본 목적은 소련을 위시한 사회주의 블록의 위협에 대응하고, 독일의 군사적 재무장을 적절히 통제하고자 하는 데 있다. 이를 위해 유럽과 미국은 지속적인 범대서양 안보체제의 유지가 필요하였고, 유럽은 미국의 세계적 헤게모니를 인정한다는 전제하에 유럽의 안보 상황 해결에 미국의 직접적인 개입 필요

서 유럽 분단을 극복하기 위한 노력의 일환으로 시작되었으며 소련에 의해 제안되었다.

1976년의 25차 당 대회는 미국과의 협력 관계를 더욱 강조하고 있다.[73] 브레즈네프는 자국의 팽창주의에 부정적인 영향을 미치지 않는다는 조건하에서 미국과의 데탕트 외교를 통해 자국이 처한 문제를 해결하려 했다. 1970년부터 미국과 중국의 화해기류가 보이면서 미국-중국-소련의 3각 체제가 태동되고 있었기 때문에, 소련으로서는 미국과 중국의 밀월을 방지하기 위해서라도 미국에 화해의 손짓을 보내야 했다. 그리고 1970년부터 사회주의 경제의 마비 현상이 심화되고 있었기 때문에 이러한 위기를 벗어나기 위해서 서방과의 무역 관계를 개선시켜야 했다. 서방의 기술과 자본을 적극적으로 도입할 필요가 있었다.[74]

브레즈네프는 전쟁을 통한 양 체제사이의 정면대결보다 평화적 경쟁을 생각하고 있었다. 그리고 전쟁가피론에 무게 중심을 두기 시작했다. 양 체제사이의 전쟁이나 첨예한 갈등, 무제한의 군비경쟁에 대한 위험 등을 해소하는 데 역점을 두었다. 브레즈네프가 '전쟁가피론'을 주장할

성을 인정했다.
72) 1955년 5월 소련이 주도하여 결성된 바르샤바 조약기구(WTO, Warsaw Treaty Organization)는 소련과 동유럽 사회주의 국가의 정치적-군사적 통일을 목적으로 결성된 국제기구이다. 소련은 동유럽 사회주의 국가들과 우호-협력-상호원조 조약을 체결하면서 미국을 중심으로 하는 서방측에 대항했다. 본 기구는 중요한 국제문제나 공동방위에 대한 협의와 집단적 자위권을 규정하고 있다. 이러한 목적을 실현하기 위하여 가맹국의 당서기장, 수상, 외상으로 구성되는 정치자문위원회와 가맹국의 국방장관으로 구성되는 통합군사령부가 설치되었다. 결국, WTO는 NATO에 대항하는 정치-군사동맹체로 소련의 대외정책을 집단적으로 추진하는 기구로 자리했다. 1991년 7월 1일 WTO가 공식 해체되었다.
73) См.: *XXV съезд... т. 1*, c. 27-43, 51-53
74) W.E.Griffith, "Brezhnev's Foreign Policy," *Problems of Communism* 34, March-April, 1985, p. 107.

수 있었던 이유는 서방 국가, 특히 미국과의 핵무기 및 전략무기 경쟁에 있어서 균형을 이루었다는 자신감에서 연유되고 있다. 그러나 브레즈네프의 평화공존 정책은 다른 방향으로 구체화되었다. 1976년에 소련이 기존의 SS-4, SS-5 미사일을 최대 사정거리가 유럽 전역을 공격할 수 있는 SS-20 중거리 핵미사일로 대체하였다.75) 군사력의 중요성에 관심을 집중시키고 있었다. 이러한 인식에 기초해서, 1970년대 중반에 그로미코 (Громыко)는 '소련 없이 해결될 수 있는 문제는 없다'고 했다.76)

브레즈네프가 평화공존을 제창해 왔지만, 민족해방 운동을 지원한다는 명목으로 앙골라, 에티오피아, 남예멘 등 제3세계에 적극적으로 진출하고 있었다. 특히, 1979년 12월에 있었던 소련의 아프가니스탄 무력 침공77)은 데탕트 분위기를 냉각시켰다. 소련의 아프가니스탄 무력 개입에 대한 최종 결정은 12월 12일 채택되었다.78) 12월 27-28일의 정변에 의하여 아민(Amin)이 살해되고, 카르말(Karmal)이 권력을 장악했다.79) 당

---

75) Пер. Л.Я.Хаустовой, Джузеппе Боффа(1996), с. 118.
76) См.: Ю.Н.Афанасьев и др., *Иного не дано* (Москва: Прогресс), сс. 424-440.
77) 1978년 4월 좌익 장교들이 쿠데타로 모하메드 다우드 정권을 전복시키고, 아프가니스탄 민주 공화국을 수립하였다. 그러나 취약한 기반을 가진 공산주의 정권에 대항해서 반공산주의 이슬람 세력이 반란을 일으키고 있었다. 따라서 소련은 위성국가를 수립하기 위하여, 1979년 12월 아프가니스탄을 침략했다. 그러나 미국 등의 지원을 받고 있던 반군의 게릴라 전술이 효과를 거두어 소련군은 대도시와 중소도시 등 주요 거점만 장악한 채 전쟁은 교착상태에 빠졌다. 소련군은 1988년에 평화협정을 체결하고 89년 2월까지 완전히 철수 했다.
78) С.Ф.Ахромеев и Г.М.Корниенко, *Указ. соч.*, сс. 171-174 ; А.С.Черняев, *Указ. соч.*, с. 38.
79) <프라브다>는 다음과 같이 기록하고 있다. 아프가니스탄의 인민민주당 중앙위원회 정치국 회의가 개최되어 카르말이 전원일치로 중앙위원회 서기장으로 선출되었고, 혁명 평의회 간부회의가 조직되어 혁명 평의회 의장이 되었다. 또한, 혁명재판소가 아민에게 사형을 결정하고 형이 집행되었다. 그리고 카르말이 군최고사령관에 임명되었다. *Правда*, 28 и 29 декабря, 1979 г.

시에 아프가니스탄 정부는 외부 적들의 간섭과 도발에 대응하기 위해 몇 차례 군사원조를 비롯한 정치 및 경제적 원조를 소련에 강력히 요청하였다. 소련 정부는 아프가니스탄의 요청을 수락하였다.80) 브레즈네프는 '우호적인 아프가니스탄의 요청에 응하지 않을 수 없었다.'고 강조하고 있다.81)

결국 브레즈네프시기에 평화공존은 외교정책에 있어서 하나의 원칙으로, 그리고 데탕트는 이를 실천하는 하나의 과정으로 자리 잡고 있었다. 평화공존을 지속적으로 강조해 왔지만, 오히려 프롤레타리아 국제주의 원칙이나 자신의 국제적 영향력을 우선시 하는 방향으로 정책들이 구체화되었다. 평화공존에 대한 관심이 감소되고 있었다. 따라서 미국 등 자본주의 국가의 입장에서는 브레즈네프의 데탕트 외교를 신뢰할 수 없었다. 오히려 불신이 높아갔다.

6. 끝맺는 말

세계 최초로 소비에트 정부를 수립한 레닌은 국가안보를 위해 당시 적대국이었던 독일과의 굴욕외교를 마다하지 않았다. 가장 강력한 적대세력의 도움을 받으면서 러시아는 국제정치 주체가 되었다. 이와 함께 레닌은 자본주의에 포위된 사회주의 진영의 위기를 극복하기 위해 사회주의 국가의 통합을 준비해 왔다. 1922년 12월에 <소비에트 사회주의 공화국 연방의 형성>에 관한 선언이 발표되었다. 1923년 7월 소비에트 사회주의 공화국 헌법이 제정되었고, 1924년 1월 31일 제2차 소비에트

---

80) *Правда*, 29 декабря, 1979 г.
81) *Правда*, 13 января, 1980 г.

대회에서 추인 받았다. 이때부터 소비에트 사회주의 공화국 연방[이하, 소련]의 이름으로 국제무대에서 활동을 시작하게 된다.

스탈린 정책은 군사적 자급자족 및 팽창주의로 나타났다. 마키아벨리의 통치술을 현실화시키는 과정이었다. 마키아벨리즘의 핵심은 부국강병(富國强兵)에 있으며, 이러한 정책논리가 스탈린 시기에 보여 진다. 미국을 중심으로 하는 해양세력은 소련을 중심으로 하는 대륙세력을 봉쇄하는 외교정책을 추진했고, 스탈린의 소련은 그러한 봉쇄전략을 파괴하는 외교로 맞대응했다. 부국강병을 위한 스탈린 정책은 1953년까지 계속되었고, 스탈린 시대의 소련은 군사력뿐만 아니라 산업분야에서도 수준 높은 발전을 이룩했다. 소련은 미국과 어깨를 나란히 하는 강력한 국가가 되었고 국제적 영향력도 그만큼 상승되었다.

흐루쇼프의 정책은 소련 중심주의를 지나치게 강조한 스탈린과는 달리 일정 정도 동유럽 국가들의 개별성을 인정하고 있었다. 이러한 정책은 동유럽 국가들을 자신의 정치적 울타리 속에 묶어둘 수 있다는 자신감에서 비롯되었다. 그리고 스탈린의 전쟁 불가피론을 비판하고 평화공존을 제창하기 시작했다. NATO를 비롯한 유럽제국과의 대화를 지향했다. 1959년 9월 흐루쇼프가 미국을 방문했다. 그리고 1961년 케네디 행정부가 들어섰고, 동년 6월 오스트리아 빈에서 미-소 정상회담이 개최되었다. 1963년 8월에는 제한핵실험금지조약이 체결되었다. 흐루쇼프의 데탕트 외교는 각자의 세력권을 침범하지 않는 범위에서 현상유지와 함께 공동이익을 추구하자는 것이었다. 이러한 기간 동안에도 흐루쇼프는 국방비를 증액하면서 베를린 장벽을 쌓기 시작했다.

브레즈네프의 외교정책은 프롤레타리아 국제주의와 평화공존 정책으로 대별된다. 바르샤바조약기구를 탈퇴하고 중립국화를 시도한 헝가리를 무력으로 억압하는 등 동유럽에서 불고 있는 자유화 물결을 진압하기 시작했다. 서구에서는 이러한 개입의 이론적 기조를 브레즈네프 독트린으로 표현했다. 그리고 흐루쇼프의 평화공존 원칙을 더욱 발전시키면서 국제적인 긴장완화를 제창했다. 소련과 미국의 정상회담이 계속되면서 SALT-Ⅰ과 SALT-Ⅱ가 체결되었다. 그리고 유럽안보협력회의(CSCE)가 결성되었다. 그러나 브레즈네프의 평화공존 정책은 이중성을 보였다. 군사력 증강과 함께, 민족해방 운동을 지원한다는 명목으로 제3세계에 적극적으로 진출했다. 1979년 12월에는 아프가니스탄에 대한 무력 침공이 있었다.

결국, 소련의 안보외교는 레닌에서 브레즈네프로 이어지는 기간 동안 프롤레타리아 국제주의와 평화공존 정책을 오가면서 지속되어 왔다. 자본주의 국가에 대항할 수 있을 정도의 힘을 축적하는 기간 동안은 강압외교로 일관했고, 그 이후에는 평화공존을 강조하는 모습으로 전환되었다. 흐루쇼프와 브레즈네프시기의 평화공존은 외교정책에 있어 하나의 원칙으로, 그리고 데탕트는 이를 실천하는 하나의 과정으로 자리 잡고 있었다. 평화공존을 강조하면서도 프롤레타리아 국제주의 원칙이나 자신의 국제적 영향력 증대를 우선시 하는 방향으로 정책들이 구체화되었다. 따라서 미국 등 자본주의 국가는 데탕트 외교를 신뢰할 수 없었다. 오히려 불신이 높아갔다.

<참고 문헌>

김학준, 『러시아史』 (서울: 대한 교과서주식회사, 1995).

레닌외 지음, 김진태 역, 『레닌의 반스딸린 투쟁』 (서울: 신평론, 1989).

趙範淳 외, 『현대 소련 정치론』 (서울: 형설출판사, 1988).

崔崇, 『蘇聯邦 七十年史』 (서울: 슬라브硏究社, 1990).

N.S.Khrushchev, "On Peaceful Coexistence," *Foreign Affairs* 38(1), October, 1959.

W.E.Griffith, "Brezhnev's Foreign Policy," *Problems of Communism* 34, March-April, 1985.

R.J.Mitchell, *Ideology of A Superpower: Contemporary Soviet Doctrine on International Relations* (Stanford: Hoover Institution Press, 1982).

D.V.Schwartz(ed), *The Brezhnev years 1964-1981 : Resolutions and Decisions of the CPSU* (Toronto : University of Toronto Press, 1982).

А.Авторханов, *Технология власти* (М. : СП <Слово> - Центр <Новый мир>, 1991).

А.Авторханов, *Загадка смерти Сталина* (М.: СП <Слово>: Центр <Новый мир>, 1992).

С.Ф.Ахромеев и Г.М.Корниенко, *Указ. соч.*

Ю.Н.Афанасьев и др., *Иного не дано* (Москва: Прогресс).

Д.Боффа, *История советского союза том 1* (М.: Международные отношения, 1990).

Д.Боффа, *История советского союза. том 2* (М.: Международные отношения, 1990).

Н.Верт, *История советского государства. 1900-1991* (М.: Прогресс-кадемия, 1994).

Ф.Д.Волков, *Взлёт и падение сталина* (М.: издательства Спектр, 1992).

С.В.Кулешов и др., *Наше Отечество. Том 2* (Москва: ТЕРРА, 1991).

Е.Е.Несмеянов, "Сталинизм и макиавеллизм: стили мышления," *Социально-политический журнал*, no 9-10(1993).

Р.Медведев, *О сталине и сталинизме* (Москва: прогресс, 1990).

Л.Троцкий, *Моя жизнь: Опыт автобиографий* (Москва:Панорама, 1991).

Л.Я.Хаустовой, Джузеппе Боффа, *От СССР к России. История неоконченного кризиса. 1964-1994* (М.: Международные отношения, 1996).

XXI съезд КПСС..., Т. 1.

XXIV съезд... Т. II.

XXV съезд... Т. 1.

А.С.Черняев, *Указ. соч.*

Известия, 13 апреля, 1941г.

Правда, 31 декабря 1922г.

Правда, 24 августа, 1939г.

Правда, 29 сентября, 1939г.

Правда, 16 июня, 1940г.

Правда, 11 сентября, 1968г.

Правда, 28 и 29 декабря, 1979г.

Правда, 29 декабря, 1979г.

Правда, 13 января, 1980г.

Советские вооружённые силы (Москва: Воениздат, 1978).

Советская военная энциклопедия, Т. 5 (Москва: Воениздат, 1978).

제3장. 고르바쵸프의 개혁정책과 식민민주주의, 그리고 소련의 해체

레닌으로 돌아가자고 외치던 고르바쵸프의 페레스트로이카는 사회주의를 배신했다. 고르바쵸프는 권력분산과 민주화를 약속했지만, 당·정부·의회를 장악하는 막대한 권력을 가진 대통령으로 자신을 위치시켰다. 권력집중은 ≪과도기의 불안정을 극복한다.≫는 미명하에 ≪페레스트로이카 독재≫로 명명되었다.

고르바쵸프의 부시 대통령에게 조언 요청, 서구 정책의 무조건적 도입, 서구 지도자들에 대한 원조 요청 등은 이들 국가에 소련 정책을 종속시켰다. 소연방의 여러 공화국으로부터 독립 요구에 직면했고, 자본주의 요소의 도입은 경제위기를 부추기는 결과를 초래했다.

고르바쵸프의 ≪페레스트로이카≫은 소련 해체와 ≪식민민주의≫를 이식시켰다. 이는 서구에서 오랜 기간 준비해 온 소련 봉쇄정책의 결정판이었다. 소련사회에 정착되기 시작한 ≪식민민주의≫가 국가 자율성을 상실시켰고, 국민들로 하여금 ≪과거로의 회귀≫를 열망하도록 했다.

제1절. 고르바쵸프의 개혁정책과 자본주의로의 회귀, 그리고 식민민주주의

1. 들어가는 말

　브레즈네프(L.Brezhnev, ~1982.11) 시기에 소련의 당 및 국가 관료들은 노령화되어 있었다. 브레즈네프 이후, 안드로포프(Y.V.Andropov)와 체르넨코(K.Chernenko)[1]의 연이은 사망으로 50대 중반의 젊은 고르바쵸프가 1985년 3월 등장했다.[2] 서기장으로 선출된 고르바쵸프는 1986년의 27차 소련공산당 대회와 1987년 6월의 당중앙위원회 총회 등을 통해서 당지도부내의 인사개편을 단행하고, 페레스트로이카(перестрóйка)로 일컬어지는 개혁정책을 추진할 수 있는 토대를 구축하기 시작했다.
　고르바쵸프는 레닌의 사상을 강조하면서, 민주·참여·자유·평등·개방 등을 강조하기 시작했다. 정치 민주화와 경쟁에 기초된 경제 활성화 조치를 통해 소련 사회를 재구축하려 했다. 국가 사회에 활력을 불어넣기 위한 고르바쵸프의 개혁정책은 페레스트로이카 정책으로 대표되었

---

1) 체르넨코(K.Chernenko)는 1984년 2월부터 1985년 3월까지 소련공산당 서기장을 지냈다.
2) 고르바쵸프의 당서기장 선출시 정치국내에서 그라신 정치국원과 4:4로 경합했다. 그러나 사회자인 그로미코 최고회의 간부회의 의장의 지지를 얻은 고르바쵸프가 서기장에 선출된 것으로 전해지고 있다. 朴文卮, "소련의 제19차 전연방 당대회," 『공산권 연구』 (1988년 8월호), p. 74.

고, 이러한 개혁정책은 자본주의 시장경제 체제와 자본주의 국가에 대한 환상 속에서 시작되었다. 이러한 과정에서 사회주의를 대신해서 자본주의적 요소가 소련 사회에 축적되기 시작했다.

1917년 이래 소련 사회를 지배해 왔던 사회주의 이데올로기가 자본주의에 그 자리를 양보하기 시작했고, 이러한 이데올로기 위기가 소련이 해체되는 중요한 원인들 중에서 하나였다. 자본주의 시장경제에 대한 환상 속에서 1987년부터 본격화되는 고르바쵸프의 페레스트로이카 정책은 소련의 경제질서를 무질서하게 만들었고, 행정부의 주요 기능을 마비시키고, 분리주의 경향을 유발시켰다. 이러한 현상이 소련의 국제적 영향력을 약화시키는 결과로 작용했다. 고르바쵸프가 소련 사회의 위기를 극복하기 위해 다양한 조치들을 취했지만, 이러한 움직임이 오히려 위기를 가속화시키는 결과를 초래했다. 고르바쵸프의 페레스트로이카 정책이 사회주의 체제와 소련을 해체시키는 결과로 작용했다.

페레스트로이카 초기 단계부터 서구와의 전례 없는 급변의 관계가 형성되기 시작했다. 이러한 현상은 국가 발전을 위한 공식 이데올로기에서도 나타났다. 소비에트 국민들 사이에서도 서구 자본주의에 대한 동경의 물결이 급속히 확산되었다. 서구에 대한 동경은 정치·경제 영역에서 뿐만 아니라, 문화 영역에서도 나타났다. 따라서 소연방의 말기적 상황은 서구에 대한 식민화의 길을 예고하고 있었다. 자본주의 사회에 대한 환상 속에서 시작된 고르바쵸프의 개혁정책은 <매국(賣國)>적인 현상과 함께 구체화되었다.

국가 발전을 위한 이데올로기의 혼돈 상태에서 서구에 대한 의존의 정도가 깊어져 갔다. 서구화의 물결은 서구식 정치체제의 차용으로 나타났다. 서구 자유민주주의 국가에서 채택하고 있는 정치체제의 중심 요소

(다당제, 의회, 자유선거, 대통령 중심제, 삼권분립)가 무분별하게 수용되었다. 소련의 정치 풍토에 익숙하지 못한 서구의 정치체제 이식은 소련을 민주주의 국가로 변화시키지 못하고, 고르바쵸프에 의한 <페레스트로이카 독재>로 결과 되도록 했다. 그리고 식민민주주의 현상이 나타나도록 했다.

본 글에서는 고르바쵸프의 페레스트로이카 정책에 대한 원인과 과정, 그리고 그 결과를 체계적으로 분석 및 정리하는 것으로 한다. 페레스트로이카 정책의 목적과 그러한 정책이 낳은 문제점을 분석하면서, 소련 사회의 혼란상을 생생하게 기록한다. 그리고 소련 사회가 자유민주주의 정치질서와 자본주의 시장경제에 점진적으로 흡수되어 가는 과정을 살펴본다. 뿐만 아니라, 소련의 말기 상황이 미국을 비롯한 서구의 자유민주주의 국가들에 의해 식민민주주의 상황에 직면하게 되는 과정을 다룬다.

2. 고르바쵸프 개혁정책의 사상적 토대

고르바쵸프가 집권할 당시, 소련에서는 사회주의에 대한 믿음이 퇴색되고 있었다. 체제개혁에 대한 새로운 인식이 필요했다. 고르바쵸프는 레닌을 회상하면서 개혁을 준비하고 있었다. 전임자들에 의해 왜곡된 레닌의 사회주의 사상, 즉, 인간의 얼굴을 한 사회주의를 현실화시키려는 정책을 구상하고 있었다. 이것이 고르바쵸프가 구상한 페레스트로이카의 목적이었다. 페레스트로이카는 권위주의적이며 관료주의적인 체제를 버리고, 민주적이고 인민자치의 메카니즘에 기초된 사회주의로 향하는 역사적 이행의 긴 단계로 인식되었다.[3]

---

3) *Правда*, 26 ноября 1989 г.

1) 체제개혁에 대한 고르바쵸프의 인식

브레즈네프가 집권하고 있던 시기에 소련 사회에서 사회주의 사상에 대한 믿음이 사라지고 있었다. 고르바쵸프는 탈스탈린화를 제기하면서 레닌의 국가발전 모델을 생각하고 있었다. 사회주의의 인도(박애)적이며 민주주의적인 레닌의 사상 체계를 부활하려는 움직임을 보이고 있었다. 고르바쵸프는 1985년 10월의 당중앙위원회 총회에서 "사회주의의 계획적이고 전면적 완성, 국가의 사회·경제적 발전 강화에 기초한 공산주의로의 발전"[4])에 관한 새로운 당 강령을 발표하였다.

고르바쵸프는 국민들이 자발적으로 정책결정과정에 참여할 수 있는 건전한 시민사회로의 전환을 구상했다. 스탈린 시대의 전체주의 현상을 비판하고, 인민·민주주의적 사회주의에 기초한 레닌의 국가발전 이론으로 되돌아갈 것이 강조되었다. 체제개혁에 대한 고르바쵸프의 구상 속에 민주화가 중요한 요소로 작용하고 있다. 민주화가 완전한 사회주의 체제를 위한 본질이며, 기본적인 요소임을 인식하였던 것이다. 공공 소유의 주인인 노동계급이 생산의 주된 계층으로 인식되었다. 따라서 정당한 이윤 분배의 현실적 가능성을 확보해야 했고, 생산의 민주화가 보장되어야 했다. 이는 생산자간 공정한 경쟁이 이루어지는 사회주의 시장의 형성을 의미했다.

고르바쵸프의 개혁 논리는 급진적인 경제개혁과 모든 분야에 있어서의 민주화를 통한 정치체제의 변화에 있었다. 정치 및 경제체제의 동시적인 변화였다. 정치체제 발전의 전략적인 방침은 민주화의 완성, 노동자들의 적극적인 참여를 토대로 하는 사회주의적 인민자치의 완전한 구현, 노동자들에 의한 국가와 사회문제의 해결에 있었다.[5]) 민주화가 정치행위

---

4) М.С.Горбачев, *Избранные речи и статьи*, Т. 3 (М.: Политиздат, 1987), с. 7.

의 기본 요소일 뿐만 아니라, 사회생활의 근본적인 원리임과 동시에 인민주권의 본질로 인식되었다.

제27차 당 대회에서 국가의 사회·경제적 발전에 관한 새로운 당 강령 및 과학적 사회주의 이론에 관한 제문제를 심의했다. 새로운 당 강령에는 새로운 수준에서의 국민복지 향상, 무계급 사회의 형성, 수준 높은 국민의 발의 및 창조적 역량의 달성 등과 같은 과학적 사회주의 사상에 입각한 제반의 정책들이 포함되고 있다. 이와 함께, 공산당에 다음과 같은 과제가 주어졌다. 노동에 따르는 분배 원칙의 철저한 실현 하에서 보다 양호하고 새로운 수준의 국민 복지 증진, 무계급 사회의 형성, 소비에트 인민의 확고한 단결, 보다 높은 국민의 창의성 및 창조적 에너지 수준의 달성 등이다.[6]

결국, 정치와 경제의 상호 밀접성에 기초된 소비에트 사회에 있어서 경제체제의 진보는 정치체제의 발전을 수반하는 것으로 인식되었다. 고르바쵸프는 국가 및 사회활동 영역에서 노동자들의 완전한 참여에 의한 사회주의적 자치 체제를 강화시키는 것을 새로운 과제로 인식했다.[7] 사회주의 사회의 완성은 국민의 사회주의적 자치에 있었다. 즉, 모든 국민이 국가 및 사회활동 그리고 정치에의 참여, 선거제도의 완성, 선거에 의해 선출된 권력기구의 활동 강화, 노동자 조직의 역할 강화, 사회주의적 민주주의의 효율적인 활용 등이 지적된다.[8] 고르바쵸프의 개혁 논리에

---

5) *Материалы XXVII съезда коммунистической партии советского союза* (Москва: Политиздат, 1987), с. 158.
6) Ли Йын-Хен, *Некотрые особенности опыта социалистических преобразований в СССР (критический анализ)* (Москва: МГУ, 1995), с. 169.
7) М.С.Горбачев, *Избранные речи и статьи. Т. 3* (М.: Политиздат, 1987), с. 315.
8) Я.С.Калакура, В.П.Шевчук и др., *XXVII съезд КПСС : Актуальные проблемы те

의하면, 민주화는 국민이 소유한 권리의 본질이며, 사회적인 삶의 주요한 원칙이었다.

2) 페레스트로이카의 목적

고르바쵸프의 페레스트로이카 구상에 의하면,9) 소비에트 체제에서의 경제적 진보는 정치체제의 발전을 동시에 요구하는 것으로 나타났다. 따라서 체제개혁을 위한 고르바쵸프의 구상은 국가의 페레스트로이카(개혁)를 의미했다. 국가라는 하나의 거대한 건물을 개조하는 이념적 논리가 필요했고, 이를 현실화시키는 작업은 페레스트로이카 정책에서 나타난다. 1986년 2월에 개최된 제27차 당 대회에서 페레스트로이카 개념의 현실화는 사회주의적 민주주의의 발전 없이는 불가능한 것으로 지적되었다.10) 페레스트로이카는 권위주의적이며 관료주의적인 체제에서 벗어나 민주적이며 인도적인 사회주의 체제로의 전환을 의미하게 된다.

사회·경제적 발전은 민주화의 확산 및 국민의 사회주의적 자치 심화 등과 깊은 관계를 맺고 있다. 따라서 고르바쵸프는 27차 당 대회 중앙위원회 정치보고에서, 민주화를 사회주의 사회의 유기체가 건강하게 살아갈 수 있도록 하는 건전하고 깨끗한 공기로 보았다. 사회주의적 민주화의 발전 없는 사회발전은 무의미하고 불가능하다고 했다.11) 당 대회에서

    ории и практики совершенствования социализма (Киев: Вища школа, 1987), с. 134.

9) 1987년부터 당 중앙위원회 이론담당 서기로 근무하고 있던 야코블레프(A. Яковлев)가 페레스트로이카의 중요한 이론가, 그리고 진실한 페레스트로이카의 건축가로 인식되어졌다. В.Согрин, *Политическая история современной россии* (М.: Прогресс-Академия, 1994), с. 34.

10) *Материалы XXVII съезда коммунистической партии советского союза* (М.: Политиздат, 1987), с. 55.

11) М.С.Горбачев, *Политический доклад центрального комитета КПСС XXVII*

채택된 당 프로그램은 민주화를 근간으로 하는 사회주의적 인민자치의 문제에 대해서 언급하고 있다. 그것은 사회주의를 완성하고, 나아가 국가의 사회·경제 발전 강화에 기초하여 소비에트 사회를 공산사회로 이끌어가는 토대였다.12)

고르바초프는 1987년 11월 "10월과 페레스트로이카: 혁명은 계속된다."라는 제목의 보고서에서, 페레스트로이카의 목적을 사회주의에 대한 레닌적 개념의 완전한 부활에 있음을 지적했다. 그리고 페레스트로이카의 근본 사상으로 "민주화, 모든 사회 업무의 결정에 있어서 인민의 현실적 참여, 공개, 개방, 인권"을 강조했다.13) 또한, 고르바쵸프는 1988년 1월 "민주화, 개방 - 이것은 페레스트로이카의 수단일 뿐만 아니라, 사회주의의 본질이다"14) 라고 언급하는 등, 페레스트로이카의 목적이 사회주의의 창조력 및 인본주의적인 본질을 완전히 구현하는 데 있음을 강조하고 있다. 그리고 이러한 목적의 달성은 민주화, 개방, 인민자치, 급진적 경제개혁 등과 불가분의 관계를 갖고 있음을 지적하고 있다.

고르바쵸프가 구상하고 있는 페레스트로이카 논리에 따르면, 정치개혁과 정치적 의지가 경제개혁을 성공적으로 유도할 수 있다. 따라서 항상 민주화를 부각시켜 논의를 전개하고 있다. 고르바쵸프는 사회생활의 전면적 민주화가 모든 사회 구성원의 주권적 역할을 활성화시키고, 인민

съезду коммунистической партии советского союза (Москва : Политиздат, 1986), c. 69; М.С.Горбачев, *Избранные речи и статьи. т. 3* (М.: Политиздат, 1987), c. 235.

12) *Программа Коммунистической партии Советского союза: Новая редакция. принята XXVII съездом КПСС* (М.: Политиздат, 1987), c. 4.

13) "Октябрь и перестройка: Революция продолжается", М.С.Горбачев, *Избранные речи и статьи, Т. 5* (Москва: Политиздат, 1988), c.459.

14) *Правда*, 13 января 1988 г.

에게 사회적 생산의 소유자적 심리상태를 발전시켜 준다고 보았다. 결국, 인민의 직접적이고 광범위한 참여가 사회주의를 현실적으로 가능하게 하는 주요한 수단으로 인식되었다.

페레스트로이카 정책은 스탈린과 그의 후임자들에 의해 왜곡되어진 레닌의 사회주의 개념으로 복귀하는 데 있으며, 민주화를 통한 사회주의적 법치국가를 건설하는 데 있다. 이러한 페레스트로이카의 주요 경향은 ① 경제발전의 외연적 방법에서 집약적인 방법으로 이행, ② 모든 정치체제에 있어서의 민주화와 국민에 의한 자주관리 체제의 구축 및 관료주의와 권력남용의 근절, ③ 마르크스·레닌주의의 창조적 발전 등으로 요약된다.

고르바쵸프는 1989년 9월 총회 이후 자신의 <페레스트로이카-당-사회주의> 라는 제목의 연설문에서, 페레스트로이카와 사회주의의 관계에 대해서 다음과 같이 언급하고 있다.

> 우리 국민은 1917년 10월에 (사회주의를: 필자) 선택했으나, 사회주의의 왜곡이 지난 시기에 나타났다. 그것(사회주의: 필자)의 레닌적 개념, 우리는 확고하게 이러한 방향으로 나아갈 것이다. 우리는 이야기한다. 페레스트로이카는 사회주의의 파괴가 아니라 그것의 부흥이다. 페레스트로이카는 자본주의의 부활이 아니라, 왜곡된 사회주의의 재건이며 혁명적 개혁이다.15)

고르바쵸프는 사회주의 체제를 유지하면서 소비에트 사회가 낳은 구조적 모순점들을 극복하려 했다. 고르바쵸프의 개혁정책에 대한 구상은

---

15) М. С. Горбачев, "Перестройка - партия - социализм", *Правда*, 30 сентября 1989 г.

모든 국민이 정책결정 과정에 참여하는 인간의 형태를 한 사회주의, 즉 인민・민주주의적 사회주의의 외형을 공고화하는 데 있었다.16)

고르바쵸프는 〈사회주의 사상과 혁명적 페레스트로이카〉라는 논문에서 레닌 사상에 충실한 국가 발전 모델로서 인민・민주주의적 사회주의 건설을 제시하고 있다. 페레스트로이카 정책을 기존의 권위주의・관료주의적 체제로부터 벗어날 수 있는 체제개혁의 대안으로 인식했다. 즉, "사회주의 - 이것은 현실적 활동이며, 대중의 살아있는 창조물이다. 이러한 활동의 목표는 인민・민주주의적 사회주의 건설에 있다."17)

고르바쵸프는 페레스트로이카를 '국민에 의한, 그리고 국민을 위하여' 민주적인 방법으로 실시되는 혁명적 과정으로 인식하였다. 마르크스의 사상과 부합하는 인간의 형태를 한 사회주의를 건설하는 것이 페레스트로이카의 근본 목적이었다. 고르바쵸프는 "우리는 사회주의 사상의 과학적이며 도덕(정신)적 기초를 부흥시키며, 유토피아적 사회주의를 과학적으로 그리고 현실적으로 확실히 변화시킬 것을 지향한다."18)고 했다. 그리고 제28차 당 대회(1990년 7월)는 페레스트로이카 정책의 본질이 권위주의적이며 관료주의적인 체제로부터 인도적이며 민주적인 사회주의 사회로의 이행에 있음을 지적하고 있다.19)

결국, 고르바쵸프의 국가발전 구상인 페레스트로이카 정책은 전임자들에 의해 왜곡되어진 사회주의를 맑스・레닌주의가 표방하는 사상으로

---

16) *XIX Всесоюзная конференция коммунистической партии советского союза Стенографический отчет, том 1* (Москва: Политиздат, 1988), с. 91.
17) *Материалы XXVIII съезда коммунистической партии советского союза* (М.: Политиздат, 1990), сс. 36-37.
18) *Правда*, 21 февраля, 1990 г.
19) *Материалы XXVIII съезда коммунистической партии советского союза* (М.: Политиздат, 1990), с. 81; *Правда*, 15 июля, 1990 г.

복원시키는 것이었다. 민주화와 인민자치에 기초된 발전된 사회주의 사상을 현실화하려는 체제내 개혁의 성격을 지니고 있었다. 고르바쵸프가 추구하는 체제 개혁에 대한 구상은 민주주의와 사회 정의의 원리에 기초되어 지고, 다양한 형태의 공공 소유를 인정하는 사회주의적 법치국가의 완성에 있었다. 그리고 모든 인민들이 정책결정 과정에 참여하는 진정한 참여 민주주의의 현실화를 그 목표로 하고 있었다.

3. 개혁정책의 질적 변화

인간의 얼굴을 한 사회주의를 실현하려는 페레스트로이카, 그리고 레닌의 사상으로 되돌아가려는 페레스트로이카는 체제개혁을 위한 이데올로기적 구상에 불과했다. 현실은 개혁 구상과 다른 모습으로 구체화되었다. 민주화는 공산당 일당 체제를 외면하면서 다당제 정치구조를 만들었고, 경제개혁은 국유기업의 자치확대와 사적영역의 활동범위 확대 등과 같은 주요 경향으로 나타났다.[20]

1) 다당제 정치구조의 수용과 쿠데타

(1) 다당제의 도입

1987년 5월 이탈리아 신문기자와의 대담에서, 고르바쵸프는 서구에서 존재하는 그러한 민주화로 소련이 근접할 것을 희망했다. 그는 "소비에트 사회와 국민의 축적된 정치적 그리고 문화적 잠재력을 고려하여,

---

20) Н.Верт, *История советского государства* (Москва: Прогресс-Академия, 1994), с. 503.

소비에트 사회주의적 민주주의에 대한 레닌적 원칙의 핵심을 발전시킬 것을 강조했다.21) 이러한 분위기 속에서 동년 9월 모스크바市 당서기였던 옐친이 정치국에서의 탈퇴를 희망했다.

고르바쵸프가 강조하고 있는 민주화가 공산당 일당체제의 해체와 다원적 정치제도를 구축하는 하나의 윤활유가 된다. 1988년 봄에 이미 공산당에 반하는 급진적인 민주연합 세력이 형성되는 움직임이 나타나고 있었다. 공산당의 권한을 제한하려는 문제에 대한 협의는 1990년 1월에 모스크바에서 개최된 제1차 민주강령 회의에서 시작되었다. 본 조직의 지도 그룹에는 옐친을 비롯하여, 아파나시예프(Афаносьев), 이바노프(Иванов), 포포프(Попов), 스탄케비치(Станкевич) 등이 포함되어 있었다.22)

옐친을 중심으로 하는 민주세력의 대두와 함께, 고르바쵸프는 중앙위원회 정치국에서 일당체제를 폐기하고 민주적 절차에 의한 다당제로의 전환을 준비하고 있었다. 물론, 당시 헌법에는 공산당 일당 지배권이 명시되어 있었다. 따라서 고르바쵸프는 1990년 3월 소련공산당의 일당 지배권이 명시된 헌법 제6조를 폐기했다. 이와 함께, 소련공산당을 비롯하여 기타 제정당 및 다양한 대중조직들이 국가의 정치 및 행정과정에 합법적으로 참여할 수 있는 자격이 허용되었다.

1989-1990년 사이에 非공산주의 성향을 지닌 제정당 및 이익단체들이 형성되기 시작했다. 그리고 1991년 3월부터 합법적인 절차에 의하여 諸단체들의 등록이 시작되었다.23) 이러한 제정당들의 창립은 이들 지도

---

21) М.С.Горбачев, *Избранные речи и статьи. Т. 5* (М.: Политиздат, 1988), с. 76.
22) С.В.Кулешов и др., *Наше Отечество. Том 2* (М.: ТЕРРА, 1991), сс. 579-580.
23) См.:Ю.Г.Коргунюк и С.Е.Заславский, *Российская Многопартийность* (Москва: ИНАЕМ, 1996).

자들이 "고르바쵸프에 대한 믿음을 상실하였고, 붕괴로부터 국가의 구원을 강력하게 희망했기 때문이었다."24) 이들은 反공산주의에 기초해서 정치 민주화와 소련의 범위 내에서 러시아의 자주권 확립을 요구했다. 이러한 현상은 민주화의 자연적이고 필연적인 과정이었다.

1991년 4월 루츠코이(Руцкой)를 비롯한 개혁주의 세력은 "민주화를 위한 공산주의자" 블록을 창설했다. 그리고 동년 7월 초에는 세바르드나제(Шеварднадзе)와 야코블레프(Яковлев)를 중심으로 "민주개혁운동"이 발족되었다. 그리고 기타 다양한 정치 조직들이 결성되기 시작했다. 통치 이데올로기의 공백 상태를 틈타 등장한 자유주의 사상은 자본주의 부활에 기초된 여러 정치단체의 등장을 유도했다. 무질서하게 결성된 정치 단체들은 정치자금의 획득 문제에 고민하면서, 국내·외의 자본가들에게 초법적인 활동 무대를 제공하고 있었다. 그리고 국가 및 당 기관에 종사했던 창조적 엘리트들은 新부르조아 계급들의 지지에 힘입어 활발한 反사회주의 운동의 전위역할을 충실히 수행하고 있었다.

페레스트로이카가 지향하는 정치적 자유는 다당제의 출현을 가능하게 했으나, 보다 풍요로운 민주주의 건설 계획은 사회적 불안정을 양산했다. 따라서 고르바쵸프는 불안한 전환기 현상을 극복한다는 미명하에 강력한 대통령제를 도입했다. 이러한 현상은 "페레스트로이카 = 고르바쵸프"라는 등식을 성립시켜 주었고, 고르바쵸프는 "페레스트로이카 구현을 위한 자신의 개인 권력 숭배"25) 체제를 구축하기 시작했다. 그러나 중도주의

---

24) Отв.ред. Б.И.Коваль, *Россия сегодня. Политический портрет в документах: Кни. 2, 1991-1992* (М.: Международные отношения, 1993), с. 103.
25) Майкл Р.Бешлосс, Строуб Тэлботт, *На самом высоком уровне. Закулисная история окончания "холодной войны"* (М.: АО "Вся для вас", 1994), с. 28.

입장을 보이고 있던 고르바쵸프의 영향력은 시간이 지남에 따라 추락하기 시작했다.

결국, 민주주의 전통의 부재(不在)하에서 출발한 페레스트로이카 정책은 무질서하게 분출되는 정치적 참여 욕구와 함께 공식기구에 대한 불신 확대 등과 같은 諸부작용으로 나타났다. 국가발전을 위해 고안된 고르바쵸프의 개혁정책은 막다른 골목으로 치닫고 있었으며, 초기의 열광은 불신·냉담·절망으로 이어지고 있었다. 민주화에 기초된 '레닌식 사회주의 재건'이라는 고르바쵸프의 목표는 '정치와 예술의 혼돈'이 만들어낸 하나의 환상으로 인식되고 있었다.

(2) 보수 세력의 쿠데타와 정치권력의 이동

옐친은 보다 급진적인 개혁과 민주화를 주장했고, 보수 세력들은 개혁에 불만을 표출하고 있었다. 중도적 입장을 보이고 있던 고르바쵸프는 양자의 주장을 절충하여 정책화 하는 문제에 고민하고 있었다. 그러나 그는 정확한 방향을 제시하지 못한 체, 양측의 주장에 끌려가는 듯 보였다. 옐친은 보다 급진적인 개혁을 주장하면서 소련내 러시아 공화국의 자치권 확대를 요구하고 있었다. 이러한 움직임에 대해 고르바쵸프는 미온적인 입장을 취하고 있었다.

고르바쵸프의 미온적인 개혁정책에 불만을 품고 있던 옐친은 소련으로부터 러시아 공화국의 자치권을 보다 강력하게 주장해 왔다. 특히, 옐친은 1991년 8월 18일 카자흐스탄에서 나자르바예프(Назарбаев) 당시 카자흐스탄 공화국 대통령과 양국간 협정을 체결했다. 이들은 소련내 개별 공화국의 정치적 자주권에 관한 문제를 협의했다. 그리고 18일 모스크바로 돌아왔고, 19일 새벽에 모스크바에서 쿠데타가 발생했다.[26] 야나예프(Янаев)를 중심으로 하는 보수 세력들이 고르바쵸프의 개혁정책에 불만을 품은 군사반란이었다.

고르바쵸프가 크림반도의 별장에서 휴가를 즐기고 있을 때, 모스크바에서 보수세력의 쿠데타가 발생한 것이다. 옐친은 쿠데타를 저지하기 위해 노력했으며, 탱크위에서 체제 수호와 민주화를 주장했다. 옐친은 민주주의자로 국민들의 뇌리에 인식되었고, 새로운 지도자로 부각되는 모습을 보여주었다. 쿠데타가 3일(8월 19-21일)만에 진압되었지만, 이러한 과정에서 옐친의 위상이 높아지는 결과를 낳았다. 보수세력에 의한 3일간의 8월 사태로 인해 크렘린의 권력은 민주주의자의 수중으로 떨어졌다.27) 고르바쵸프는 쿠데타가 진압된 이후 초라한 모습으로 모스크바로 돌아왔고, 쿠데타를 무마시킨 옐친은 새로운 지도자로 부상했다. 고르바쵸프의 영향력은 급속히 추락했다.

쿠데타는 옐친에 의해 계획된 조작극인가? 여러 측면에서 이러한 의문이 제기된다. 크렘린 앞에 있는 광장에 탱크가 진열되어 있었지만, 크렘린 궁을 점령하지 않았다. 시민들은 탱크 옆에서 사진을 찍고 있었다.28) 방송국과 정부 부처 역시 장악하지 않았다. 고르바쵸프 보다 더욱 급진적인 개혁을 주장하던 옐친을 체포하지도 않았다. 평상시와 다를 바가 없었다. 그러나 쿠데타 직후에 변화된 것은 권력의 추가 고르바쵸프에서 옐친으로 기울었다는 점이다. 그리고 1991년 8월 24일 크렘린에 러시아 국기가 게양되었다. 동년 8월 27일 러시아와 카자흐스탄 그리고

---

26) См.: Александр Коржаков, *Борис Ельцин: От рассвета до заката* (Москва: Интербук, 1997), сc. 80-114.
27) О.М.Попцов, *Хроника времен "Царя Бориса"* (Москва: Совершенно секретно, 1995), c. 230.
28) 필자는 크렘린 주변의 탱크를 보면서 한국에서 개최되는 <국군의 날> 행사를 생각했다. 그리고 탱크 옆에서 사진을 찍었다.

키르기스스탄의 대통령은 고르바쵸프와 회동을 갖고, 소련 해체와 함께 새로운 연합체를 결성하는 조약에 서명할 것을 약속했다.29) 쿠데타 이후, 1주일이 채 가기 전에 있었던 내용들이다.

2) 자본주의 경제제도의 도입

(1) 칼 마르크스(K.Marx)와 아담 스미스(A.Smith) 사이에서 방황

고르바쵸프주의자들은 인도적이고 민주적인 사회주의에 대해 언급하면서, 공산주의라는 단어 사용을 두려워했다. 그들은 서구에의 충실과 자유를 연합시키면서 공산주의의 장점을 보존할 희망을 가지고 있었다. 그러나 공산주의의 단점을 버리면서 장점만을 보존할 수는 없었다. 또한, 자본주의의 결점을 피하면서 그것의 장점을 획득할 수는 없었다.30) 따라서 칼 마르크스(Karl Marx)와 아담 스미스(Adam Smith)의 사상 중에서 하나를 선택해야 될 기로에 서 있었다.

고르바쵸프 집권 초기의 정치 지도자들은 고르바쵸프 자신을 비롯하여 어느 누구도 시장경제에 대한 교육을 받지 않았다.31) 그럼에도 불구하고, 자본주의 부활에 기초된 정치 활동이 조심스럽게 나타나고 있었다. 자본주의 세력의 적극적인 지지와 새로운 부르조아 계급으로 성장하는 엘리트 계급이 시장경제를 자극하는 활동을 시작했다. 비록 일부이기는 하지만, 국가 및 당 관료 그룹의 지원에 의해 자본주의적 활동이 사회의

---

29) Борис Н. Ельцин, Записки президента (Москва́ Огонек, 1994), с 64.
30) А.А.Зиновьев, Коммунизм как реальность (Москва́ Центрполиграф 1994), с. 445.
31) Пер. Л.Я.Хаустовой, Джузеппе Боффа, *От СССР к России. История неоконченного кризиса. 1964-1994* (М.: Междунар отношения, 1996), с. 174.

많은 부분에서 지지를 획득할 수 있었다.32) 왜곡된 사회주의를 재건하려는 고르바쵸프의 개혁은 시장 요소를 도입하는 방향으로 전환되고 있었다.

1987년 6월 30일 <국유 기업법>이 제정되었다. 동 법률에 따르면 독립 채산제와 스스로의 자금 공급에 따르는 새로운 경영 원칙이 적용된다.33) 1987년과 1988년 전반기에 <국유 기업법>을 포함하는 3개의 법률이 입안되었다. 기업법은 개별 기업에게 스스로의 자금 조달을 자극하면서 생산 활동 및 관리의 자유를 인정했다. <소비(산업)조합법>은 소기업, 서비스 및 무역 활동을 자극했다. 그리고 <임대법>은 농민 그룹 또는 개별 농가에게 땅과 기계를 임대할 수 있도록 했다.34) 고르바쵸프는 기업관리 개혁, 농업개혁, 사기업 장려, 세제개혁, 금융개혁, 품질관리제도 개선 등을 포함한 광범위한 분야에 걸쳐 개혁정책을 추진했다. 이러한 개혁정책은 칼 마르크스의 사상에 아담 스미스의 사상을 부분적으로 접목시키는 것이었다. 그러나 고르바쵸프의 현실정책은 아담 스미스와 화해하면서 자본주의 경제제도를 도입하는 방향으로 나타났다.

무기력한 사회에 활력을 불어넣기 위한 충격 요법의 일환으로 도입된 경제관련 법률들은 경제부문에서 사기업 활동과 부분적 사유화를 허용하는 방향으로 나타났다. 이러한 과정에서 많은 문제들이 발생했고, 양자 사이를 방황하던 고르바쵸프는 다시 마르크스 사상과 화해하는 입장을 취하기도 했다. 고르바쵸프는 1989년 말부터 조합 생산품의 가격통제 및 영업 행위에 대한 규제를 시작했다. 그리고 노동자에게 부여되었던 파업

---

32) Ли Йын-Хен(1995), с. 204.
33) Н.Верт, *История советского государства* (Москва: Прогресс-Академия, 1994), с. 503.
34) Пер. Л.Я.Хаустовой, Джузеппе Боффа(1996), с. 173-174.

권에 대한 제한 조치와 함께 기간산업에 관련된 파업을 금지시켰다. 또한, 국유기업법의 개정으로 개별 기업에 부여되었던 각종 권한이 대부분 다시 중앙의 계획부서로 회수되었다. 가격 규제와 자본재 공급 등에 있어서 중앙의 통제가 강화되었다.

결국, 고르바쵸프의 개혁정책은 칼 마르크스(Karl Marx)와 아담 스미스(Adam Smith) 사이에서 방황했고, 이러한 모습이 당 및 국가 관료들을 분열시켰다. 1990년 7월에 개최된 소련의 마지막 당 대회인 28차 당 대회에서 옐친을 비롯한 야코블레프(Яковлев), 그리고 아발킨(Абалкин)이 개혁파의 중심에 서 있었다. 그리고 리가쵸프(Лигачев) 등은 보수파 진영에 있었다. 고르바쵸프는 당 대회에서 보수파의 거두인 리카쵸프를 무력화시키면서, 아담 스미스(Adam Smith) 노선으로 한 발짝 다가섰다.

(2) 아담 스미스(Adam Smith)와의 재회

1987년 6월 당 중앙위원회 총회 이후 고르바쵸프의 개혁정책이 본격화되었다. 칼 마르크스와 아담 스미스의 철학을 화해시키는 통제의 완화와 시장의 도입을 추구하는 이중 정책이 수행되고 있었다. 행정적 지도방침으로부터 경제적 지도방침으로 전환되었고, 시장 메카니즘하에서 제반의 경제정책이 추진되었다. 분배에서 평등주의가 청산되었다. 국유기업에 자주관리 개념이 도입되고, 개인 경영이 인정되었다. 국유기업의 경제적 자주성이 강조되었고, 대외경제활동이 승인되었다. 자본주의 국가로부터의 자본 도입을 통한 합작기업의 설립이 허용되었다.

아담 스미스와 화합하는 정책에도 불구하고 국민소득 수준은 회복되지 못했다. 오히려 물자부족 현상이 만성적으로 나타났다. 1989년의 국민총생산은 심각하게 하락했다. 실질 노동 임금이 10-40% 감소되었으며, 실업자 수는 증가되었다. 그리고 인플레 수준은 연금생활자의 안전을 위협하는 심각한 수준으로 나타났다.35) 따라서 1990년 10월 '국민경제 안정화와 시장경제로의 이행을 위한 기본 방향'이라는 결정이 채택되었다. 동 결정에서 시장경제 도입의 목적을 다음과 같이 정리하고 있다. 모든 생산을 소비자의 수요에 부응하도록 전환하여 물자부족을 극복하고, 시민의 경제적 자유를 보장하고, 높은 생산성을 위한 조건을 확립하는 것이었다. 한편, 시장경제가 효과적으로 기능할 수 있도록 하기 위해 다음과 같은 방침이 제시되었다. 최대한의 경제활동 자유, 자유로운 가격형성, 특정 분야를 제외한 경제 활동에 국가의 직접적인 관여 배제, 경제개방과 세계경제관계로의 단계적 통합 등이 그것이다. 그리고 이러한 시장경제로의 이행이 사회주의적 선택과 모순되지 않는다고 했다.

고르바쵸프가 소유 형태의 다양화 및 경제주체의 자율화와 분권화 등 광범위한 시장 요소를 도입하는 경제개혁을 단행했지만 개혁에 대한 성과는 미미했을 뿐만 아니라 파행을 거듭했다. 개혁 초기에는 보수 및 급진세력의 반발로 개혁정책에 제동이 걸렸으나, 개혁이 진행되면서 각종 정책의 한계가 개혁의 걸림돌로 작용했다. 따라서 고르바쵸프주의자들에 대한 국민들의 믿음이 상실되고 있었다. 그리고 다양한 정치 집단으로부터 공격을 받게 되었다. 경제적 불안정과 생필품 부족현상을 극복하기 위해 고르바쵸프는 1991년 1월 '국가안전위원회'에 특권적 권한을 부여했다. 회사에 은닉된 상품을 수색하고, 가격인상, 외환투기와 암시장, 그리고 경제적 태업을 감시·감독 및 수색할 수 있는 권한이 부여되었다. 결국, 개혁주의자들이 구국의 방법으로 보았던 자유시장이 암시장으로 인식되고 있었다.36)

---

35) Пер. Л.Я.Хаустовой, Джузеппе Боффа(1996), c. 269에서 재인용.

고르바쵸프가 권력을 장악한 시기부터 국민총생산과 생활수준은 하락 곡선을 그려가고 있었다. 고르바쵸프의 페레스트로이카 정책 속에서도 소련 국민들은 미래에 대한 불확실성의 시대를 살아가고 있었다. 페레스트로이카 정책이 경제 활성화와 국민생활의 향상을 강조하고 있었지만, 오히려 생필품 부족현상이 심각하게 대두되었다. 결국, 고르바쵸프는 서구로부터의 도움을 요청함에 있어서 생산력 향상을 위한 기술과 기계가 아닌 '빵과 구경거리'를 요청한 결과로 나타났다. 구(舊)구조는 붕괴되었으나, 새로운 구조는 아직 출생하지 않았다.37) 고르바쵸프와 그의 각료들은 '시장'이라는 새로운 불가사이 한 단어를 도입했고, 칼 마르크스와 아담 스미스의 철학을 결합하는 '불가사이'한 정책을 입안했다.

고르바쵸프는 1991년 중반기에 국유에 기초한 권리의 평등이 아닌 사적소유와 함께 불평등을 장려하는 법률을 제정했다. 1989년 후반기부터 나타난 사유화 움직임이 1991년 사적소유에 관한 법률이 제정되면서 현실화되었다. 고르바쵸프의 경제개혁 정책은 국가소유의 토대 위에서 사적기업을 자극하고, 이들을 다시 연합시키는 '독특한 방법'을 선택했다.38) 이러한 정책은 사적소유를 인정하는 정책으로 현실화 되어 졌다. 그리고 고용 노동자를 요구하는 개인 자본가의 등장, 노동자와 생산수단의 분리, 인간에 의한 인간의 착취를 인정하는 결과를 초래했다.

---

36) Майкл Р.Бешлосс, Строуб Тэлботт, *На самом высоком уровне. Закулисная история окончания "холодной войны"* (М.: АО "Вся для вас", 1994), с. 313.
37) Олег Попцов, *Хроника времен "Царя Бориса"* (М.:Совершенно секретно, 1995), с. 218.
38) В Мау, "Перестройка : теоретические и политические проблемы реформ," *Вопросы экономики*, no 2, 1995 (М.: Институт экономики РАН, 1995), с 19.

결국, 1991년 8월 19일부터 고르바쵸프는 칼 마르크스를 배신하는 경제정책을 준비했다. 경제정책에 있어서 시장 관계가 적용되었고, 농업 분야의 사적소유가 증가되었다. 경제의 중앙계획과 중앙분배 체제가 변화되었으며, 주거 공간의 사유화 및 국영산업의 사유화가 시작되었다.39) 페레스트로이카 정책이 사회주의를 완성하기 위한 수단으로 선언되었지만, 고르바쵸프는 자본주의로 회귀하는 정책을 선택했다. 사적 소유를 자극했고, 국영분야에서 생산된 상품에 대한 투기를 장려하는 정책으로 나타났다. 고르바쵸프는 "사회주의를 더럽히고, 배신했다."40) 그가 내세운 보다 풍부한 민주주의를 근간으로 하는 사회주의 건설 계획은 자본주의에 기초된 새로운 사회로 전환시키는 정책으로 나타났다. 환상에 사로잡힌 고르바쵸프는 "미리 말하기를 좋아했고, 정치를 가능한 예술품"41)으로 생각하고 있었다. 인간의 모습을 지닌 사회주의를 건설하기 위해 출발한 고르바쵸프의 개혁정책은 '사회주의 없는 민주주의', 그리고 '자본주의를 위한 독재'로 나타났다. 고르바쵸프 등장 이후부터 10년 동안의 소비에트 역사는 무섭게 하락 국면으로 치닫는 나사로 비유되었고,42) 그 종착역은 아담 스미스(Adam Smith)에게 달려가서 머리 숙이는 것이었다.

4. 페레스트로이카 정책의 결과론적 이해

고르바쵸프는 페레스트로이카 정책을 시작하면서, 만약에 1년여 기간

---

39) Ли Йын-Хен(1995), cc. 206-207.
40) Б.П.Курашвили, *Куда идет Россия?* (М.: Прометей, 1994), с. 70.
41) М.Б.Челноков, *Россия без союза, Россия без России...* (М.: Новая слобода, 1994), cc. 16, 66.
42) Б.П.Курашвили(1994)), с. 146.

이 경과된 뒤에 국민들이 정치 및 경제영역에서 양호한 방향으로 현실적 변화를 보지 못한다면 페레스트로이카에 대한 신뢰를 상실하게 될 것이라고 했다. 그러나 결과는 부정적인 방향으로 나타났다. 따라서 고르바쵸프와 그의 동료들은 이와 같은 언급을 기억하려 하지 않았다.43) 왜! 소련 국민들은 고르바쵸프의 개혁정책에 불만을 표출하고 있는가? 고르바쵸프의 개혁정책이 어떠한 결과를 만들어 놓았는가?

1) 페레스트로이카 독재

경제개혁이 실패를 거듭되자, 고르바쵸프는 보수주의자들과 중앙경제 부서에 그 책임을 전가시키고 있었다. 동시에 새로운 경영 체제의 도입과 함께 공산당의 경제적 역할을 축소할 필요성을 언급했다.44) 그리고 고르바쵸프는 1988년 6월 강력한 권한을 갖춘 대통령제의 도입, 공산당의 권력 독점 폐기, 서구식 의회제도의 도입 등을 골자로 하는 정치개혁안을 제시했다.

1989년까지 권력의 중심은 소련공산당 중앙위원회에 있었으나, 인민대의원 대회와 최고소비에트가 형성된 이후에 소비에트 체제로 전환되었다. 과도기하에서 국가의 최고 권력기관은 공화국 소비에트와 연방소비에트의 독립된 양원으로 구성된 소련 최고회의였다. 그리고 고르바쵸프 서기장이 1989년 5월 국가권력의 상설 입법·처분·통제 기관인 최고회의 의장으로 피선되어 겸임했다.

고르바쵸프는 1990년 2월 당 중앙위원회 전원회의에서 당의 지도적

---

43) М.Б.Челноков, *Россия без союза, Россия без России...*(М.: Новая слобода, 1994), сс. 16.
44) *Правда*, 17 октября 1987 г.

역할을 폐기하기로 결정한 것과 아울러, 대통령제의 신설을 제안했다. 대통령이 국가원수로서 비상대권을 가지도록 했다. 이는 권력의 중심이었던 공산당의 권한 약화와 대통령을 중심으로 하는 행정부의 권한 강화를 의미했다. 그리고 대통령 위원회가 구성되었고, 본 위원회에 15명의 부통령이 순번대로 의장으로 근무하도록 했다.45)

1990년 3월 대통령 선거가 실시되었다. 고르바쵸프는 최고회의, 소련 공산당 중앙위원회, 정치국, 그리고 중앙위원회 서기국으로부터 독립된 인민대의원 대회에서 대통령으로 당선되었다.46) 대통령은 국무총리와 기타 중요한 정부 요직의 임명권을 가지며, 소연방의 15개 공화국 대통령으로 구성되는 신설 연방위원회를 주재하며, 신설 대통령위원회의 의장이 된다. 그리고 고르바쵸프에게 향후 18개월간 사회·정치적 안정을 위해 비상조치를 취할 수 있는 권한이 부여되었다. 고르바쵸프는 공산당 서기장 직에 더해 신설된 대통령의 지위에 올랐다. 대통령의 법적 지위는 페레스트로이카의 위기 및 특수한 조건들로부터 출발한다.47) 당의 지도적 역할을 폐지함으로써 나타나는 무정부 상태를 극복하기 위해서 강력한 대통령 권력이 필요하다는 논리가 적용된 것이다.

대통령으로 당선된 직후, 고르바쵸프는 특유한 형태의 권력 숭배를

---

45) М.С.Горбачев, *Жизнь и реформы. Кн. 1* (Москва: АО "Издательство ⟨Новости⟩", 1995), с. 487.
46) 당시에 전체 인민 대의원 수는 2245명이었으며, 투표용지를 교부받은 대의원은 2000명이었다. 투표함을 개봉한 결과, 1878개의 투표용지나 나왔다. 그 중에서 54표는 무효표로 나타났다. 결과는 1329표가 고르바쵸프를 찬성했고, 495표는 반대했다. 고르바쵸프에 대한 찬성률은 전체 인민대의원 수의 59.2%, 투표 용지를 교부받은 대의원의 66.45%, 투표 참가자의 70.76%로 나타났다. *Известия*, 17 марта. 1990 г.
47) СМ.: Б.П.Курашвили, *Страна на распутье...* (Москва: Юрид.лит., 1990), с. 106-7.

형성하면서 자신의 위치 강화를 모색했다. 페레스트로이카는 공산당의 전권으로부터 대통령의 <페레스트로이카 독재>로 이행되었다. 고르바쵸프는 페레스트로이카를 통해서 권력의 분산과 민주화를 약속하였으나, 오히려 당·정부·의회를 장악하는 막강한 권력을 가진 대통령으로 자신을 위치시켰다. 고르바쵸프는 과도기의 불안정을 극복한다는 미명하에 <페레스트로이카 독재> 체제를 구축했다. 개혁의 초반기에 다소나마 인정되었던 지방정부의 권한 확대와 노동자들의 기업 경영에의 참여는 다시 중앙으로 집중되는 결과를 초래했다. 고르바쵸프는 전체주의 성격을 약화시키고 민주체제의 공고화를 언급하였으나, 오히려 노동세력의 소외와 허탈감을 증가시켰다.

고르바쵸프에게 주어진 <페레스트로이카 독재>에도 불구하고 경제회복은 요원했다. 물가 부족 및 가격인상과 같은 제문제가 발생했다. 1990-1991년 고르바쵸프의 개혁정책은 제자리를 맴 돌았고,[48] 자유주의자들은 급진적인 개혁을 요구했다. 이러한 분위기 속에서 고르바쵸프는 1990년 12월 4일 바클라노프(Бакланов) 내무부 장관을 경질하고, 푸고(Б.Пуго)를 임명했다. 그리고 12월에 개최된 제4차 회의에서 야나예프(Янаев)를 소련의 부통령으로 선출해 줄 것을 인민대표자들에게 요구했다. <페레스트로이카 독재>를 위한 기반 조성 사업의 일환이었다. 따라서 세바르드나제(Шеварднадзе)는 복고적 변혁에 대한 위협과 독재체제 확립에 대한 불만을 표출하기에 이르렀다.

결국, 고르바쵸프의 개혁정책은 민주주의적인 브레즈네비즘(Brezhnevism)

---

[48] 서구 전문가들에 의하면, 소련의 국민총생산은 매년 1.4%의 완만한 성장을 보였으나, 1990년에는 2.5%가 감소하였고, 1991년에는 4.4%, 그리고 1992년에는 14~20까지 마이너스 성장을 기록했다. Майкл Р. Бешлосс, Строуб Тэлботт (1994), c. 312.

으로부터 스탈린형의 독재체제로 이행되었다. 그의 개혁정책은 강압적인 방법으로 강요되었으며, 초당 기구의 권력체제를 형성하는 방향으로 나타났다.49) 고르바쵸프 자신에게 집중된 막강한 권한은 실질적으로 스탈린의 독재 권력으로의 회귀를 뜻하였다. 고르바쵸프는 민주와 독재를 사이에 놓고 전자에서 후자로 이행되는 정치적 모험을 강행했다. 스탈린 이래의 어떤 지도자들보다도 강력한 권한을 장악하고 있었음에도 불구하고, 현실적으로는 그 누구보다도 무력감을 감추지 못했다. 이러한 현상은 고르바쵸프 개인의 통치자적 자질의 문제와 더불어 구체적인 통치 이데올로기의 부재(不在)라는 측면에서 해석되어질 수 있다.

2) 식민민주주의 국가로의 전환

고르바쵸프는 '미국의 중요한 역할을 거부하는 것은 어느 누구도 생각할 수 없다.'고 했다.50) 미국의 역할을 중요시하면서 미국과의 관계 개선에 많은 에너지를 할애했다. 1986년 1월 고르바쵸프는 핵무기 폐기 문제를 언급했고, 1987년 12월 레이건(R.W.Reagan) 대통령과 중거리 핵전력 조약(INF, Intermediate-Range Nuclear Forces Treaty)을 체결했다.51) 그리고 1991년에는 부시(G.H.W.Bush) 대통령과 제1단계 전략핵

---

49) СМ.: А.А.Зиновьев, *Коммунизм как реальность* (Москва: Центрполиграф, 1994), с. 477.
50) Пер. Л.Я.Хаустовой, Джузеппе Боффа, *От СССР к России. История неоконченного кризиса. 1964-1994* (М.: Международные отношения, 1996), с. 152에서 재인용.
51) 중거리 핵전력 조약(INF)은 1987년 12월 레이건 대통령과 고르바초프 서기장 간에 체결된 중거리 핵무기 폐기에 관한 조약이다. 이 조약에 따라 미국과 소련의 사거리 500km에서 5,500km인 지상 발사형 중거리 미사일, 탄도 미사일, 순항미사일이 폐기되었다. 조약의 최종 기한은 1991년 6월 1일이며, 이때까지 미국이 846기, 소련이 1,846기의 핵미사일을 폐기했다.

무기감축조약(START, Strategic Arms Reduction Treaty)을 체결하는 등 핵군축 노력을 계속해 왔다.52)

고르바쵸프는 소련의 서부국경 지대를 서유럽의 위협으로부터 방어해 왔던 동유럽을 포기했다. 그리고 아프카니스탄에서 소련군을 철수시켰다.53) 동독이 서독으로 통합되는 것을 묵인했다. 고르바쵸프는 유럽 지역에서 소련의 영향력을 대변하고 있었던 사회주의 국가들을 독립과 자치의 이름으로 방치했다. 고르바쵸프는 미국과의 군축문제에 적극적인 입장을 보이고 있었다. 미국 및 서구 자본주의 국가에 대항하여 자신 있게 내세울 수 있는 자신의 장점들을 미국에 넘겨주고 있었다.54) 그렇다면, 소련에게 돌아오는 반대급부는 무엇인가?

페레스트로이카의 현실은 생필품 부족 문제에 고민하게 했다. 그리고 자유주의 정치사상의 도입에 따르는 諸집단의 욕구 분출이 증대되고 있었다. 고르바쵸프는 이러한 문제에 효과적으로 대응하지 못하는 정치적 무능력을 보여 주었다. 고르바쵸프는 서구에 의존하는 정도를 깊이 하였다. 1990년 말 고르바쵸프는 부시(Bush) 당시 미국 대통령에게 국제시장에서 미국의 곡물을 수입할 수 있도록 15억 달러의 차관 원조를 희망

---

52) 전략무기감축협정(START, Strategic Arms Reduction Talks)은 1970년에 체결된 전략무기제한협상(Strategic Arms Limitation Talks/SALT)의 후신으로 1982년 레이건 대통령이 소련에 전략무기감축협상을 제안했고, 회담의 명칭이 START로 변경되었다. START는 1983~85년에 중단되었다가 1986년에 재개되었다. 그리고 1991년 7월에 조지 부시 대통령과 미하일 고르바초프 대통령이 전략무기감축조약(START: Strategic Arms Reduction Treaty)을 체결하면서 ≪START-I≫이 출범했다. 자세한 내용은 제2부 3장에 있는 <제2항 러시아의 군사력과 국방정책, 그리고 전략핵무기 감축> 참조.
53) 1979년 이후 점령하고 있던 아프가니스탄에서 소련군을 철수시켰다.
54) 고르바쵸프의 페레스트로이카 정책은 소련을 비롯한 중동부 유럽 공산주의 국가들의 개혁과 개방, 그리고 민주화에 큰 영향을 주었다. 따라서 국제사회의 평화 증진과 냉전을 종식시킨 공로로 1990년에 노벨평화상을 수상했다.

했다.55) 그리고 부시는 1991년 4월 "불행히도 소련은 아직 시장경제로 접어들지 못했다."56)라고 언급하면서 완전한 자본주의의 길을 강요하고 있었다.

고르바쵸프의 페레스트로이카는 충분한 이론적 검증에 기초되지 않았으며, 그의 정책 또한 불투명했다. 이러한 증거는 1991년 5월 11일 고르바쵸프와 부시 대통령의 전화 담화에서 나타난다. 고르바쵸프는 이미 시작된 개혁 정책의 입안 및 구체적인 방향 부재(不在)와 이로 인한 각종 문제점들을 시인하고, 부시 대통령으로부터 도움을 요청했다. 고르바쵸프는 다음과 같은 절박한 심정을 토로했다.

> 우리는 지금 과도기에 살고 있으며, 새로운 방법을 찾고 있다. 그러나 우리에게는 준비된 계획이 없다. … 우리들에게 있어서 새로운 행진은 단순한 일이 아니다. 우리들은 많은 것을 모르고 있다. … 상황의 요구에 따라 나는 당신에게 도움을 요청한다.57)

고르바쵸프는 국내문제 해결에 있어서 "옐친과의 정치적 화합보다는 부시나 서구지도자들과의 관계를 유지하는 것이 자신을 위해서 중요한 것"58)으로 생각했다. 물론, 당시 소련의 외교정책은 세바르드나제(E.A.Shevardnadze) 외무장관이 이끌었다. 그는 고르바쵸프가 등장하는 1985년부터 1990년 12월까지 외무부장관을 역임했다. 미국과 서구지도자들에게 의존되는 통치

---

55) Май кл Р.Бешлосс, Строуб Тэлботт, *На самом высоком уровне. Закулисная история окончания "холодной войны"* (М.:АО "Вся для вас", 1994), с. 314.
56) *Там же*, с. 315.
57) А.С.Черняев, *Шесть лет с Горбачевым* (М.: Прогресс и Культура,1993), с. 447.
58) Май кл Р.Бешлосс, Строуб Тэлботт(1994), с. 9.

행위는 고르바쵸프가 주도한 개혁 정책의 한계점을 엿볼 수 있도록 했고, 향후 소련의 정치 체제가 어떠한 모습으로 변화될 것인가를 전망하기에 충분했다.

이러한 시기에 소련내의 러시아 공화국에서 독자적인 외교정책을 추진하기 시작했다. 1991년 가을, '서구, 특히 미국이 우리를 돕는다.'라는 환상에 사로잡힌 러시아의 친미 외교노선이 공식적으로 등장했다. 러시아의 친서구적 외교정책은 당시 외무부 장관이었던 코지레프(А.Козырев)에 의해 형성되었다. 코지레프는 "모든 단계에 있어서 그들(미국을 비롯한 서유럽) 전문가들의 직접적인 참여와 함께, 경제(차관)와 안보부문의 개혁에 대한 토론과 그것의 현실화가 뒤따를 것"59)임을 강조했다. 결국, 코지레프 장관은 서구 지도자로부터의 도움과 서구의 정치적 공간으로 러시아의 참여를 역설하고 있었다. 특히, 러시아의 대외정책 노선은 경제부흥에 주된 관심을 두면서 추진되었다.60)

고르바쵸프의 환상적이며 불완전한 페레스트로이카 정책은 의회주의와 다당제의 외형을 유지하도록 했다. 고르바쵸프의 개혁정책은 '서구'의 이름하에 그들의 요소들을 축적하고, 이들을 강압적인 방법으로 소연방의 정치적 공간에 이식시키는 형식으로 나타났다. 그리고 서구에 대한 경제원조 요청은 소련 및 러시아가 국가 자율성을 상실하는 값비싼 대가를 치르도록 강요되었다.

페레스트로이카 초기부터 공식적인 이데올로기 분야에서 서구와의 전

---

59) *Московские новости*, 29 сентября 1991 г.
60) 개혁에 필요한 경제원조를 위해 서구에 대한 의존의 정도를 더해가고 있었다. 코지레프 외무부 장관은 1991년 12월 23일 기자 회견에서, "우리는 NATO를 공격적인 군사블록이 아니라, 유럽과 세계의 안정을 위한 기구들 중에서 하나로 생각한다. 따라서 우리는 이 기구에 협력하며 가입을 희망한다."고 했다. *Дипломатический вестник*, no 1, 1992 г, с. 11.

례 없는 급변의 관계를 보이고 있었다. 소련 국민들에 대한 서구 이데올로기 주입 현상은 각종 선전기관(대중매체)을 통해 이루어졌다. 원조를 통한 서구의 선전이 서구화를 촉진시켰다. 이러한 시기에 러시아가 발전된 자본주의 국가에 식민지화되는 현상을 우려하는 목소리가 등장하기 시작했다.61) 反소비에트 및 反사회주의자들의 소련 방문은 소련 지배엘리트들에게 까지 서구 사상에 대한 동경을 자극했다. 따라서 서구식 정치체제 및 시장경제로의 급진전을 가속화시켰다. "이 모든 것은 서구에서 오랜 동안 존재했던 계획들이며 서구의 음모였다."62)

고르바쵸프의 글라스노스트(glasnost) 정책은 이데올로기 위기를 심화・확대시켰다.63) 사회주의의 낙관론에 회의를 품고 있던 소비에트 국민에게 서구의 풍요로움은 자본주의에 대한 또 다른 매력으로 인식되었다. 따라서 서구 사상의 끊임없는 차용이 시작되었고, 이러한 사상이 개혁 지도자들에 의해서 그리고 각종 개혁정책 과정에서 나타났다. 이러한 현상은 정치지도자뿐만 아니라 일반 국민들에게도 서구에 대한 찬미와 서구화의 토대를 이식시키기에 충분했다. 서구화가 진척되면서 소비에트 사회가 해체되는 모습을 보였다. 경제가 붕괴되고, 문화의 퇴보, 소련 국민의 정신적・심리적 상황의 변형이 잇따랐다. 이러한 서구화는 식민 민

---

61) Г.В.Осипов и др, *Реформирование России: Мифы и Реальность (1989 - 1994)* (М.: Academia, 1994), с. 91.
62) *Аргументы и факты*, no 11(752) марта 1995 г.
63) 페레스트로이카 정책과 함께 추진된 글라스노스트(glasnost; 러시아어 гласность)는 <공개> 또는 <개방>의 의미를 지닌 러시아어 용어이다. 글라스노스트는 페레스트로이카 정책을 비판하는 공산당 간부들의 부패 등을 공개・비판하면서, 자신이 추진하는 페레스트로이카 정책을 국민들에게 더 많이 홍보하고, 이에 대해 국민들의 지지와 참여를 유도할 목적에서 실시되었다. 고르바초프 자신과 그 주변에 대한 비판이 금지되는 등 제한적 공개이기는 했지만, 수동적인 국민을 활성화시키고, 보수 관료와 사회의 부패를 비판하는 등 소련의 민주화에 영향을 미쳤다.

주주의의 특수한 형태이다.64) 서구화는 식민민주주의의 사회·정치 체제를 형성하게 된다. 식민민주주의는 외부로부터의 강압적인 방법에 의해 만들어진 인공적인 형태이다.

소련 국민들의 심리 상태는 내일에 대한 공포와 두려움·불확신·불신·증오·질투·환멸 등의 여러 상태를 보여주고 있었다. 이러한 현상은 생산력의 감소나 舊조직의 해체 및 만연하는 혼란보다는 강대국의 위치 상실, 민족성에 대한 모독 그리고 증가되어 가는 서구에 대한 종속 상태에서 그 이유가 찾아진다.65) 다양한 형태의 서구화는 국내·외 정책을 결정하는 과정에서 서구의 입김을 무시할 수 없게 만들게 되며, 이러한 상황이 국가의 자율성을 약화시키는 결과를 초래하기 때문이다.

결국, 고르바쵸프의 개혁정책은 서구의 자유주의 정치모델과 자본주의 시장경제 요소 등에 화합하는 방향으로 구체화되었다. 소련 사회에 다당제, 의회, 자유선거, 그리고 대통령제와 같은 정치 체제가 강압적으로 이식되어졌고, 이러한 과정은 민주적 요소가 아닌 독재나 권위주의 형식으로 이루어졌다. 고르바쵸프는 국내에서 발생되고 있는 여러 가지 모순을 서구화 정책으로 해결하려 했다. 이러한 과정에서 국가 자율성이 약화되었고, 식민민주주의 현상이 제기되었다. 이와 함께, 소련이 해체되는 징후들이 조심스럽게 축적되고 있었다.

5. 끝맺는 말

고르바쵸프는 지난 70년 동안 소련 사회에 만연(蔓延)해 있던 각종

---

64) А.А.Зиновьев, *Коммунизм как реальность* (М.: Центрполиграф, 1994), с. 488.
65) Г.В,Осипов и др(1994), с. 79.

문제점들을 직시하고, 국가를 새롭게 건설하려는 페레스트로이카(перестро́йка, '다시 건설한다'는 의미) 정책을 추진했다. 고르바쵸프는 자신의 조국이 처한 상황을 '위기의 전단계'로 진단하고, 혁명적 변화를 준비했다. 당시의 소련 사회가 여러 가지 부정적인 문제에 직면해 있었기 때문이었다. 국민들의 참여가 차단되어 있었고, 경제가 활력을 상실해 가면서 국민의 생활수준이 하락되고, 사회는 무기력에 빠져 있었고, 중앙의 지방에 대한 통제는 그 효율성을 상실해가고 있었다.

고르바쵸프가 구상한 페레스트로이카 정책은 레닌이 구상했던 국가 토대를 그대로 유지하되, 그 기본 골격 위에 형성된 병폐 현상들을 제거하려는 것이었다. 그러나 페레스트로이카 정책이 구체화되면서 기본 골격마저 흔들어 버렸다. 완전히 새로운 모습으로 국가를 재건하려는 방향으로 나타났다. 개혁정책의 기본 노선을 제대로 지키지 못하고, 방황하는 모습을 보였다. 고르바쵸프의 개혁정책은 공산당의 지도적 역할을 폐지하고, 자유주의 사상과 자본주의 노선을 수용하고, 다당제의 도입과 자유선거의 실시, 그리고 서구식 대통령제를 골자로 하는 혁명적인 체제 개혁으로 결과되었다.

페레스트로이카 정책의 초기 단계에 고르바쵸프는 국민들에게 밝은 미래를 약속했다. 그러나 현실적 페레스트로이카 과정은 자본주의 체제에 익숙하지 못한 다수 국민들을 빈곤의 상황으로 내몰았고, 지난 수십 년 동안 하나로 결속된 소비에트 문화와 체제가 해체되는 그러한 상황으로 유도되었다. 스탈린과 그의 후임자들에 의해 왜곡되어진 레닌의 민주주의를 토대로 하는 사회주의 재건이라는 고르바쵸프의 개혁 정책은 정치와 예술이 빚어낸 하나의 환상으로 인식되기 시작했다.

고르바쵸프는 권력을 분산하고 민주화를 약속하고 있었지만, 오히려 자신이 당·정부·의회를 모두 장악하는 그러한 상황을 만들었다. 막강한 권력을 가진 대통령제의 도입은 과도기의 불안정을 극복한다는 미명하에 만들어진 페레스트로이카 독재였다. 고르바쵸프는 막강한 권력을 장악하고 있었지만, 국가지도자로서의 무능력을 감추지 못했다. 자유화와 민주화 그리고 권력욕에 내몰리고 있는 분산된 정치엘리트들을 결집시키기에는 너무나 늦은 상태였다. 민주화 과정은 소연방의 개별 공화국 지도자들의 분리·독립 욕구로 이어졌고, 소비에트 사회의 붕괴를 촉발시키는 결과로 나타났다.

고르바쵸프는 실패한 대통령으로, 그리고 소련의 국제적 위상을 극도로 추락시킨 인물로 기록된다. 불완전한 페레스트로이카 정책을 추진한 고르바쵸프는 자신의 권력을 유지·확장시키기 위해 옐친이나 국내 지도자가 아닌 부시나 서구지도자를 선택했다. 서구 지도자로부터의 각종 도움의 요청은 국가 자율성이 상실되는 값비싼 대가를 치르는 결과를 초래했다. 그리고 자유주의 사상에 무방비 상태로 남겨진 소련에 서구를 찬양할 수 있는 다양한 현상들이 유입되었고, 이러한 현상들이 소비에트 공간에 식민민주주의 정치·경제체제가 뿌리내릴 수 있도록 했다.

<참고 문헌>

朴文臣, "소련의 제19차 전연방 당대회," 『공산권 연구』 (1988년 8월호).

이영형, 『러시아정치사』 (서울: 엠애드, 2000).

Майкл Р.Бешлосс, Строуб Тэлботт, *На самом высоком уровне. Закулисная история окончания "холодной войны"* (М.:АО "Вся для вас", 1994).

Н.Верт, *История советского государства* (Москва: Прогресс-Академия, 1994).

М.С.Горбачев, *Жизнь и реформы. Кн. 1* (Москва: АО "Издательство <Новости>", 1995).

М.С.Горбачев, *Политический доклад центрального комитета КПСС XXVII съезду коммунистической партии советского союза* (Москва : Политиздат, 1986).

М.С.Горбачев, *Избранные речи и статьи, Т, 3* (М.: Политиздат, 1987).

М.С.Горбачев, *Избранные речи и статьи. Т. 5* (М.: Политиздат, 1988).

М.С.Горбачев, "Октябрь и перестройка: Революция продолжается", М.С.Горбачев, *Избранные речи и статьи, Т, 5* (Москва: Политиздат, 1988).

М. С. Горбачев, "Перестройка - партия - социализм", *Правда*, 30 сентября 1989 г.

Борис Н. Ельцин, *Записки президента* (Москва: Огонек, 1994).

А.А.Зиновьев, *Коммунизм как реальность* (Москва: Центрполигр аф, 1994).

Я.С.Калакура, В.П.Шевчук и др., *XXVII съезд КПСС : Актуальные проблемы теории и практики совершенствования социализма* (Киев: Вища школа, 1987).

Отв.ред. Б.И.Коваль, *Россия сегодня. Политический портрет в документах: Кни. 2, 1991-1992* (М.: Международные отношения, 1993).

Ю.Г.Коргунюк и С.Е.Заславский, *Российская Многопартийность* (Москва: ИНАЕМ, 1996).

Александр Коржаков, *Борис Ельцин: От рассвета до заката* (Москва: Интербук, 1997).

Б.П.Курашвили, *Страна на распутье...* (Москва: Юрид.лит., 1990).

Б.П.Курашвили, *Куда идет Россия?* (М.: Прометей, 1994).

С.В.Кулешов и др., *Наше Отечество. Том 2* (М.: ТЕРРА, 1991).

Ли Йын-Хен, *Некотрые особенности опыта социалистических преобразований в СССР (критический анализ)*, (Москва: МГУ, 1995).

Материалы XXVII съезда коммунистической партии советского союза (Москва: Политиздат, 1987).

Материалы XXVIII съезда коммунистической партии советского союза (М.: Политиздат, 1990).

В. May, "Перестройка : теоретические и политические проблемы реформ," *Вопросы экономики*, no 2, 1995 (М.: Институт экономики РАН, 1995).

Г.В.Осипов и др, *Реформирование России: Мифы и Реальность* (1989 - 1994) (М.: Academia, 1994).

О.М.Попцов, *Хроника времен "Царя Бориса"* (Москва: Совершенно секретно, 1995).

Программа Коммунистической партии Советского союза: Новая редакция. принята XXVII съездом КПСС (М.: Политиздат, 1987).

В.Согрин, *Политическая история современной россии* (М.: Прогресс-Академия, 1994).

XIX Всесоюзная конференция коммунистической партии советского союза: Стенографический отчет, том 1 (Москва: Политиздат, 1988).

Пер. Л.Я.Хаустовой, Джузеппе Боффа, *От СССР к России. История неоконченного кризиса. 1964-1994* (М.: Международные отношения, 1996).

М.Б.Челноков, *Россия без союза, Россия без России...* (М.: Новая слобода, 1994).

А.С.Черняев, *Шесть лет с Горбачевым* (М.: Прогресс и Культура, 1993).

Аргументы и факты, no 11(752) марта 1995 г.

Дипломатический вестник, no 1, 1992 г.

Известия, 17 марта. 1990 г.

Московские новости, 29 сентября 1991 г.

Правда, 17 октября 1987 г.

Правда, 13 января 1988 г.

Правда, 26 ноября 1989 г.

Правда, 21 февраля, 1990 г.

Правда, 15 июля, 1990 г.

제2절. 소련의 해체와 러시아, 그리고 독립국가연합(CIS)

1. 들어가는 말

고르바쵸프는 페레스트로이카 정책을 추진하면서 민주화와 정보공개를 약속했다. 고르바쵸프의 개혁정책은 서구의 자유주의 정치사상과 자본주의 시장경제 요소를 도입하는 방향으로 나아갔다. 자유주의 정치사상의 도입은 100개 이상의 다민족으로 구성된 소연방에서 다양한 민족문제를 분출시키는 결과를 낳았다. 특히, 민족 단위로 구성된 소련 내 15개 공화국 수준에서 분리 독립 요구가 강했다.

고르바쵸프는 개혁과정에서 제기되는 다양한 문제를 소련에 소속된 15개 공화국의 정치지도자와 진지하게 상의하지 않았고, 서구 지도자들로부터 도움을 요청하는 방법으로 해결하려 했다. 이러한 기간 동안 소련을 구성하고 있던 15개 공화국의 지도자들은 제작기 자신의 목소리를 분출하고 있었다. 소련을 구성하고 있던 공화국에서의 분리독립 움직임과 정치 및 사회전반에 잠재한 위기는 당시 러시아 공화국의 대통령이었던 옐친의 정치적 욕망과 함께 하면서 더욱 복잡한 모습을 보이게 된다.

고르바쵸프가 민주화 정책을 추진하고 있던 시기에 옐친은 러시아의 주권과 독립에 대한 욕구를 표출하면서 새로운 국가 건설을 준비하고 있었다.[1] 옐친의 러시아는 소련에서 이탈되는 주권국가를 희망하는 방향으

---

1) О.М.Попцов, *Хроника времен "Царя Бориса"* (Москва: Совершенно секретно,

로 나아갔고, 기타 공화국 수준에서도 소련을 해체하는 방향으로 정책 목표를 잡아가고 있었다. 연합체인 소련이 15개 독립국가로 해체되는 과정을 겪게 된다. 그리고 이들 독립 국가들은 느슨한 형태의 독립국가연합(CIS) 체제를 결성하게 된다.

고르바쵸프의 개혁정책은 국제정치무대에서 막대한 영향력을 행사해 왔던 사상적 연합체인 소련을 해체시켰고, 그 자리에 느슨한 형태인 CIS가 출범되도록 했다. 따라서 본 글은 고르바쵸프의 페레스트로이카 정책이 만들어 놓은 또 다른 하나의 결과물인 소련의 해체 문제를 다룬다. 논의의 중심에는 고르바쵸프의 민족정책과 페레스트로이카 정책의 한계, 그리고 옐친의 정치적 욕망이 자리 잡게 된다.

2. 소련 분열의 배경

1) 소련과 러시아의 이중 권력구조

고르바쵸프 시기에 확산된 민주화 열기는 중앙에 집중된 권력의 분산과 공화국의 정치적 분권화에 대한 욕구로 이어졌다. 시장경제 체제로의 전환 과정에서 중앙정부의 권한 약화와 지방정부의 상대적인 권한강화 현상이 나타났다. 특히, 러시아 공화국의 지위가 상대적으로 놓아졌다. 1990년 5월 29일 러시아공화국 최고회의 의장으로 당선된 옐친이 자신의 권력 기반을 확대하면서 개혁정책의 방법을 둘러싸고 고르바초프 소련 대통령과 대립 관계를 형성했다. 옐친은 최고회의 의장으로 당선된 직후인 6월 8일 러시아 공화국 영토에 대한 주권선언과 공화국 헌법이 연방 헌법에 우선한다는 내용의 주권선언을 하기에 이른다.[2]

1995), с. 230.

고르바쵸프와 옐친의 대립 양상 속에서 1991년 6월 12일 러시아연방 대통령 선거가 실시되었다. 러시아 역사상 최초로 실시되는 공화국 대통령 직접선거에 러시아연방 최고회의 의장인 옐친을 비롯해서, 1985-1991년까지 소련의 총리를 역임했던 리즈코프, 자유민주당 당수인 지리노프스키, 1988-1990년까지 소련의 내무부 장관이었던 바카친, 케메로프 지역의 인민대의원 소비에트 의장인 툴레예프, 그리고 1989년 9월부터 1991년 9월까지 볼가·우랄 군관구의 군사령관인 마카쇼프 대장 등 6명의 입후보자가 경쟁했다.

〈표: 1〉 러시아 공화국 초대 대통령 선거 득표율(%)

후보자	득표율	후보자	득표율
Б.Н.옐친	57.30	Н.И.리즈코프	16.85
В.В.지리노프스키	7.81	А.Г.툴레예프	6.81
А.М.마카쇼프	3.74	В.В.바카친	3.42

Известия, 20 Июня 1991.

리즈코프 전총리에 대한 고르바쵸프의 지원에도 불구하고, 고르바쵸프와의 정책 대결 과정에서 일약 유명세를 타고 있던 옐친이 57.3%의 지지를 획득하여 직접선거에 의한 초대 러시아 대통령으로 당선되었다. 옐친에 대한 지지는 개혁정책의 중심부에 위치하고 있는 모스크바와 상트-페테르부르크를 비롯한 대도시에서 강하게 나타났다. 대도시를 중심으로 하는 러시아 유권자들이 보수파 및 온건 개혁에 대한 염증을 표출하면서 급진개혁을 주장하는 옐친의 정책을 선택한 것으로 나타났다.

2) 소련에는 중앙 헌법이 있었고, 소련을 구성하고 있던 15개 공화국 역시 별도로 자신의 헌법을 가지고 있었다. 그러나 중앙 헌법이 상위법이었다.

초대 대통령 선거에서 옐친의 득세는 민주화와 시장경제 개혁의 정도와 방법을 둘러싸고 고르바쵸프와 대립이 불가피하게 만들었다. 고르바초프의 개혁정책에서 옐친의 입장이 보다 강력하게 투사될 수 있게 되었다. 고르바쵸프의 미온적인 개혁정책에 불만을 품은 옐친은 러시아 유권자들에게 미래에 대한 밝은 청사진을 제시하면서 고르바쵸프에 대항하기 시작했다. 러시아 공화국의 대통령인 옐친은 고르바쵸프의 페레스트로이카 과정에서 나타나는 독재의 움직임과 개혁의 미온적 태도에 불만을 품고 있었다. 그는 민주화와 급진개혁을 위해 고르바쵸프에게 강력하게 대응하는 입장을 보여주었고, 이러한 옐친의 모습은 러시아 국민들에게 새로운 러시아의 지도자 상으로 인식되었다.

2) 공화국의 독립 운동

소련의 해체를 가져온 소수민족의 분리주의 대두는 고르바쵸프의 개혁정책과 함께 시작되었다. 고르바쵸프는 경제침체를 극복함과 아울러 사회·경제적 발전의 가속화를 위해 페레스트로이카 정책을 추진했다. 고르바초프는 개혁정책의 우선순위에서 경제위기 상황의 극복을 제시하면서, 다민족 국가인 소련의 민족문제에 대한 관심을 등한시했다. 그러나 개혁정책을 추진하는 기간 동안 민족문제가 계속적으로 발생하면서 각 공화국의 독립을 위한 운동이 현실화되고 있었다. 연방 해체에 대한 위기의식이 감돌기 시작했다.

고르바쵸프는 민족문제가 복잡한 문제임을 언급하면서 각 민족간 번영과 화합, 그리고 소련의 단일 국민임을 강조하는 소극적인 자세로 민족문제에 임했다.3) 1986년 2월의 제27차 당 대회에서 통과된 소련 공산

---

3) *Правда*, 24 апреля 1985.

당 프로그램에 민족관계에 대한 내용이 다음과 같이 명시되어 있다. 지역주의와 민족주의를 극복하면서 다민족 소련 사회의 전면적인 통합과 발전, 자원의 합리적 이용과 전국적 경제 복합체를 위해 개별 연방공화국과 자치공화국의 적절한 기여, 그리고 개별 민족의 특수성을 유지한 상황 하에서 소련 국민의 단일문화 발전 등이 그것이다.4)

상기와 같이 민족문제에 대한 안이한 생각과 함께, 고르바쵸프는 정치보고에서도 민족문제에 대해서 비교적 간략하게 언급하는 데 그쳤다. 그는 동일한 경제적 이해관계와 하나의 이데올로기 및 정치적 목표로 단합된 소련 국민임을 강조하는 데 그쳤다.5) 그는 또한 공화국에서 토착관료화 정책에 의해 심화된 지역주의와 민족주의 문제 등을 비난하면서, 개별 민족간의 문화교류와 화합을 강조했다. 그는 민족문제에 대해 구체적인 정책을 제시하지 않았고, 소련 경제의 발전을 위해 각 공화국 수준의 경제개혁을 약속했다.

고르바쵸프가 페레스트로이카 정책을 성공적으로 추진하기 위해 채택된 언론 및 표현의 자유를 인정한 글라스노스트(glasnost) 정책과 정치적 자유를 위해 채택된 민주화 정책은 소수민족의 민족주의 및 분리주의를 분출시키는 동인이 되었다. 고르바쵸프의 글라스노스트와 민주화 정책은 사회 경제적 발전과 개혁을 위한 부정부패 척결, 참여 확대, 그리고 여론의 활성화를 통한 사회적 무기력의 퇴치에 그 목적이 있었다. 그러나 이러한 정책이 개혁과 국민통합을 위한 순기능보다 역기능적으로 작용하면서 민족주의와 독립운동을 점차 확산시켰다.

---

4) *Правла*, 7 марта, 1985.
5) М.С.Горвачев, "Политический доклад центрального комитета КПСС XXVII СССР," *Правда*, 26 февраля, 1986.

1986년 12월 카자흐스탄 공화국의 당시 수도였던 알마티(Almaty)6)에서 폭동이 발생했다. 알마티 폭동은 카자흐스탄 공화국 당 제1서기로 오랜 기간(1964~)동안 재직했던 쿠나예프(Kunaev)를 해임하고 러시아인 콜빈(Kolbin)을 임명함으로써 발생했다. 우즈베키스탄 공화국에서와 유사한 토착 관료들의 대량숙청 사태를 우려한 카자흐스탄의 젊은이들과 범회교주의 운동이 복합적으로 작용하여 일어난 사태였다. 콜빈의 임명은 그동안 원주민 출신을 임명하던 관례를 벗어난 행위였지만, 지도층의 부패와 관리의 무능으로 경제적인 위기에 처한 공화국에 대한 통제를 강화시키려는 고르바쵸프의 입장에서 보면 당연한 조치였다.

알마티 폭동 이후, 민족분규와 독립운동에 대한 소식이 글라스노스트 정책에 힘입어 국내·외로 급속히 전파되었다. 그동안 소련 지도자들이 주장해 온 다민족 문화의 공존과 민족간 화해정책이 허구였음이 드러났다. 고르바쵸프는 1987년 1월에 열린 당 중앙위에서 과거의 민족정책에 잘못이 있음을 인정하면서, 폭동의 원인이 결코 카자흐스탄에 만 국한된 것이 아니라는 점을 강조했다.7) 당시까지 고르바쵸프의 민족정책은 확실한 원칙하에서 추진되었다기보다는 문제 해결에 급급한 임시적인 안일한 조치였다.

알마티(Almaty)에서의 폭을 기점으로 1987년에 크리미아 타타르 자치공화국, 발틱(Baltic) 연안 공화국, 그리고 우크라이나 등에서 민족분규가 발생했다. 1988년에는 아르메니아, 아제르바이잔에서 민족 갈등이 발발하는 등 전국적으로 확산되었다. 리투아니아는 소련에 대통령제

---

6) 소련시절에는 알마-아타(Alma-Ata)로 명명되었지만, 카자흐스탄이 독립된 이후 이 도시의 명칭이 알마티(Almaty)로 명명되었다. 따라서 본 글에서는 알마티(Almaty)로 사용하기로 한다.
7) *Правда*, 28 января, 1987.

가 도입되기 바로 직전인 1990년 3월 11일 독립을 선포했다. 그러나 3월 15일 소집된 소련 인민대표회의는 리투아니아의 독립 선언을 무효화하고, 고르바쵸프에게 분리·독립 운동을 제재하기 위한 비상조치를 부여했다. 고르바쵸프는 3월의 군사적 시위와 4월의 경제봉쇄 조치까지 단행하면서 리투아니아의 독립 운동을 억제하려 했으나 효과를 거두지 못했다. 오히려 인접하고 있는 에스토니아와 라트비아에서도 독립운동이 발생하는 결과를 초래했다.

페레스트로이카 정책의 쟁점으로 부각된 것은 불완전한 연방구조에서 파생된 연방공화국의 끊임없는 독립 요구에 대한 중앙정부 차원의 대응 문제였다. 따라서 고르바쵸프는 연방구조를 재검토하기 시작했다. 당시의 소련공산당 민족강령에서도 소수민족 갈등문제를 해결하기 위한 새로운 연방제 구성의 필요성을 역설하고 있었다.8) 그러나 동일 문제를 해결하기 위한 고르바쵸프의 구상은 소련의 안정과 영토의 일체성을 저해하지 않고, 기존의 헌법적 테두리 속에서 연방제도를 개혁하려는 것이었다.

공화국들의 독립 요구는 1990년에 접어들면서 더욱 확대되었다. 이에 대한 대응으로 중앙의 연방의회는 동년 4월 3일 연방 탈퇴에 대한 법령을 공포했다. 이 법령에 따르면, 공화국 단위의 국민투표에서 분리 독립에 2/3 이상의 찬성을 획득하면 5년간의 과도기가 주어지고, 그 이후 다시 국민투표에서 2/3 이상의 찬성을 획득하면 독립을 인정해 주는 것으로 되어 있다. 그러나 발틱(Baltic) 공화국들은 이러한 원칙의 적용을 거부하였고, 중앙아시아와 코카서스 지방에서도 민족분규와 독립운동은 갈수록 심화되었다.

특히, 옐친이 1990년 5월 29일 러시아 최고회의의 의장으로 당선된

---

8) *Правда*. 24 сентября, 1989.

이후 연방 헌법에 비해 공화국 헌법이 우선한다는 주권선언을 하면서 공화국의 독립 움직임이 보다 구체적인 모습을 보이기 시작했다. 뒤이어 벨라루시, 우크라이나, 카자흐스탄, 우즈베키스탄도 주권선언과 자원 관할권을 확보하기 위한 공화국 헌법 초안을 준비했다. 소련의 해체 위기는 더욱 심화되었다. 각 공화국들의 정치적 주권선언은 경제정책 및 독자적 외교 노선으로 확대되면서 연방의 와해를 가속화시켰다. 이러한 상황 하에서 고르바쵸프는 1990년 11월 24일 그동안 논의 되어 온 신연방조약의 초안을 제시하면서 연방해체 위기를 극복하려 했다. 12월 4일 최고회의에서 통과된 신연방조약안에 따르면, 신연방 형태는 <주권소비에트 공화국 연방>으로 이름이 바뀌면서 각 공화국의 주권이 강화되고, 연방의 이름에서 '사회주의'라는 용어가 삭제되었다.

1990년 12월 중순에 소집된 제4차 소련 인민대표회의는 고르바쵸프의 신연방조약 초안을 통과시켰다. 이 신연방 조약 초안이 공개된 후, 신연방조약에 불참을 선언한 발틱 3국과 기독교계 공화국인 몰도바, 아르메니아, 그루지야 등에서 독립 요구가 일어났다. 따라서 연방 정부의 대응도 강경해졌다. 발틱 3국에서의 긴장은 12월과 1991년 1월에 최고조에 달했다. 1991년 1월 소련군이 리투아니아를 침공하여 13명이 사망하고 700여명이 부상하는 사건이 발생하기도 했다. 물리적 폭력을 동원한 고르바쵸프의 독립탄압 움직임은 다른 공화국에도 비슷하게 적용되었다. 따라서 개혁 지도자인 그의 이미지는 크게 약화되었다.

3) 소련체제 유지에 대한 국민 투표

독립을 위한 움직임은 특정의 단일 민족을 중심으로 형성된 개별 공화국 단위에서 강하게 나타나고 있었다. 따라서 고르바쵸프는 발틱 3국을 비롯한 각 공화국의 정치적 독립 움직임에 대해 연방권력을 공화국으로 이양하는 내용을 담은 신연방조약안을 제시했다. 그리고 소련의 보존을 묻는 국민투표가 발틱 3국과 몰도바, 아르메니아, 그루지야가 불참한 가운데 1991년 3월 17일 실시되었다. <동등한 권한을 가진 주권공화국으로 구성된 소련의 보존이 필요한가?>라는 질문에서 소련 전체유권자의 75.4%가 참가했고, 이들 중에서 76.4%에 해당되는 절대 다수가 소련의 보존을 희망했다.

〈표: 2〉 소련체제 〈유지〉에 대한 공화국 별 국민투표 결과

공 화 국	투표율(%)	찬 성	반 대	무 효
러시아	75.4	71.3	26.4	2.3
우크라이나	83.5	70.2	28.0	1.8
벨라루시	83.3	82.7	16.1	1.2
우즈베키스탄	95.4	93.7	5.2	1.1
카자흐스탄	88.2	94.1	5.0	0.9
아제르바이잔	75.1	93.3	5.8	0.9
키르기스스탄	92.9	94.6	4.0	1.4
타지키스탄	94.4	96.2	3.1	0.7
투르크메니스탄	97.7	97.9	1.7	0.4

И.И.Локосов, И.Б.Орлова, *Пятилетка по 13 : Взлёты и падения* (Москва: Academa, 1996), c. 100.

상기 국민 투표에서 소련 체제의 <유지>를 희망하는 다수 유권자들의 지지에 힘입어, 고르바쵸프는 자신의 <소련 유지> 정책에 대한 정당성이 국민들로부터 획득된 것으로 인식하기 시작했다. 그러나 개별 공화국 수준에서 독립을 요구하는 집회가 계속되었다. 고르바쵸프는 이들 공

화국의 독립 운동을 통제하지 못했다. 소련 체제를 지탱해 온 옐친의 러시아 연방이 자주독립 국가를 위해 완전한 주권을 선언하는 그러한 정치적 행보를 효과적으로 차단하지 못했다.

3. 소련의 해체 과정

1) 노보-오가료보(Novo-Ogaryovo) 협상

연방 유지를 묻는 국민투표에서 승리를 얻은 고르바쵸프는 자신의 정치적 입지를 통해서 <신연방 조약>을 조기 체결하기 위해 노력했다. 고르바쵸프는 1991년 4월 모스크바의 외곽 도시인 노보-오가료보(Novo-Ogaryovo)에서 신연방 조약 체결에 관한 문제를 토론하기 위해 9개 공화국 지도자들과 회동을 가졌다. 옐친은 고르바쵸프와 화해를 강조하면서 4월 23일 노보-오가료보에서 <1+9선언>에 합의했다.9) 금번의 회동에서 1991년 7월 이내에 신연방 조약의 최종 합의를 도출하고, 1991년 내에 새로운 연방 헌법을 채택하기로 합의했다.10)

상기 9개 공화국 지도자들이 참석한 노보-오가료보 회동에서 합의된 주요 내용은 다음과 같다.11) 첫째, 현재의 난국을 극복하기 위해 가장 시급한 과제는 연방 조약의 체결이다. 둘째, 연방조약 체결 후 6개월 이내에 새로운 헌법안(案)을 최고회의에 제출한다. 셋째, 연방조약에 서명

---

9) <1+9>는 고르바쵸프의 소련대통령 직위를 인정한 상태에서, 9개의 공화국(러시아, 우크라이나, 벨라루시, 아제르바이잔, 우즈베키스탄, 카자흐스탄, 키르기스스탄, 타지키스탄, 투르크메니스탄)이 자발적으로 연방 협정에 참가하는 것을 말한다.
10) Н.Верт, *История советского государства* (Москва: Прогресс-Академия, 1994), сс. 524-525.
11) *Советская россия*, 24 апреля, 1991.

하는 공화국에 최혜국(最惠國) 대우를 부여하며, 이번 회담에 참석하지 않은 6개 공화국(발트 3국, 아르메니아, 그루지야, 몰도바)이 연방조약에 참가 서명할 수 있는 독자적 권리를 인정한다.

노보-오가료보 협상에 참가한 공화국 지도자들은 신연방 조약과 신연방 헌법이 채택될 때까지 현행 헌법을 준수하고, 이미 실시된 연방 국민투표의 결과를 고려해서 주권국가에 준하는 새로운 형태의 조약을 체결할 것에 동의했다. 그리고 각공화국의 지도자는 시민 불복종과 파업을 통해 정치적 목적을 달성하려는 일체의 시도를 중지하고, 합법적으로 선출된 현존 국가 지도자를 인정하는 문제에 동의했다. 고르바쵸프의 노력이 9개 공화국의 협조를 획득하는 데 성공했다. 연방은 경제정책의 실행에 관한 권한을 대폭 공화국에 이양하면서 연방의 통일을 유지할 수 있게 되었다. 그러나 명목적인 연방에 불과했다. 4월 23일의 합의에서 제시된 각공화국에 대한 양보 조치는 사실상 소련의 해체를 인정한 것이었다. 노보-오가료보 협상에 동의한 9개 공화국 지도자들은 강력한 중앙을 원하지 않았으며, 연방이 수십 개의 소국가로 분열되는 것을 막으려 했을 뿐이다.

1991년 6월 3일 고르바쵸프와 9개 공화국지도자가 참석한 가운데 <1+9 회담>이 모스크바에서 개최되었지만, 신연방안에 포함되는 조세권 문제가 해결되지 못했다. 그 이후 실무 회담이 있었다. 1991년 8월의 신연방 조약안에 따르면, 소련의 성격이 "모든 공화국은 주권 국가이며, 자발적인 참여로 형성된 주권연방민주국가"[12]로 규정되었다. 결국, 연합에의 참여국들이 평등한 권한을 가진 주권 국가로 인정되었다. 주권국가연합의 성격은 주권 국가들의 자발적인 참여하에 형성된 연합체에 불과하다. 그리고 연합 참가국들에게 본 조약 또는 연방 헌법과 법률로부터 자

---

12) *Советская россия*, 15 августа, 1991.

유롭게 탈퇴할 수 있는 권리가 부여되었다. 그러나 옐친의 러시아는 고르바쵸프의 정책을 무시하는 독자적인 개혁작업을 수행했다. 그리고 다른 공화국들도 중앙권력에서 이탈하는 움직임을 보였다. 발틱 3국의 독립이 공식화되었고, 우크라이나, 벨라루시, 몰도바 등의 공화국 의회도 8월 말 각각 독립을 선포했다.

1991년 11월 14일 노보-오가료보에 다시 모인 7개 공화국(러시아, 벨라루시, 아제르바이잔, 카자흐스탄, 키르기스스탄, 투르크메니스탄, 타지키스탄) 지도자들은 새로운 국가연합 방안을 놓고 협상했다. 고르바쵸프와 7개 공화국 지도자들은 국가 형태가 아닌 단순한 주권국가 연합안, 중앙의 권력을 유지하는 국가 연합안, 국가로서의 지위는 없으나 국가 기능을 수행하는 연방안 등을 놓고 오랜 협상 끝에 절충안을 발표했다. 그들은 연방정부 형태를 유지하면서 대통령이 선출되고, 공화국 대표들이 권력을 갖는 독자적인 정부 및 의회 구성, 그리고 통합군을 유지하는 국가연합 형태의 연합 방안에 합의했다.13) 그들은 새로운 국가 연합인 "주권국가 연합" 형성에 동의했다. 그리고 7개 공화국 지도자들은 1991년 말까지 신연방 조약에 서명할 것을 약속했다. 신연방 조약안은 7개 공화국의 최고 소비에트로 발송되었다. 그러나 실질적으로 모든 공화국은 1991년 12월 1일로 예정된 우크라이나의 독립에 대한 국민투표 결과를 기다리고 있었다.

고르바쵸프가 <모스크바 뉴스>와의 인터뷰에서 우크라이나는 신연방 조약에 관한 노보-아가료보 협의에 참가할 것이며 우크라이나 없는 연방조약은 무의미함을 강조했다. 그러나 12월 1일 실시된 우크라이나 국민투표에서 90%의 지지율로 독립을 확정지었다.14) 동일한 시기 모스크바

---

13) *Известия*, 15 ноября 1991.

에서 8천5백 명을 대상으로 실시된 설문조사는 이와 상반된 결과를 보였다. 설문조사 결과는 다음과 같이 나타났다. 어떠한 국가에서 살기를 원하는가? 라는 질문에서, 소련에서 70.1%, 독립국가연합내의 자신의 독립공화국에서 19.7%, 연합되지 않은 자신의 공화국에서 살기를 희망하는 사람이 4.9%로 나타났다.15)

상기 결과에서 보는 바와 같이 우크라이나 국민의 절대다수가 독립을 희망했고, 러시아 수도인 모스크바의 대다수 시민들은 소연방의 지속을 희망했다. 이러한 현실은 소련과 러시아의 중심지인 모스크바는 연방체제의 유지를 희망하고 있지만, 공화국 단위에서는 독립을 희망하고 있는 것으로 받아들여도 무방할 것이다. 따라서 러시아의 옐친을 비롯한 개별 공화국의 지도자들은 소련의 해체와 독립국가로 향한 자신의 정책 노선을 무리 없이 추진할 수 있게 되었다.

2) 민스크(Minsk) 협정

1991년의 8월 쿠데타를 전후하여 지속적으로 독립을 주장해 온 공화국들은 독립국가임을 선포하기 시작했다. 리투아니아, 라트비아, 그리고 에스토니아 등은 공식적으로 소련에서 이탈했다. 그들은 국제무대에서 주권국가로서 인정되었다. 우크라이나 대통령은 새로운 형태의 신연방조약에 서명을 거부했다. 1991년 12월 1일 우크라이나의 독립에 대한

---

14) 우크라이나가 국민투표에서 90%의 지지를 획득하여 독립을 확정 짓자, 옐친은 12월 7일과 8일에 걸쳐 우크라이나와 벨라루시의 지도자들과 회동하여 <독립국가연합> 창설에 관련된 합의를 도출했다. 옐친은 고르바초프의 국가연합안보다 더 정치적으로 현실적이며 중앙권력을 완전히 배제한 공동체 안을 제시하여 대부분의 공화국으로부터 지지를 얻어 낼 수 있었다.
15) Г.В.Осипов и др, *Реформирование России: Мифы и Реальность (1989 - 1994)* (М.: Academia, 1994), с. 91.

국민투표에서 절대다수가 소련으로부터의 독립을 희망했고, 그 여파가 기타 공화국에 급속히 확산되었다. 고르바쵸프는 개별 공화국에서 발생하고 있던 탈연방화(脫聯邦化) 움직임을 잠재우지 못했다. 이러한 시기인 1991년 12월 8일 벨라루시의 민스크에서 슬라브계 3국(벨라루시, 러시아, 우크라이나)의 정상들이 회동을 가졌다.

소련 유지와 독립에 관한 문제를 놓고 오랜 시간 동안 긴장된 회담 분위기가 계속되었다. 고르바쵸프가 준비해 온 신연방 조약은 막다른 골목으로 치 닫았고, 개별 공화국의 탈퇴 움직임은 현실로 나타나고 있었다. 따라서 이들 슬라브계 3국은 '소련은 더 이상 존재하지 않는다.'16)라는 생각에 뜻을 같이 하고, 독립국가연합(CIS, Commonwealth of Independent States)17)을 형성하는 협정문에 서명했다. 슬라브계 3국은 1991년 12월 8일 조인된 합의문에 따라, 독립국가연합을 구성하고, 연합의 원칙 및 목적에 동의하는 소련 구성 공화국을 비롯한 모든 국가에 가입을 허용하기로 했다.18)

소련을 해체하고 독립국가연합을 창설하는 민스크(Minsk) 회의에 소련의 대통령인 고르바쵸프는 초대받지 못했다. 따라서 고르바쵸프는 12월 9일 민스크 협정이 국민들의 대표 기관인 인민대의원 대회에서 논의되지 않은 헌법적 절차를 무시한 불법적 행위임을 주장했다. 그리고 고르바쵸프는 이러한 움직임이 현재의 위기를 극복할 수 없을 뿐만 아니라, 소련의 존재 및 민주적 개혁 노선에도 유익한 결정이 되지 못한다고 강하게 반발했다.19) 고르바쵸프의 입장에서 본다면, 자신이 국가의 최고통

---

16) *Известия*, 9 декабря, 1991 г.
17) 러시아어 표기는 Содружество Независимых Государств로 되어 있으며, 약어는 СНГ이다.
18) *Известия; Российская газета*, 10 декабря, 1991 г.

수권자로 있는 소련이 자신과 국회의 동의 없이 사라지는 현실을 수용할 수 없었던 것이다.

고르바쵸프의 반발에도 불구하고, 소련의 해체와 독립국가연합은 현실화되고 있었다. 12월 10일 우크라이나와 벨라루시 두 공화국의 최고회의는 독립국가연합 창설에 대한 지지 입장을 표명했다. 또한, 12일에는 카자흐스탄, 우즈베키스탄, 투르크메니스탄, 타지키스탄, 키르기스스탄 등 중앙아시아의 5개 공화국이 독립국가연합에 지지를 표명하면서 소련의 해체는 현실로 다가왔다. 따라서 고르바쵸프는 12월 17일 옐친과의 회담을 통해, 1992년 1월 1일부터 <독립국가연합> 체제의 출범을 공식 인정하게 된다.[20]

3) 알마티(Almaty) 선언

민스크(Minsk) 협정에 기초된 소련 해체에 대한 고르바쵸프의 인정은 중앙아시아에 위치하고 있는 카자흐스탄의 수도 알마티(Almaty)로 이어졌다.[21] 1991년 12월 21일 알마티에 모인 11개 공화국(러시아, 아제르바이잔, 아르메니아, 벨라루시, 우크라이나, 몰도바, 카자흐스탄, 키르기스스탄, 타지키스탄, 투르크메니스탄, 우즈베키스탄)의 지도자들이 "계약 당사자 쌍방이 평등에 기초해서 독립국가연합을 형성한다."는 의정서에 서

---

19) *Известия*, 10 декабря, 1991.
20) *Известия*, 18 декабря, 1991 г.
21) 알마티(Almaty)는 1921년에서 1993년까지 알마-아타(Alma-Ata)로 명명되었고, 1929년부터 1997년까지 카자흐스탄의 수도였다. 그리고 1997년 10월 20일 "카자흐스탄공화국 수도 아크모라 선언에 관하여"라는 대통령의 칙령이 발표되었고, 동년 12월 수도가 알마티(Almaty)에서 아크모라(Arc Mora)로 이전되었다. 그리고 1998년에는 아크모라가 아스타나(Astana)로 명칭이 변경되었다. 이영형, "카자흐스탄에 대한 러시아의 영향력 평가: 지리환경변수를 중심으로," 『국제지역연구』 19권 1호 참조.

명했다.22) 그러나 계속적으로 독립을 주장해 온 그루지야와 발틱 3국은 알마티 회동에도 불참했다.

상기 11개 공화국 지도자들은 민주적 법치국가를 건설하도록 노력하고, 국가주권 및 주권평등의 상호 인정과 존중, 고유의 민족 자결권, 평등과 내정 불간섭의 원칙, 무력 사용이나 무력에 의한 위협 거부, 경제적인 방법을 포함한 어떠한 형태의 제재 조치 근절, 제반 논쟁의 평화적 해결, 소수 민족의 권한을 포함한 자유와 인권 존중, 국제법상의 의무나 제반 규범의 양심적인 이행 등에 기초해서 독립국가연합(CIS) 창설을 선언했다.

카자흐스탄의 알마티에 모인 참가자들은 상기 의정서 이외에 독립국가연합 창설의 목적과 원칙에 서명했다. 특히, 선언문에는 독립국가연합이 하나의 국가도 아니며, 국가 위의 기구도 아니라고 규정하고 있다. 그리고 연합 회원국 쌍방은 중립국을 지양하며, 핵무기 없는 지정학적 공간을 선언하고 있다. 또한, 독립국가연합은 모든 연합 참가자의 동의하에 기타 국가의 연합 참여를 허용하고 있다.23)

결국, 소비에트 연합체인 소련의 해체와 독립국가간 연합체인 독립국가연합(CIS)의 창설이 알마티(Almaty) 회동에서 명문화되었다. 소련의 유지를 주장하던 고르바쵸프가 한 역할은 알마티 회동 직전에 '마지못해' 소련의 해체와 독립국가연합 창설에 동의한 것이 전부이다. 민스크(Minsk)에서 알마티(Almaty)로 이어지는 일련의 회동과 선언문의 채택 과정에 소련의 대통령이었던 고르바쵸프는 초대받지 못했으며, 입법기구인 최고회의에서 심의 절차도 없었다. 이러한 사실에 대한 법적인 문제가 제시되었으나, 절차상의 합법 및 불법에 관계없이 소련의 해체는 현실로 다가왔다.

---

22) *Дипломатический вестник*, no 1, 1992 г, с. 6.
23) *Дипломатический вестник*, no 1, 1992 г, с. 7.

4. 소련의 해체와 독립국가연합(CIS)

1) 소련 해체와 고르바쵸프의 사임

1991년 12월 9일 러시아연방 대통령인 옐친은 미국 대통령에게 전체주의 국가를 대신하는 새로운 국가의 형성을 통보했다.24) 그리고 고르바쵸프는 12월 17일 옐친과의 회담을 통해 1992년 1월 1일부터 독립국가연합(CIS) 체제의 출범을 인정했다. 소련 해체와 CIS 체제의 등장을 인정하면서도 고르바쵸프는 '소련을 보존할 수 있었다.'라는 말을 되풀이하고 있었다. 소련을 보존할 수 있었으나, 다민족 국가인 소련의 민족적 다양성 그리고 옐친을 비롯한 소련 구성 공화국 정치 지도자들의 소련 분열 움직임을 잠재우지 못했음을 인정하고 있다.25)

고르바쵸프는 합법적인 절차에 따라 1990년 5년 임기의 소련 대통령과 5년 임기의 공산당 서기장을 겸하고 있었다. 막강한 권력을 장악하고 있던 고르바쵸프는 구(舊)체제를 붕괴시키면서도 새로운 체제를 형성하지 못했다.26) 불완전한 페레스트로이카 정책은 국가를 비극으로 유도했다.

---

24) В.Кононенко, "Учредители старого Союза создают новое Содружество", Известия, 10 декабря 1991 г. 서구 대부분의 국가들은 소련 핵무기에 대해서 불안해하고 있었다. 미국은 소련의 모든 핵 잠재력이 러시아 영토에 집중되기를 희망하고 있었다. Известия, 10 декабря 1991 г. 그리고 소련의 핵무기와 기술이 외국으로 누출되지 않도록 특별한 주의를 기울이고 있었다. Дипломатический вестник (no 1, 1991 г.), cc. 40-41. 옐친은 핵무기가 통제 상태에 있음을 미국에 전달하였다. 그리고 미국 대통령은 전달된 정보에 감사하면서, 지속적인 접촉을 유지할 것을 제의했다.
25) 소련 해체와 CIS 출범에 관련된 고르바쵸프의 입장 및 연설 내용 등은 아래의 자료를 참조 바람. Горбачев-Фонд, Союз можно было сохранить (Москва: Апрель-85, 1995); М.С.Горбачев, Размышления о прошлом и будущем (М.: ТЕРРА, 1998).
26) О.М.Попцов, Хроника времен "Царя Бориса" (Москва: Совершенно секретно, 1995), с. 218.

고르바쵸프는 소연방 붕괴의 지도자가 되었다. 소련의 해체는 미래에 대한 무계획(無計劃) 속에 과거를 파괴하는 과정에서 나타났다.

불발 쿠데타 직후에 러시아 공화국의 옐친 대통령은 러시아내 소련 공산당의 활동을 불법화시키고, 소련의 해체와 러시아의 독립을 위해 소련 구성 공화국 지도자들을 접견하고 있었다. 소련의 해체를 준비하는 일련의 회동(민스크와 알마티)에 초대받지 못한 고르바쵸프는 자신의 국가인 소련이 해체되는 현상을 바라보고 있었다. 연합체가 해체됨에 따라 자신에게 주어진 대통령의 권한이 자동적으로 소멸되었고, 어떠한 권한도 남겨지지 않았다. 따라서 1991년 12월 25일 저녁에 고르바쵸프는 고별인사로 크리스마스 축사를 대신했다.

> 존경하는 시민 여러분! 독립국가연합의 형성과 관련된 일련의 상황에 직면하여, 본인은 소련 대통령의 직책에 따르는 활동을 중지합니다. ... 본인은 국가 개혁을 위한 정책들을 지지하고, 민주개혁 조치를 실행하는 과정에 동참한 모든 국민에게 감사를 표합니다. ... 본인은 국민 여러분들의 지혜와 의지에 대한 희망과 확신을 간직한 채, 대통령직에서 물러납니다.27)

고르바쵸프는 소련 해체로 인해 자신의 직책이 사라지는 현실 앞에서 사임을 선언하지 않을 수 없었다. 그는 떠나는 순간까지 자신의 정책에 대해서 긍정적으로 평가받기를 희망하고 있었다. 정치적 다원화 및 민주화, 그리고 시장경제 체제로의 전환이라는 자신의 업적을 강조하는 내용이 고별 인사의 대부분을 차지했다. 고르바쵸프는 12월 25일 자신에게 주어졌던 국가 최고통수권의 반납과 소련대통령 직위에서의 사임에 관한

---

27) *Независимая газета*, 25 декабря, 1991 г.

명령서에 서명했다. 소련은 역사의 뒤안길로 사라졌다. 그리고 이날 저녁 크렘린 궁을 지키고 있던 소련의 붉은 깃발이 내려지고 러시아의 3색 기가 게양되었다.

2) 독립국가연합(CIS)의 태동

1924년부터 활동을 시작한 소련이 1991년 12월을 마지막으로 사라졌다. 1991년 12월 8일 러시아, 우크라이나, 그리고 벨라루시의 국가 지도자들[옐친(Б.Ельцин), 크랍축(Л.Кравчук), 슈시케비치(С. Шушкевич)]이 민스크에서 회동을 갖고, "소비에트 연방은 더 이상 존재하지 않음"28)에 동의했다. 그리고 이 회동에서 소련의 모든 공화국에 가입이 개방되는 독립국가연합(CIS)의 형성을 제안했다.29)

CIS 형성에 관한 협정은 벨라루시, 러시아, 우크라이나의 국회에서 즉시 비준되었다. 1991년 12월 10일 벨라루시 국회는 절대 다수[반대 1명, 기권 2명]가 CIS 형성에 관한 3개 공화국 지도자들의 견해를 지지했다. 그리고 1922년에 체결된 연방조약의 폐기를 절대 다수의 동의하에 통과시켰다.30) 러시아연방 의회에서도 절대 다수의 동의하에 통과되었다.31) 1991년 12월 10일 우크라이나 최고회의에서도 토론 없이, 그리고 조건 없이 CIS 형성에 관한 협정을 비준했다.32)

상기와 같은 비준 절차가 진행되자, 12월 17일 고르바쵸프는 1992년

---

28) *Известия*, 9 декабря 1991 г.
29) 동년 12월 21일 알마타에서 회동한 11개 국가가 독립국가연합의 형성에 관한 선언문을 채택하여 독립국가연합의 설립자로 자리하였다. 따라서 독립국가연립의 설립 날짜는 하나가 아닌 둘이다. 즉, 1991년 12월 8일과 동년 12월 21일이다.
30) *Известия*, 12 декабря 1991 г.; *Комсомольская правда*, 11 декабря 1991 г.
31) *Россий ская газета*, 13 декабря 1991 г.
32) *Известия*, 12 декабря 1991 г.

1월 1일부터 CIS 체제의 출범을 공식적으로 인정하게 되었다. 그리고 1991년 12월 21일 알마티에 모인 11개 공화국 지도자들이 평등에 기초된 CIS를 출범시켰다.33) CIS 형성에 관한 법률적 문서는 12월 8일의 동의서, 12월 21일의 의정서 및 선언문 등이다. 그러나 이들은 법률적 구속력에서 차이를 보이고 있다. 동의서는 연합 참가국 모두의 비준을 요하고 있지만, 선언문은 단지 서명의 결과에 불과하다.34)

〈표: 3〉 독립국가연합(CIS) 회원국의 영토 규모

(단위 : 1000㎢)

국 가	면 적	舊소련 전체면적에 대한 비율(%)	비고
아제르바이잔	86.6	0.4	・CIS에 참여하지 않은 발트 3국의 총면적은 舊소련 전체 영토의 0.8%에 불과하다. 이들 3국의 크기는 다음과 같으며, ( )안은 舊소련의 총면적에서 차지하는 비율을 의미한다. 에스토니아: 4만5천1백㎢(0.2%) 라트비아 : 6만4천 5백 90㎢(0.3%) 리투아니아: 6만5천2백㎢(0.3%) ・그루지야(1993.12가입; 2008년 탈퇴 선언) ・투르크메니스탄(1991가입, 2005년 탈퇴, 이후 준회원국) ・아제르바이잔(1991 가입, 1992년 탈퇴이후 재가입)
아르메니아	29.8	0.1	
벨라루시	207.6	0.9	
그루지야	69.7	0.3	
카자흐스탄	2724.9	12.2	
키르기스스탄	199.9	0.9	
몰도바	33.8	0.2	
러시아	17075.4	76.6	
타지키스탄	143.1	0.7	
투르크메니스탄	488.1	2.2	
우즈베키스탄	447.4	2	
우크라이나	603.7	2.7	
CIS 전체	22110	99.2	

이영형, 『독립국가연합(CIS)의 이해』 (서울: 엠에드, 1999), c. 209.

33) 계속적으로 독립을 주장해 온 그루지야와 발틱 3국은 알마티 회동에 불참했다. 그 이후 그루지야가 CIS에 참석하면서 12개 회원국으로 구성되어 졌다.
34) См.: В.Пустогаров, "Содружество в ракурсе международного права," Международная жизнь, no 8-23, 1992 г.; Его же, "Международно-правовой статус СНГ," Государство и право, no 2, 1993 г, c. 27-36.

3) 독립국가연합(CIS) 창설에 대한 법적 논쟁

소련을 대신해서 CIS가 결성되었다. 슬라브계 3개 공화국(러시아, 벨라루시, 우크라이나) 지도자들이 소련 체제의 중지를 선언했다. 소련의 15개 회원국들 중에서 불과 3개 공화국의 정상들이 모여 소련 해체를 선언한 것이 법적으로 유효한가? 이러한 문제에 대해 법학자들 사이에서 다양한 견해가 제기되고 있다. 쿠드랴프체프(В.Кудрявцев), 칼미코프(Ю.Калмыков), 야코블레프(В.Яковлев) 등은 소련 해체에 대한 결정을 채택하는 것은 소련에 소속된 모든 공화국 국민들의 범위에서 가능하다. 그리고 적어도 주어진 문제의 해결을 위해서는 선출된 합법적 대표자의 범주에서 가능한 것으로 주장했다.35)

자고르스키(А.Загорский) 교수는 소련을 해체로 이끌어 간 3개 슬라브계 국가의 행위는 자신의 독립을 주장한 다른 공화국들에게 독립에 대한 주저와 망설임의 감정을 유도했음을 지적하고 있다.36) 1991년 12월 13일 아쉬가바트(Ашгабат)에 모인 중앙아시아의 5개 공화국 대통령은 벨라루시에서 체결된 협정에 대해서 긍정적으로 평가하면서, 동시에 의외의 사건으로 인식하고 있었다. 그들은 독립국가연합 형성에 관한 연구 과정에 모든 공화국이 참여하고, 그들에게 연합 창설 회원국의 자격을 인정해 줄 것을 주장했다. 그리고 독립국가연합 형성에 관한 협정을 수정해 줄 것을 제기했다.37) 이들 5개 공화국 지도자들은 연합 형성에 관한 문제는 모

---

35) *Комсомольская правда*, 12 декабря 1991 г.
36) А.Загорский, Лукас Май кл, *Россия перед европейским выбором* (М.: Международные отношения, 1993), с. 19.; А.Загорский, *Основные тенденции развития Содружества Независимых Государств. Страны бывшего СССР и европейская безопасность* (М.: Международные отношения, 1994), сс. 179-180.
37) *Российская газета*, 17 декабря 1991 г.

든 주권공화국 지도자들이 함께 참여해서 협의되어야 됨을 강조했다.

구리예프(В.Гулиев)의 견해에 따르면, 1922년 소련 형성 당시 각 공화국이 인정받은 자신의 자치권(自治權)은 결코 상실되지 않았으며, 소련 설립 협정에 참가한 4개국의 창립자들 중에서 3개국의 공식적인 거부로 인해 소련의 모든 효력과 활동이 정지되었음을 지적하고 있다.[38] 이들 3국은 소련 형성 조약에서 명기된 '자유로운 탈퇴 권'에 준하여, 그리고 자신들의 국회에서 동의를 획득하여 탈퇴한 것으로 정당성을 갖고 있음을 주장한다.

5. 끝맺는 말

소련의 해체는 고르바쵸프 당시 대통령의 불완전한 개혁정책과 개별 구성 공화국에서 분출되고 있던 민주화 욕구가 변증법적으로 통합되면서 나타났다. 고르바쵸프는 1989년 9월 새로운 연방제 구성이 소수 민족의 갈등을 해소시킬 수 있을 것으로 인식했다.[39] 고르바쵸프의 구상은 헌법 개정을 통해 각 공화국에 상당량의 정치·경제적 권한을 이양하는 것이었다. 고르바쵸프는 개별 공화국에 보다 많은 자율권을 부여하는 느슨한 형태의 연방주의를 고려하고 있었다.

공화국들의 정치적 주권선언은 경제정책 및 독자적 외교정책으로 확대된다. 따라서 고르바쵸프는 보다 많은 자율권을 인정하는 신연방 형태를 제시하면서 연방 해체의 위기를 극복하려 했다. 그러나 러시아 공화국의 대통령이었던 옐친을 비롯하여 소련 구성공화국 지도자들은 자신들

---

38) *Комсомольская правда*, 12 декабря 1991 г.
39) *Правда*, 24 сентября 1989 г.

의 정치적 욕망을 감추지 않았다. 이들 공화국의 정상들은 소련 해체를 위한 각종 모임에 소련의 당시 대통령이었던 고르바쵸프를 초청하지 않았다. 소련 대통령과의 사전 협의 없이 소련 해체에 동의했다.

　CIS는 중앙권력에 도전하는 분리·독립주의 세력들의 과도기적 대체물로 형성되었다. 소연방의 해체에 따른 제반 문제를 해결하고, 국가 안보에 따르는 새로운 협력을 목적으로 탄생된 국가간 협력체이다. CIS는 제반 정책을 결정하는 과정에서 합의에 기반을 두고 있는 유럽안보협력회의에서 유추된 것이다. 그러나 특정 문제에 대한 결정은 정치 및 경제적 힘의 정도에 따라 영향력을 달리하는 그러한 방향으로 정착되어갔다.

　결국 고르바쵸프와 옐친은 소련을 해체하고 동일의 공간을 중심으로 CIS를 결성했다. CIS는 느슨한 연합체에 불과하다. 지난날의 안보 및 경제관계가 해체됨으로 인해 나타나는 불안 요소를 극복하기 위한 협의 기구의 성격을 지닌다. 소련 해체와 CIS 결성이라는 정치적 격변의 중심에 서 있었던 고르바쵸프와 옐친에게는 그에 맞는 비난과 보수가 주어졌다. 고르바쵸프에게는 노벨 평화상이 주어졌고, 옐친에게는 소련의 정통 후계국인 러시아의 대통령 자리가 주어졌다.

<참고 문헌>

이영형, 『독립국가연합(CIS)의 이해』(서울: 엠에드, 1999).

이영형, 『러시아정치사』(서울: 엠애드, 2000).

이영형, "카자흐스탄에 대한 러시아의 영향력 평가: 지리환경 변수를 중심으로," 『국제지역연구』 19권 1호(2010).

Н.Верт, *История советского государства* (Москва: Прогресс-Академия, 1994).

М.С.Горвачев, "Политический доклад центрального комитета КПСС XXVII СССР," *Правда*, 26 февраля, 1986 г.

Горбачев-Фонд, *Союз можно было сохранить* (Москва: Апрель-85, 1995).

М.С.Горбачев, *Размышления о прошлом и будущем* (М.: ТЕРРА, 1998).

А.Загорский, Лукас Майкл, *Россия перед европейским выбором* (М.: Международные отношения, 1993).

А.Загорский, *Основные тенденции развития Содружества Независимых Государств. Страны бывшего СССР и европейская безопасность* (М.: Международные отношения, 1994).

В.Кононенко, "Учредители старого Союза создают новое Содружество", *Известия*, 10 декабря 1991 г.

И.И.Локосов, И.Б.Орлова, *Пятилетка по 13 : Взлёты и падения* (Москва: Асадема, 1996).

Г.В.Осипов и др, *Реформирование России: Мифы и Реальность*

(1989 - 1994) (М.: Academia, 1994).

О.М.Попцов, *Хроника времен "Царя Бориса"* (Москва: Совершенно секретно, 1995).

В.Пустогаров, "Содружество в ракурсе международного права," *Международная жизнь*, no 8-23, 1992 г.

В.Пустогаров, "Международно-правовой статус СНГ," *Государство и право*, no 2, 1993 г.

Дипломатический вестник, no 1, 1991.

Дипломатический вестник, no 1, 1992.

Известия, 20 Июня 1991.

Известия, 15 ноября 1991.

Известия, 9 декабря, 1991.

Известия, 10 декабря, 1991.

Известия, 12 декабря 1991.

Известия, 18 декабря, 1991.

Комсомольская правда, 11 декабря 1991.

Комсомольская правда, 12 декабря 1991.

Независимая газета, 25 декабря, 1991.

Правда, 31 декабря 1922.

Правда, 24 апреля 1985.

Правла, 7 марта, 1985.

Правда, 28 января, 1987.

Правда. 24 сентября, 1989.

Россий ская газета, 10 декабря, 1991.

Российская газета, 13 декабря 1991.
Российская газета, 17 декабря 1991.
Советская россия, 24 апреля, 1991.
Советская россия, 15 августа, 1991.

제2부. 과거의 영광으로 향한 지난 20년간의 고달픈 노력

옐친은 1992년 1월부터 서구식 정치제도를 도입하고, 자본주의 시장경제 정책을 추진하기 시작했다. 과거에 대한 영광이 소련에서 러시아로 자연스럽게 이전될 것이라는 환상 속에서 제반 정책이 추진되었다. 그러나 현실은 냉엄했다. 러시아의 국제적 영향력은 추락했고, 경제적으로 모라토리움(Moratorium)이 선언되었다.

2000년 푸틴 정부가 들어서면서 정치 및 경제질서가 안정화되었고, 과거의 영광을 되찾기 위한 정책이 뒤따랐다. 이러한 과정에서 러시아 연방제(federalism)의 성격이 변화되었고, 주권민주주의라는 이름으로 중앙정부에 과도하게 권력이 집중되었다. 이와 함께 유럽국가에서 아·태 국가로 전환되는 다양한 개발정책이 추진되고 있다.

러시아의 안보정책은 지정학으로부터 자유롭지 못하다. 러시아 영토가 유럽에서 아시아의 동쪽 끝자락까지 연결되어 있기 때문에, 지리환경에 맞는 안보정책이 필요했다. 서부국경에서의 안보정책은 NATO확장 및 미국의 MD구상에 대응하는 모습으로 구체화되었고, 동부국경에서는 SCO를 통해 안보벨트를 구축하는 방향으로 나타났다.

제1장. 러시아 연방의 체제구축 과정

[러시아의 역대 대통령]

대 통 령	재 임 기 간	비 고
옐친(B.N.Yeltsin)	· 1991.07~12(소련내 러시아공화국 대통령) · 1992.01~1999.12	· 체제정비[1993년 신헌법 채택, 대통령 중심제, 양원의 입법부 구성] · 러시아의 국제적 영향력 추락[1998년 8월, Moratorium선언] · 조기 사임[1999.12.31]
푸틴(V.V.Putin)	· 2000.01~05(대통령 권한대행) · 2000.05~2008.5	· 중앙정부의 권한 강화[연방지구 결성, 89개 연방주체를 83개로 축소; 주지사 임명제] · 과거의 영광을 되찾기 위한 강경의 외교노선[강력한 국가 건설]
메드베제프 (D.A.Medvedev)	· 2008.05~2012.05	· 푸틴총리와 양두 체제 유지 · 5대 핵심 산업 육성 강조. · 시베리아/극동 및 북극개발 · New START 서명
푸틴(V.V.Putin)	· 2012.05~현재	· 3선 성공 · 강경외교 지속[군사력 증강 강조]

제1절. 러시아연방의 행정구역과 지역별 특징

1. 들어가는 말

소련 해체와 함께 1992년 1월 1일 부터 러시아 연방(The Russian Federation)이 독립 국가 건설 작업을 시작했다. 소련 해체와 함께 러시아가 관리하는 공간이 다소 축소되기는 했지만, 러시아는 세계 육지면적의 1/9에 해당되는 광활한 영토를 가지고 있다. 러시아의 영토 면적 [17,098,200km²]은 구소련 전체 영토 면적의 76.6%에 달한다. 인구 [141,914,500명(2010.1.1.)] 및 에너지 자원을 비롯한 다양한 자원 역시 러시아에 절대 다수가 위치하고 있다. 따라서 국제무대에서 러시아는 소련의 정통 후계국가로 인정되었다.

독립 러시아의 초대 대통령인 옐친이 1993년 12월에 헌법을 채택하면서 새로운 사회에 맞는 국가질서를 정비하기 시작했지만, 다양한 문제들이 체제 전환 과정을 어렵게 했다. 21개 공화국들 중에서 러시아의 서남부 지역에 위치하고 있는 공화국들을 중심으로 분리 독립운동이 활발하게 전개되면서 러시아연방이 분열의 위기를 맞이하는 그러한 상황이 초래되기도 했다. 사회에 각종 혼란이 만연했고, 국가는 혼돈된 상태였다. 그러나 푸틴이 집권하는 2000년 이후에 중앙권력이 강화되면서 광활한 영토가 보다 체계적으로 관리되기 시작했다. 다양한 행정 지역들이 새로운 모습으로 정비되기도 했다.

푸틴의 임기가 2008년 5월로 종료되면서 메드베제프 후보가 푸틴의 지원에 힘입어 대통령에 당선되었다. 4년 임기로 선출된 메드베제프는 2008년 5월 7일 취임했고, 푸틴은 메드베제프 정권하에서 총리로 임명(2008.5.8)되어 활동해 왔다. 양원제로 구성된 입법부[연방회의 166명, 국가두마 450명]의 하원인 국가두마에서 통합러시아당이 ⅔에 달하는 절대 다수의 의석을 차지하고 있다. 통합러시아당에 대한 국민들의 압도적인 지지와 함께 메드베제프 대통령과 푸틴 총리에 의해 관리된 러시아연방이 제자리를 찾아갔다.

	본 글은 자연 및 인문지리 환경을 중심으로 유럽과 아시아에 걸쳐있는 러시아 연방을 개괄하는 것을 목적으로 한다. 러시아연방을 구성하고 있는 89개의 내부 행정지역 및 7개 연방지구가 어떻게 구획 및 정비되고 있는지를 살핀다. 그리고 연방구성 주체의 수 감소[89개에서 83개로 감소]와 8개로 늘어난 연방지구를 개괄한다. 본 글은 자연지리 및 인문지리 구조를 통해 러시아 사회의 지역별 일반 상황을 정리하는 개괄적인 수준에서 마무리됨을 밝힌다. 이러한 작업을 수행하는 목적은 분야별 영역에서 보다 심도 있는 러시아 지역연구를 가능하도록 하기 위함이다.

2. 러시아연방의 행정구역과 연방주체의 성격 변화

1) 러시아연방 행정구역

	러시아는 중동부 유럽에서 극동아시아의 동부 변두리까지 분포되어 있다. 수도인 모스크바에서 극동지역에 있는 캄차트카 크라이(Камчатский край)의 중심지인 페트로파블로프스크-캄차트키(Петропавловск-Камчатский)市까지의 거리가 11,876㎞이며, 양지역간 시차는 8시간에 이른다.1) 러시아 전체 영토는 9시간의 차이를 보인다. 이러한 자연지리 환경이 러시아 중앙정부의 통치 효율성을 약화시키는 역할을 하기도 한다.

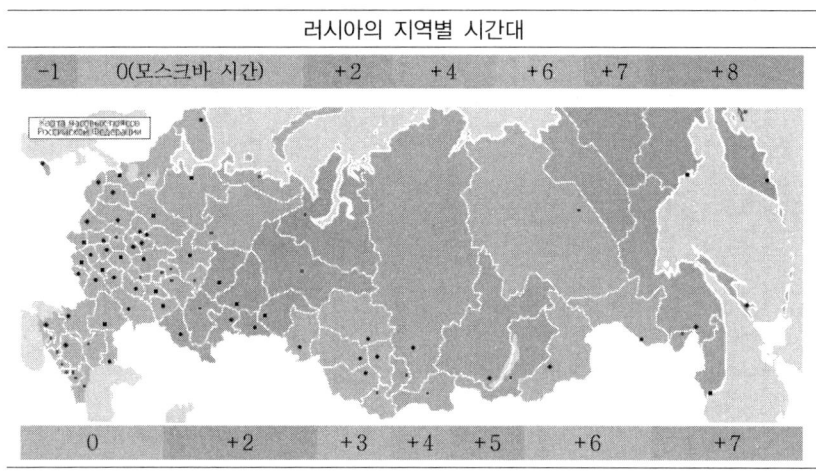

http://worldgeo.ru/russia/timezone/(검색일: 2010년 4월 24일)

러시아는 연방제 국가이다. 수정되기 이전의 러시아 헌법 제5조 1항에 러시아는 모스크바와 샹트-페테르부르크(舊·레닌그라트) 특별시를 비롯한 89개의 연방 주체로 구성된 연방 국가임을 밝히고 있다. 러시아는 평등한 연방 주체들인 공화국, 크라이(край)2), 주, 연방 의미의 도시,

---

1) 사할린州의 주도인 유즈노-사할린스크市에서 모스크바까지의 거리는 10,417 km이며, 모스크바와의 시차는 +7시간이다.
2) 행정단위인 크라이(край)란 1924-38년 사이에 비러시아인들이 주로 거주하고 있던 접경지역에 전략적으로 설치한 개척지구이다. 여기에는 역내에 소수 민족으로 구성된 특수 독립 행정구역을 포함한다. 행정단위인 크라이(край)에 대한 해석은 다양하다. 한국에서는 '변강' 또는 '변강주'로 번역되어 사용되기도 하지만, '주'로 사용하는 경우가 흔하게 보인다. 그리고 일본에서는 '변구'로, 중국에서는 '변강구'로, 북한에서

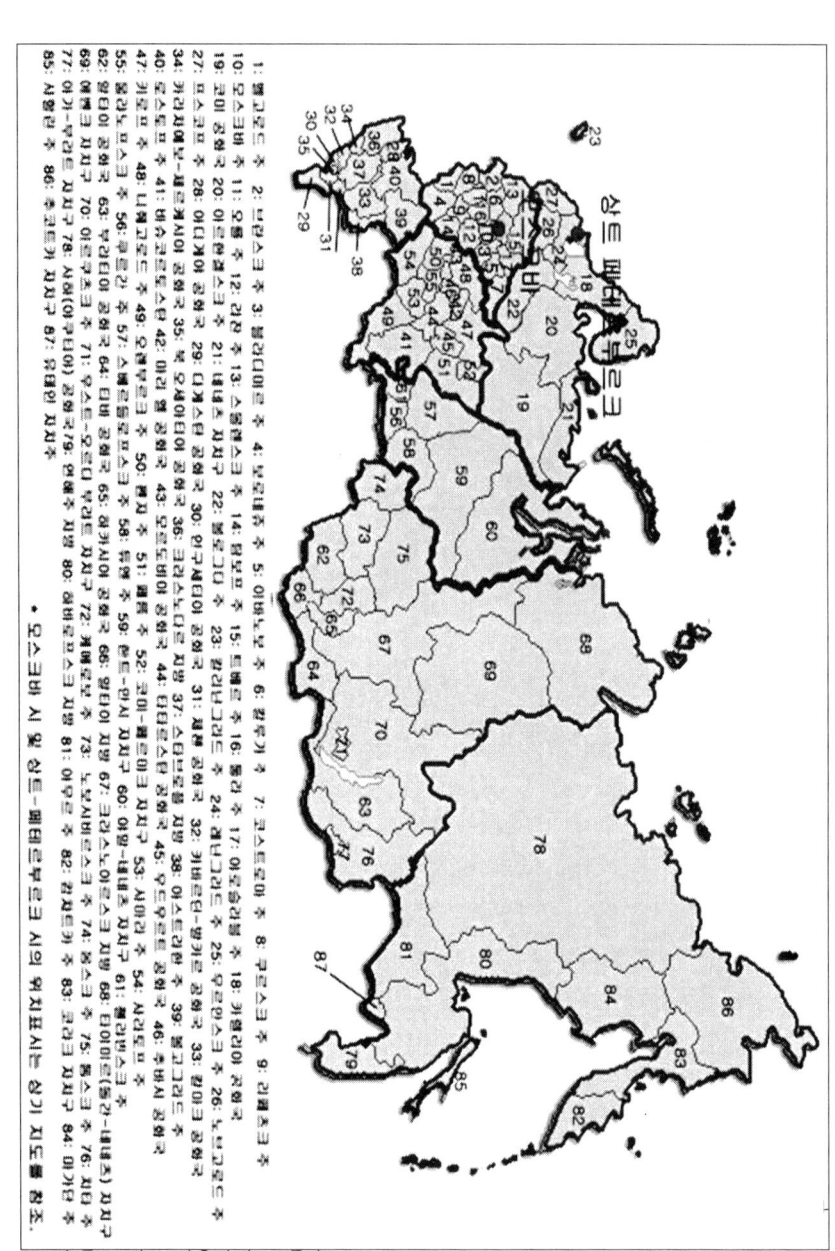

자치주, 자치구 등으로 구성된다. 러시아연방은 모스크바와 샹트-페테르부르크市를 비롯하여 21개의 自治공화국, 6개의 크라이, 49개 州와 1개의 自治州, 그리고 10개의 自治區로 구성되어 있었다.

러시아 헌법 제5조 2항의 규정에 의하면, 21개의 공화국은 자체 헌법과 법률을 가질 수 있다. 그러나 공화국을 제외한 기타 연방 주체들은 헌법의 하위법인 법률과 규칙을 가질 수 있다. 그리고 동조 4항에는 연방권력 기구와 각 연방 주체들의 권력 기구간 관계는 동등한 권한을 갖는 것으로 되어 있다. 러시아 연방 헌법 76조 5항과 6항에는 공화국이 제정한 헌법과 법률 그리고 기타 연방 주체들이 제정한 법률과 명령은 연방 헌법에 충돌될 수 없으며, 충돌 시 연방 헌법이 우선 적용되도록 규정되어 있다. 그리고 러시아 연방 헌법 66조 5항에는 연방과 지방정부의 법적지위가 상호 협의에 의해 변경될 수 있음을 인정하고 있다. 러시아연방 주체들의 법적지위는 연방 헌법에 기초해서, 중앙과 연방 주체의 상호 승인 하에 변경될 수 있다.

러시아의 89개 연방 주체들 중에서 일부는 중앙에 반대되는 독자적인 정책을 추진해 왔다. 옐친시기에 개별 연방주체들은 중앙으로부터 독립되는 정책을 추진하고 있었으며, 중앙의 헌법에 위배되는 자치 법률을 정비하기도 했다. 러시아 법무부의 발표에 따르면, 1996-1997년에 지방에서 채택된 4만4천개의 법규(법률 및 주지사의 명령 등)들이 심사를 위해 법무부로 이송되었는데, 이 중 절반 정도가 연방 헌법과 법률에 충돌되는 것으로 평가되었다. 결국, 중앙의 통제력이 개별 행정지역으로 제대로 침투되지 못하고 있었으며, 중앙정부의 지방정부에 대한 규제능력 역시 미약한 수준에 있었다.

2000년에 집권한 푸틴은 중앙의 통제력 강화를 위해서, 그리고 통치 효율성 증대를 위해서 연방의 행정구역을 재편성했다. 취임 일주일 만인 5월 13일, 89개 연방주체를 7개 연방지구로 묶어 관리하려는 조치가 취해졌다. 7개 연방지구는 러시아의 군관구와 거의 일치한다. 7개 지역들의 총괄 책임자를 대통령이 직접 임명하여 국민의 직접선거로 선출된 지방 지도자 보다 상위에 군림하게 했다. 지방을 대통령이 직접 관장할 수 있도록 하는 대통령의 권한 강화 방편의 일환이었다. 느슨한 중앙-지방 관계를 중앙에서 통제하며, 중앙에 반대하는 지방 정부에 대한 통제력을 강화하려는 차원에서 추진되었다.

〈지도:1〉 7개 연방지구

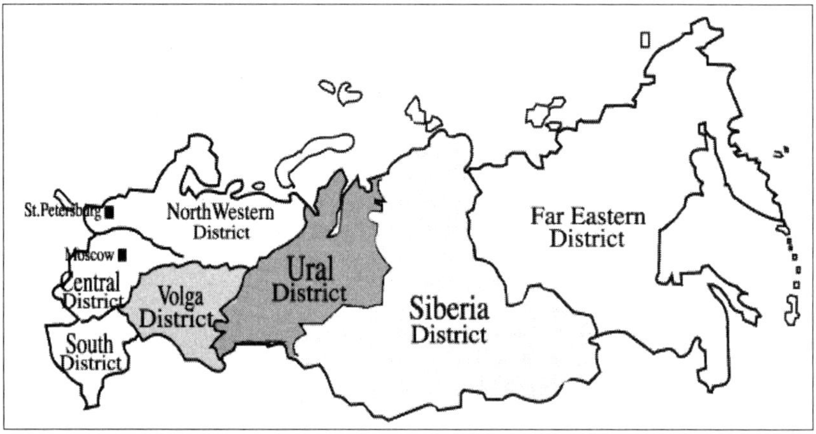

푸틴에 의해 분류된 7개 연방지구는 국내외 상황 변화에 따라 수정되었다. 2010년 1월 19일 메드베제프 대통령의 명령에 의해 남부연방지구의 일부 주체들을 묶어 새롭게 북카프카스연방지구(СКФО, Северо-Кавказский федеральный округ)를 조직했다.3) 북카프카스연방지구의

면적은 러시아연방 전체 영토의 약1%에 불과하며, 다게스탄 공화국, 인구세티야 공화국, 카바르디-발카리야 공화국, 카라체예보-체르케시아 공화국, 북오세티야 공화국, 스타브로폴 크라이, 체첸공화국 등 7개 행정주체들로 구성되어 있다.4) 동일 연방지구는 동쪽으로 카스피해와 접해있고, 남쪽으로는 카프카스 산맥과 접하면서 그루지야 및 아제르바이잔 등과 경계를 이루고 있다.

 상기와 같이 연방지구가 결성되었지만, 기존에 개별 연방 주체가 가진 자치행정 기관의 권한은 유지되었다. 각각의 연방 주체들은 연방 헌법 제65조에 명기되고 있으며, 각자 연방 헌법에 명기된 다양한 권한을 행사할 수 있도록 되어 있다. 연방 주체의 명칭은 적절한 절차를 통해 변경될 수 있다. 러시아연방 헌법 137조 2항에 러시아연방 주체의 명칭 변경에 대해서 다음과 같이 정리되고 있다. 공화국, 크라이, 주, 연방특별시, 자치주, 자치구 등의 명칭이 변경될 경우 새로운 명칭이 러시아연방 헌법 제65조에 명기되어야 한다.5) 러시아연방 체제가 수립된 이후에 그 명칭이 변경되어 헌법에 등록된 연방 주체들은 <표: 1>과 같다.

---

3) *http://skfo.gov.ru/skfo/*(검색일: 2011년 10월 11일)
4) 주요 대도시들은 다음과 같다. 마하치칼라(Махачкала), 스타브로폴(Ставрополь), 블라디카프카스(Владикавказ), 날리칙(Нальчик), 그로즈니(Грозный), 퍄티고르스크(Пятигорск), 키슬로보드스크(Кисловодск), 체르케식(Черкесск) 등이다.
5) В случае изменения наименования республики, края, области, города федерального значения, автономной области, автономного округа новое наименование субъекта Российской Федерации подлежит включению в статью 65 Конституции Российской Федерации.

〈표: 1〉 연방 주체의 명칭 변경 현황

법적 근거	명칭 변경 이전	명칭 변경 이후
1996년 1월 9일의 대통령 명령(Указ) 제20호	인구쉬 공화국 (Ингушская Республика)	인구세티야 공화국(Республика Ингушетия)
	북 오세티야 공화국 (Республика Северная Осетия)	북 오세티야 공화국-알라니야(Республика Северная Осетия — Алания)
1996년 2월 10일의 대통령 명령(Указ) 제173호	칼미키야 공화국 - 할름그 탄그치 (Республика Калмыкия — Хальмг Тангч)	칼미키야 공화국(Республика Калмыкия)
2001년 6월 9일의 대통령 명령(Указ) 제679호	추바쉬 공화국 - 차바쉬 공화국 (Чувашская Республика — Чаваш Республики)	추바쉬 공화국 - 추바시야(Чувашская Республика — Чувашия)
2003년 7월 25일의 대통령 명령(Указ) 제841호	한티-만시스크 자치구(Ханты-Мансийский автономный округ)	한티-만시스크 자치구 - 유그라 Ханты-Мансийский автономный округ — Югра

http://ru.wikipedia.org/wiki/(검색일, 2010년 1월 28일)

    푸틴 행정부는 2001년부터 연방 주체의 지위 변화와 새로운 연방 주체 창설에 관한 법령을 준비했다.6) 그리고 연방 주체 수 조정에 관한 입법 활동은 국회를 중심으로 시작되었다. 전체 14개조를 가진 헌법적 연방 법률(Федеральный конституционный закон)인 ≪러시아연방의 새로운 주체 형성 및 러시아연방으로의 수용 규칙에 대해서≫7)가 2001년 11월 30일 국가두마를 통과했고, 동년 12월 5일 상원인 연방소비에트에서 통과되었다. 그리고 푸틴 대통령이 2001년 12월 17일 공표하면서 효력이 발생되기 시작했다. 동일 법률은 2005년 10월 31일 개정되었다. ≪러시아

---

6) *Сегодня*, 4 января, 2001г.
7) ≪О порядке принятия в Россий скую Федерацию и образования в ее составе нового субъекта Россий ской Федерации≫

연방의 새로운 주체 형성 및 러시아연방으로의 수용 규칙에 대해서≫ 제5조에 새로운 연방주체 형성 조건이 나열되고 있다. 그리고 동조 1항에는 러시아연방의 새로운 구성 주체의 형성은 2개 또는 그 이상의 연방 주체를 통합하는 방식으로 실현되어질 수 있음을 기록하고 있다.

2001년 연방주체 설립에 관한 법률이 채택된 이후, 연방주체 통합 논의가 제기된 지역은 프스코프와 노브고로트州, 야로슬라블과 코스트로마州, 크라스노다르 크라이와 아디게야 공화국, 모스크바市와 모스크바州, 샹트-페테르부르크市와 레닌그라트州 등이다. 그리고 크라스노야르스크와 하카시야 공화국의 병합이 언급되었지만, 하카시아 공화국의 반발이 강력히 제기되었다. 새로운 연방 주체를 형성하기 위해서는 국민투표를 통해 지역민의 합의를 도출해야 되며, 지역의회의 승인, 국가두마와 연방회의의 의결을 통과하게 되면 대통령의 서명 및 포고로 매듭지을 수 있다.[8] 이들을 대상으로 하는 새로운 연방 주체 형성 노력은 개별 지역에서의 반발로 가시화되지 못했다. 그러나 기타 연방 주체에서는 통합 과정을 거쳐 왔다.

2) 러시아연방 구성 주체 수 조정 논의와 통합 과정

(1) 연방구성 주체 수 조정의 목적과 배경[9]

러시아의 연방을 구성하고 있는 89개 행정주체 수의 조정에 관련된 다양한 논의가 있어 왔다. 이러한 논의는 중앙정부뿐만 아니라 연방 주

---

8) 김성진, "러시아 연방구조의 변화: '새로운 연방주체'의 창설과 연방주체 수의 변화," 『슬라브학보』, 제21권 1호(2006), p. 242.
9) 김성진(2006), pp. 230-231.

체들 사이에서도 꾸준히 제기되어 왔다. 연방주체 수의 변화, 특히 감축에 대한 논의는 연방 관계의 효율성과 연방 주체 사이의 평등, 그리고 재정적인 부담 차원에서 논의가 제기되었다. 이러한 이유와 함께 중앙정부의 연방 주체에 대한 견제 의도도 발견되고 있다. 연방구성 주체 수 조정의 목적과 그 배경은 다음과 같이 분류된다.

첫째, 89개에 달하는 연방주체의 수가 연방관계의 안정화는 물론 효율적으로 국가를 관리하기에 지나치게 많다는 주장이다. 러시아연방을 이루고 있는 89개의 행정 구조는 소비에트 시기에 정치적인 이유로 결정된 경우가 많으며, 현실적으로 타당성이 적은 경우도 발견된다. 예를 들어, 민족-영토원칙을 적용하여 형성된 자치구의 경우, 토착민족(titular nation)의 비율이 전체 인구에서 차지하는 비율이 낮아 민족-영토원칙을 고집하는 것이 현실적으로 타당하지 않다는 주장이다.

둘째, 연방주체 사이의 평등 문제 역시 연방주체의 수를 줄여야 한다는 주장의 논점으로 부각되고 있다. 연방주체 사이의 불평등은 자원에 대한 관리, 정치체제를 구성하는 방식에서의 차이 등 다양한 측면에서 법적인 차이는 물론 정치과정에서도 현실적인 차이를 낳고 있다. 대체로 연방주체 사이의 불평등, 혹은 비대칭성 문제는 주로 공화국과 크라이/州 사이의 관계에 초점을 맞추어 논의되고 있으나, 이 문제는 크라이/州와 자치구 사이의 관계에서도 제기되는 문제이다. 이러한 비대칭성을 둘러싼 연방주체간의 갈등은 장기적으로 연방관계의 발전을 저해할 뿐만 아니라, 러시아연방 차원에서의 민주화 과정에서도 부정적인 영향을 미칠 것이라는 우려를 낳기도 한다.[10]

---

10) Steve Solnick, "Will Russia Survive? Centre and Periphery in the Russian Federation," in Barnett R. Rubin and Jack Snyder(eds.), *Post-Soviet Political*

셋째, 연방재정에 기여하는 연방주체의 수가 10여개에 지나지 않고, 대다수의 연방주체는 연방정부의 지원에 기초되어 운영되고 있다는 문제가 제기된다.11) 푸틴 대통령은 지방정부의 재정능력이 개선되지 않는 연방 주체의 책임자를 문책하겠다고 공언하고 있을 정도로 심각한 문제로 부각되었다. 푸틴 대통령은 2005년 9월 막대한 연방 보조금을 받으면서도 사회-경제적 상황을 개선하지 못하는 연방 주체 지도부는 하위 지자체 단체장의 임명권을 회수하고, 연방재원의 사용에 대한 권한 역시 제한할 것을 내용으로 하는 법안에 찬성한다고 언급했다.12) 결국 주체의 인구와 경제 규모에서 자립이 어려운 연방주체가 적지 않으며 이들의 재정 능력이 쉽게 해결되기 어렵기 때문에 재정부담 완화 차원에서 연방주체 수를 감축할 필요가 있다는 주장으로 연결된다.

넷째, 연방주체 수의 감축은 중앙정부의 지방정부에 대한 견제 차원에서 이해될 수 있다. 예를 들어, 소련이 해체되기 직전에 고르바쵸프는 옐친과의 권력투쟁 과정에서 러시아연방의 하위 행정단위의 요구를 수용함으로써 러시아연방 정부를 약화시키려 했으며, 이 과정에서 자치공화국과 같은 연방공화국의 하위 행정단위를 격상시키거나 권한을 확대시켜 주고자 했다. 옐친 역시 지방자치단체의 갈등을 이용해서 연방 주체를 견제하고자 했을 뿐만 아니라, 크라이/州와 자치구의 갈등을 통해 크라이와 州를 견제하고자 했다.13) 그러나 푸틴은 중앙정부의 연방주체에 대한 주도권을 확보하면서 연방주체 책임자들의 임명권을 확보하는 대신 연방

Order: Conflict and State Building (London: Routledge, 1998), pp. 58-80 참조.
11) 개별 연방주체의 재정자립 정도는 <별첨-2> 참조.
12) RFE/RL Newsline, 26 September 2005.
13) Matthew Hyde, "Putin's Federal Reforms and their Implications for Presidential Power in Russia," Europe-Asia Studies, vol. 53, no.5(2001), p. 743.

주체 책임자들에게는 자치 단체장의 해임 권한을 부여하였고, 크라이 또는 州와 자치구의 갈등에서도 크라이와 州정부의 입장을 옹호하는 모습을 보여 왔다.

이러한 연방주체 수의 축소에 대한 중앙정부의 입장은 이미 옐친집권 초기부터 어느 정도의 공감대가 형성된 것으로 보이지만, 중앙정부가 이를 실행에 옮길 만한 여력을 가지고 있지 못했다. 그러나 푸틴 행정부에 이르러 여력이 확보되면서 연방주체 수의 축소 노력이 가시화된 것으로 볼 수 있다.

(2) 연방구성주체의 통합 과정

2000년 이후, 연방구성 주체를 통폐합하는 작업이 시작되었다. 2004년 3월 25일의 연방 법률인 ≪러시아연방 구성에 있어 페름주와 코마-페르먀크 자치구의 통합 결과에 따른 새로운 주체 형성에 관하여≫에 따라 2005년 12월 1일부터 러시아연방의 새로운 주체인 페름 크라이(Пермский край)가 조직되었다.14) 그리고 2005년 10월 14일의 헌법적 연방법률 ≪러시아연방 구성에 있어 크라스노야르스크 크라이, 타이므르(돌가노-네네츠) 자치구, 그리고 에벤키 자치구의 통합 결과에 따른 새로운 주체 형성에 관하여≫에 따라 2007년 1월 1일부터 새로운 연방주체인 크라스노야르스크 크라이(Красноярский край)가 조직되었다.

2006년 7월 12일의 헌법적 연방 법률인 ≪러시아연방 구성에 있어 캄차트카주와 코랴크자치구의 통합 결과에 따른 새로운 주체 형성에 관하여≫에 따라 2007년 7월 1일부터 새로운 연방주체인 캄차트카 크라이

---

14) 양지역의 통합에 관한 주민투표는 2003년 3월 7일 실시되었으며, 전체 주민들의 절대 다수인 83%애 해당되는 지역 주민들이 통합에 지지 의사를 보였다.

(Камчатский край)가 형성되었으며,15) 2006년 12월 30일의 헌법적 연방 법률 ≪러시아연방 구성에 있어 이르쿠츠크주와 우스트-오르다 부랴트 자치구의 통합 결과에 따른 새로운 주체 형성에 관하여≫에 따라 2008년 1월 1일부터 새로운 연방 주체인 이르쿠츠크주(Иркутская область)가 형성되었다.16) 뿐만 아니라, 2007년 7월 21일의 헌법적 연방 법률에 따라 치타주와 아가-부랴트 자치구의 통합 결과 2008년 3월 1일부터 자바이칼 크라이(Забайкальский край)가 형성되었다.

〈표: 2〉 연방 주체의 통합 결과

변경일시 (년월일)	통합된 기존 주체	새로운 주체 이름	소속 연방지구
2005.12.	페름州, 코미-페르먀크自治區	페름 크라이	볼가
2007.1.1	크라스노야르스크 크라이, 타이므르(돌가노-네네츠)自治區, 에벤키自治區	크라스노야르스크 크라이	시베리아
2007.7.1	캄차트카州, 코랴크 自治區	캄차트카 크라이	극동
2008.1.1	이르쿠츠크州, 우스트-오르다 부랴트自治區	이르쿠츠크주	시베리아
2008.3.1	치타州, 아가-부랴트自治區	자바이칼 크라이	시베리아

러시아연방이 출범할 당시의 행정 주체가 89개였으나, 2010년 2월

---

15) 캄차트카州와 코랴크自治區가 2007년 7월 1일 합병되면서 그 명칭이 캄차트카 크라이로 변경되었다. 국민투표에서 높은 지지를 보이면서 병합되었다. 캄차트카州의 찬성 율은 84.9%, 코랴크自治區의 경우는 89.0%였다. 이들 두 연방주체는 1993년에 분할되기 전까지 단일지역이었기 때문에, 이번 조치는 거의 원상회복에 가까운 조치라고 할 수 있다.
16) 2006년 4월 26일 국민투표를 통해 우스트-오르다 부랴트自治區가 이르쿠츠크州로 편입되었다. 이르쿠츠크 주민들의 90%, 그리고 우스트-오르다 부랴트 자치구 주민들의 97.3%가 편입에 찬성했다.

현재 83개로 축소되었다. 상기 변화된 연방 주체는 러시아연방 헌법 137조에 따라 변화된 주체의 명칭이 헌법 제65조에 기록되었다. 헌법에 새로운 명칭의 기록은 동일의 행정 주체가 헌법에서 보장된 지위를 유지할 수 있는 최후의 조치이다. 헌법 제65조 규정의 변경은 러시아연방의 새로운 주체 형성 및 연방 주체로의 수용에 기초되어 합법적 권한을 행사할 수 있게 된다.

〈표: 3〉 통합된 주체와 헌법적 지위 변화

헌법적 연방 법률 (Федеральный конституционный закон)	변경기입 일시	헌법 제65조에서 삭제	헌법 제65조에 포함
2004년 3월 25일(№1호)	2005.12.1	페름주; 코미-페르먀크 자치구	페름 크라이
2005년 10월 14일(№6호)	2007.1.1	타이므르(돌가노-네네츠) 자치구; 에벤키 자치구	
2006년 7월 12일(№2호)	2007.7.1	캄차트카주; 코랴크 자치구	캄차트카 크라이
2006년 12월 30일(№6호)	2008.1.1	우스트-오르다 부랴트 자치구	
2007년 7월 21일(№5호)	2008.3.1	치타주; 아가 부랴트 자치구	자바이칼 크라이

http://ru.wikipedia.org/wiki/(검색일, 2010년 1월 28일)

러시아연방을 구성하고 있는 행정 주체의 통폐합은 다음과 같은 방식으로 진행되었다. 공화국과 연방특별시, 그리고 자치주(유태인 자치주)는 그대로 유지되었고, 자치구는 이웃하고 있는 州에 통합되면서 그 명칭이 크라이로 변경되는 방식이었다. 행정 주체의 통폐합 과정에서 몇가지 특징이 보인다.

첫째, 국경지대에 새로이 크라이를 결성하고 있다. 총9곳의 크라이들 중에서 볼가연방지구의 페름 크라이를 제외하고는 모든 크라이가 국경지대에 있다.17) 그리고 남부연방지구에 있는 크라스노다르 크라이와 스타브로폴 크라이, 그리고 볼가연방지구에 있는 페름 크라이를 제외한 6곳의 크라이가 모두 동부지역(시베리아 연방지구 및 극동연방지구)에 위치하고 있다.18)

〈표: 4〉 러시아연방 주체 구분 및 주체 수(기준: 2010년 2월 현재)

구 분	기존의 주체 수	축소 이후의 주체 수
공화국	21	21
연방특별시	2	2
크라이	6	9
주	49	46
자치주	1	1
자치구	10	4
전체	89	83

둘째, 자치구(自治區)의 수를 줄이고 있다.19) 기존의 자치구가 10곳

---

17) 남부연방지구의 〈스타브로폴 크라이〉의 경우에는 직접 국경과 맞닿지는 않지만, 카바르다-발카리야 공화국 및 체첸 공화국 등과 연결되어 있다. 그리고 시베리아연방지구의 〈크라스노야르스크 크라이〉의 경우에는 이웃하고 있는 주체와의 통합 이후 북부에서 국경을 맞닿게 된다.
18) 지역구분은 우랄산맥을 중심으로 유럽지역을 서부로 하고, 아시아지역(시베리아연방지구 및 극동연방지구)을 동부로 한다. 우랄연방지구는 영토상으로 아시아 지역에 많이 분포되어 있지만, 행정 중심이 유럽지역에 위치하고 있기 때문에 유럽지역으로 분류한다.
19) 논의가 중단되기는 했지만 우랄연방지구의 튜멘州와 한티-만시스크, 그리고 야말-네네츠自治區의 병합 논의가 있었다. 야말-네네츠 자치구는 공화국의 지위를 요구할 만큼 정치력과 경제력을 가지고 있지만, 자치구를 책임지고 있는 튜멘州는 농업지역에 가깝다고 해야 할 정도로 경제적 능력이 상대적으로 제한되어 있다. 이에 따라 자치구가 (튜멘)주와 자치구의 관계를 주도할 수 있는 위치에 있었다. 이러한

에 있었지만, 자치구의 수가 줄어들면서 현재에는 4개에 불과하다. 물론 3곳의 州가 줄어든 사실은 이들 州와 이웃하고 있는 자치구를 통합하여 새로운 하나의 자치 단위체인 크라이로 수정되었기 때문이다. 결국, 자치구의 축소 형태로 통합 과정이 이루어졌음을 알 수 있다.

    2010년 현재 러시아 연방을 구성하고 있는 행정 주체를 유럽지역(서부지역)과 아시아지역(동부지역)으로 나누어 살펴보면 아래와 같다. 공화국과 주(州)는 유럽지역에 절대 다수가 분포되어 있고, 크라이와 자치주 및 자치구는 동부지역에 다수가 위치하고 있다.

배경 때문에 튜멘주는 원유생산지라는 위치에도 불구하고, 정치적으로는 자치구에 쉽게 압도될 수 있는 약점을 가지고 있었다. 뿐만 아니라 연방정부와의 관계에서도 적극적으로 권리를 요구하지 못하고, 오히려 정부의 중재로 자치구에 대한 주정부의 권한을 보장받는 방식으로 관계를 설정하고 있었다. 결국, 튜멘州와 한티-만시스크自治區 및 야말-네네츠自治區의 사회경제 수치는 자치구가 상위에 있다. 이러한 관계 속에서 튜멘州와 한티-만시스크自治區 및 야말-네네츠自治區 모두 병합에 반대하는 입장을 보이고 있다. 특히 자치구들은 자신들의 지위를 포기할 경우 소수민족을 지원하는 보조금이 단절될 것을 우려하고 있다. 이러한 상황에도 불구하고, 튜멘州와 한티-만시스크自治區 및 야말-네네츠自治區의 병합 움직임이 있었다. 푸틴 당시 대통령의 묵시적인 지원 아래 튜멘주의 주지사인 소비아닌(S.Sobyanin)의 주도로 추진되었다. 그러나 튜멘州의 병합 제안은 이를 주도했던 민간단체가 2004년 6월 법적으로 요구되는 50인 이상의 서명을 받아 연방주체의 병합 문제를 국민투표에 붙이고자 하는 과정에서 서명한 51인 가운데 2명이 해당지역 거주민이 아니라는 이유로 한티-만시스크 선거관리위원회에서 무효 처리되면서 무산되었다. 이후 2004년 6월 12일 튜멘州와 자치구들은 2010년 12월 31일까지 병합문제를 재론하지 않기로 합의하였으며, 2007년 7월 튜멘州와 자치구는 향후 5년간 유효한 권한공유 협약(power sharing pack)을 체결하였다. 김성진(2005), p. 14 재인용.

〈표: 5〉 2010년 현재, 러시아 연방 구성 주체의 지역별 분포 현황

구 분	지 역	소속 주체
공화국(21)	서부지역(17)	아디게야, 카라차예보-체르케시야, 하카시야, 인구세티야, 카바르다-발카리야, 북 오세티야, 체첸, 다게스탄, 칼미키야, 카렐리야, 모르도비야, 추바시야, 마리 엘, 타타르스탄, 우드무르트, 바슈코르토스탄, 코미
	동부지역(4)	알타이, 티바, 부랴트, 사하
크라이(9)	서부지역(3)	크라스노다르, 스타브로폴, 페름,
	동부지역(6)	알타이, 크라스노야르스크, 자바이칼, 연해주, 하바롭스크, 캄차트카
주(州)	서부지역(38)	칼리닌그라트, 프스코프, 스몰렌스크, 브랸스크, 쿠르스크, 벨고로트, 로스토프, 보로네슈, 오룔, 칼루가, 트베리, 노브고로트, 모스크바, 툴라, 리페츠크, 탐보프, 랴잔, 블라디미르, 야로슬라블, 레닌그라트, 볼로그다, 이바노보, 코스트로마, 니제고로트, 펜자, 볼고그라트, 아스트라한, 사라토프, 무르만스크, 아르한겔스크, 울리야노프스크, 키로프, 사마르, 오렌부르크, 스베르들로프스크, 쿠르간, 첼랴빈스크, 튜멘
	동부지역(8)	옴스크, 톰스크, 노보시비르스크, 케메로보, 이르쿠츠크, 아무르, 마가단, 사할린
연방특별시(2)	서부지역(2)	모스크바, 상트페테르부르크
	동부지역(0)	
자치주(1)	서부지역(0)	
	동부지역(1)	유태인 자치주
자치구(4)	서부지역(1)	네네츠
	동부지역(3)	한티-만시스크, 야말-네네츠, 추코트카

참고) 각각의 구분에서 행정주체 명칭의 나열순서는 러시아의 유럽지역에서 동부러시아의 극동지역으로 이어지는 순서로 한다.

3) 연방지구별 〈연방대학〉 설립과 교육 개혁

러시아는 교육과 지역사회 발전을 위해 〈연방대학〉을 설립하고 있다.

연방대학 설립은 공학자 및 과학자 양성, 지역단위 과학기술의 중추, 산학연계 등을 주요 목적으로 하고 있다. 연방대학은 민족교육의 중심 무대이며, 지역혁신 및 사회발전, 국제수준의 교육기관 양성을 목적으로 하고 있다. 학문 발전과 산학연계를 위한 프로그램 개발에 많은 관심을 갖고 있다. 이러한 목적을 지닌 연방대학은 지역에서 주도적인 역할을 담당하고 있는 국립 대학교를 중심으로 결성되고 있다.[20]

러시아연방에는 8개(2010년 이후) 광역 단위권의 연방지구가 결성되어 있음을 이미 밝혔다. 이들 연방지구 내에 각각 1~2곳의 <연방대학교>를 설립하고 있다. 연방대학을 설립하는 방식은 지역 내 주도적인 한 곳의 국립 대학교를 중심으로 하면서, 동일 지역 내 전문화된 3~4곳의 대학[인문, 공업, 예술, …]을 이에 통합시키는 형식으로 만들어지고 있다. 교육기관에 대한 통합화 작업은 2006년 말부터 본격적으로 추진되고 있다.

2006년 11월 시베리아연방지구와 남부연방지구에 각각 ≪시베리아연방대학교≫과 ≪남부연방대학교≫를 설립하도록 결정했고, 2007년부터 ≪시베리아연방대학교≫와 ≪남부연방대학교≫가 지역 단위에서 통합된 기관으로 교육 사업을 시작했다. ≪시베리아연방대학교≫은 ≪크라스노야르스크 국립 대학교≫를 중심으로 동일지역에 있는 3개의 전문화된 공업대학이 합류되면서 형성되었고, ≪남부연방대학교≫은 ≪로스토프 국립 대학교≫을 중심으로 지역 내 4개 대학이 연합되어 형성되었다.[21]

푸틴 정부 시절에 시작된 <연방대학교> 설립 작업은 메드베제프 정부가 들어선 2008년 이후에도 계속되었다. 메드베제프 대통령은 2008년 5

---

20) *Россий ская газета*, 28.01.2009.
21) *Россий ская газета*, 29.11.2006

월 7일 취임과 동시에 대통령령 <연방대학에 관하여>(О федеральных университетах)를 발표했다. 동 대통령령에 의하면, 학문/교육의 질적 향상과 장기 수요와 경제성을 목적으로 하는 고등교육과 이의 현대화를 지원할 목적으로 연방대학이 설립됨을 강조하고 있다. 동 대통령령은 기존의 ≪시베리아연방대학교≫와 ≪남부연방대학교≫에 더해서, 극동연방지구 등 기타 지역에서의 <연방대학교> 설립에 관련된 문제를 논의하도록 했다.22)

러시아는 기존의 2개 연방대학에 더해 새롭게 5개의 연방대학을 설립하도록 결정했다. 메드베제프 대통령은 2009년 10월 21일 대통령령 제1172호 ≪북서부, 볼가, 우랄 및 극동연방지구에서의 연방대학교 설립에 대하여≫23)를 발표했다.24) 10월 21일의 서명과 함께 효력이 발생하고 있는 연방대학 설립에 대한 대통령령은 아래의 사항을 지방 정부에 지시하고 있다. 3개월 이내에 연방대학교의 기본 골격을 확정짓고, 6개월 내에 관련 연방대학교에 통합될 지역의 국립 대학교를 선택함과 동시에 개별 연방대학의 발전 프로그램을 준비하도록 했다.

대통령령은 북서부연방지구에서 ≪아르한겔스크 국립 공과대학교≫를 중심으로 ≪북부(북극) 연방대학교≫를 설립하고, 볼가연방지구에는 ≪카잔 국립 대학교≫를 중심으로 ≪볼가연방대학교≫를, 우랄연방지구에 ≪우랄 국립 공과대학교≫를 중심으로 ≪우랄연방대학교≫를, 그리고 극동연방지구에는 ≪극동 국립 대학교≫를 중심으로 ≪극동연방대학교≫와 ≪야쿠트 국립 대학교≫를 중심으로 ≪북동연방대학교≫를 설립하도록 했다.

---

22) http://mon.gov.ru/dok/ukaz/obr/4668/(검색일: 2012년 2월 15일)
23) Указ Президента Российской Федерации от 21 октября 2009 г. N 1172 ≪О создании федеральных университетов в Северо-Западном, Приволжском, Уральском и Дальневосточном федеральных округах≫.
24) 연방대학 설립에 관련된 대통령령 원문은 다음을 참조.
http://mon.gov.ru/dok/ukaz/obr/6306/(검색일: 2012년 2월 15일)

북부(북극), 볼가, 우랄, 극동 및 북동연방대학교를 설립하도록 하고 있는 대통령은 각각의 연방대학교 설립 및 발전 방향을 모색함에 있어 개별 연방지구에 소속된 관련 연방 주체의 행정부 기관이 함께 협력하도록 하고 있다.25)

푸틴 총리는 2010년 7월 <2020년까지 북카프카스 지역의 사회-경제 발전 전략>에 관련된 통합러시아당 지역간 회의에서 2010년 말까지 북카프카스연방지구에 하나의 연방대학을 설립할 것을 지시했다. 푸틴 총리에 의하면, 동일 지역에 설립될 연방대학은 지역의 교육 및 개발관련 중심축 역할을 담당하게 된다.26) 북카프카스연방지구에 연방대학이 설립되면, 러시아의 8개 연방지구들 중에서 중앙연방지구를 제외한 모든 연방지구에서 한 곳 이상의 연방대학이 설립되는 결과를 낳게 된다.

상기 연방대학들은 지역개발과 학문적 발전을 연계시킬 수 있는 다양한 교육 프로그램을 개발하게 될 것으로 보인다. 특히, 극동연방지구에 ≪극동연방대학교≫와 ≪북동연방대학교≫가 블라디보스톡市와 사하 공화국에 각각 설치되고 있다는 사실은 중앙정부의 극동지역에 대한 관심이 다른 지역보다 높다는 것을 증명해 주기도 한다. 연방대학들이 지역개발을 주도하지는 않겠지만, 지역적 특성에 맞는 지역개발 정책이 수립될 수 있는 토대를 마련하는 데 상당한 기여를 할 수 있을 것으로 보인다.

---

25) *Россий ская газета*, 23 октября, 2009.
26) *Россий ская газета*, 06.07.2010

3. 러시아의 연방지구별 산업구조와 연방주체별 중앙정부의 보조금

1) 연방지구별 산업구조

소련이 해체되고 러시아가 독자적인 경제주체로 등장했지만, 러시아 산업구조는 구소련의 그것과 큰 차이가 없다. 천연가스, 석유, 석탄, 전력은 CIS 전체의 약75%가 러시아에 집중되어 있다. 석탄과 이탄(泥炭) 매장량의 9할 이상, 목재의 9할 이상, 철광석 매장량의 약2/3, 수력자원의 3/4이 러시아에 집중되어 있다. 또한, 러시아에는 CIS 전체의 방위산업 관련 기업의 3/4이 집중되어 있다. 러시아는 CIS 전체 공업생산의 2/3를 생산하고 있다. 7개 연방지구를 중심으로 지역별 경제구조를 개괄한다.

(1) 유럽지역

① 중앙연방지구

중앙연방지구는 브랸스크州, 블라디미르州, 이바노보州, 칼루가州, 코스트로마州, 모스크바, 모스크바州, 오룔州, 랴잔州, 스몰렌스크州, 트베리州, 툴라州, 쿠르스크州, 그리고 야로슬라블州 등을 비롯한 18개 주체로 구성되어 있다. 중앙연방지구는 러시아의 역사적 및 경제적 중심지이다. 모스크바와 그 주변에 과학기술 기관이 집중되어 있고, 발전된 제조업이 활성화되고 있

다. 특히, 각종 기계공업, 화학 및 경공업(섬유), 인쇄 공업이 활발하다. 중앙연방지구는 화학, 산림, 인쇄 공업을 비롯한 서비스용 산업과, 기타 경제지역을 연결하는 중간자적 역할을 주로 담당하고 있다. 그리고 노동력의 질이 높고, 과학기술 시설이 충실하기 때문에 첨단기업의 설립에 유리하다.

중앙연방지구에는 지하 및 천연자원이 다른 지역보다 빈약한 수준이지만, 석탄, 이탄(泥炭), 석회암, 그리고 북부와 북서지방의 산림자원이 풍부하다. 동일 연방지구의 벨고로트, 보로네슈, 쿠르스크, 리페츠크, 그리고 탐보프州를 포함하고 있는 지역에는 풍부한 철광 산지가 있어 지역경제에 중요한 역할을 담당한다. 동일 지역에서는 철강을 원재료로 하는 공작기계, 트랙트, 농업기계 등과 같은 기업들이 가동되고 있으며, 화학(타이어, 고무제품, 화학섬유, 염료) 산업이 강한 모습을 보인다. 그러나 생산은 저조한 실정이다. 따라서 중앙연방지구의 발전을 위해서는 사회간접자본의 정비와 함께, 러시아 연방에서 최고의 생산을 자랑하는 쿠르스크 지역의 철광석 개발이 중요해 보인다.

② 북서부연방지구

북서부연방지구는 10개 주체로 구성되어 있으며, 크게 북서지역과 북부지역으로 구분된다. 북서지역은 샹트-페테르부르크, 레닌그라트州, 노브고로트州, 프스코프州와 칼리닌그라트를 포함하고 있다. 샹트-페테르부르크

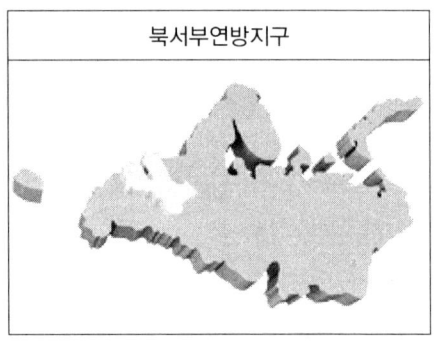

를 중심으로 하는 북서지역은 러시아를 서구와 연결하는 교량 역할을 담당하고 있으며, 칼리닌그라트州는 러시아 연방의 가장 서쪽에 위치하고 있다.[27] 샹트-페테르부르크와 칼리닌그라트의 주요 산업은 무선전자, 중전기, 운송기계, 조선을 포함하는 기계 산업 등이고, 노브고르트州와 레닌그라트州의 키리시(Кириш) 지역은 석유화학 산업, 칼리닌그라트州의 어업, 피혁, 호박 등이 유명하다. 북서지역의 산업구조에서 기계제작 공업과 화학 및 경공업 비중이 높다. 조선, 전기공업, 동력(에너지 자원)을 비롯한 공작기계 제작이 중요한 위치를 차지하고 있으며, 주요 기계제작 공장은 샹트-페테르부르크와 레닌그라트州에 집중되어 있다. 북서지역의 경제는 샹트-페테르부르크를 중심으로 이루어지고 있다. 그리고 북서지역 전체 영토의 45%가 산림으로 구성되어 있기 때문에 산림자원 역시 풍부하다. 주요 산림지대는 레닌그라트州와 노브고르트州이다. 칼리닌그라트州의 영토는 1만5천1백 km^2에 불과하지만 면적에 비해 지정학적으로 중요성을 더해주고 있다. 이 지역은 지식집약형 및 노동집약형 산업과 관광 산업을 주로 하고 있다.

북부지역은 코미공화국과 카렐리야공화국을 비롯한 아르한겔스크州, 볼로그다州, 무르만스크州 등으로 구성되어 있다. 동일 지역에 매장된 지하 및 천연자원에 많은 관심을 보이고 있으며, 금속 및 목재 관련 공업이 발달되어 있다. 북부지역 경제의 중요한 역할은 산림, 화학, 연료산업, 흑색 및 유색 금속, 어업 및 기계제작 공업 등이 차지하고 있다. 카렐리야공화국은 동일 지역에서 가장 산업화된 지역으로, 각종 지하자원을 이

---

[27] 칼리닌그라트州는 독립적인 경제지역으로 분류되고 있다. 지하자원의 분포 상황과 대외무역 관계, 그리고 전체 러시아 공간의 공동개발 계획에 대한 정치적 의사가 함께 작용되어 결정되었다.

용하면서 산림과 금속 그리고 기계제작 공업이 발달되어 있다. 그리고 코미공화국은 석탄, 석유, 천연가스, 산림 및 화학 공업이, 아르한겔스크州에는 산림과 어업공업이 발달되어 있다. 볼로그다州에는 야금-금속공업, 화학, 기계제작, 산림 및 건축공업이 발달되고 있다. 그리고 무르만스크州는 복합적인 산업구조를 가지고 있으며, 각종 천연자원의 활용과 어업이 강하다. 지역경제에서 산림자원과 어업이 중요한 역할을 담당하고 있다.

특히, 산림자원은 코미 공화국과 아르한겔스크州에 80% 이상이 위치하고 있으며, 산림은 북부지역 영토의 3/4을 차지하고 있다. 그리고 석유-천연가스 자원은 코미 공화국과 아르한겔스크州에 집중되어 있으며, 연료로 활용되고 있는 이탄(泥炭)은 코미, 카렐리야공화국, 무르만스크 및 아르한겔스크州가 보유하고 있다. 동일 지역은 천연자원이 풍부하고 대도시와 외국의 잠재적 소비지에 접근이 용이하기 때문에, 외국자본이 참여한 국제협력 개발계획을 추진하기가 비교적 용이한 지역이다.

③ 남부 및 북카프카스 연방지구

남부연방지구[북카프카스연방지구 포함]의 대표적인 주체는 아디게야, 다게스탄, 카바르다-발카리야, 카라차예보-체르케시야, 북오세티야, 인구세티야, 체첸 등의 공화국을 비롯하여, 로스토프州, 크라스노다르 크라이, 스타브로폴 크라이 등이다.

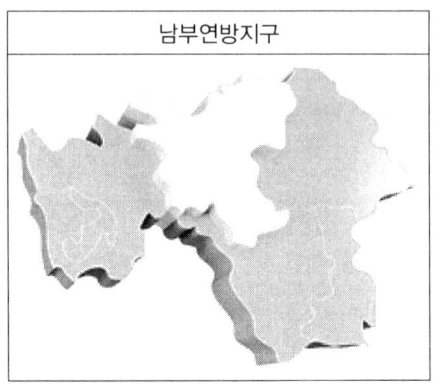

남부연방지구[북카프카스연방지구 포함]는 지리적 위치와 산업구조 측면

에서 발전될 수 있는 잠재력을 갖고 있지만, 정치적으로 불안정한 상황이 계속되고 있다.

남부연방지구는 중요한 농업기계 생산지역이다. 동일 지역은 풍부한 농업 생산 외에 수송기계, 중전기, 석유화학, 석탄, 시멘트, 식품, 경공업 등이 강하다. 전반적으로 동일지역에는 기계제작, 식품공업, 경공업이 골고루 분산되어 있다. 동일지역은 균형 잡힌 경제구조와 연료, 전력, 농산물을 자급자족할 수 있으며, 교통망이 잘 발달된 지리적으로 혜택받은 지역이다. 석유 및 가스 등의 지하자원이 풍부하다. 가스산지는 스타브로폴 크라이의 북부와 다게스탄공화국 등에, 그리고 석유관련 자원은 크라스노다르 크라이와 체첸, 인구세티야, 다게스탄 공화국에 집중되어 있다. 아스트라한州에는 가스가 풍부하게 매장되어 있다. 동일지역의 공업생산은 로스토프州가 가장 앞선다. 동일지역 공업생산의 35%를 차지하는 로스토프州에는 거의 모든 지하자원이 매장되어 있으나 풍부하지는 못하다.

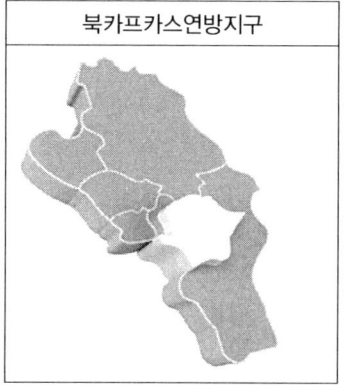
북카프카스연방지구

2010년 1월 남부연방지구의 일부 주체들을 묶어 북카프카스연방지구(СКФО)를 조직했다. 다게스탄 공화국, 인구세티야 공화국, 카바르다-발카리야 공화국, 카라차예보-체르케시야 공화국, 북오세티야 공화국, 스타브로폴 크라이, 체첸공화국 등 7개 행정 주체들이 이에 포함된다. 동쪽으로 카스피해와 접해있는 북카프카스 연방지구는 정치적 불안정으로 인해 다른 연방지구에 비해 발전 수준이 낙후되어 있다. 따라서 중앙정부는 2010년 9월에 <북카프카스 연방지구 사회-경제 발전전략 2025>[28]을 발표했다. 동일의 발전전략은 체첸 공화국을 비롯한 다게스탄 공화국 및 카바르다-발카리야 공화국, 카라차예보-체르케시야 공화국 등에 에너지산업 개발 및 재건을 비롯하여, 개별 행정주체에 다양한 공업시설 건설, 교통망 확충 및 재건, 관광산업 육성, 교육기관 건설 등을 통해 낙한된 지역사회를 개발하려는 목적에서 준비되었다.29)

④ 볼가연방지구

볼가연방지구는 15개 행정 주체를 가지고 있다. 이들 중에서 마리-엘 공화국, 모르도비야 공화국, 추바시 공화국을 비롯해 니제고로트州 및 키로프州로 구성된 지역에서는 기계제작 및 금속가공, 석유화학공업, 산림공업이 강하다. 천연자원 매장량은 빈약하지만, 키로프州와 니제고로트州 및 마리-엘 공화국에 이탄(泥炭)이 풍부하며, 모르도비야 공화국과 키로프州에는 시멘트 원료가 풍부하다. 그리고 키로프와 니제고로트州에는 산림자원이 풍부한 것으로 알려지고 있다.

동일지역은 전반적으로 비옥한 토지와 넓은 목장을 가지고 있으며, 석유 및 석유 관련 산업, 가스 및 화학 공업이 정비되어 있다. 그리고 기계제작 및 자동차 공업, 전력공업이 발달되어 있으며, 다른 경제 지대와

---

28) Стратегия социально-экономического развития Северо-Кавказского федерального округа до 2025 года.
29) http://skfo.gov.ru/skfo/economics/(검색이: 2011년 10월 11일) 참조.

같이 동일 지역에도 석유와 가스 등 지하자원이 풍부하다. 특히, 타타르스탄 공화국을 비롯해 사마라州, 사라토프州에 풍부한 석유자원이, 그리고 산업과 학문의 중심지인 사라토프에는 시멘트용 점토 석회가 매장되어 있다. 그러나 전반적으로 급속히 감소되는 석유생산은 지역 경제를 어렵게 하고 있다.

⑤ 우랄연방지구

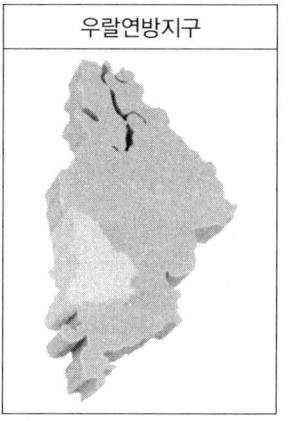

우랄연방지구의 산업은 볼가연방지구와 밀접히 연결되어 있다. 우랄지역에 갈탄 산지가 풍부하다. 석유, 가스, 석탄을 비롯한 풍부한 지하자원을 가진 우랄지역은 3개의 지역으로 구분된다. 스베르들로프스크州를 중심으로 하는 중앙우랄은 동일지역 최대의 공업기지이다. 이곳에서는 야금(금속)공업, 각종 기계제작 공업, 화학 및 산림공업이 왕성하다. 바슈코르토스탄 공화국(볼가연방지구), 우드무르트 공화국(볼가연방지구), 페름 크라이(볼가연방지구)를 중심으로 하는 서부 우랄지역은 석유 및 운송 관련 공작기계 제작 공업이, 오렌부르크州(볼가연방지구), 쿠르간州(우랄연방지구), 첼랴빈스크州(우랄연방지구)를 중심으로 하는 남우랄 지역은 오렌부르크를 중심으로 가스 산업 공업이 발달하고 있다.

우랄지역은 러시아 산업의 중요한 기지이다. 우랄산맥과 그 주변에 매장된 다양한 광물과 산림 자원을 유럽과 아시아로 수출하고 있다. 우랄지역에서는 흑색 및 유색금속, 기계제작, 화학 및 석유화학, 산림, 제지 산업이 중요한 역할을 담당하고 있다. 우랄지역은 전체 러시아 산업에서 차지하는 비중에 있어서, 금속절단기, 굴착기, 화학설비, 농업용 기계생산이 20-40%, 철강 35%, 가공 목재 약15%, 종이 약20%를 차지하고 있다. 우랄지역은 전반적으로 건설 자재(시멘트, 건축용 벽돌) 생산이 왕성하다. 석유산지는 바슈코르토스탄, 페름, 오렌부르크州, 우드무르트에 산재하고 있으며, 가스는 오렌부르크가 유명하다. 그리고 산림자원은 스베르들로프스크州와 페름 크라이에 풍부하다.

러시아 군수산업의 중심지인 우랄지역에 러시아 최초의 철강기지가 있다. 이곳에서 생산되는 철광석은 망간, 바나듐, 크롬, 지르코늄 등이 포함되어 있으며, 품질 역시 양호하다. 목재 가공과 함께 제지업이 전통적인 산업으로 자리하고 있다. 그러나 식료품 부족 및 환경문제가 제기되고 있다. 첼랴빈스크와 오렌부르크州는 방사능에 오염되어 있다. 생산설비, 건물 및 각종 시설의 노후화는 우랄지역 공업의 근대화를 방해하고 있다. 따라서 노후화된 공업의 근대화와 유망한 기계제조 공장의 설비 갱신 및 보수, 식품 및 서비스업의 발전이 중요한 과제로 제기되고 있다.

(2) 아시아 지역
① 시베리아연방지구

시베리아지역은 광범위한 자연지리 공간을 갖고 있다. 따라서 동일지역은 동부와 서부로 나뉘어 분석되는 것이 일반적이다. 서시베리아 지역은 알타이 공화국, 알타이 크라이, 케메로보州, 노보시비르스크州, 옴스크州, 톰스크州, 우랄연방지구의 튜멘州(한

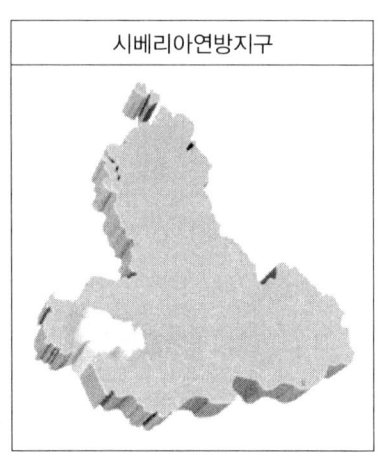
시베리아연방지구

티-만시스크 자치구 포함)등으로 구성되어 있다. 그리고 동시베리아 지역은 부랴트 공화국, 티바 공화국, 하카시야 공화국과 크라스노야르스크 크라이, 이르쿠츠크州, 치타州 등으로 구성되어 있다.

서시베리아 지역은 300개 이상의 석유와 가스 산지를 가지고 있으며, 러시아 전체 석유의 3/4과 가스의 9/10에 달하는 막대한 량을 생산하고 있다. 또한, 서시베리아 지역은 케메로보州의 북동쪽과 노보시비르스크州의 남부를 비롯한 기타 지역에 석탄이 풍부하며, 서시베리아의 대규모 이탄(泥炭) 산지에서는 전체 러시아 생산의 50% 이상을 차지한다. 그리고 톰스크와 튜멘州를 중심으로 산림 자원이 풍부하다.

동시베리아 지역은 석유 및 가스 생산을 비롯해, 석탄, 전기(전력), 화학 및 산림공업을 중심으로 하고 있다. 특히, 동시베리아 지역에는 수력자원과 석탄, 유색 및 희귀금속[구리, 니켈, 코발트, 몰리브덴(수연), 티탄, 금, 백금]이 집중되어 있다. 그리고 목재 보유량은 러시아 전체에서 가장 높다. 티바 지역을 비롯한 동시베리아의 석탄 및 산림자원은 러시아 전체 생산의 절반 이상을 차지하고 있으며, 수력자원, 철광석, 구리, 니켈의 생산이 강하게 나타나고 있다. 동시베리아 남부의 양 사육과 북부의 순록 사육은 전통 산업이다. 그러나 동시베리아는 경공업과 식품공업이 발달되지 못한 상태에 있기 때문에, 식료품의 공급은 타지역에 의존되는 경향을 보인다.

② 극동연방지구

극동연방지구는 사하공화국, 연해 크라이, 하바롭스크(유태인 자치주 포함) 크라이, 아무르주, 캄차트카 크라이, 마가단(츄코트카 자치구 포함), 사할린州 등으로 구성되어 있다. 사할린州에서 원유와 가스 생산이 왕성하며, 사하공화국, 아무르, 사할린, 연해 크라이는 다량의 석탄을 보유하고 있다. 석탄, 원유 및 가스를 비롯한 지하자원이 풍부한 극동지역에서는 산업원료 에너지, 비철금속, 식료품 공업이 왕성하다. 특히, 사하공화국, 츄코트카 자치구, 마가단州는 비철금속이 강하다. 그리고 하바롭스크와 유태인 자치주는 기계제작 및 금속가공 공업이 강하며, 건축재료 공업은 유태인 자치주가 강하다. 연해 크라이, 캄차트카 크라이, 사할린州는 식료품 공업이 보다 왕성하다.

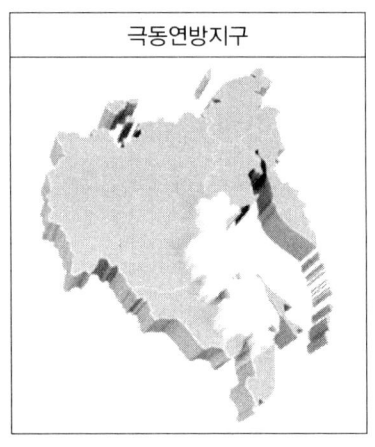

극동연방지구

극동지역은 해양생물자원, 화학공업 원료, 비철금속, 목재 등을 비롯한 무한한 자원을 보유하고 있다. 특히, 금강석, 어업, 산림, 모피류의 생산이 왕성하다. 극동지역이 지하 및 천연자원을 풍부하게 보유하고 있음에도 불구하고, 중앙정부의 지원 약화 및 관련 설비의 노후화로 인해 전반적으로 생산이 둔화되어 왔다. 철을 비롯한 흑색금속은 연해 크라이에서 주로 생산되고 있으나, 소련 붕괴 이후 급속한 속도로 생산량이 감축되어 왔다. 그리고 강철과 관련된 금속가공 공업은 하바롭스크와 마가단州에서 대규모로 형성되어 있으나, 역시 중앙정부의 지원 단절로 인해 상당한 어려움에 처해 왔다.

극동연방지구의 산업구조는 2000년 이후 새롭게 단장되고 있다. 중앙정부의 동부러시아 개발정책과 함께, 극동 및 자바이칼 지역에서 다양한 개발 사업들이 추진되고 있다. 지역 산업을 육성하기 위한 다양한 조치들이 중앙정부 차원에서 적극적으로 추진되면서 극동연방지구의 산업들이 현대화되고 있다. 러시아 에너지정책의 변화와 함께 추진되고 있는 동시베리아-태평양(ESPO, East Siberia Pacific Ocean) 송유관 프로젝트를 비롯하여, 석유화학단지 조성 계획, 조선업 발전 계획 등이 추진되고 있다.

2) 연방주체별 중앙정부의 보조금

러시아연방의 구성 주체 수 조정 문제가 2004~2006년 동안 심도 있게 논의되기 시작했다. 페름州와 코미-페르먀크 자치구가 통합되어 새로운 주체인 페름 크라이(Пермский край)가 조직되었고, 크라스노야르스크 크라이, 타이므르(돌가노-네네츠) 자치구, 그리고 에벤키 자치구가 통합되어 크라스노야르스크 크라이(Красноярский край)가 조직되었다. 따라서 3개의 주체가 줄어든 86개의 연방 주체가 2007년을 맞이했다. 연방 주체의 통합 분위기가 무르익고 있던 이러한 시기를 전후해서 <중앙정부로부터의 보조금이 개별 연방주체의 예산에서 차지하는 정도>30)를 조사한 내용의 결과물이 발표되었다. 중앙정부의 예산 유입 정도는 지방정부의 재정 자립 정도를 짐작케 하며, 이러한 사실이 연방 구성 주체 수 조정에 영향을 미치게 된다. 따라서 러시아 중앙 정부의 재정적 지원이 86개 지방 정부에 유입되는 정도를 알아본다.31)

---

30) Финансовая помощь из федерального бюджета в доходах консолидированных бюджетов субъектов Российской Федерации.
31) 중앙정부의 보조금이 지역예산에서 차지하는 정도를 중심으로, 필자가 임의로 4개 (연방보조금으로부터 자유로울 수 있는 주체; 자립 정도가 미미하지만 가능성이 보이는 주체; 자립 가능성이 희박한 주체; 자립 가능성이 불가능한 주체)의 카테고리로 나누었음을 밝힌다.

(1) 연방주체별 중앙정부의 보조금과 재정 자립도

① 연방 보조금으로부터 자유로울 수 있는 주체

2007년 1월, 러시아지역개발부는 전체 86개 연방주체들 중에서 17개 지역 만이 연방 보조금으로부터 자유로울 수 있다는 내용을 보도했다. 연방 보조금으로부터 자유로울 수 있는 17개 지역은 다음과 같으며,32) 이들 지역들은 공히 2006년에 전체 지역 예산에서 10% 미만의 연방 예산이 투입된 경우이다.33)

가까운 시기에 연방 보조금으로부터 자유로울 수 있는 주체들은 북서부, 중앙, 볼가, 그리고 우랄연방지구에 소속된 주체들이다. 2006년 현재 중앙정부의 보조금이 지역예산에서 10% 미만을 차지하는 주체들은 아래와 같다.

〈표: 6〉 재정 자립이 가능한 주체와 중앙 정부의 지원 정도34)

기간: 2006년 1~10월, %

주 체	연방의 재정지원 유입 정도(%)	재정자립 순위35)	소속 연방지구
한티-만시스크 자치구	0.08	1	우랄
야말-네네츠 자치구	0.97	2	우랄

---

32) 원문에는 네네츠 자치구와 아가-부랴트 자치구를 하나의 지역으로 계산하여 16개 지역으로 보고 있다. 그러나 이들 주체가 확연히 구별되기 때문에, 필자는 이들을 2개로 분류해서 17개로 계산한다.
33) Ирина Невинная, "Регионы выстроили в рейтинг. Экономический разрыв между богатыми и депрессивными территориями не сокращается," *Российская газета*, 25 января 2007г.
34) Финансовая помощь из федерального бюджета в доходах консолидированных бюджетов субъектов Российской Федерации.
35) 재정자립 순위는 러시아 중앙정부의 재정적 지원을 최소화하면서 지방재정이 이루어지고 있는 주체의 순위로 한다.

튜멘주	1.15	3	우랄
네네츠 자치구	1.42	4	북서부
모스크바市	2.39	5	중앙
사마라주	4.31	6	볼가
페름 크라이	5.03	7	볼가
샹트-페테르부르그市	5.30	8	북서부
코미 공화국	5.32	9	북서부
리페츠크주	5.49	10	중앙
볼로그다주	5.52	11	북서부
스베르들로프스크주	6.27	12	우랄
아가-부랴트 자치구	6.43	13	시베리아
레닌그라트주	6.48	14	북서부
야로슬라블주	7.931	15	중앙
첼랴빈스크주	9.40	16	우랄
오렌부르크주	9.83	17	볼가

출처: Минрегионразвития РФ; Россий ская газета, 25 января 2007г 내용 재구성

　상기 도표에서 보는 바와 같이, 지난 수년 동안 중앙 정부와 갈등 관계를 빚어 온 남부 연방지구에 소속된 개별 주체들 중에서 연방 보조금으로부터 자유로울 수 있는 주체는 한 곳도 없다. 그리고 시베리아연방지구의 아가-부랴트自治區를 제외한 모든 주체들의 자립경제가 어려운 실정이다. 극동연방지구에 있는 모든 주체들 역시 중앙정부의 보조금에 의해 지방 행정이 이루어지고 있음을 알 수 있다.

〈표: 7〉 연방보조금으로부터 자유로울 수 있는 주체의 연방지구별 분포

연방지구(개수)	지역
북서부(5)	샹트-페테르부르크市, 네네츠自治區, 코미共和國, 볼로그다州, 레닌그라트州
중앙(3)	모스크바市, 리페츠크州, 야로슬라블州
남부(0)	-
볼가(3)	페름 크라이, 사마라州, 오렌부르크州
우랄(5)	한티-만시스크自治區, 야말-네네츠自治區, 튜멘州, 스베르들로프스크州, 첼랴빈스크州
시베리아(1)	아가-부랴트自治區
극동(0)	-

② 자립 정도가 미약하지만, 가능성이 보이는 주체

아래는 자립 정도가 미약하지만, 가능성이 보이는 주체들이다. 이들은 개별 주체의 예산에서 연방의 재정지원이 10~20%인 주체들이다. 물론, 이러한 주체들 모두가 자립이 가능하다는 것을 의미하지는 않는다. 당시 상황에서 자립의 가능성이 보이는 주체들이다.

〈표: 8〉 자립 정도가 미미하지만, 가능성이 보이는 주체

주 체	연방의 재정지원 유입 정도(%)	재정자립 순위	소속 연방지구
모스크바주	10.00	18	중앙
케메로보주	10.53	19	시베리아
우드무르트 공화국	10.761	20	볼가
니제고로트주	11.59	21	볼가
톰스크주	12.89	22	시베리아
노보시비르스크주	13.14	23	시베리아

크라스노야르스크 크라이	14.50	24	시베리아
타타르스탄 공화국	15.34	25	볼가
벨고로트주	15.35	26	중앙
볼고그라트주	16.17	27	남부
이르쿠츠크주	16.21	28	시베리아
카렐리야 공화국	17.21	29	북서부
하카시야 공화국	17.28	30	시베리아
스몰렌스크주	17.39	31	중앙
바슈코르토스탄 공화국	17.66	32	볼가
칼리닌그라트주	17.71	33	북서부
크라스노다르 크라이	17.78	34	남부
툴라주	17.85	35	중앙
랴잔주	18.07	36	중앙
옴스크주	18.31	37	시베리아
사할린주	18.64	38	극동
하바롭스크 크라이	18.84	39	극동
칼루가주	19.63	40	중앙
아스트라한주	19.99	41	남부

③ 자립 가능성이 희박한 주체

자립 가능성이 희박한 주체들은 개별 주체의 예산에서 연방의 보조금이 차지하는 정도가 21~50%에 달하는 주체들이다. 이들 주체들은 자립 가능성이 희박하며, 대체적으로 중앙정부의 보조금에 의존하는 경향을 보인다.

〈표: 9〉 자립 가능성이 희박한 주체

주 체	연방의 재정지원 유입 정도(%)	재정자립 순위	소속 연방지구
트베리주	20.07	42	중앙
노브고로트주	20.12	43	북서부
블라디미르주	21.60	44	중앙
무르만스크주	22.24	45	북서부
쿠르스크주	22.87	46	중앙
보로네슈주	24.19	47	중앙
오룔주	25.04	48	중앙
로스토프주	26.16	49	남부
사라토프주	26.52	50	볼가
아르한겔스크주	26.89	51	북서부
코스트로마주	28.08	52	중앙
모르도비야 공화국	28.39	53	볼가
키로프주	29.80	54	볼가
연해 크라이	30.13	55	극동
스타브로폴 크라이	31.00	56	남부
추바시 공화국	31.84	57	볼가
프스코프주	33.62	58	북서부
울리야노프스크주	33.80	59	볼가
사하(야쿠치야) 공화국	35.20	60	극동
아무르주	35.91	61	극동
이바노보주	37.16	62	중앙
브랸스크주	39.53	63	중앙
탐보프주	39.70	64	중앙
추코트카 자치구	40.82	65	극동
마리 엘 공화국	41.17	66	볼가
펜자주	42.67	67	볼가

쿠르간주	42.99	68	우랄
마가단주	44.01	69	극동
치타주	44.96	70	시베리아
부랴트 공화국	46.47	71	시베리아
알타이 크라이	48.43	72	시베리아

④ 자립 가능성이 불가능한 주체

자립 가능성이 불가능한 주체들은 전적으로 중앙의 지원에 의해 지방행정이 이루어지고 있다고 해도 과언이 아니다. 이들 주체들의 지리적 분포 상황을 보면, 남부연방지구와 시베리아 및 극동연방지구에 위치해 있다.

〈표: 10〉 자립 경제가 불가능한 주체

주 체	연방의 재정지원 유입 정도(%)	재정자립 순위	소속 연방지구
칼미키야 공화국	50.14	73	남부
캄차트카주	51.42	74	극동
유태인 자치주	51.87	75	극동
북오세티야-알라니야 공화국	60.16	76	남부
아디게야 공화국	60.68	77	남부
카라차예보-체르케시야 공화국	67.16	78	남부
카바르다-발카리야 공화국	67.38	79	남부
코랴크 자치구	68.03	80	극동
알타이 공화국	74.43	81	시베리아
우스트-오르다 부랴트 자치구	76.48	82	시베리아
티바 공화국	77.95	83	시베리아
다게스탄 공화국	78.82	84	남부
체첸 공화국	84.21	85	남부
인구세티야 공화국	89.24	86	남부

(2) 동부러시아 연방주체의 재정자립 문제

동부러시아에 소속된 연방 주체들은 타지역에 비해 재정자립도가 열악한 것으로 나타났다. 아래의 도표에서 보는 바와 같이, 가까운 시기에 연방 보조금으로부터 자유로울 수 있는 주체는 아가-부랴트 자치구 한 곳 뿐이다. 그러나 동일 자치구는 2008년 3월부터 치타주와 통합되어 자바이칼 크라이로 새롭게 출범했다. 케메로보州가 그 다음의 재정 자립도를 가지고 있으나, 연방 예산이 투입되는 정도가 10.53%에 이른다.

상기 2곳의 주체를 제외하고는 모든 주체가 중앙정부의 지원에 크게 의존하고 있는 실정이다. 전체 주체들 중에서 절반이 넘는 14개 주체가 중앙정부로부터의 재정지원이 지역 예산의 30%를 넘는다. 이러한 상황이 중앙정부와의 관계에서 수동적일 수밖에 없도록 한다. 자신의 목소리를 분출하기보다는 중앙정부의 정책 의지에 의존되는 경향을 보이게 된다.

〈표: 11〉 시베리아 및 극동지역 연방주체 예산에서 중앙정부의 재정이 유입된 정도[36]

기간: 2006년 1~10월, %

주 체	정 도(%)	재정자립 순위	소속 연방지구
아가-부랴트 자치구	6.43	13	시베리아
케메로보주	10.53	19	시베리아
톰스크주	12.89	22	시베리아
노보시비르스크주	13.14	23	시베리아
크라스노야르스크 크라이	14.50	24	시베리아
이르쿠츠크주	16.21	28	시베리아

---

[36] Финансовая помощь из федерального бюджета в доходах консолидированных бюджетов субъектов Российской Федерации.

하카시야 공화국	17.28	30	시베리아
옴스크주	18.31	37	시베리아
사할린주	18.64	38	극동
하바롭스크 크라이	18.84	39	극동
연해 크라이	30.13	55	극동
사하(야쿠치야) 공화국	35.20	60	극동
아무르주	35.91	61	극동
추코트카 자치구	40.82	65	극동
마가단주	44.01	69	극동
치타주	44.96	70	시베리아
부랴트 공화국	46.47	71	시베리아
알타이 크라이	48.43	72	시베리아
캄차트카주	51.42	74	극동
유태인 자치주	51.87	75	극동
코랴크 자치구	68.03	80	극동
알타이 공화국	74.43	81	시베리아
우스트-오르다 부랴트 자치구	76.48	82	시베리아
티바 공화국	77.95	83	시베리아

출처: Минрегионразвития РФ; *Российская газета*, 25 января 2007г

4. 지역별 인구 및 민족구성과 분리주의 경향

1) 지역별/주요 도시별 인구 현황

러시아 전체 영토의 1/3은 유럽에, 그리고 2/3는 아시아에 위치하고 있다. 유럽과 아시아를 걸친 광범위한 공간을 가진 러시아의 총 인구는 2010년 1월 현재 1억4천2백만 명에 불과하다. 평균인구 밀도는 1㎢ 당

8.3명이다. 그리고 시간이 지날수록 인구가 감소되는 경향을 보인다.

〈표: 12〉 인구 변화(기준: 매년 1월 1일, 천명)

년도	1990	1996	2001	2006	2008	2010
인구 수	147665	148292	146304	142754	142009	141914.5

러시아의 인구는 자신의 유럽지역에 다수가 거주하고 있다. 모스크바와 샹트-페테르부르크市에 집중되고 있다. 그 다름으로 인구가 많이 거주하는 지역은 시베리아연방지구의 노보시비르스크市이다. 2008년 1월을 기준으로 100만 명 이상이 거주하는 대도시는 아래의 도표에서 보는 바와 같다.

〈표: 13〉 인구 100만 명 이상이 거주하는 대도시(기준: 2008년 1월)

도시	인구(천명)	소속 주체	소속 연방지구
모스크바(Москва)市	10470.3	특별시	중앙
샹트-페테르부르크(Санкт-Петербург)市	4568.1	특별시	북서부
로스토프 나 도누(Ростов-на-Дону)市	1048.7	로스토프州	남부
우파(Уфа)市	1021.5	바슈코르토스탄共和國	볼가
카잔(Казань)市	1120.2	타타르스탄共和國	
니즈니 노브고로트(Нижний Новгород)市	1274.7	니제고로트州	
사마라(Самара)市	1135.4	사마라州	
예카테린부르크(Екатеринбург)市	1323.0	스베르들로프스크州	우랄
첼랴빈스크(Челябинск)市	1092.5	첼랴빈스크州	
옴스크(Омск)市	1131.1	옴스크州	시베리아
노보시비르스크(Новосибирск)市	1390.5	노보시비르스크州	

수도와 제2의 도시에 인구가 집중되고 있는 현실은 거의 모든 국가에서 나타나는 공통된 특징이다. 러시아 역시 모스크바와 샹트-페테르부르크市에 다수의 인구가 거주하고 있다.37) 수도인 모스크바에 거주하는 인구는 1천만 명이 넘는다. 남부연방지구의 여러 도시들 중에서 오직 한 곳인 로스토프州의 로스토프 나 도누(Ростов-на-Дону)市가 100만 명 이상의 인구를 가지고 있고, 우랄연방지구와 시베리아연방지구에서는 각각 2곳의 도시가 인구 100만 명 이상을 가지고 있다. 볼가연방지구에는 인구 100만 명 이상이 거주하는 대도시가 4곳에 달한다. 이러한 사실은 소련 시절에 건설된 각종 산업시설들이 볼가연방지구에서 가동되고 있으며, 이러한 과정에서 자연스럽게 인구가 집중되어 오늘에 이르고 있는 것으로 보인다.

인구 50만~100만 명이 거주하는 도시는 전국적으로 24곳이다. 이들 도시를 7개 연방지구 단위로 분석하면 다음과 같다. 중앙연방지구에서는 5곳의 도시가 이에 포함되고, 북서부연방지구에는 한 곳도 없다. 남부연방지구에는 3곳, 우랄연방지구에는 1곳, 그리고 볼가연방지구에는 8곳의 도시가 이에 포함된다. 러시아의 동부지역에 포함되는 시베리아연방지구에는 가장 큰 도시인 크라스노야르스크(Красноярск)市를 포함하여 5곳이 이에 포함된다.

---

37) 2008년 1월 기준으로 모스크바市에 거주한 인구는 1천47만 명을 조금 넘는 정도였지만, 2010년 1월에는 1천56만3천명을 넘어섰다. 2년 동안 10만 명 정도가 늘어난 수치다. 샹트-페테르부르크市의 경우에는 동년 기준 4백56만8천에서 4백60만을 조금 넘는 증가 수치를 보였다.

〈표: 14〉 인구 50만~100만 명이 거주하는 대도시(기준: 2008년 1월)

도시	인구(천명)	소속 주체	소속 연방지구
페름(Пермь)市	987.2	페름 크라이	볼가
볼고그라드(Волгоград)市	983.9	볼고그라트州	남부
크라스노야르스크(Красноярск)市	936.4	크라스노야르스크 크라이	시베리아
보로네즈(Воронеж)市	839.9	보로네슈州	중앙
사라토프(Саратов)市	836.1	사라토프州	볼가
크라스노다르(Краснодар)市	709.8	크라스노다르 크라이	남부
톨리야트티(Тольятти)市	705.5	사마르州	볼가
이제프스크(Ижевск)市	613.3	우드무르트共和國	볼가
울리야노프스크(Ульяновск)市	606.9	울리야노프스크州	볼가
야로슬라블(Ярославль)市	605.2	야로슬라블州	중앙
바르나울(Барнаул)市	597.2	알타이 크라이	시베리아
블라디보스톡(Владивосток)市	578.8	연해 크라이	극동
하바롭스크(Хабаровск)市	577.3	하바롭스크 크라이	극동
이르쿠츠크(Иркутск)市	575.8	이르쿠츠크州	시베리아
노보쿠즈네츠크(Новокузнецк)市	562.2	케메로보州	시베리아
튜멘(Тюмень)市	560.0	튜멘州	우랄
오렌부르크(Оренбург)市	526.4	오렌부르크州	볼가
케메로보(Кемерово)市	520.0	케메로보州	시베리아
랴잔(Рязань)市	510.8	랴잔州	중앙
펜자(Пенза)市	507.8	펜자州	볼가
나베레즈니예 첼리(Набережные Челны)市	506.1	타타르스탄共和國	볼가
아스트라한(Астрахань)市	503.1	아스트라한州	남부
리페츠크(Липецк)市	502.4	리페츠크州	중앙
툴라(Тула)市	500.0	툴라州	중앙

상기 도표에서 보는 바와 같이, 극동연방지구에서 50만 명 이상의 인구가 거주하는 도시는 2곳에 불과하다. 연해 크라이의 중심도시인 블라디보스톡市와 하바롭스크 크라이의 중심 도시인 하바롭스크市 2곳에 불과하다.

2) 지역별 민족 구성과 분리주의

러시아는 舊소련 사회의 문제점을 그대로 물러 받았다. 복잡한 민족 문제가 그대로 러시아에 전수되었다. 이러한 사실이 러시아연방의 분열 가능성을 높여주고 있다. 1백만 명 이상의 인구를 가진 다수 민족은 7개에 불과하지만, 러시아 전체에는 100개 이상의 다민족이 함께 거주하고 있다. 절대 다수인 러시아 민족을 포함하여, 타타르족, 우크라이나 민족, 바쉬키르족, 추바쉬족, 체첸족, 아르메니아 민족 들이 그 뒤를 잇고 있다.

〈표: 15〉 100만 명 이상의 다수 민족(기준: 2002년 10월 통계)

전체 인구	145,166,731	러시아 민족	115,889,107
타타르족	5,554,601	우크라이나 민족	2,942,961
바쉬키르족	1,673,389	추바쉬족	1,637,094
체첸족	1,360,253	아르메니아 민족	1,130,491

러시아연방을 구성하고 있는 개별 행정 주체별 민족분포 상황을 살펴 보면 아래와 같은 특징을 보인다.[38] 민족분포 현황 분석은 지역 단위에서 발생하고 있는 갈등 구조의 원인과 결과를 해석 및 진단할 수 있는 하나의 토대가 될 수 있을 것이다. 중앙연방지구의 경우에는 모스크바市 (84.8%)를 제외한 모든 주체에서 러시아 민족이 90%를 넘는다. 이러한 사실이 중앙연방지구에 소속된 주체 단위에서 중앙으로부터 분리 독립하

---

38) 지역별 영토 및 인구, 그리고 민족구성 등에 대한 자세한 내용은 〈별첨-1〉 참조

려는 움직임을 보이지 않도록 하는 하나의 요인이 된다. 그리고 북서부 연방지구의 경우에는 카렐리야 공화국(76.6%), 코미 공화국(59.6%), 네네츠 자치구(62.4%)를 제외한 모든 주체에서 러시아 민족이 80%를 넘는다. 북서부연방지구에 소속된 이들 주체에서의 연방 탈퇴 움직임은 거의 나타나지 않는다.

연방 탈퇴 움직임이 가장 활발하게 발생하고 있는 지역은 남부연방지구이다. 동일 연방지구에 소속된 주체들 중에서 다게스탄 공화국의 경우에는 러시아 민족이 4.7%, 인구세티야 공화국은 1.2%에 불과하다. 그리고 체첸공화국은 3.7%이다. 카바르다-발카리야 공화국 역시 원민족에 비해 절대적으로 부족한 25.1%만이 러시아 민족이다. 그 외 칼믹키아 공화국, 카라차예보-체르케시야 공화국, 북오세티야 공화국 등에서 원민족의 비율이 러시아인들보다 높다. 남부연방지구에 비해 그 정도는 낮지만, 볼가연방지구 역시 비슷한 모습을 보인다. 타타르스탄 공화국, 추바시 공화국 등에서 러시아 민족보다 원민족의 비율이 높다.

우랄연방지구에서는 모든 주체의 민족 구성에서 러시아 민족이 다수를 차지한다. 시베리아 연방지구의 경우 티바 공화국과 아가-부랴트 자치구에서만 원민족의 비율이 높다. 그리고 극동연방지구에서는 사하공화국 만 유일하게 원민족의 비율이 높지만 그 정도는 미미하다. 야쿠트족이 45.5%고, 러시아 민족이 41.2%이다. 시베리아 연방지구의 부랴트 공화국, 극동연방지구의 사하공화국을 비롯한 일부 공화국에서 중앙 헌법에 위배되는 자체 헌법을 채택해 왔고, 정도는 약하지만 동시베리아와 극동지역에서 극동공화국 설립 문제를 제기한 적도 있었다.

중앙정부로부터의 독립 요구는 개별 행정 주체의 민족 구성에서 차지하는 원민족과 러시아민족의 비율 정도에 따라 다양하게 나타난다. 분리 독립을 주장하는 공화국은 주로 민족단위로 구성되어 있으며, 러시아인들이 소수인 지역에서 탈중앙화 현상이 강하게 나타나고 있다. 체첸공화국을 비롯하여 중앙으로부터 독립하려는 일부 공화국의 움직임이 그러한 예이다.

특정 민족이 다수를 차지하고 있는 자치공화국에서 그 민족의 고유 언어 사용을 주장해 왔다. 따라서 중앙정부는 러시아어를 국어로 지정하면서도, 헌법 제68조에 공화국이 자체 고유의 언어를 사용할 수 있도록 허용하고 있다.

1. 러시아연방의 모든 영토에서 러시아어가 러시아연방의 국어이다.
2. 공화국들은 합법적으로 자신의 언어를 정할 수 있다. 국가의 중앙기관이나 지방자치단체, 그리고 개별 공화국의 국가조직에서는 공화국의 언어와 러시아연방의 국어가 함께 사용된다.
3. 러시아연방은 개별 국민들에게 자신의 고유 언어를 보존하고, 학습과 발전을 위한 조건을 형성할 수 있는 권리를 보장한다.

결국, 민족단위로 구성된 공화국들 중에서 자신의 민족이 다수를 차지하는 공화국들은 독립을 지속적으로 주장하고 있다. 정치·경제·민족적 요인에 더해서, 공화국들이 자신의 고유 언어를 사용하고 있기 때문에 문화적 이질감이 추가되어 분열의 가능성은 항상 잠재되어 있다. 따라서 체첸 민족과의 갈등은 러시아인과의 단순한 민족주의적 감정의 문제가 아니라, 러시아연방을 구성하고 있는 여타 소수 민족들의 독립 및 자치권 요구에 관련된 감정의 문제로 연결된다. 따라서 중앙정부의 체첸공화국에 대한 강경한 입장은 러시아연방의 미래와 연결된 연방 성격의 문제로 해석된다.

5. 끝맺는 말

러시아를 유라시아 국가로 명명한다. 이는 러시아의 자연지리 환경이 광활하여 유럽에서 아시아의 동쪽 끝자락까지 연결되어 있음에 기인한다. 수도인 모스크바에서 러시아의 극동지역에 있는 캄차트카 크라이(Камчатский край)의 중심지인 페트로파블로프스크-캄차트키(Петропавловск-Камчатский)市까지의 거리가 11,876km이며, 양지역간 시차는 8시간에 이른다. 그리고 러시아 전체 영토는 9시간의 차이를 보인다. 이러한 자연지리 환경이 국가의 통일성에 장애 요인으로 작용하기도 한다.

러시아는 100개 이상의 다민족으로 구성되어 있으며, 80개가 넘는 행정 주체들이 모여 만들어진 연방제 국가이다. 복잡한 사회 및 문화구조가 러시아의 발전을 저해하는 요인으로 작용해 왔다. 따라서 푸틴은 러시아연방 전체를 효율적으로 관리하기 위해 국가 영토를 7개 광역권 [2010년 이후 8개]으로 나누고, 각각의 광역권 단위로 10개 이상의 행정 주체들을 관리하도록 했다. 광역권인 연방지구에는 대통령이 직접 전권대표를 파견하며, 전권대표들은 개별 행정주체를 관리하고 있는 주지사보다 상위의 권한을 갖도록 했다. 이러한 상황임에도 불구하고, 민족단위로 결성된 21개 공화국 수준에서의 분리 독립 움직임은 현재에도 계속되고 있다.

러시아연방은 89개 행정 주체들로 구성되었지만, 2010년 현재 연방주체 수가 83개로 축소되었다. 연방구성 주체를 통합하는 과정에 중앙정부의 통치 효율성 강화라는 정치적 목적 외에, 경제학적 및 인구학적 요인이 작용되었다. 인구가 계속적으로 감소되면서 연방 주체의 지위를 지속하는 것이 사실상 무의미한 주체들이 나타나기 시작했다. 그리고 민족 중심의 연방 주체에서 원민족의 인구가 절대적으로 감소되어 왔기 때문에 민족적 원칙에 기초된 연방제가 무의미하다는 논의가 있어 왔다. 따라서 이러한 주체들을 대상으로 통합화 과정을 거쳐 왔고, 현재의 연방주체 수는 83개로 축소되었다.

러시아 행정구역을 중심으로 보면, 러시아의 유럽지역[중앙연방지구, 북서부연방지구, 남부연방지구, 볼가연방지구]이 보다 역동성을 보인다. 정치 및 경제관계, 그리고 인구 상황 역시 러시아의 유럽지역에서 보다 왕성하게 작동되고 있다. 우랄연방지구는 유럽과 아시아에 걸쳐 있지만, 정치 및 경제관계는 유럽 중심으로 흘러가고 있다. 러시아의 아시아 지역에는 시베리아연방지구와 극동연방지구가 있다. 이들 연방지구에는 풍부한 지하천연자원이 있지만 유럽지역의 연방지구들에 비해 상대적으로 낙후된 상태이다. 이들 연방지구의 인구밀도가 빈약하기 때문에 지역개발 사업이 느리게 추진되었다.

결국, 러시아의 행정구역을 중심으로 보면 러시아는 유럽 국가이다. 국가의 정치 및 경제관계가 유럽에 편중되어 있다. 러시아의 행정주체들 역시 유럽지역에 다수가 분포되어 있다. 이와 함께 지역별 인구 및 민족 구성, 그리고 분리주의 경향 역시 유럽지역에서 강하게 나타나고 있다. 그러나 2000년을 전후한 시기부터, 러시아는 아·태 국가로 한 발짝 다가서는 모습을 보인다. 러시아 동부지역에 대한 개발사업이 활발하게 추진되고 있으며, 동시베리아–태평양(ESPO, East Siberia Pacific Ocean) 송유관 프로젝트가 완공 직전의 단계에 있다. 그리고 블라디보스톡 <APEC-2012> 정상회의 준비사업과 개발정책이 러시아 극동지역의 의미를 변화시키고 있다. 이러한 현실이 러시아를 아·태 국가로 한 발짝 더 다가서게 만들고 있다.

<참고 문헌>

김성진, "러시아 연방구조의 변화: '새로운 연방주체'의 창설과 연방주체 수의 변화," 『슬라브학보』 제21권 1호(2006).

Matthew Hyde, "Putin's Federal Reforms and their Implications for Presidential Power in Russia," *Europe-Asia Studies*, vol. 53, no.5(2001).

Steve Solnick, "Will Russia Survive? Centre and Periphery in the Russian Federation," in Barnett R. Rubin and Jack Snyder(eds.), *Post-Soviet Political Order: Conflict and State Building* (London: Routledge, 1998).

RFE/RL *Newsline*, 26 September 2005.

Ирина Невинная, "Регионы выстроили в рейтинг. Экономический разрыв между богатыми и депрессивными территориями не сокращается," *Российская газета*, 25 января 2007г.

Минрегионразвития РФ.

Сегодня, 4.01.2001.

Российская газета, 29.11.2006.

Российская газета, 25.012007.

Российская газета, 14.05.2008.

Российская газета, 28.01.2009.

Российская газета, 23 октября, 2009.

Российская газета, 06.07.2010.

http://ru.wikipedia.org/wiki/(검색일, 2010년 1월 28일).

http://ru.wikipedia.org/wiki/(검색일, 2010년 1월 28일).
http://worldgeo.ru/russia/timezone/(검색일: 2010년 4월 24일).
http://skfo.gov.ru/skfo/economics/(검색이: 2011년 10월 11일).
http://mon.gov.ru/dok/ukaz/obr/4668/(검색일: 2012년 2월 15일).
http://mon.gov.ru/dok/ukaz/obr/6306/(검색일: 2012년 2월 15일).

[별첨-1] 연방지구별 영토 및 인구 그리고 민족구성

중앙연방지구

주체 명	면적(천㎢)	인구(기준: 2010년 1월 1일)		민족구성 (2002년 10월 9일 통계, %)
		인구수(천명)	인구밀도(명/㎢)	
전체	650.2	37118	57.1	
모스크바市	1.1	10563.0	9597.0	러시아 민족(84.8); 우크라이나 민족(2.4); 타타르족(1.6); 기타 민족(11.2)
벨고로트州	27.1	1530.1	56.0	러시아 민족(92.9); 우크라이나 민족(3.8); 기타 민족(3.3)
브랸스크州	34.9	1292.2	37.5	러시아 민족(96.3); 우크라이나 민족(1.5); 기타 민족(2.2)
블라디미르州	29.1	1430.1	49.8	러시아 민족(94.7); 우크라이나 민족(1.1); 기타 민족(4.2)
보로네슈州	52.2	2261.6	43.7	러시아 민족(94.1); 우크라이나(3.1); 기타 민족(2.8)
이바노보州	21.4	1066.6	50.4	러시아 민족(93.7); 기타 민족(6.3)
칼루가州	29.8	1001.6	33.8	러시아 민족(93.5); 우크라이나 민족(2.2); 기타 민족(4.3)
코스트로마州	60.2	688.3	11.6	러시아 민족(95.6); 우크라이나 민족(1.1); 기타 민족(3.3)
쿠르스크州	30.0	1148.6	38.8	러시아 민족(95.9); 우크라이나 민족(1.7); 기타 민족(2.4)
리페츠크州	24.0	1157.9	48.6	러시아 민족(95.8); 우크라이나 민족(1.1); 기타 민족(3.1)
모스크바州	45.8	6752.7	145.7	러시아 민족(91.0); 우크라이나 민족(2.2); 기타 민족(6.8)
오룔州	24.7	812.5	33.3	러시아 민족(95.3); 우크라이나 민족(1.3); 기타 민족(3.4)
라잔州	39.6	1151.4	29.4	러시아 민족(94.6); 우크라이나 민족(1.0); 기타 민족(4.4)

주체 명	면적(천㎢)	인구(천명)	인구밀도(명/㎢)	민족구성
스몰렌스크州	49.8	966.0	19.8	러시아 민족(93.4); 우크라이나 민족(1.7); 벨라루스 민족(1.5); 기타 민족(3.4)
탐보프州	34.5	1088.4	32.1	러시아 민족(96.5); 기타 민족(3.5)
트베리州	84.2	1360.3	16.4	러시아 민족(92.5); 우크라이나 민족(1.5); 카렐족(1.0); 기타 민족(5.0)
툴라州	25.7	1540.4	61.0	러시아 민족(95.2); 우크라이나 민족(1.3); 기타 민족(3.5)
야로슬라블州	36.2	1306.3	36.3	러시아 민족(95.2); 우크라이나 민족(1.0); 기타 민족(3.8)

북서부연방지구

주체 명	면적(천㎢)	인구(기준: 2010년 1월 1일)		민족구성(2002년 10월 9일 통계, %)
		인구수(천명)	인구밀도(명/㎢)	
전체	1687.0	13437.1	8.0	
카렐리야共和國	180.5	684.2	3.8	카렐족(9.2); 러시아 민족(76.6); 벨라루시 민족(5.3); 기타 민족(8.9)
코미共和國	416.8	951.2	2.3	코미족(25.2); 러시아 민족(59.6); 우크라이나 민족(6.1); 기타 민족(9.1)
아르한겔스크州	589.9	1254.4	2.2	러시아 민족(94.2); 우크라이나 민족(2.1); 기타 민족(3.7)
네네츠自治區(아르한 겔스크州에 포함)	176.8	42.3	0.2	네네츠족(18.7); 러시아 민족(62.4); 코미족(10.9); 우크라이나 민족(3.2); 기타 민족(4.8)
볼로그다州	144.5	1213.6	8.5	러시아 민족(96.6); 우크라이나 민족(1.0); 기타 민족(2.4)
칼리닌그라트州	15.1	937.9	62.0	러시아 민족(82.4); 벨라루시 민족(5.3); 우크라이나 민족(4.9); 기타 민족(7.4)

주체 명	면적(천㎢)	인구수(천명)	인구밀도(명/㎢)	민족구성(2002년 10월 9일 통계, %)
레닌그라트州	83.9	1629.6	19.5	러시아 민족(89.6); 우크라이나 민족(2.5); 기타 민족(7.9)
무르만스크州	144.9	836.7	5.9	러시아 민족(85.2); 우크라이나 민족(6.4); 기타 민족(8.4)
노브고르트州	54.5	640.6	12.0	러시아 민족(93.9); 우크라이나민족(1.5); 기타 민족(4.6)
프스코프州	55.4	688.6	12.7	러시아 민족(94.3); 우크라이나민족(1.6); 기타 민족(4.1)
상트-페테르부르크市	1.4	4600.3	3265.2	러시아 민족(84.7); 우크라이나 민족(1.9); 벨라루시 민족(1.2); 기타 민족(12.2)

남부연방지구

주체 명	면적(천㎢)	인구(기준: 2010년 1월 1일)		민족구성(2002년 10월 9일 통계, %)
		인구수(천명)	인구밀도(명/㎢)	
전체	420.9	13,713.5		
아디게야共和國	7.8	443.1	56.6	아디게이족(24.2); 러시아 민족(64.5); 아르메니아 민족(3.4); 기타 민족(7.9)
칼미키야共和國	74.7	283.2	3.8	칼미크족(53.3); 러시아 민족(33.6); 다르긴족(2.5); 체첸족(2.0); 기타 민족(8.6)
크라스노다르 크라이	75.5	5160.7	67.9	러시아 민족(86.6); 아르메니아 민족(5.4); 우크라이나 민족(2.6); 기타 민족(5.4)
아스트라한州	49.0	1007.1	20.4	러시아 민족(69.7); 카자흐민족(14.2); 타타르족(7.0); 기타 민족(9.1)
볼고그라트州	112.9	2589.9	23.1	러시아 민족(88.9); 우크라이나 민족(2.1); 카자흐민족(1.7); 기타 민족(7.3)
로스토프州	101.0	4229.5	42.1	러시아 민족(89.3); 우크라이나 민족(2.7); 아르메니아 민족(2.5); 기타 민족(5.5)

북카프카스연방지구

주체 명	면적(천㎢)	인구(기준: 2010년 1월 1일)		민족구성(2002년 10월 9일 통계, %)
		인구수 (천명)	인구밀도 (명/㎢)	
전체	170.5	9,254.9		
다게스탄共和國	50.3	2737.3	53.5	아바르족(29.4); 다르긴족(16.5); 쿠미키족(14.2); 레즈긴족(13.1); 락족(5.4); 러시아 민족(4.7); 아제르바이잔 민족(4.3); 타바사란족(4.3); 체첸족(3.4); 기타 민족(4.7)
인구세티야共和國	3.6	516.7	137.7	인구쉬족(77.3); 체첸족(20.4); 러시아 민족(1.2); 기타 민족(1.1)
카바르다-발카리야共和國	12.5	893.8	71.5	카바르딘족(55.3); 발카르족(11.6); 러시아 민족(25.1); 기카 민족(8.0)
카라차예보-체르케시야共和國	14.3	427.0	29.9	카라차예프족(38.5); 체르케시족(11.3); 러시아 민족(33.6); 아바진족(7.4); 기타 민족(9.2)
북오세티야共和國	8.0	700.8	87.9	오세틴족(62.7); 러시아 민족(23.2); 인구쉬족(3.0); 아르메니아 민족(2.4); 기타 민족(8.7)
체첸共和國	15.6	1268.1	77.3	체첸족(93.5); 러시아 민족(3.7); 기타 민족(2.8)
스타브로폴 크라이	66.2	2711.2	40.9	러시아 민족(81.6); 아르메니아 민족(5.5); 우크라이나 민족(1.7); 기타 민족(11.2)

볼가연방지구

주체 명	면적(천㎢)	인구(기준: 2010년 1월 1일)		민족구성(2002년 10월 9일 통계, %)
		인구수 (천명)	인구밀도 (명/㎢)	
전체	1037.0	30109.4	29.2	
바슈코르토스탄共和國	142.9	4066.0	28.4	바쉬키르족(29.8); 러시아 민족(36.3); 타타르족(24.1); 추바쉬족(2.9); 마리족(2.6); 기타 민족(4.3)
마리 엘共和國	23.4	698.2	30.1	마리족(42.9); 러시아 민족(47.5); 타타르족(6.0); 추바쉬족(1.0); 기타 민족(2.6)
모르도비야共和國	26.1	826.5	32.2	모르드바족(31.9); 러시아 민족(60.8); 타타르족(5.2); 기타 민족(2.1)
타타르스탄共和國	67.8	3778.5	55.5	타타르족(52.9); 러시아 민족(39.5); 추바쉬족(3.3); 기타 민족(4.3)
우드무르트共和國	42.1	1526.3	36.4	우드무르트족(29.3); 러시아 민족(60.1); 타타르족(7.0); 기타 민족(3.6)
추바시共和國	18.3	1278.4	69.9	추바쉬족(67.7); 러시아 민족(26.5); 타타르족(2.8); 모르드바족(1.2); 기타 민족(1.8)
페름 크라이[39]	160.2	2701.2	17.0	러시아 민족(85.2); 타타르족(4.8); 코미-페르먁족(3.7); 기타 민족(6.3)
키로프州	120.4	1391.1	11.7	러시아 민족(90.8); 타타르족(2.9); 마리족(2.6); 우드무르트족(1.2); 기타 민족(2.5)
니제고로트州	76.6	3323.6	43.8	러시아 민족(95.0); 타타르족(1.4); 기타 민족(3.6)
오렌부르크州	123.7	2112.9	17.1	러시아 민족(73.9); 타타르족(7.6); 카자흐민족(5.8); 우크라이나 민족(3.5); 바쉬키르족(2.4); 모르드바족(2.4); 기타 민족(4.4)
펜자州	43.4	1373.2	32.0	러시아 민족(86.4); 타타르족(6.0); 모르드바족(4.9); 기타 민족(2.7)

사마르州	53.6	3170.1	59.2	러시아 민족(83.6); 타타르족(3.9); 추바쉬족(3.1); 모르드바족(2.7); 기타 민족(6.7)
사라토프州	101.2	2564.8	25.5	러시아 민족(85.9); 카자흐민족(2.9); 우크라이나 민족(2.5); 타타르족(2.2); 기타 민족(6.5)
울리야노프스크州	37.2	1298.6	35.3	러시아 민족(72.6); 타타르족(12.2); 추바쉬족(8.0); 모르드바족(3.6); 기타 민족(3.6)

우랄연방지구

주체 명	면적(천㎢)	인구(기준: 2010년 1월 1일)		민족구성 (2002년 10월 9일 통계, %)
		인구수(천명)	인구밀도 (명/㎢)	
전체	1818.5	12280.1	6.7	
쿠르간州	71.5	947.6	13.4	러시아 민족(91.5); 타타르족(2.0); 바쉬키르족(1.5); 카자흐민족(1.5); 기타 민족(3.5)
스베르들로프스크州	194.3	4393.8	22.6	러시아 민족(89.2); 타타르족(3.7); 기타 민족(7.1)
튜멘州	1464.2	3430.3	2.3	러시아 민족(71.6); 타타르족(7.4); 우크라이나 민족(6.5); 한티족(0.8); 만시족(0.3); 기타 민족(13.4)
한티-만시스크自治區 (튜멘州에 포함)	534.8	1538.6	2.8	한티족(1.2); 만시족(0.7); 러시아 민족(66.1); 우크라이나 민족(8.6); 타타르족(7.5); 기타 민족(15.9)
야말-네네츠自治區 (튜멘州에 포함)	769.3	546.5	0.7	네네츠족(5.2); 러시아 민족(58.8); 우크라이나 민족(13.0); 타타르족(5.5); 한티족(1.7); 기카 민족(15.8)
첼랴빈스크州	88.5	3508.4	39.7	러시아 민족(82.3); 타타르족(5.7); 바쉬키르족(4.6); 기타 민족(7.4)

39) 2004년 3월 25의 ≪페름州와 코미-페르먀크 自治區의 통합에 따른 러시아연방의 새로운 주체 형성에 관하여≫에 따라 2005년 12월 1일부터 러시아연방의 새로운 주체인 ≪페름 크라이≫가 형성되었다.

시베리아연방지구

주체 명	면적(천㎢)	인구(기준: 2010년 1월 1일)		민족구성 (2002년 10월 9일 통계, %)
		인구수 (천명)	인구밀도 (명/㎢)	
전체	5145.0	19561.1	3.8	
알타이共和國	92.9	210.7	2.2	알타이족(30.6); 러시아 민족(57.4); 카자흐민족(6.0); 텔린기트족(1.2); 기타 민족(4.8)
부랴트共和國	351.3	963.5	2.7	부랴트족(27.8); 러시아 민족(67.8); 기타 민족(4.4)
티바共和國	168.6	317.0	1.8	투빈족(77.0); 투빈-토드진족(1.5); 러시아 민족(20.1); 기타 민족(2.9)
하카시야共和國	61.6	539.2	8.7	하카스족(12.0); 러시아 민족(80.3); 기타 민족(7.7)
알타이 크라이	168.0	2490.7	14.9	러시아 민족(92.0); 독일 민족(3.0); 기타 민족(5.0)
자바이칼 크라이40)	431.9	1117.0	-	-
크라스노야르스크 크라이41)	2366.8	2893.9	1.2	[舊크라스노야르스크 크라이의 경우] 러시아 민족(88.9); 우크라이나 민족(2.3); 기타 민족(8.8)42)
이르쿠츠크州43)	774.8	2502.7	3.2	-
케메로보州	95.7	2820.6	29.5	러시아 민족(91.9); 타타르족(1.8); 기타 민족(6.3)
노보시비르스크州	177.8	2649.9	14.8	러시아 민족(93.0); 독일 민족(1.8); 기타 민족(5.2)
옴스크州	141.1	2012.1	14.3	러시아 민족(83.5); 카자흐 민족(3.9); 우크라이나 민족(3.7); 독일 민족(3.7); 기타 민족(5.2)
톰스크州	314.4	1043.8	3.3	러시아 민족(90.8); 타타르족(1.9); 기타 민족(7.3)

극동연방지구

주체 명	면적(천㎢)	인구(기준: 2010년 1월 1일)		민족구성(2002년 10월 9일 통계, %)
		인구수 (천명)	인구밀도 (명/㎢)	
전체	6169.3	6440.4	1.1	
사하共和國	3083.5	949.3	0.3	야쿠트족(45.5); 러시아 민족(41.2); 우크라이나 민족(3.6); 에벤크족(1.9); 에벤족(1.2); 기타 민족(6.6)
캄차트카 크라이44)	464.3	342.3	0.7	[舊캄차트카州의 경우]러시아 민족(80.9); 우크라이나 민족(5.8); 코랴족(2.0); 기타 민족(11.3)45)

40) 2007년 7월 21일의 헌법적 연방 법률에 따라 치타州와 아가-부랴트 자치구의 통합 결과, 2008년 3월 1일부터 자바이칼 크라이(Забайкальский край)가 형성되었다. 통합되기 이전의 인구분포 조사(2002년 10월 9일)에 따르면, 치타州와 아가-부랴트 자치구의 영토 및 민족구성은 다음과 같다.

주체 명	면적 (천㎢)	인구(2008.1.1기준)		민족구성(2002년 10월 9일 통계, %)
		인구(천명)	인구밀도 (명/㎢)	
치타州	431.9	1119	2.6	러시아 민족(89.8); 부랴트족(6.1); 기타 민족(4.1)
아가-부랴트 自治區 (치타州에 포함)	19.6	76	3.9	부랴트족(62.5); 러시아 민족(35.1); 기타 민족(2.4)

41) 2005년 10월 14일의 연방 법률 ≪크라스노야르스크 크라이, 타이미르(돌가노-네네츠) 自治區와 에벤키 自治區의 통합 결과에 따른 러시아연방의 새로운 주체 형성에 관하여≫에 따라 2007년 1월 1일부터 ≪크라스노야르스크 크라이≫가 형성되었다.
42) 통합되기 이전의 타이미르(돌가노-네네츠)自治區의 민족 구성은 돌간족(13.9); 네네츠족(7.7); 러시아 민족(58.6); 우크라이나 민족(6.1); 기타 민족(13.7)으로 되어 있었다. 그리고 에벤키 自治區의 경우에는 에벤키족(21.5); 러시아 민족(61.9); 야쿠트족(5.5); 케트족(1.2); 기타 민족(9.8) 등이다.
43) 2006년 12월 30일의 연방법률 ≪이르쿠츠크州와 우스트-오르다 부랴트 자치구의 통합 결과에 따른 러시아연방의 새로운 주체 형성에 관하여≫에 따라 2008년 1월 1일부터 ≪이르쿠츠크州≫가 형성되었다.
44) 2006년 7월 12일의 연방 법률 ≪캄차트카州와 코랴크 自治區의 통합 결과에 따른

연해 크라이	164.7	1982.0	12.1	러시아 민족(89.9); 우크라이나 민족(4.5); 기타 민족(5.6)
하바롭스크 크라이	787.6	1400.5	1.8	러시아 민족(89.8); 우크라이나 민족(3.4); 기타 민족(6.8)
아무르州	361.9	860.7	2.4	러시아 민족(92.0); 우크라이나 민족(3.5); 기타 민족(4.5)
마가단州	462.5	161.2	0.4	러시아 민족(80.2); 우크라이나 민족(9.9); 에벤족(1.4); 기타 민족(8.5)
사할린州	87.1	510.8	6.0	러시아 민족(84.3); 고려인(5.4); 우크라이나 민족(4.0); 기타 민족(6.3)
유태인自治州	36.3	185.0	5.1	유태인(1.2); 러시아 민족(89.9); 우크라이나 민족(4.4); 기타 민족(4.5)
츄코트카自治區	721.5	48.6	0.1	축치족(23.5); 러시아 민족(51.9); 우크라이나 민족(9.2); 에스키모인(2.9); 에벤족(2.6); 추반족(1.8), 기타 민족(8.1)

러시아연방의 새로운 주체 형성에 관하여≫에 따라 2007년 7월 1일부터 ≪캄차트카 크라이≫가 형성되었다.
45) 통합되기 이전의 코랴크自治區 경우, 코략족(26.7); 러시아민족(50.6); 축치족(5.6); 기타 다양한 소수민족 등으로 구성되었다.

[별첨-2] 개별 행정주체의 예산에서 중앙정부의 재정적 지원이 유입된 정도[46]

기간: 2006년 1~10월, %

주 체	연방의 재정지원 유입 정도(%)	재정자립 순위	소속 연방지구
한티-만시스크 자치구	0.08	1	우랄
야말-네네츠 자치구	0.97	2	우랄
듀멘주	1.15	3	우랄
네네츠 자치구	1.42	4	북서부
모스크바 시	2.39	5	중앙
사마라주	4.31	6	볼가
페름 크라이	5.03	7	볼가
상트-페테르부르크 시	5.30	8	북서부
코미 공화국	5.32	9	북서부
리페츠크주	5.49	10	중앙
볼로그다주	5.52	11	북서부
스베르들로프스크주	6.27	12	우랄
아가-부랴트 자치구	6.43	13	시베리아
레닌그라트주	6.48	14	북서부
야로슬라블주	7.931	15	중앙
첼랴빈스크주	9.40	16	우랄
오렌부르크주	9.83	17	볼가
모스크바주	10.00	18	중앙
케메로보주	10.53	19	시베리아
우드무르트 공화국	10.761	20	볼가
니제고로트주	11.59	21	볼가

---

46) Финансовая помощь из федерального бюджета в доходах консолидированных бюджетов субъектов Российской Федерации.

톰스크주	12.89	22	시베리아
노보시비르스크주	13.14	23	시베리아
크라스노야르스크 크라이	14.50	24	시베리아
타타르스탄 공화국	15.34	25	볼가
벨고로트주	15.35	26	중앙
볼고그라트주	16.17	27	남부
이르쿠츠크주	16.21	28	시베리아
카렐리야 공화국	17.21	29	북서부
하카시야 공화국	17.28	30	시베리아
스몰렌스크주	17.39	31	중앙
바슈코르토스탄 공화국	17.66	32	볼가
갈리닌그라트주	17.71	33	북서부
크라스노다르 크라이	17.78	34	남부
툴라주	17.85	35	중앙
랴잔주	18.07	36	중앙
옴스크주	18.31	37	시베리아
사할린주	18.64	38	극동
하바롭스크 크라이	18.84	39	극동
칼루가주	19.63	40	중앙
아스트라한주	19.99	41	남부
트베리주	20.07	42	중앙
노브고로트주	20.12	43	북서부
블라디미르주	21.60	44	중앙
무르만스크주	22.24	45	북서부
쿠르스크주	22.87	46	중앙

보로네슈주	24.19	47	중앙
오룔주	25.04	48	중앙
로스토프주	26.16	49	남부
사라토프주	26.52	50	볼가
아르한겔스크주	26.89	51	북서부
코스트로마주	28.08	52	중앙
모르도비야 공화국	28.39	53	볼가
키로프주	29.80	54	볼가
연해 크라이	30.13	55	극동
스타브로폴 크라이	31.00	56	남부
추바시 공화국	31.84	57	볼가
프스코프주	33.62	58	북서부
울리야노프스크주	33.80	59	볼가
사하 공화국	35.20	60	극동
아무르주	35.91	61	극동
이바노보주	37.16	62	중앙
브랸스크주	39.53	63	중앙
탐보프주	39.70	64	중앙
추코트카 자치구	40.82	65	극동
마리 엘 공화국	41.17	66	볼가
펜자주	42.67	67	볼가
쿠르간주	42.99	68	우랄
마가단주	44.01	69	극동
치타주	44.96	70	시베리아
부랴트 공화국	46.47	71	시베리아
알타이 크라이	48.43	72	시베리아
칼미키야 공화국	50.14	73	남부

캄차트카주	51.42	74	극동
유태인 자치주	51.87	75	극동
북오세티야-알라니야 공화국	60.16	76	남부
아디게야 공화국	60.68	77	남부
카라차예보-체르케시야 공화국	67.16	78	남부
카바르다-발카리야 공화국	67.38	79	남부
코랴크 자치구	68.03	80	극동
알타이 공화국	74.43	81	시베리아
우스트-오르다 부랴트 자치구	76.48	82	시베리아
티바 공화국	77.95	83	시베리아
다게스탄 공화국	78.82	84	남부
체첸 공화국	84.21	85	남부
인구세티야 공화국	89.24	86	남부

제2절. 러시아의 정치체제 구축과 정치엘리트 충원 과정

1. 들어가는 말

　소련이 해체되는 직전의 시기인 1991년 6월 12일 실시된 러시아연방 대통령 선거에서 옐친(B.N.Yeltsin)이 57.3%의 지지를 획득하여 직접 선거에 의한 초대 러시아 공화국 대통령으로 당선되었다. 그리고 동년 말 소련 해체에 대한 합의가 이루어졌고, 1992년 1월 1일부터 러시아는 독립국가가 되었다. 러시아는 소련의 법적 후계 국가가 되었고, 옐친은 독립국가 러시아의 초대 대통령이 되어 3권 분립에 기초된 정치체제를 새롭게 구축하는 작업을 시작했다.

　옐친이 새로운 정치 시스템을 도입하는 과정에서 보수 성향의 의회와 충돌이 불가피했다. 따라서 옐친은 의회를 강압적으로 해산하고 새로운 헌법을 채택했다. 이와 함께, 대통령 선거법과 국회의원 선거법을 정비하면서 새로운 국가에 준하는 입법 및 행정체제를 구축하기 시작했다. 많은 문제점들이 노출되기는 했지만, 옐친은 의회 민주주의와 자본주의 시장경제 체제를 구축해 나갔다. 옐친 시기에 실시된 수차례의 국회의원 및 대통령 선거가 무리 없이 진행되었다. 중앙 정부의 권력이 나약한 모습이기는 했지만, 러시아연방의 정치체제는 제자리를 찾아갔다.

　2000년에 푸틴(V.V.Putin)이 집권하면서 옐친 시기에 구축된 정치체제와 정치엘리트 충원방식이 부분적으로 수정되었다. 러시아의 정치체제와 정치엘리트 충원 방식이 중앙의 지방에 대한 권한 강화 방향으로 현실화되었다. 정치권력이 중앙에 과도하게 집중되는 모습을 보이기는 했지만, 러시아의 정치체제는 다당제와 3권 분립에 기초된 의회 민주주의의 외형을 갖추었다. 푸틴시기의 정치행태가 독재적이라는 비난이 있기는 했지만, 이는 통치 스타일에 관련된 문제일 뿐이었다.

본 글은 옐친에서 푸틴을 거쳐 메드베제프(D.A.Medvedev) 정부에 의해 정착되어 진 러시아의 정치체제 구축 과정과 이에 기초된 엘리트 충원과정을 분석하는 것으로 한다. 러시아의 정치 시스템이 다당제에 기초된 의회민주주의 체제로 전환되었지만, 정치엘리트 충원 방식은 중앙정부에 무게 중심을 두는 방향으로 정착되었다. 본 글은 러시아식 정치체제가 공고화되는 과정을 다룬다. 그리고 대통령, 양원의 국회의원, 지방 행정부 수장 등 주요 정치엘리트들이 어떻게 충원되고 있으며, 이들 정치엘리트의 권한이 어떠한 모습으로 변화되고 있는지를 분석한다.

2. 정치체제 구축을 위한 갈등과 법적 장치 마련

1) 국회 해산

1991년 12월에 소련이 해체되고, 1992년 1월 1일부터 러시아가 독립국가로 출범했다. 소련의 유산이 곳곳에 남아있었기 때문에, 1992년부터 시작된 새로운 국가건설 과정이 순탄하지 않았다. 행정부는 개혁 성향의 인물들로 구성되었지만, 입법부는 여전히 소련 시절의 러시아 입법부가 그대로 존속되고 있었다. 따라서 각종 개혁정책을 놓고 입법부와 행정부가 충돌하는 상황이 계속되었다. 옐친이 주도하는 개혁 성향의 행정부와 보수파로 대표되는 의회간의 갈등 양상으로 나타났다.

러시아연방 최고회의 의장인 하스불라토프(Khasbulatov)와 부통령인 루츠코이(Rutskoi)를 중심으로 하는 보수 세력들이 옐친의 개혁정책에 제동을 걸고 있었다. 소련 시절의 러시아 공화국 헌법에 기초되어 국정이 운영되는 상황이었기 때문에, 개혁의 정도와 방법의 문제를 놓고 입법부와 행정부간 충돌이 계속되고 있었다. 옐친의 개혁정책이 입법부와 행정부간 충돌 현상만을 초래한 것은 아니었다. 부분적이나마 타협하는 모습이 보이기도 했다. 그러나 옐친의 <대통령 수기(手記)>(Записки президента)에 의하면, 이러한 시기인 1993년 9월 초에 이미 국회를 해산하려는 계획을 준비하고 있었다.

> 나는(필자: 옐친) 9월 초에 결정했다. 나의 구상에 대해서 나의 가까운 측근 조차도 전혀 눈치 체지 못했다. ... 처음으로 국회 해산에 필요한 법률적 조언을 구하기 위해 나는 일류신(Ilyushin)과 직접적으로 연결되어 있는 호출 버튼을 이용하여 내 집무실로 오도록 했다. 나는 앞으로의 구체적인 행동 방향과 명령 계통을 구상하고 있었다.[1]

입법 활동의 중심 무대이어야 할 국회[최고회의]가 개혁정책의 방법을 놓고 옐친과 충돌되면서, 국회해산의 위기를 맞이하고 있었다. 1993년 9월 초에 옐친에 의해 구상된 국회해산 문제는 그라쵸프(Grachev)[2] 국방장관과 예린(Yerin) 내무부 장관의 동의를 얻고 있었다. 이와 함께, 안전보장회의를 소집하여 본 문제를 집중적으로 논의했다. 국회해산에 대

---

[1] Б.Н.Ельцин, *Записки президента* (Москва: Огонёк, 1994), cc. 347-348.
[2] 1991년 8월에 있었던 보수 군부세력의 쿠데타 당시 전차 대대를 동원해 쿠데타를 진압한 공로로 국방장관에 임명된 것으로 알려져 있다.

한 칼루시코(Kalushko)의 강한 반발로 인해, 회의장에는 한때 긴장감이 감돌았다. 이때 코지레프(Kozyrev) 외무부 장관의 의미심장한 발언이 있었다.

> 보리스 니꼴라예비치(필자: 옐친)! 나는 당신과 원칙적으로 한 가지 면에서 동의하지 않습니다. (모두 놀란 눈으로 쳐다본다). 이런 명령은 이미 오래 전에 채택되어야 합니다.3)

옐친은 코지레프 외무부 장관의 이러한 발언에 대해 매우 만족해하였으며, 그를 적극적으로 신임하는 하나의 계기가 되었다. 사실, 코지레프를 외무부 장관으로 임명할 당시에 그가 서방의 이익을 대변하는 서방의 첩자라는 소문이 나돌고 있었다. 따라서 옐친은 고민하고 있었다. 그러나 자신에 대한 이러한 지지 발언을 계기로 코지레프에 대한 옐친의 태도가 변화되었다.

정치적인 결단 만 남게 되었다. 옐친은 9월 21일 저녁 8시를 기해 국회해산과 헌법개정을 주요 내용으로 하는 "러시아연방 헌법 개혁의 현 단계에 관해서"라는 대통령 명령 제1400호를 발표하였다. 옐친은 강압적인 방법으로 국회를 해산하고, 헌법을 개정하는 과정에서 나타날 수 있는 여러 가지 문제를 우려하고 있었다. 대통령 명령서에는 내무부 장관으로 하여금 국내치안에 전념하도록 하고, 외무부 장관은 외국에 이러한 사실을 통보하도록 했다.

① 헌법에 규정된 러시아연방 인민대의원 대회와 최고회의의 기능을 중시한다.

---

3) Б.Н.Ельцин(1994), с. 213-214, 352.

② 헌법 협의회는 12월 12일까지 새로운 헌법안을 준비하여, 국민투표를 통해서 채택한다.
③ 새로이 양원으로 구성된 입법부 선거를 실시한다.4)

옐친이 1993년 9월 21일 최고회의의 해산을 명령하면서 러시아의 헌정 위기는 시작되었다. 국회는 인민대의원 대회와 최고회의의 기능을 중시하는 대통령 명령 제1400호에 승복할 수 없었다. 오히려 옐친의 명령에 대해 헌법 제121조 6항 및 동조 11항의 규정을 적용시키고 있었다. 국가전복 행위에 따라 옐친의 탄핵 및 대통령의 권한 중지가 그것이다. 이와 함께, 부통령인 루츠코이(Rutskoi)가 대통령의 권한을 대행하도록 했다.

옐친 정부는 보수파들이 농성 중인 의회에 전력(電力)을 차단하고 출입을 통제하기 시작했다. 정부의 압박에 대응하여 보수파들은 군중을 동원하여 시위를 강행하였다. 반(反)옐친 무장 세력들이 의회 주위에 집결하기 시작했고, 하스불라토프(Khasbulatov) 최고회의 의장과 옐친에 의해 해임된 루츠코이 부통령 등 보수파 지도자들은 시위 군중에게 무장봉기를 촉구했다. 한때 내란 사태까지 우려되고 있었다.

러시아 정교회 총주교인 알렉세이 2세의 중재로 10월 1일부터 협상이 시작되었지만,5) 러시아의 헌정 위기는 극복되지 못했다. 의회 측의 무기인도 문제를 둘러싸고 협상에 진전을 보지 못했다. 따라서 10월 3일

---

4) 대통령 명령 제1400호의 구체적인 내용은 다음을 참조. *Москва. осень - 93. Хроника противостояния* (Москва : Республика, 1994).
5) 옐친과 의회 양측의 주장이 팽팽히 맞서 타협점을 찾지 못했다. 이날 오전 다닐로프(Danilov) 수도원에서 알렉세이 2세가 참가한 가운데 정부 측의 세르게이 필라토프 대통령 행정실장, 올레그 소스코베츠 제1부총리, 유리 루쉬코프 모스크바 시장이 참석하였고, 의회 측에서는 라마잔 압둘라티포프 민족회의 의장, 유리 보로딘 의회 부의장이 참석하였다. 그리고 헌법재판소 측에서는 블라디미르 올레니크 판사 등이 참석하여 협상을 시작하였다.

옐친은 모스크바 일원에 비상계엄을 선포하고, 모스크바 계엄사령관에 쿨리코프(Kulikov) 장군을 임명하였다. 그리고 4일 오전 7시 정부군이 탱크를 앞세워 의사당을 포위했고, 러시아의 특수 부대가 동원되었다. 결국, 파국으로 치닫던 옐친과 의회 측의 갈등은 평화적인 해결의 길을 모색하지 못하고 무력을 동원한 충돌로 확대되었다.[6]

〈표: 1〉 국회의사당 사건 일지

일 시	내 용
9.21일	· 옐친 대통령, 의회해산 및 12월 조기총선 발표. · 의회내 강경 보수파, 옐친 탄핵 및 루츠코이 부통령을 대통령 권한 대행으로 발표.
9.28일	· 강경 보수파를 지지하는 시위대와 경찰의 충돌
10.1일	· 러시아 정교회 총주교인 알렉세이 2세의 중재로 정부 및 의회대표가 참석하여 협상 진행[무기반납 문제에 봉착하여 결렬].
10.2-3일	· 親의회 시위대와 보안군 사이에 충돌
10.3일(오후)	· 시위대에 의한 시청 및 TV 방송국 점령 · 옐친, 모스크바 시 일원에 비상계엄 선포
10.4일	· 01시 45분, 옐친이 쿨리코프 장군을 모스크바 계엄사령관에 임명. · 06시, TV방송국 탈환. · 07시, 의사당 포위 공격 개시. · 09시, 특공부대 투입. · 19시, 하스불라토프와 루츠코이 체포

이영형, 『현대 러시아 정치론』(서울: 엠에드, 1999), c. 107.

옐친은 헬기와 탱크를 앞세워 의사당에 파상 공격을 개시했다. 러시

---

[6] 당시에 反옐친 보수파이자 前볼가/우랄군관구 사령관이었던 알베르토 마카쇼프 장군의 지휘 하에 TV방송국 〈아스탄키노〉가 의회 측에 장악되었다. 따라서 옐친은 방송국 탈환을 요구했고, 15개의 트럭에 나누어 탄 정부군 무장병력이 3일 〈아스탄키노〉 방송국을 포위하였고 4일 오전에 탈환했다.

아의 19층 국회의사당 건물 상층부는 포탄 상처로 얼룩졌다. 옐친이 사태가 장기화 될 경우에 나타날 수 있는 각종 문제(군의 이탈, 정부의 분열, 시민들의 불안, 일부 민족주의 성향을 지닌 군부대의 동요)를 우려하여 친위부대를 동원해 최고회의 건물을 기습 공격하게 된 것이다. 국회를 상대로 한 전쟁이었다. 국회 주위의 경계 또한 삼엄했다. 공격 개시 12시간 만인 4일 오후 7시에 보수파 지도자인 하스불라토프와 루츠코이 부통령이 체포됨으로써 막을 내렸다.

옐친은 3권 분립에 기초된 의회 민주주의를 가치로 내걸고 있었지만, 그의 정책은 의회를 무력으로 해산하는 결과를 낳았다. 입법부와 행정부 간 상호 견제와 균형의 논리에 기초된 정치발전이라는 초기의 환상은 양자간 대결구도와 행정부에 의한 입법부의 무력 해산이라는 결과를 낳으면서 종지부를 찍었다.

입법부인 국회의사당이 옐친 정부에 완전 장악되었지만, 모스크바에 집결된 반(反)옐친 세력들이 치안을 불안하게 할 여지는 남겨져 있었다. 따라서 모스크바와 그 주변에 익일 새벽 5시까지 통행금지가 선포되었다. 저격병들과 정부군간의 총성이 여러 곳에서 목격되기도 했지만 10월 5일의 모스크바 시내는 조용했다.

2) 신헌법의 채택과 양원의 입법부

1993년 9월 무력으로 국회를 해산시키면서, 새로운 국가 건설을 위한 정치적 토대 구축작업이 시작되었다. 대통령 중심제와 양원의 입법부 체제로의 헌법 제정과 함께 시작되었다. 옐친 헌법으로 명명되는 신헌법에는 보통의 대통령 중심제에서는 채택되고 있지 않는 국회의 정부불신임을 포함하고 있다. 내각에 대해 의회가 과반수 찬성으로 불신임을 행사할 수 있고, 이에 대해 대통령은 헌정 질서를 위해 의회를 해산할 수 있는 권한을 보유하도록 되어 있다. 행정부(대통령)와 의회간 견제와 균형에 관련된 규정은 헌법 제117조 3항과 4항에 열거되고 있다.7)

    3. 국가두마(Государственная Дума)는 러시아연방 정부에 대해 불신임안을 제기할 수 있다. 러시아연방 정부에 대한 불신임안 제기는 국가두마 전체 제적의원의 과반수 찬성으로 결정된다. 국가두마에 의한 러시아연방 정부의 불신임안이 제기된 후, 러시아연방 대통령은 정부의 해산을 공포하던가, 국가두마의 결정에 동의하지 않을 권리를 가진다. 만약 국가두마가 3개월 이내에 재차 러시아연방 정부에 대한 불신임안을 제기할 경우에 러시아연방 대통령은 정부의 해임을 공포하던지 국가두마를 해산한다.
    4. 연방정부의 의장은 국가두마에 정부 신임에 대한 문제를 제기할 수 있다. 만약 국가두마가 신임을 거부했을 경우에 대통령은 7일 이내에 정부해산을 공포하거나, 국가두마를 해산하고 새로운 선거를 실시한다.

지금까지 러시아의 입법기관이었던 최고회의가 해산되고, 정부로부터 독립된 새로운 양원의 입법부가 입법 활동과 정부 견제 기능을 수행할 수 있게 되었다. 상원의 성격을 지닌 연방회의(Совет Федерации)와 하원격인 국가두마(Государственная Дума)의 2원으로 구성된 양원 체제로 입법부가 구성되었다.

1993년 12월에 채택된 새로운 헌법에 따라 대통령이 합법적으로 의회를 해산할 수 있으며 상원을 통해 보수적인 하원을 견제할 수 있는 권

---

7) *Конституция Российской Федерации. Принята всенародным голосованием 12 декабря 1993 г.* (Москва: Юридическая литература, 1993), cc. 50-51.

한을 부여 받았다. 의회의 권한은 크게 축소되었으나, 정치적 명분은 확대되었다. 정책결정 과정에서 대통령의 일방적인 독주에 무력했던 의회가 새로운 헌법이 부여한 예산 심의권, 법률안 심의권, 총리 임명 동의권 등과 같은 다양한 권한의 범위 내에서 합법적으로 행정부를 견제할 수 있게 되었다.

3. 옐친 시기 정치엘리트 충원 방식과 충원 과정

1) 정치엘리트 충원 방식

(1) 중앙정부의 정치엘리트 충원 방식

1993년 12월에 채택된 러시아연방 헌법 81조에 따르면, 러시아연방 대통령은 보통・평등・직접・비밀 투표에 의하여 선출되며 임기는 4년으로 한다. 그리고 대통령 입후보 자격은 35세 이상의 시민으로써 러시아연방에 10년 이상 체류한 자로 규정하고 있다. 대통령 임기에 대한 회수는 제한이 없으나, 연속 중임까지만 가능하도록 하고 있다. 2기까지는 연속적으로 피선될 수 있으나, 3기 연속 재임은 불가능하다. 그러나 2기 연속 재임 후 1기를 지난 후 다시 대통령에 입후보할 수 있다.

러시아연방 <대통령 선거법>[8] 제34조에 의하면, 정당이나 정치단체가 대통령 선거에 후보를 낼 경우에 1백만 명 이상의 지지 서명을 받아야 한다. 이 경우에 하나의 연방 주체에서 필요한 전체 지지 서명의 7%를 넘지 않아야 한다.[9] 그리고 대통령 선거법 제55조에 의하면, 투표에

---

[8] Федеральный закон "О выборах президента Российской Федерации" (Москва: Юридическая литература, 1995).

참가한 전체유권자 과반수 이상의 지지를 획득한 후보가 대통령 당선자로 인정된다. 그리고 56조의 규정에 의하면, 어느 후보도 1차 투표에서 과반수 득표에 실패한 경우에는 최다 득표자와 차점 득표자를 대상으로 15일 이내에 결선 투표를 실시하도록 되어 있다. 그리고 결선 투표에서는 최다 득표자를 대통령 당선자로 인정한다.[10]

양원제 입법부의 하원에 해당되는 국가두마(Государственная Дума) 의원은 4년 임기의 450명으로 구성된다. 선거 제도는 소선거구제와 비례대표제의 이중적인 방식을 취하고 있다. <국회의원 선거법>[11] 제5조에 따르면, 하원의 총450석 중에서 과반수인 225석은 소선거구제에 의한 다수득표제를 취하고 있다. 그리고 나머지 과반수인 225석은 개별 정당이 별도로 후보 명부를 작성하여 정당이 내세운 후보와 개별 정당의 지지를 묻는 형식으로 소선거구제와 동시에 치러지며 정당의 지지율에 따라 의석수가 배분된다.

> 러시아연방의 헌법에 따라 국가두마는 450명으로 구성된다. 국가두마의 225명은 1선거구에서 다수 득표를 획득한 1인의 의원을 선출하는 소선거구로 선출된다. 다수 득표에 의한 소선거구는 유권자 수에 비례해서 225개의 선거구로 나눈다.
> 국가두마의 225명은 정당이나 정치단체에 의해 추천된 국회 입후보자의 연방명부에 따른 득표율에 따라 당선자를 결정한다.[12]

---

9) *Там же*, с. 26.
10) *Там же*, сс. 56-57.
11) *Федеральный закон "О выборах депутатов государственной думы федерального собрания Российской Федерации"* (Москва: Юридическая литература, 1995).
12) *Там же*, с. 5.

국회의원 선거법 제39조는 후보 등록에 대한 사전 지지 서명을 요구하고 있다. 소선거구에 후보자를 낸 정당이나 정치단체는 그 지역구 전체 유권자의 1%가 넘는 유권자들의 후보 지지 서명을 받아야 한다. 그리고 연방 명부에 의한 정당별 투표에 후보자를 출마시키는 정당이나 정치단체는 반드시 20만 명 이상의 지지 서명을 받아야 하며, 이때 러시아연방의 한 선거구에서 전체 필요 지지 서명의 7%를 넘지 못하도록 규정하고 있다.13) 선거 결과 연방 명부에 의한 득표율이 5%를 넘지 못할 경우에는 정당별 투표 결과에 의한 의석수 배분에서 제외된다. 이는 국회 내에서 수많은 정당들이 난립하는 현상을 방지하면서, 효과적으로 의정 활동이 가능하도록 하기 위한 정책적 배려였다.

> 러시아연방 중앙선거관리위원회는 투표 참여자의 5% 이상을 획득한 정당 및 정치단체의 득표율을 집계한다. 이러한 득표율에 따라 연방 선거구에 따른 국회의석 수인 225석을 배분한다.14)

국민들에 의해 선출된 국가두마 의원은 헌법 및 법률의 제정 및 개정을 포함한 일체의 입법에 관련된 임무를 수행한다. 그리고 정부를 견제할 수 있는 역할이 주어져 있다. 대통령의 해임 탄핵서 제출; 대통령 신임 문제 결정; 대통령에 의한 국무총리의 임명 동의; 정부 불신임안 제기; 예산 심의; 러시아 중앙은행 총재의 지명 및 해임 등과 같은 권한을 통해 정부를 견제할 수 있도록 하고 있다.

상원에 해당되는 연방회의(Совет Федерации) 구성 방식은 수차례 변경되었다. 1993년 12월 당시의 상원은 89개 연방 주체들로부터 각각

---

13) Там же, c. 30-31.
14) Там же, c. 75.

2명씩 총178명의 의원들로 구성되었으며 해당 지역주민들이 직접 선출했다. 그러나 직접선거를 통한 상원의원 충원 방식이 1995년에 변경되었다. 변경된 선거 규정에 따르면, 지방의회 의장과 지방정부 행정수반이 자신들의 관할 지역에서 선거 과정을 거치지 않고 자동으로 상원의원 자격을 획득한다.15) 개별 연방주체의 국회의장과 주지사가 자동적으로 상원의원으로 충원되었다. 상원의원은 89개 연방 주체로부터 각각 2명의 대표자로 구성되기 때문에 총178명이었다.16) 그러나 상원의원들 중에서 자신의 지역 행정부나 입법부에서 대표자로서의 지위를 상실하게 되면 자동적으로 상원의원 직이 소멸된다.

상원의원들은 비밀투표에 의해 1명의 의장과 3명의 부의장을 선출한다. 의장의 선출 방법은 과반수를 득표한 후보자를 선임하도록 하고 있다. 만약 1차 투표에서 과반수를 획득한 후보가 없을 경우에는 최다 득표자와 차점 득표자를 중심으로 2차 투표를 실시하여 과반수 득표자를 당선자로 한다. 그러나 2차 투표에서 역시 과반수 득표자가 없을 경우에는 2차 투표 방식을 계속하여 과반수 득표자가 나올 때까지 실시한다. 그리고 부의장 후보자는 반드시 의장의 출신 지역 이외의 기타 연방 주체에서 출마가 가능하며, 3명의 부의장 선거는 시기를 달리하면서 실시된다. 부의장 선거 역시 의장의 선출 방법과 동일한 방식으로 실시된다.

상원의 역할은 헌법 102조와 106조에 규정되어 있다. 주요 역할을 열거하면 다음과 같다. 러시아연방 주체들 사이의 경계 변경 재가; 계엄

---

15) 박정호, "러시아 연방관계의 변동: 현황과 전망," 기연수 편, 『러시아, 위대한 강대국 재현을 향한 여정』(서울: 한국외국어대학교 출판부, 2009), pp. 59-60.
16) 직접선거를 통한 상원의원 충원방식이 1995년에 변경되었지만, 지역 주민들에 의해 직접 선출된 주지사와 지방의회 의장이 자동적으로 상원의원으로 충원되었기 때문에 직접선거와 유사한 의미를 지닌다고 할 수 있다. 이영형, "러시아의 정치엘리트 충원 방식과 연방제 구조의 성격," 『국제지역연구』 14권 3호(2010) 참조.

령 및 비상사태 선포에 관한 러시아연방 대통령의 명령 재가; 러시아의 경계 밖에서 행해지는 러시아 연방군의 활용 가능성에 대한 문제 결정; 러시아연방 대통령 해임; 러시아연방 헌법재판소, 최고재판소, 최고중재재판소 법관 임명; 러시아연방 검찰총장의 해임 및 임명; 감사원의 부원장과 감독관 중 1/2의 임명 및 해임 등과 같은 다양한 권한을 가진다.17)

상원은 하원에서 채택된 아래와 관련된 연방 법률에 대해서는 반드시 심의해야 한다. 연방예산; 연방세금 및 징수; 재무, 외환, 신용, 관세 조정, 화폐 및 유가증권의 발행; 러시아연방의 국제조약 비준과 폐기; 러시아연방의 국경보호에 관한 법률; 전쟁과 평화에 관련된 법률 등을 제정할 때 상원은 의무적으로 심의해야 한다.18)

상원은 법안이 국회를 통과하여 상원에 등록된 지 14일 이내에 법안을 심의하여야 하며, 14일 이내에 심의되지 않은 법안은 상원에 의해 채택된 것으로 간주된다.19) 상원이 법안을 찬성 혹은 거부하였을 때에는 5일 이내에 하원에 결정 사항을 통보하여야 하며, 찬성한 법안은 상원의 결정서와 함께 대통령에게 송부하고 대통령은 서명과 함께 공포(公布)한다.

(2) 지방정부의 정치엘리트 충원 방식

러시아연방을 구성하고 있는 개별 주체들은 자신들의 정치엘리트[주지사 및 지방의회 의원]를 충원하는 방식에서 조금씩 차이를 보이고 있다. 1991년 6월에 옐친과 타타르스탄 공화국의 샤이미예프(Шаймиев), 모스크바의 루쉬코프(Лужков), 샨트-페테르부르크의 소브차크(Собчак)

---
17) *Конституция Российской Федерации. Принята всенародным голосованием 12 декабря 1993 г.* (Москва: Юридическая литература, 1993), cc. 42-43.
18) *Там же*, cc. 45-46.
19) 상원 의사규칙 제90조.

가 각각 대통령과 시장으로 주민들의 직접 선거를 통해 선출되었다.

1991년 8월 지방선거에서 공산당의 압승이 예상되자, 옐친 대통령은 주지사 임명제도를 도입했다. 이러한 제도는 1992년 이후에 당분간 더 유지되었다. 옐친은 공화국을 제외하고, 여타 연방주체의 지방의회에서 집행부 수장을 선출하던 기존의 방식을 바꿔 행정장관(주지사)을 임명함으로써 지방의회를 무력화시키고 지방에 대한 영향력 확대를 노렸다. 그러나 민주적이며 개혁 성향의 인사들로 구성된 대통령 대표와 대부분 구 공산당 간부 또는 노멘클라투라 출신들로 채워진 주지사들 사이에 갈등이 빈번하게 발생했다. 이들의 갈등은 개혁에 대한 성향의 차이뿐만 아니라, 대통령 대표들의 지방행정에 대한 감독 권한에 대한 지방행정 책임자들의 반발에서 비롯되었다.20)

1996년 6월의 대통령 선거 직전까지 주지사 임명제도가 유지되었다. 이러한 기간 동안 공산당에 대한 국민들의 지지는 지방을 중심으로 확산되고 있었다. 따라서 1996년 대선 과정에서 공산당의 약진을 견제할 정치적 목적에서, 그리고 지방 지도자들로부터 정치적 지원을 확보할 목적에서 옐친은 주지사 선출제도를 도입했다. 1997년 이후부터 지역 주민들의 직접 선거에 의해 지방 행정 수장들이 선출되기 시작했다. 이들 선출직 행정 수장들은 중앙에 의해 임명될 때 보다 지역 주민들의 이익을 더 많이 반영하는 방향으로 정책 변화를 시작했다.21)

---

20) 갈등이 발생할 경우 옐친은 대통령 대표를 해임하면서 지방 수장들에 관대한 태도를 보이는 경우가 많았다. 1995년에 연해주의 대통령 대표가 주지사인 나즈드라첸코(Nazdratenko)의 부패 혐의를 조사하려 했으나 주지사의 반발에 굴복한 옐친은 오히려 대통령 대표를 해임시켰다. M.Zolotnik, "Russia's Governors: All the President's Men?" *Problems of Post-Communism*, 43-6(1996), p. 30.
21) 1996년 당시 대통령 행정실장이었던 추바이스(Chubais)에 따르면, 전체 연방주체 가운데 1/3정도(21개 공화국 가운데 19개 공화국을 포함하여)의 주체에서 제정한

1996년 이후에 거의 모든 주지사들이 선거를 통해 자신의 정치적 위상을 높이게 되면서, 선출직 주지사들을 중심으로 지방적 할거주의가 만연하게 되었다. 그리고 지방내의 천연자원과 기업 등 경제적 자원에 대한 통제력을 강화하기 시작했다. 정치 및 경제자원을 바탕으로 지방의 정치엘리트들은 관할 지방에 있는 연방기관들과 지방에 있는 군부대까지 자신의 영향력 하에 두려했다. 대표적인 예를 들자면, 나즈드라첸코(Nazdratenko)의 연해주 정부가 블라디보스톡에 주둔하고 있는 러시아 극동 및 태평양 함대에 재정적 지원[州정부가 군인들의 체불임금 청산]을 수행하면서 그 대가로 지방 주둔군 사령부를 지방 출신 장교들로 충원하려 했다.22)

　　러시아연방을 구성하고 있는 지방의 입법부 의원을 충원하는 방식은 개별 지방의 통치 기반인 법령들이 정비되면서 정착되기 시작했다. 지방의회 의원을 충원하는 기준은 개별 주체의 통치 기준인 헌법 또는 헌장 등에 따라 차이를 보인다. 개별 연방 주체의 의회 형태는 단원제 의회를 가진 주체가 거의 대부분이지만, 양원제를 취하는 주체도 있다. 의원 수는 지역에 따라 차이를 보이지만 보통 30±15명 선이며, 임기는 4~5년

　　법률들이 연방과 지방 사이의 관할 대상을 규정한 연방 헌법을 위반했다. OMRI, *Russian Regional Report*, 1997/4/17. 이미 러시아연방 법무부는 1996년 11월에 19개 공화국의 헌법이 연방 헌법에 위배된다고 선언한 바 있다. *Сегодня*, 22 ноября, 1996. 옐친은 연방관계의 유지 및 발전을 위해 처음에는 공화국들을 위주로 쌍무조약을 체결했으나, 점차 크라이(край)와 주(州)로 그 범위를 확대시켰다. 특히 1996년의 대통령 선거 직전에 그 체결 건수가 급증한 것으로 드러나 쌍무조약이 정치적 동원을 위한 흥정의 도구가 되었음을 알 수 있다. D.R.Kempton, "Russian Federalism: Continuing Myth or Political Salvation?", *Demokratizatsiya*, 9-2(Spring 2001), pp. 210-211.

22) G.P.Herd, "Russia: Systemic Transformation or Federal Collapse?" *Journal of Peace Research* Vol. 36, No.3(1999), pp. 259-269.

선에서 대체로 일치한다. 이들 의원들은 지역 주민들의 직접선거에 의해 충원된다. 지방 입법부 의원들에 의해 채택된 법률들 중에서 중앙정부의 헌법에 위반되는 내용들이 다수 존재하기는 했지만, 큰 틀에서의 지방자치를 위한 법적 장치들이 정비되어 졌다.

2) 정치엘리트 충원 과정

1993년 12월 총선은 기대와 희망이 함께하면서 복잡한 선거 양상을 보였고, 1995년 12월 총선과 1996년 6월의 대선은 경제정책이 미치는 파장에 따라 지역 단위로 보수와 개혁 성향으로 나누어지는 모습을 보였다. 모스크바를 비롯한 개혁의 중심 도시에 거주하는 유권자들은 개혁 성향의 정치엘리트를 선호했고, 개혁정책이 부정적인 영향을 미쳤거나 미미하게 미치는 변방지역은 보수 성향의 정치엘리트를 선호하는 모습을 보였다.23)

(1) 국가두마(Государственная Дума)의원 선거

① 1993년 12월 총선

1993년 12월 12일, 새로운 헌법의 채택과 함께 국가두마(Государственная Дума) 의원 선거가 실시되었다. 금번의 총선에 13개의 정당 및 정치단체들이 참가하였다. 공산당의 일당 통치 시스템에서 다당제로의 전환과 함께 정치적 무질서 양상을 보여주었다. 공산당의 권력독점을 명시한 소련 헌법 제6조의 폐기 이후의 권력 진공상태를 극복할 수 있는

---

23) 1995~1996년에 실시된 총선 및 대선 결과에 기초해서 지역별 유권자들의 정치적 성향(보수 및 개혁)을 분류한 다음의 글을 참조, 이영형, "러시아 유권자의 정치적 성향. 국회의원 및 대통령 선거를 중심으로," 『동북아연구』 1996년 제2호.

새로운 권력구조 창설에 대한 열망을 대변했다.

임기 2년의 금번 선거는 지역구 225석과 전국구 225석을 합한 총 450석의 의원을 선출하도록 되어 있었다. 그러나 타타르스탄 공화국의 5개 선거구 중에서 4개 선거구에서는 전체 등록된 유권자 수의 25%에 밑도는 유효 표로 인해 후보자를 선출하지 못했으며, 1개 선거구에서는 단일 후보의 등록으로 인해 선거가 실시되지 않았다. 그리고 체첸공화국의 1선거구에서는 선거가 실시되지 않았다. 따라서 지역구 의원 219명이 선출된 금번의 선거에서 당선자를 배출한 주요 정당은 다음과 같다.

〈표: 2〉 정당별 지역구 당선자 수(1993년 12월)

정치 단체	당선자 수	정치 단체	당선자 수
러시아 선택	24	러시아 여성	21
자유민주당	5	시민동맹	10
공산당	10	농민당	16
야블린스키 블록	7	민주개혁운동	5
러시아 통일화합당	4	기타 정당 및 무소속	

국가두마 의석의 나머지 225석은 정당별 투표에서 5% 이상의 지지율을 획득한 정당을 중심으로 득표율에 따라 의석을 배분하였다. 등록된 13개 정당 중에서 5% 이상을 득표한 정당은 22.92%를 획득한 〈자유민주당〉을 비롯하여, 〈러시아 선택〉과 〈공산당〉을 포함한 8개의 정당에 이른다. 따라서 이들 정당의 득표율에 따라 225석이 배분되었다. 지역별 소선거구에서 5석 만을 획득한 〈자유민주당〉이 정당별 투표에서 러시아 총 유권자의 약 1/4의 지지를 획득하여 파란을 일으켰다.

<표: 3> 정당지지도에서 5% 이상 획득한 정치단체

정당 및 정치단체	득표수(명)	득표율(%)	의석수
러시아 농민당	4292518	7.99	21
야블린스키 블록	4223219	7.86	20
러시아 선택	8339345	15.51	40
러시아 민주당	2969533	5.52	14
러시아 공산당	6666402	12.40	32
자유민주당	12318562	22.92	59
러시아 통일화합당	3620035	6.73	18
러시아 여성	4369918	8.13	21

<출처> Бюллетень Центральной избирательной комиссии Российской Федерации no 10(21), 1994; Е.П.Ищенко и др., Государственная дума федерального собрания Российской Федерации второго созыва (М.: Весь Мир, 1996), сс. 130-131.

극우 민족주의 성향을 보이는 지리노프스키(Zhirinovsky)가 이끄는 <자유민주당>이 급부상했다. 지리노프스키는 舊소련의 부활과 경제의 국가통제를 강조했다. 그리고 군수산업에 대한 민주화 정책을 서방이 러시아를 파멸시키려는 공작으로 인식하면서 강력히 반발했다. <자유민주당>의 부상은 강력한 러시아를 재건하려는 지리노프스키의 정치적 입장이 반영된 것이다. 금번 두마의원 선거에서 러시아 유권자들은 강한 러시아에 대한 희망을 버리지 않았다. 그리고 중도의 민족주의 세력에 대한 지지가 강하게 나타났다. 이러한 현상은 소련 해체와 함께 나타난 러시아의 국제적인 지위 하락에 대응하고, 개혁과 보수를 혼합하는 중도적인 개혁정책을 희망하는 러시아 유권자들의 선택이었다.

결국, 1993년 12월의 총선을 앞두고 수많은 정당과 정치단체들이 뚜렷한 정치노선 없이 조직되었다. 이러한 정당들은 공산당 붕괴 이후 정치적 이해관계에 따라 모인 결사체에 지나지 않으며, 정당 조직의 정비 등과 같은 제도화가 이루어지지도 않았다. 그러나 12월 총선은 이들 정치단체들이 정당이라는 면모를 갖추게 만드는 하나의 계기가 되었다. 하원의 과반수인 225명이 정당별 득표율에 따라 구성되기 때문에 조직 결속력이나 제도화가 획기적으로 이루어질 수 있는 계기를 만들어 주었다.

② 1995년 12월 총선

초대 국가두마 의원의 2년 임기를 마감하면서, 1995년 12월에 4년 임기의 국회의원 선거가 전체 총유권자의 64.4%가 참석한 가운데 실시되었다. 1995년 12월 17일 치러진 국회의원 선거는 수많은 정당들이 참가하여 정당 난립 현상을 보여주었다. 정당정치에 익숙하지 못한 러시아 유권자들에게 다당제의 수용은 의회 민주주의 정착에 있어서 많은 문제점을 분출시키는 결과를 낳았다. 정당들이 제시하고 있는 정강정책을 제대로 파악하지 못한 상태에서 투표에 참석한 러시아 유권자들의 정치적 성향은 참여 민주주의에 대한 그들의 욕구 분출을 정책결정 과정에 투영하지 못했다.

금번 선거에 참여한 43개에 달하는 정당 및 정치 단체들은 무질서하게 후보들을 내세우면서 자신들의 영향력을 증대시키려는 강한 욕구를 보여주었다. 옐친은 그동안 추진한 개혁정책 과정에서 나타난 각종 부작용을 아름답게 포장하기 시작했다. 4년 임기의 제2대 국회의원 선거는 옐친이 그동안 추진해 온 개혁정책의 중간 평가적 의미를 지니고 있었지만, 러시아 유권자들에게 정치 참여에 대한 인식을 크게 변화시키지 못했다. 그동안 옐친정부에 의해 추진되어 온 개혁정책에 대한 지지 및 비판자로서의 역할 만을 담당했을 뿐이다.

러시아 국회의원 선거법 제70조는 정당별 득표율에서 5% 이상의 지지를 획득한 정당을 중심으로 전국구 의석을 배분하도록 되어 있다.[24] 금번 선거의 정당별 득표에서 5% 이상을 득표한 주요 정당은 다음과 같다. <러시아 공산당>이 22.3%의 최대 지지 율을 확보하였고, <자유민주당> 11%, <우리집-러시아> 10%, 그리고 <야블린스키 블록>이 6.89%의 지지를 획득했다. 따라서 <러시아 공산당>은 전국구 1순위인 쥬가노프(Zyuganov)를 포함한 99석을, <우리집-러시아>는 체르노미르딘(Chernomyrdin)을 비롯한 45석, <자유민주당>은 지리노프스키(Zhirinovskii)를 비롯한 50석, <야블린스키 블록>[25]은 야블린스키(Yavlinskii)를 포함한 31석을 배당받게 되었다.

<표: 4> 주요 정당의 정당별 지지율[26]

정치 단체	득표수(명)	득표율(%)	의석수
러시아 공산당	15432963	22.30	99
우리집-러시아	7009291	10.13	45
자유민주당	7737431	11.18	50
야블린스키 블록	4767384	6.89	31
러시아 여성 단체	3188813	4.61	
러시아 공동체 회의	2980137	4.31	
러시아 농민당	2613127	3.78	
러시아 민주선택	2674084	3.86	

24) Федеральный закон "О выборах депутатов Государственной Думы Федерального Собрания Российской Федерации". Официальное издание (Москва: Юрид. лит., 1995), с. 75.
25) <야블린스키 블록>은 야블로코(Yabloko, Яблоко)로 명명되어 진다.
26) Вестник центральной избирательной комиссии российской федерации, no 1, 1996 г, сс. 48-55.

1995년 12월 총선 결과 전체 정당별 의석수를 보면 <러시아 공산당>이 총157석으로 전체 36%를 차지하여 의회내 다수당 위치를 굳혔고, <우리집-러시아>는 55석을 획득한 소수당으로 전략했다. 극우 민족주의 정당인 <자유민주당>은 51석, <야블린스키 블록>이 45석을 각각 차지했다. 결국, 제2회 국회의원 선거에서 러시아 유권자들은 5-6개 정도의 정당들이 의회의 중심 세력으로 등장할 수 있는 다당제 틀을 구축했고,27) 과거에 대한 향수에 사로잡혀 공산당과 민족주의 성향의 자유민주당을 선호하는 그러한 모습을 보여주었다.

<표: 5> 정당별 전체 국회의석 수

정치 단체	지역구	전국구(정당지지)	전체
러시아 공산당	58	99	157
우리집-러시아	10	45	55
자유민주당	1	50	51
야블린스키 블록	14	31	45
기타 정당	65	-	
무소속	77	-	

27) 기타 정당들의 의석을 분석하면, <러시아 농민당>이 전체 지역구에서 20석을 획득하였으나 전국구에서 5%의 지지율을 획득하는 데 실패하여 전국구 의석을 배당 받지 못했다. 기타 <인민에게 권력을>과 가이다르가 이끄는 <러시아 민주 선택>이 각각 지역구에서 9석을 획득하였고, 레베드가 이끌었던 <러시아 공동체>가 지역구에서 5석을, 그리고 <리프킨(Rybkin) 그룹>, <전진 러시아>, <러시아 여성> 등이 각각 3석을 획득했다. 그리고 총선에 참여한 기타 39개 정당 가운데 일부와 무소속 입후보자가 나머지 의석을 나누어 가졌다. 무소속이 전체 지역구 225석의 77석을 획득하였다. 정당과 무관한 지역 인사들에 대한 지지가 높게 나타나고 있음을 의미한다. 이러한 현상은 러시아 유권자들의 정당기피 현상이 아니라, 많은 러시아 유권자들이 정당정치에 대한 인식의 정도가 미미하고, 단순히 명망도가 높은 인물에 기표하는 후진적인 정치문화를 보여주고 있음을 의미한다.

상기 <러시아 공산당>의 득세와 <우리집-러시아>의 추락은 옐친정부가 추진한 개혁정책에 대한 러시아 유권자들의 불안심리가 표출된 듯 하다. 옐친 대통령이 추진한 경제개혁 정책의 부작용인 높은 인플레와 실업 문제, 소득격차의 심화로 인한 빈부 격차, 사회보장 제도의 붕괴, 만성적인 임금 체불, 범죄 증가와 치안 불안 등 사회·경제 상황에 대한 반발, 그리고 舊소련에 대한 일부 빈민 및 노인층의 향수와 러시아의 국제적 지위하락에 대한 국민적 불만 등 복합적인 요인에서 비롯된 것이었다. 반면에 공산당이 내세운 방위 및 에너지 산업의 민영화 중단, 주요 식품 가격의 국가 통제, 교육 및 의료 서비스 무상실시, 연금 지원 확대, 최저임금 인상 및 실업 퇴치 등과 같은 공약이 개혁에 염증을 느끼던 빈민 및 노인층 그리고 일부 학생들로부터 좋은 호응을 얻은 결과로 보인다.

　　1995년 12월의 선거에서 43개의 정당 및 정치단체가 참여하면서 기표 과정에서 혼란 상황이 연출되었지만, 단지 4개의 정당이 5% 이상을 득표하여 비례대표에 의한 당선자를 배출했다.[28] 이러한 정당난립 현상이 계속되어 1997년까지 등록된 정당 및 정치단체의 수가 57개를 헤아렸으며, 이들 중에서 약45%인 24개의 단체가 '사회주의' 또는 '공산주의'라는 이름을 당명에 포함시키고 있었다.[29] 이러한 현상은 과거 소련시절의 질서잡인 균형을 원하는 러시아 국민들의 희망을 대변하는 듯 했다.

---

28) В.Н.Краснов и др., *Россия: партии, выборы, власть* (Москва: Обозреватель, 1996), с. 179.
29) 이영형, 『현대 러시아 정치론』 (서울: 엠애드, 1999), с. p. 139

(2) 1996년 6월의 대통령 선거

① 1차 투표에서 나타난 특징30)

옐친이 추진한 개혁정책은 많은 부작용을 노출시켰다. 러시아의 국제적 영향력이 추락하였으며, 국내경제 및 사회보장 제도가 파괴되는 그러한 모습을 보였다. 이러한 시기인 1996년 6월 16일에 대통령 선거가 실시되었다. 건강상의 이유로 후보를 망설이고 있던 옐친 대통령은 자신만이 공산당의 집권을 저지시킬 수 있음을 내세우면서 후보 등록을 마쳤다. 그리고 반(反)공산 민주세력의 대동단결을 호소했다.

옐친에 의해 추진된 5년여 기간의 개혁 정책이 다수 러시아 국민들의 실망으로 결과 되고 있었기 때문에, 금번의 대통령 선거는 옐친의 개혁정책에 대한 중간 평가적 의미를 지니고 있었다. 정치적 자유와 노동에 따르는 분배 양식이 정립된 것은 긍정적으로 평가되고 있었지만, 경제적 불평등, 실업, 사회보장 제도의 붕괴 등과 같은 부정적 요소들이 확산되고 있었다. 따라서 대통령 선거는 국가최고 통수권자를 선택한다는 의미 외에 그동안 진행되어 온 옐친의 개혁정책에 대한 중간 평가적 의미를 지니고 있었다.

러시아 전체 유권자의 69.81%가 참가한 제1차 투표에서 어느 후보도 과반수 지지를 획득하지 못했다. 옐친 후보가 쥬가노프 공산당 당수의 집권을 막으면서 자신의 개혁정책을 계속적으로 추진할 수 있도록 지지를 호소했지만 돌아선 유권자들의 마음을 되돌리기에는 역부족이었다. 옐친과 쥬가노프에 대한 지지도가 비슷하게 나타났다. 그리고 강한 민족주의 성향을 보였던 레베드(Lebed)가 3위로 급부상하는 결과를 보였다.

---

30) *Вестник центральной избирательной комиссии российской федерации*, no 14(34), 1996 г. 참조.

〈표: 6〉 각 후보의 득표 수

후 보	득표수(천명)	비 율(%)
브린차로프(V.Bryntsalov)	123	0.16
유리 블라소프(Y.Vlasov)	151	0.20
미하일 고르바쵸프(M.Gorbachev)	386	0.51
보리스 옐친(B.Yeltsin)	26665.5	35.28
블라지미르 지리노프스키(V.Zhirinovskii)	4311.5	5.70
겐나지 쥬가노프(G.Zyuganov)	24211.7	32.03
알렉산드르 레베드(A.Lebed)	10975	14.52
스뱌토슬라프 표도로프(S.Fedorov)	699	0.92
마르틴 샤쿰(M.Shakkum)	277	0.37
그리고리 야블린스키(G.Yavlinskii)	5550.8	7.34

Вестник центральной избирательной комиссии российской федерации, no 14(34), 1996г.

대통령 선거 1차 투표에서 나타난 지역별 성향을 보면, 옐친이 쥬가노프 후보에게 압도적인 표차로 승리한 지역(득표율이 2배가 넘는 지역)은 모스크바 · 샨트-페테르부르크 · 스베르들로프스크주 · 페름주 등을 비롯한 개혁정책의 여파가 사회전반에 긍정적으로 미친 지역들이고, 반면에 쥬가노프가 옐친을 압도적인 표차로 승리한 지역들은 다게스탄 공화국 · 알타이 크라이 · 스타브로폴 크라이 · 벨고르트주 · 브랸스크주 · 쿠르스크주 · 펜자주 등을 비롯한 경제개혁의 여파가 미미하게 미치거나 그 효과가 부정적인 결과를 보이는 지역들이다. 농촌에서 도시로 갈수록 옐친의 지지가 강하다. 러시아의 서남부지역 · 시베리아 및 극동지역 등에서는 쥬가노프를 선호하는 것으로 나타났고, 북서부지역 · 볼가 및 우랄 지역에서는 옐친을 선호하는 것으로 나타났다.[31]

연령별로 보면, 연금생활자들은 옐친보다 쥬가노프를 더 많이 지지했다. 55세 이상의 유권자들 중에서 쥬가노프 지지율은 41%이며 옐친에 대한 지지율은 34%였다. 그리고 40-55세에 있는 유권자들 중에서는 쥬가노프와 옐친의 지지율이 31% 대 36%, 25-39세에서는 17% 대 38%, 18-24세의 젊은 유권자들 중에서는 11% 대 39%의 지지율을 보였다. 나이가 젊을수록 옐친을 지지하는 성향이 강함을 보여준다. 교육 수준별 지지율은 고졸수준의 저학력 소지자들은 32% 대 27%로 쥬가노프를 더 많이 지지했다. 그러나 기술학교 및 전문대학 수준의 학력 소지자들은 24% 대 39%, 대졸 이상의 고학력 소지자들은 23% 대 52%로 옐친을 선호했다. 학력이 높을수록, 그리고 소득 수준이 높을수록 옐친을 선호하는 것으로 나타났다. 특히, 고소득층에서는 쥬가노프에 비해 옐친의 지지율이 3.5배 이상으로 나타났다.32) 결국, 옐친정부가 추진한 개혁정책이 자신들에게 미치는 파장에 따라 지지 정도를 달리해 왔다.

② 결선 투표에서의 지역별 특징33)
대통령 선거 1차 투표에서 과반수를 획득한 후보가 없었기 때문에, 대통령 선거법 제 55-57조에 따라 최다 득표자인 옐친과 차점 득표자인 쥬가노프를 대상으로 2차 결선 투표가 7월 3일 치러졌다. 금번의 결선 투표는 개혁과 보수정책을 놓고 국민들이 하나를 선택하는 그러한 성격을 지녔다.
결선투표에 임하는 옐친은 개혁정책의 지속적인 추진을 약속하고 있

---

31) *Сегодня*, 26 июля, 1996 г.
32) *Там же*.
33) *Вестник центральной избирательной комиссии российской федерации*, no 16(36), 1996г.

었다. 쥬가노프 공산당 당수는 자신의 정책이 공산주의로의 무조건적인 회귀가 아니며, 기존 정책으로부터 크게 벗어나지 않음을 강조하였다. 쥬가노프는 내·외국에서 활동하고 있는 경제인들을 안심시키기 위해 그들에게 세금 인하와 건전한 투자환경 조성을 약속했다. 그러나 에너지, 운송, 통신 분야와 군산복합체는 계속 국가 통제 하에 둘 것이며, 민영화 속도를 늦추고 경제에 대한 정부 통제를 재개하겠다고 강조했다.

국내정치 및 경제적 불안과 건강 악화설 등 불리한 여건속에서, 옐친은 재집권을 위해 현직 대통령으로서 취할 수 있는 모든 조치를 다했다.34) 결선투표를 위해 1996년 6월 19일 그의 측근이었던 그라쵸프 국방장관, 유리 바투린 안보담당 보좌관, 올레그 로보프 안보회의 서기를 경질하고, 레베드 장군을 부총리급인 국가안보위 서기와 대통령 안보담당 보좌관에 임명했다.

옐친은 1차 투표에서 3위로 급부상한 레베드를 영입하여 결선투표를 유리하게 유도할 수 있었다.35) 그리고 개혁 과정에서 급성장한 신흥자본가들의 적극적이고 엄청난 량의 재정적인 지원과 대중매체를 적절히 활용하였다. 또한, 선거 과정에서 미국의 선거참모들이 대거 입성하여 전략

---

34) 옐친은 친서방화 및 급진개혁 정책을 주도해 온 코지레프 외무부 장관, 추바이스 경제부총리, 세르게이 필라토프 대통령 비서실장, 사흐라이 부총리 등을 해임하고 보수적인 성향의 인물로 대체하였다. 그리고 흉작으로 인해 3백만 톤의 곡물을 수입해야 하는 상황에서 알렉산드르 나자르추크 농림부 장관과 비탈리 에피모프 운수장관을 각각 해임시켰다. 이러한 옐친의 인사 정책은 자신이 추진하고 있는 각종 개혁정책의 부작용을 그들에게 전가시키려는 하나의 술책이었다.
35) 안보회의 서기로 발탁된 레베드는 체첸문제를 평화적으로 해결하였다. 따라서 그의 인기가 급상승하고 있었다. 이러한 시기에 크렘린 내부에 권력 암투가 발생하기 시작했고, 레베드는 권력 싸움에서 밀려나 안보회의 서기직에서 물러났다. 그리고 1998년 5월 17일 실시된 시베리아의 크라스나야르스크 주지사 선거에서 극우파 지리노프스키와 공산당의 연합 지지를 받고 있던 발레리 주보프 현지사(38.27%)를 누르고 당선되었다(57.22%).

을 제공하였으며, 러시아 대외채무의 상환 기간을 연장시켜 주는 등 직·간접적인 서방 세계의 지원이 있었다.

현직 대통령으로 취할 수 있는 모든 방법을 동원하면서 결선투표에 임했고 68.88%의 투표율을 보였던 7월 3일의 결선 투표에서 쥬가노프를 제치고 크렘린궁에 재차 입성할 수 있었다. 그러나 옐친에 대한 지지를 그의 개혁 정책에 대한 지지로 평가할 수는 없다. 2차 투표에서 옐친을 지지한 유권자의 50%는 옐친의 정책을 지지하여 투표하였으나, 나머지 45%는 쥬가노프가 대통령이 되는 것을 막기 위해 옐친을 지지한 것으로 나타났다. 옐친을 지지한 유권자의 거의 과반수가 옐친의 개혁정책에 불만을 품고 있는 것으로 나타났다.

〈표: 7〉 결선투표 득표율

후 보	비 율(%)
옐친(B.Yeltsin)	53.92
쥬가노프(G.Zyuganov)	40.31
모두에 반대	4.82

Вестник центральной избирательной комиссии российской федерации, no 16(36), 1996г.

옐친 집권 2기는 의회내 반개혁 세력의 우세와 함께 많은 어려움을 안고 출범했다. 그리고 대통령 선거 직후, 옐친의 건강이 더욱 악화되었다. 1996년 11월 옐친은 자신의 건강 악화로 인해 한시적으로 체르노미르딘 총리에게 권한을 위임하고 7시간에 걸친 심장병 수술을 받았다36).

---

36) 1996년 현재 65세인 옐친 대통령은 11월 5일 모스크바 교외의 심장병 센터에서 미국의 심장 전문가인 드베이키 박사를 중심으로 하는 의료진으로부터 심장의 동맥바이패스 수술을 받았다. 옐친 대통령은 수술에 앞서 체르노미르딘 총리에게 한

수술 후 5일이 지나서야 겨우 거동할 수 있었다. 그러나 권한을 이양한 지 23시간 만인 6일 오전 6시에 체르노미르딘 총리에게 위임했던 권한을 회수하는 강한 권력욕을 보여주었다. 옐친은 12월 23일 임금과 연금 및 군부문제를 비롯한 현안 문제를 해결하기 위해 크렘린 궁에 복귀했다.37) 그러나 <걸어 다니는 종합 병원>과 같았던 옐친의 건강 상태는 더 이상의 효율적인 국가 경영을 기대할 수 없도록 했다.

(3) 1999년 12월 총선과 옐친의 사임

옐친 집권 2기를 시작하는 전후의 시기에 그동안 추진된 개혁정책에 대한 각종 부작용이 노출되고 있었다. 러시아의 국제적 영향력은 지속적으로 하락했다. 국회에서 공산당이 다수당이 되어 활동하고 있었기 때문에 개혁정책에 제동이 걸렸으며, 중앙의 지방에 대한 영향력이 약화됨과 동시에 분열주의 경향이 국가 통일성을 위태롭게 했다. 그리고 국내의 경제 악순환이 계속되고 있었다. 현재 상황이 지속된다면, <걸어 다니는 종합 병원>인 옐친은 자신의 퇴임 후를 걱정해야 했다.

1997년이 시작되면서 옐친

<표: 8> 옐친 집권 2기의 역대 총리

국무총리	재임기간
빅토르 체르노미르딘	1992.11 - 1998.03
세르게이 키리엔코	1998.03 - 1998.08
빅토르 체르노미르딘	1998.08 - 1998.09
예브게니 프리마코프	1998.09 - 1999.05
세르게니 스테파신	1999.05 - 1999.08
블라디미르 푸틴	1999.08 - 2000.03

은 충직한 후계자를 찾기 위해 노력해 왔으며, 총리직 자리를 놓고 정치

시적으로 핵 단추를 비롯한 모든 권한을 위임했다.
37) 공산당은 1월 22일 '신병으로 공무수행이 불가능하다'는 이유로 옐친 대통령 탄핵 결의안을 제기했다. 국회에서 표결이 붙여졌다. 반대 102, 찬성 87, 기권 5표로 부결되었다.

능력과 국정운영 능력을 실험해 왔다. 따라서 총리가 수시로 교체되어 왔으며, 1999년 8월에 푸틴이 총리로 임명되었다. 푸틴은 급조된 <단합당>을 중심으로 1999년 12월로 예정된 총선을 준비해 왔다. 자신의 정치 능력을 과시할 수 있는 실험 무대였다. <표: 9>에서 보는 바와 같이, 12월에 실시된 총선에서 공산당에 이어 제2당이 되는 쾌거를 거두었다. 이러한 결과는 옐친의 기대를 충족시키기에 충분했다.

〈표: 9〉 1999년 12월 총선과 국회 의석 수

정 당	정당지지율(의석수)	지역구 의석수	전체 의석수
공산당	24.29%(67)	47	114
단합당	23.32%(64)	9	73
조국-모든 러시아	13.33%(37)	29	66
우파세력연합(러시아 민주선택)	8.52%(24)	5	29
야블라코	5.98%(16)	4	20
자유민주당	5.93%(17)	0	17
우리집-러시아	1.2%(0)	8	8

Парламентская газета, 24 декабря, 1999; Сегодня, 30 декабря, 1999 и др газеты

푸틴은 강한 모습을 국민들에게 보여주고 있었다. 탈러시아 움직임을 보이고 있는 체첸 공화국의 독립 움직임에 대해 강경 노선을 추진하기 시작했다. 이러한 푸틴의 행위는 국민들로부터 신임을 얻기에 충분했다. 푸틴의 인기도는 급상승하고 있었다. 따라서 옐친은 푸틴을 차기 대통령 후보로 지명하고 스스로 대통령직에서 사임했다. 푸틴이 대통령 권한 대행의 직무를 수행하면서 전국적인 지지도를 확보하기 원했던 것으로 보인다. 옐친이 대통령으로 자리하면서 막강한 권한을 행사해 왔지만 자신의 건강 상태가 더 이상의 권력을 허락하지 않았다. 따라서 1999년 12월 31일 1세기를 마감하는 순간에 옐친은 국민들에게 신년 인사를 대신하여 자신의 퇴임을 발표했다.

> 친애하는 국민 여러분! 나는 오늘 마지막으로 여러분에게 신년 인사를 드립니다. 뿐만 아니라, 러시아 대통령으로서는 마지막으로 연설을 합니다. 나는 결단을 내렸습니다. 금세기의 마지막 날인 오늘 대통령직에서 사임하기로 했습니다.[38]

옐친은 푸틴에 대한 믿음을 간직한 체, 정계 은퇴를 선언했다. 옐친의 사임과 동시에 총리인 푸틴이 대통령 권한을 대행했다. 옐친은 조기 사임에 대한 대가(?)로 자신과 가족들의 신변을 보장받았다. 푸틴 대행이 31일 옐친 전대통령에 대한 면책과 형사상 또는 행정적인 조사 면제를 내용으로 하는 대통령령에 서명했다. 이와 동시에 대통령 선거를 준비해야 했다. 러시아 헌법 제92조 2항에 대통령이 사임한 경우 3개월 이내에 선거를 실시하도록 규정되어 있다.[39] 따라서 2000년 6월로 예정되어 있던 대통령 선거는 2000년 3월 말에 치러지게 되었다. 3월 26일이 대통령 선거일로 결정되었다.

(4) 2000년 3월, 대통령 선거와 푸틴의 당선

러시아 국민들은 지쳐있었다. 1991년 소련 해체 이후, 경제상황이 계속적으로 악화되고 국제적 영향력도 추락했다. 각종 범죄가 창궐하고, 체

---

38) http ://www. polit.ru/ documents/159369. html;『뉴스 워크』제10권 제2호(통권 411호), 2000년 1월 12일.
39) *Коституция Российской Федерации* (Москва: Юридическая литература, 1993), cc. 38-39.

첸 전쟁40) 등 내전이 끊이질 않았다. 따라서 러시아 국민들은 미사어구를 늘어놓는 정치인을 원하지 않았다. 강력한 지도력을 필요로 하고 있었다. 푸틴은 말을 앞세우지 않으며, 묵묵히 일을 처리하는 그러한 성격을 지니고 있다.

푸틴은 새해의 첫 업무를 체첸 방문으로 시작하였다. 2000년 1월 1일 체첸을 순방하여 러시아 군부대를 위로하였다. 그리고 TV 연설을 통해 러시아의 헌법과 법률의 틀 밖에서 행동하려는 일체의 시도에 강력히 대응할 것을 밝혔다. 푸틴의 정치적 결단력과 강인함은 그의 지지도 상승으로 이어졌다.

푸틴의 인기가 급상승한 이유는 몇몇 측면에서 찾아졌다. 첫째, 체첸과의 전쟁이 푸틴의 인기를 전국적으로 상승시켰다. 체첸과의 전쟁에서 러시아의 일방적인 우세는 국민들의 피해의식(94-96년의 체첸사태 시기에 막대한 인명피해와 퇴각)을 보상해주었다. 이는 강한 지도자를 희망하

---

40) 러시아와 체첸간 분쟁의 역사는 러시아가 카프카스 지역으로 진출하기 시작한 16세기까지 거슬러 올라간다. 체첸인의 본격적인 무장 항쟁은 19세기 초반에 시작되었다. 이 항쟁은 50년간이나 지속된 끝에 체첸 독립군의 패배로 종결되었다. 그 후에도 무장 독립투쟁은 계속되었으나 좌절되었다. 제2차 세계대전 당시 독일군이 소련을 침략하자, 이를 계기로 대대적인 무장봉기를 하기도 했다. 그러나 이 역시 소련군의 무력에 의해 좌절되었다. 소련 해체를 틈타, 1991년 11월 독립을 선언하면서 또 다시 갈등이 시작되었다. 러시아가 1994년 12월 무력 개입을 시도하여 제1차 체첸전쟁이 발발했다. 1996년 8월 평화조약을 체결하였고, 러시아군이 완전 철수하였다. 2000년까지 체첸독립 문제를 유보한다는 체첸 측의 약속을 받아내고 러시아군이 철수하였다. 그 이후 체첸은 사실상의 독립국가 형태를 유지할 수 있었다. 제2차 체첸전쟁은 1999년 8월 체첸 게릴라 지도자 샤밀 바사예프가 카프카스 연방 공화국 수립을 선언하고 인근 다게스탄 공화국을 침공함으로써 시작되었다. 러시아군은 2000년 2월 체첸 수도 그로즈니(Groznyi, Грозный)를 함락시킨 데 이어 3월 체첸의 주요 민간인 거주 지역 대부분을 장악하는 데 성공했다.『조선일보』, 2000년 4월 18일 참조. 그러나 체첸은 2000년 이후부터 현재에 이르기까지 남부산악지대에서 게릴라 전을 계속하고 있으며, 모스크바를 비롯한 주요 도시에서 각종 테러를 자행하고 있다.

는 러시아 국민들의 정서를 대변하는 것이었다.41) 특히 국방비의 삭감을 비롯하여 군부에 대한 대우가 추락하고 있던 시기에, 체첸전쟁과 국방예산 증액은 러시아군으로 하여금 푸틴을 지지하는 세력으로 변화시켰다. 둘째, 경제적인 측면을 고려할 수 있다. 푸틴의 등장과 함께 경제가 회복세를 보이면서 러시아 국내총생산(GDP)이 매달 3-4% 씩 증가되고 있었다.

푸틴의 인가 상승에 대해 부정적인 시각 역시 존재한다. 특히, 지난 12월 총선에서의 승리를 위해 체첸 전쟁을 확대하고, 그로즈니(Groznyi)의 반군(叛軍)을 뉴스의 초점에 올려놓고, 슬라브 민족주의와 애국주의에 호소한 푸틴의 공작적 전략 두뇌는 민주적 개방 사회의 지도자로서 적합하지 않다는 점이 지적되었다.42) 러시아 국민의 분노를 자극하기 위해서, 모스크바와 기타 도시에서 테러와 살인극을 조작하여 체첸 전쟁을 확대했다는 설이 있기도 하다. 그러나 체첸 전쟁의 조작성 여부를 떠나 푸틴의 인기는 다른 대통령 후보의 추종을 불허하고 있었다.

대통령 선거에 푸틴 대통령 직무대행과 쥬가노프 공산당 당수를 비롯하여, <야블로코>당의 총수인 야블린스키, <지리노프스키 블록>의 지리노프스키, 사마라州 주지사인 티토프(K.Titov) 등이 출사표를 던졌다. 그리고 기타 후보들이 등록을 마쳤다. 지지도는 푸틴과 쥬가노프가 선두

---

41) 1999년 8월말~9월에 모스크바와 남부도시에서 잇따라 아파트 폭탄테러가 발생했다. 러시아는 공포의 도가니에 빠졌다. 그 와중에 약3백 명이 숨졌다. 푸틴을 포함한 러시아 당국자들은 테러를 체첸 반군의 소행으로 돌렸다. 신임총리가 앞장서서 지휘하는 가운데 체첸 전쟁은 확산되었다. 체첸 전쟁은 러시아 국민들의 절대적 지지를 받았다. 수년에 걸친 경제침체와 국제적 영향력 감소로 좌절감을 느끼고 있던 러시아인들에게 이 전쟁은 그 동안 쌓였던 감정의 배출구였다.
42) 김유남, "민주적 지도자인가, 寡頭정치의 두목인가?" 『월간 조선』 2000년 2월호, c. 94.

그룹을 형성했고, 야블린스키 등이 뒤따르고 있었다. 특히 야블린스키는 후보자가 없는 <우파세력 연합>과 <조국-모든 러시아> 운동의 지지자들에게 자신을 대안적 후보로 지지해줄 것을 호소하고 있었다. 또한 민주주의 세력이 단합되고, 티토프[43]가 야블린스키를 중심으로 단일 후보가 된다면 쥬가노프와 2위 자리를 놓고 경쟁이 가능할 것이라는 주장이 제기되었다.[44] 그러나 단일 후보는 쉽지 않았으며, 야블린스키에 대한 지지도는 크게 변화가 없었다. 다수 국민들은 야블린스키에 대해 현실 정치인의 모습이 아니라, 이론가이며 러시아에 어울리지 않는 세련된 인텔리라는 이미지를 가지고 있다.[45] 또한 이상주의적이며 타협하기 쉽지 않은 인물로 평가되고 있었다.[46]

러시아 국내에서 뿐만 아니라, 다수 국가에서 푸틴의 승리를 확신하기 시작했다. 문제는 1차 투표에서 50% 이상의 유권자 지지를 획득하는가의 문제에 관심이 집중되고 있었다. 전체 유권자의 68.74%가 참석한 가운데 선거는 예상대로 실시되었다. 중앙선거관리위원회의 공식 보도에 따르면, 11명의 후보들 중에서 푸틴이 52.94%를 획득하여 1차 투표에서 쥬가노프 공산당 당수를 가볍게 제치고 대통령에 당선되었다.

---

43) 사마라州의 주지사인 티토프는 <우파세력 연합>의 지도자 중에서 한사람이다. <우파세력 연합>의 주요 지도자(추바이스, 키리엔코, 넴쵸프..)들이 푸틴을 지지하기로 했으나, <우파세력 연합>의 선거 블록을 형성하고 있는 다수 조직원들은 티토프에 대한 지지를 선언했다. 가이다르가 대표로 있는 <러시아 민주선택>의 대다수 역시 티토프를 지지할 것이라고 했다. *Сегодня*, 21 февраля 2000.
44) *Независимая газета*, 4 марта 2000.
45) *Financial Times*, 20 October, 1998.
46) Peter D. Ekman, 'Yavlinsky's Turn at Bat,' *The Mowcow Times*, 16 March, 1999.

〈표: 10〉 대통령 선거 결과

순위	후보자	득표수(명)	득표율(%)
1	푸틴(V.Putin)	39,740,434	52.94
2	쥬가노프(G.Zyuganov)	21,928,471	29.21
3	야블린스키(G.Yavlinskii)	4,351,452	5.80
4	툴례예프(A.Tuleev)	2,217,361	2.95
5	지리노프스키(V.Zhirinovskii)	2,026,513	2.70
6	티토프(K.Titov)	1,107,269	1.47
7	팜필로바(E.Pamfilova)	758,966	1.01
8	고보루힌(S.Govorukhin)	328,723	0.44
9	스쿠라토프(Y.Skuratov)	319,263	0.42
10	포드베레즈킨(A.Pokberezkin)	98,175	0.13
11	자브라일로프(U.Dzhabrailov)	78,498	0.10

Вестник центральной избирательной комиссии российской федерации, no 13(103), 2000г.; Российская газета, 7 апреля, 2000г.

푸틴은 1999년의 총선에서 의회 내 친여세력의 확보와 더불어 향후 국정운영의 주도권을 확보할 수 있게 되었다. 대통령 선거에서 당선된 푸틴은 제3기 국회가 개원된 이후 그동안 법안 처리가 어려웠던 사안들을 처리해 나갔다. 그동안 옐친과 의회간 힘겨루기 양상을 띠었던 스쿠라토프(Skuratov) 검찰총장의 해임안이 통과되었으며, 1993년 이후 발목을 잡아왔던 START-II 도 순조롭게 비준되었다.47) 그리고 일주일 뒤인 동년 4월 21일에는 포괄적 핵실험 금지조약(CTBT)도 비준되었다.48) 이처럼 그동안 공산당 주도하에서 쉽게 해결되지 못했던 사안들이 순조롭게 처리되면서, 향후의 정국 운영이 푸틴을 중심으로 순항할 것이라는 분위기가 감지되기 시작했다.

---

47) 2000년 4월 14일 하원에서 찬성 288표, 반대 131표, 기권 4표로 통과되었다.
48) 서동주, "러시아의 역대 국가두마 선거분석: 정당정치 특징과 對러 정책 시사점," 『국제문제연구』 2004년 봄호, p. 189.

4. 푸틴과 메드베제프 시기의 정치엘리트 충원

1) 정치엘리트 충원 방식

(1) 중앙정부의 엘리트 충원
① 대통령 전권대표의 임명과 파견

2000년에 집권한 푸틴은 중앙의 통제력 강화를 위해서, 그리고 통치 효율성 증대를 위해서 연방의 행정 구조를 재편성했다. 취임 일주일 만인 5월 13일, 89개 연방주체를 7개 연방지구로 묶어 관리하려는 조치가 취해졌다. 7개 연방지구는 러시아의 군관구와 거의 일치한다. 개별 연방지구를 관리할 7명의 대통령 전권대표들을 대통령이 직접 임명하여 파견했다. 전권대표들은 지역 주민들의 직접선거로 선출된 지방 지도자[주지사 등]들을 정치적으로 통제할 수 있는 위치에 서게 된다. 이는 지방을 대통령이 직접 관장할 수 있도록 하는 대통령의 권한 강화 방편의 일환이었다. 느슨한 중앙-지방 관계를 중앙에서 통제하며, 중앙에 반대하는 지방 정부에 대한 통제력을 강화하려는 차원에서 추진되었다.

푸틴은 자신이 직접 임명한 대통령 전권대표들을 각각의 연방지구에 파견하면서 국가 영토를 효율적으로 통제해 왔다. 2008년 5월에는 새로운 대통령인 메드베제프가 7개 연방지구에 자신의 전권대표를 임명하기 시작했다. 그러나 푸틴 집권기에 임명된 기존의 전권대표들이 대부분 그대로 유임되었다. 7명의 전권대표들 중에서 2명만이 새롭게 임명되었다. 푸틴 시절에 임명된 5명의 전권대표들은 자신들의 지위를 그대로 유지했다. 북서부연방지구의 클레바노프(И.Клебанов)[49], 중앙연방지구의 폴타

---
49) 클레바노프(Клебанов)는 2003년에 북서부연방지구의 대통령 전권대표로 임명되었

브첸코(Г.Полтавченко)50), 우랄연방지구의 라티셰프(П.Латышев)51), 시베리아연방지구의 크바쉬닌(А.Квашнин)52), 그리고 극동연방지구의 사포노프(О.Сафонов)53) 등이 그들이다. 메드베제프 대통령이 새롭게 임명한 지역과 전권대표들은 남부연방지구의 우스티노프(В.Устинов), 볼가연방지구의 라포타(Г.Рапота) 등에 불과했다.54)

〈표: 11〉 연방지구별 대통령 전권대표

연방지구 (중심지)	전권대표		
	2000.5	2007.9	2011.12
중앙 (모스크바)	폴타프첸코 [Г.С.Полтавченко]	폴타브첸코	고보룬[О.М.Говорун, 2011.9~]
북서부 (샹트-페테르부르크)	체르케소프 [В.В.Черкесов]	클레바노프[И.И.Клебанов,]	클레바노프[И.И.Клебанов, 2003.11.1~]
볼가 (니즈니 노브고로트)	키리엔코 [С.В.Кириенко]	코노발로프[А.В.Коновалов, 2005.11~]	라포타[Г.А.Рапота, 2008.5~]
남부 (로스토프 나 도누)	카잔체프 [В.Г.Казанцев]	코작[Д.Н.Козак, 2004.9~]	우스티노프[В.В.Устинов, 2008.5~]
북카프카스* (파티고르스크)	-	-	흘로포닌[А.Г.Хлопонин, 2010.1~]
우랄 (예카데린부르그)	라티셰프 [П.М.Латышев]	라티셰프	쿠이바셰프[Е.В.Куйвашев, 2011.9~]

고, 2004년 3월에 동일한 직위에 재차 임명되었다.
50) 중앙연방지구의 폴타브첸코(Полтавченко)는 2000년 5월에 임명된 이후 4차례나 연임되었다.
51) 라티셰프(Латышев)는 우랄연방지구에서 8년 동안 자신의 지리를 유지하고 있다.
52) 크바쉬닌(Квашнин)는 2004년 9월에 시베리아연방지구의 대통령 전권대표로 임명되었다.
53) 사포노프(Сафонов)는 지역개발부 차관으로 자리를 옮긴 이스하코프(Исхаков)를 대신해 2007년 10월 29일 극동연방지구의 대통령 전권대표로 임명되어 활동해 왔다.
54) *Российская газета*, 14.05.2008.

시베리아 (노보시비르스크)	드라체프스키 [Л.В.Драчевский]	크바쉬닌[А.В.Квашнин, 2004.9~]		톨로콘스키[В.А.Толо конский, 2010.9~]
극동 (하바로프스크)	풀리코프스키 [К.Б.Пуликовский]	이스하코프[К. Ш.Исхаков, 2005.11~ 2007.9]	사포노프[О.Са фонов, 2007.10~ 2009.4]	이사예프[В.И.Ишаев, 2009.5~]

* 북카프카스연방지구는 2010년 1월 19일 메드베제프(Медведев) 대통령의 명령에 따라 남부연방지구에서 분리되었다.

푸틴에 의해 분류된 7개 연방지구는 국내외 상황 변화에 따라 수정되었다. 2010년 1월 19일 메드베제프 대통령의 명령에 의해 남부연방지구의 일부 주체들을 묶어 새롭게 북카프카스연방지구(СКФО, Северо-Кавказский федеральный округ)를 조직했다.55) 분리와 동시에 동일 연방지구의 대통령 전권대표로 임명된 흘로포닌(А.Г.Хлопонин)이 2010년 1월 19일부터 현재까지 활동하고 있다.

② 연방회의(Совет Федерации) 구성 방식의 변화

푸틴이 2000년 5월 대통령에 취임과 동시에 중앙집권적인 권력체계 확립을 위한 작업에 착수했다. 푸틴은 7개 연방지구 설치에 관한 포고령을 발표하자마자, 중앙 정부에 대한 지방 엘리트들의 도전과 간섭을 무력화시키기 위해 연방회의(상원) 구성에 대한 개편 작업에 착수했다. 푸틴이 2000년 5월 국가두마에 새로운 상원의원 구성관련 법률안을 제출했고, 수차례의 수정을 거쳐 동년 7월 상원의 최종 표결을 통과했다. 종전에는 각 연방 주체의 행정부 수장 및 지방의회 의장이 당연직 상원의

---

55) http://skfo.gov.ru/skfo/(검색일: 2011년 10월 11일)

원이 되었지만, 새로운 상원 구성법에 따라 개별 연방구성 주체의 행정부와 입법부에서 각각 1명씩 상원의원을 추천하도록 했다. 지방의회에서 입법부를 대표하는 상원의원을 추천하고, 행정부를 대표하는 상원의원은 지방의회 의원들의 3분의 2가 반대하지 않는다는 조건 아래 주지사에 의해 추천되도록 했다.56)

상원의원의 구성 원칙에 관한 푸틴의 개혁은 지방 지도자들의 정치적 영향력 감소와 면책특권을 배제하는 방향으로 구체화되었다. 대신 대통령의 자문기구로서 연방주체 수장들로 구성된 국가회의(государственный совет)를 설치하여 국가의 전반적인 또는 지방에 관련된 중요한 현안들을 논의하도록 했다.57) 국가회의는 대통령과 지방정부 수반들로 구성되어 있으며, 중대한 국사에 관해 협의하는 것을 주요 목적으로 한다. 그러나 실질적으로 국가회의라는 조직은 형식적인 수준에 불과했다.

국가회의가 2000년 9월 대통령령에 의해 조직되었기 때문에 헌법상의 기구가 아니며 대통령에 의해 언제든지 폐지될 수 있다. 게다가 상원에서 밀려난 지방 지도자들에 대한 반대급부로 급조된 만큼, 상징적인 의미 이상의 역할은 하지 못하고 있다. 또한 법률안 발의권이 없기 때문에 국가차원의 정책결정에 대한 영향력은 극히 미미하다. 국가회의의 기능상 미흡함으로 인해 대다수 지방 정부들은 여전히 연방정부와의 개별적인 관계를 통하여 문제를 해결하는 것을 선호한다는 지적도 있다.58)

---

56) *Советская Россия*, 23 Май 2000; 박정호, "러시아 연방관계의 변동: 현황과 전망," 기연수 편, 『러시아, 위대한 강대국 재현을 향한 여정』 (서울: 한국외국어대학교 출판부, 2009), pp. 59-60.
57) 장덕준, "러시아의 연방제도와 중앙-지방 관계," 현대러시아 연구회 편, 『현대 러시아의 이해』 (서울: 퇴설당, 2001), p. 160 참조.
58) Ш.Огнаджанян, "Не предусмотренный конституцией ," *Новые известия*, 2 сентября. 2004; 김인성, "러시아 연방관계의 성격 - 제도적 안정성과 퍼포먼스

③ 국가두마 의원 선출 방식의 변화

푸틴은 국가두마 의원 전원을 비례대표로 선출하는 선거법 개정안을 발의했다. 2005년 4월 22일, 총선에서 무소속 후보의 출마를 금지시키고 두마의원 전원을 정당명부식 비례대표제로 충원하도록 하는 선거법 개정안을 최종 승인했다.59) 그리고 푸틴 대통령이 동년 5월 21일 선거법 개정안에 서명했다. 2007년 12월 첫째 일요일에 실시되는 러시아 총선부터 정당별 득표율에 따라 두마 의석을 할당하는 새로운 선거법이 적용되었다.

현재까지 국가두마 정원 450명 가운데 225명은 직접선거로, 나머지 225명은 비례대표제를 적용해 충원해 왔다. 그러나 개정된 선거법은 450명 전원을 정당별 득표율에 따라 분배하도록 되어 있다. 그리고 개정 선거법은 각 정당이 의석을 할당받을 수 있는 요건을 기존의 전체 유효투표 중 5% 이상 득표에서 7% 이상으로 강화했다. 새로운 선거법에 기초된 러시아 하원의원 선거제도를 정리하면 다음과 같다.

〈표: 12〉 새로운 선거법에 따른 하원의원 충원 방식

구분	내용

하원의원 수 및 선거방법	• 종전과 동일한 450명[종전에 225명은 직선제로 나머지 225명은 비례대표로 선출했지만, 개정 선거법에서는 450명 전원을 정당명부제로 선출]
	• 선거 방법이 변경된 이유
	  - 종전 소선거구제 하에서 사표가 많았음[2003년 하원의원 선거에서 후보자가 난립하여 20%를 밑도는 지지율로 당선].
	  - 무소속 후보의 당적 취득은 지역 유권자의 의사에 반함[지난 번 선거에서 무소속 당선자가 110명이었으나, 당선 후 정당에 가입함으로써 현재 무소속 의원 수는 15명에 불과; 무소속으로 의정 활동에 어려움이 많았기 때문이기는 하지만, 당적 취득은 표를 준 유권자의 의사에 반함]

의 문제를 중심으로 -," 『슬라브학보』 제19권 2호(2004), p. 185.
59) 국가두마는 4월 22일 마지막 심의 절차인 3차 독회를 열고, 찬성 339표, 반대 84표로 개정안을 통과시켰다.

선거권자 및 피선거권자	• 선거권은 18세 이상, 피선거권은 21세 이상 • 피선거권자의 경우, 이중국적, 수감생활 기록이나 재판에 계류 중인 사실을 후보자 등록 시 선관위에 고지[고지하지 않는 경우, 당선되더라도 당선이 무효].
정당의 의회진입 최소 득표 수	• 종전의 5% 득표에서 7%로 상향 조정.
정당의 후보자 명부 작성 제출	• 후보자 명부는 연방후보와 지역후보의 2종류로 나뉘며, 연방후보의 경우 당 대표 등 지역에 상관없이 3인의 범위 내에서 등록 할 수 있음. • 지역후보의 경우 100개의 지역에서 후보자 등록. 한 지역구의 후보자 수를 몇 명으로 할지는 개별 정당이 결정[특정 지역에서 해당 정당이 강한 지지기반을 가지고 있는 경우 많은 후보를, 지지기반이 낮은 경우 적은 후보를 내세움] • 단일 정당에서 등록하는 후보자의 수는 최소 100명에서 최대 500명. • 후보자 명부는 각 정당에서 작성하여 선거관리위원회에 제출.
선거	• 종전에는 유권자 1인당 2표를 행사했으나, 새로운 선거법에 의하면 1표만 지지 정당에 투표.
당선자 결정 방법	• 전체 득표 비율에 따라 정당별로 의석 배분[당선자 결정을 위한 계산은 선관위에서 실시]. • 배분된 의석에서 연방리스트에 속한 3명을 우선 당선자로 결정. • 나머지 의석은 지역구에서의 득표율을 반영하여 각 지역구별 후보자 명부 순으로 당선자 결정[예를 들어, A당이 모스크바 지역구에서 50%를 득표한 경우 이 지역구에 배정된 의석수에서 50%에 가까운 의석을 차지]. • 당선자를 제외한 나머지 후보자는 예비 후보자가 되어 결원이 생길 경우 의석을 승계.
선거운동	• 선거일 90일 전에 선거에 관한 대통령 칙령 공고[이때부터 정당 지지자 서명, 후보자 등록 등의 절차가 있게 되고, 선관위에 후보자를 등록한 후 부터 선거운동이 가능].
선거자금	• 정당이 사용할 수 있는 선거자금은 최대 4억 루불[미회 약1400만 달러]. • 국민들이 정당에 선거자금 지원 가능[정치인에게 직접 전달하는 것은 허용되지 않고, 러시아 중앙은행의 각 정당 특별 계좌로 입금하여야 함; 이것은 선거관리위원회의 감독 하에 있음; 기부 받은 선거 자금의 총액이 4억 루불을 넘어서는 안 됨] • 의회에 진출한 정당은 득표수에 따라 매년 국고로부터 지원금 수령.

예치금 등	• 정당은 후보자 명부와 함께 20만 명의 유권자 지지 서명을 선관위에 제출하거나, 4억 루불의 15%에 달하는 예치금을 예치하여야 함. • 정당이 4%보다 적은 득표를 한 경우, 동 정당의 예치금은 국고에 귀속.

출처: *http://nas.na.go.kr/index.jsp*(검색일, 2007년 9월 10일) 참조.

(2) 지방정부의 엘리트 충원 방식. 대통령에 의한 주지사 임명

푸틴은 2004년 지방 주지사를 선출이 아닌 대통령이 직접 임명하도록 하는 개정안을 발의했고, 동 개정안이 이미 시행 단계에 있다. 2005년 2월에 푸틴 대통령이 첫 번째로 추천한 후보로 당시 연해주 주지사로 재임하고 있던 다르킨(S.Darkin)이었다. 푸틴은 그를 연해주 의회에 주지사로 추천했고, 주 의회에서 통과시켰다. 다르킨(Darkin)은 "러시아연방 주체 입법(대의) 및 행정기관 구성의 일반 원칙에 대해서"[60]라는 연방법률 제18조 및 기타 선거법 관련 법규에 의한 최초의 주지사가 되었다.

대통령의 주지사 임명제도가 현실화되자, 2005년 2월 루쉬코프(Y.Luzhkov) 모스크바 시장, 그로모프(B.Gromov) 모스크바州 주지사, 그리고 스트로예프(E.Stroev) 오룔州 주지사들은 자신들에 대한 (재)신임 문제를 대통령에게 상정하지 않기로 했다. 정치적으로 영향력 있는 이들 3명의 지사들은 모스크바 근교에서 있었던 중앙연방지구회의 모임에서 이 같은 합의를 도출했다. 그러나 기타 연방 주체들의 입장은 대체로 대통령에 의한 주지사 임명제를 수용하는 그러한 분위기로 굳어져 갔다.

2005년 3월, 푸틴은 샤이미예프(M.Shaimiev) 현 타타르스탄공화국 대통령을 동 공화국 국가평의회에 대통령 후보로 추천한다는 추천서를

---

60) Об общих принципах организации законодательных (представительных) и исполнительных органов государственной власти субъектов Российской Федерации.

발송했다. 그리고 기타 연방 주체들의 수장(대통령, 주지사) 임명은 개별 연방주체 수장들의 임기 만료와 때를 같이하면서 현실화되었다. 결국, 대통령에 의한 주지사 임명은 자연스러운 모습으로 받아들여졌다.

(3) 대통령 및 국가두마 의원 임기 연장

2008년 3월의 대통령 선거에서 푸틴이 후계자로 지목한 메드베제프가 당선되었다. 메드베제프 정부는 대통령 및 두마의원 임기를 연장하는 내용의 개헌을 추진했다. 러시아연방 대통령 및 국가두마 의원 임기 변경에 관한 개헌 문제가 2008년 11월 21일 국가두마에서 승인되었고, 동년 11월 26일 상원에서 승인되었다.[61] 그리고 메드베제프 대통령이 2008년 12월 30일 상기 내용을 공표했다. 이와 함께 1993년 12월 12일 국민투표에 의해 채택된 러시아 헌법 제81조 1항의 내용이 수정되었다.

〈표: 13〉 러시아연방 헌법 제81조 1항과 변경 내용

기존의 내용(1993.12)	수정된 내용(2008.12)
러시아연방 대통령은 러시아연방 시민들의 보통, 평등, 직접, 비밀선거에 의해 4년의 임기로 선출된다.	러시아연방 대통령은 러시아연방 시민들의 보통, 평등, 직접, 비밀선거에 의해 6년 임기로 선출된다.

대통령 임기 연장뿐만 아니라, 국가두마 의원의 임기 역시 연장되었다. 따라서 1993년 12월 12일 국민투표에 의해 채택된 러시아 헌법 제

---

61) Закон Российской Федерации о поправке к Конституции Российской Федерации от 30 декабря 2008г. N 6-ФКЗ "Об изменении срока полномочий Президента Российской Федерации и Государственной Думы"

96조 1항의 내용이 다음과 같이 수정되었다.

〈표: 14〉 러시아연방 헌법 제96조 1항의 수정

기존의 내용(1993.12)	수정된 내용(2008.12)
국가두마는 4년을 임기로 선출된다.	국가두마는 5년 임기로 선출된다.

러시아연방 대통령 및 국가두마 의원 임기 변경에 관한 법적 문서는 러시아연방 주체 ⅔ 이상의 입법기관에서 승인된 이후 공식적으로 공표된 날로부터 효력이 발생하게 된다. 헌법 개정에 관한 본 법률은 동법이 발효된 이후에 선출된 국가두마 의원의 임기부터 적용된다. 따라서 2009년 1월부터 시행되는 대통령 선거 및 국가두마 의원 선거부터 동법이 적용된다.

2) 정치엘리트 충원 과정

(1) 2003년 12월의 국가두마 선거

2003년 12월에 실시된 국가두마 선거는 푸틴 정부에 대한 중간 평가적 성격을 띠면서 실시되었다. 금번의 선거에 모두 44개의 선거연합 및 선거 블록이 등록되었으나, 최종적으로 선거과정에 참여한 정당 및 선거 블록은 23개였다. 금번의 선거는 유사 여당인 〈통합러시아〉와 야당인 〈러시아 공산당〉의 2파전 속에서 군소 정당들이 정당비례 의석 배분 한계선인 5% 지지를 넘기 위해 상호 경쟁하는 양태로 전개되었다.[62]

선거 결과 〈통합러시아〉, 〈러시아 공산당〉, 〈자유민주당〉, 〈조국-인

---

[62] 서동주, "러시아의 역대 국가두마 선거 분석: 정당정치 특징과 對러 정책 시사점," 『국제문제연구』 2004년 봄호, p. 192.

민애국연합〉 등 4개의 정당만이 정당비례대표 하한선인 5% 이상의 지지를 획득했다. 여당인 〈통합러시아〉는 37.57%를 획득하여 120석을 차지했다. 그리고 지역구 126석을 확보했다. 이에 더해 의회 개원을 앞두고 무소속 의원 영입에 힘을 쏟아 개헌이 가능한 306석을 확보했다. 푸틴은 향후 정국 주도권은 물론 제반의 개혁정책 추진에 있어 의회의 확고한 지지를 얻을 수 있게 되었다.

〈러시아 공산당〉은 12.61%의 득표에 그쳤다. 1999년의 선거에서 24.3로 1위를 차지하였던 것에 비해 현저히 하락되는 결과를 보였다. 원내 의석도 총52석으로 의회 주도권은 물론이고, 정부 견제 역할도 하기 힘든 상태에 놓이게 되었다. 그리고 지리노프스키의 〈자유민주당〉은 11.45%를 얻어 선전(99년의 경우 6.0% 획득)하였고, 〈조국-인민애국연합〉의 경우 9.02%를 얻어 원내 세력으로 진입할 수 있게 되었다.

〈표: 15〉 2003년 12월 국가두마 선거 결과〉

정당(선거블록)	비례대표		지역 선거구 의석 수	총계	비고	
	득표율(%)	의석수			2004.1.23 현재 의석 수	성향
우파세력연합	3.97	-	3	3		개혁(우파)
야블로코	4.30	-	4	4		개혁(우파)
러시아공산당	12.61	40	12	52	52(11.56%)	보수(좌파)
농업당	3.64	-	2	2	-	보수(좌파)
자유민주당	11.45	36	-	36	36(8.00%)	극우 민족
통합러시아	37.57	120	103	223	306(68%)**	중도
조국-인민애국연합	9.02	29	8	37	38(8.44%)	중도
러시아 부흥-생활당	1.88	-	3	3		중도

러시아인민당	1.18	-	17	17			중도
무소속	-	-	67	67	15(3.33%)***		
기타 군소정당			3				
모두에의 반대	4.70						
합계			225	222(3)	447(3)	447	

** 우파세력연합(3명), 농업당(2명), 러시아인민당(17명)은 <통합러시아>로 당적 이동
*** 야블로코(3명), 생활당(3명) 등 포함

서동주, "러시아의 역대 국가두마 선거 분석: 정당정치 특징과 對러 정책 시사점," 『국제문제연구』 2004년 봄호, p. 193 참조.

상기 도표에서 보는 바와 같이, 2003년의 선거에서 <통합러시아>가 예상을 뛰어넘는 압승을 거두었다. 여대야소의 형국 속에 집권 여당이 정국 주도권을 장악할 수 있게 되었다. 물론, 선거과정에서 관권개입과 불공정성 문제가 제기되었다. 예를 들어, 2003년 12월 8일 야당에 재정 지원을 해 온 유코스社 회장인 호도르코프스키(M.Khodorkovsky)를 전격 체포함으로써 야당의 선거자금을 봉쇄하고 압박하는 효과를 거두었다. 그리고 언론 매체를 동원하여 <통합러시아>에 유리한 보도를 하도록 했다. 따라서 선거 감시를 위해 파견된 국제 선거감시단 측에서 선거의 불공정성을 지적하는 등 선거민주주의가 크게 훼손되었다는 지적을 하기도 했다.

(2) 2004년 3월의 대통령 선거

2003년 12월의 총선에서 압도적인 지지를 획득한 푸틴과 <통합 러시아>당은 다가올 대통령 선거를 준비했다. 2004년 3월 14일 실시된 대선에서 푸틴 대통령은 71%의 압도적인 득표율로 재선에 성공했고, 동년

5월 7일 취임했다. 러시아 국민들이 집권 1기의 정치적 안정과 경제발전, 그리고 실용적 대외관계를 통한 러시아의 국제적 위상 확립 등의 업적을 높이 평가한 것으로 보인다.

〈표: 16〉 2004년 3월의 대통령 선거 결과

후보자(소속)	득표수	득표율(%)	2000년 대선 당시의 득표율(%)
Vladimir Putin	49,565,238	71.31	52.90
Nikolai Kharitonov(공산당)	9,513,313	13.69	29.21(후보 G.Zyuganov)
Sergei Glazev	2,850,063	4.10	
Irina Khakamada	2,671,313	3.84	
Oleg Malyshkin(자유민주당)	1,405,315	2.02	
Sergei Mironov	524,324	0.75	
모든 후보에의 반대	2,396,219	3.45	

푸틴 대통령은 행정부내 舊옐친계의 수장이며 친 재벌(올리가르히) 성향을 보여 온 카시야노프(M.Kasyanov) 총리와 추종 관료들을 경질하고, 개혁 성향의 프라드코프(M.Fradkov) 내각을 구성함으로써 집권 2기에 독자적 국정 운영 의지를 천명했다. 한편, 정부 효율성 제고를 위한 행정개혁을 단행했다. 30개 정부부처를 18개로 통폐합하고, 총리 직속 차관을 18명으로 축소 개편했다. 그리고 연방정부 공무원 정원의 20% 감축을 단행했다. 대통령 행정실의 경우, 기존 8명의 부실장을 2명으로 감축했다.

(3) 2007년 12월 총선 결과

2007년 12월 2일(일요일), 러시아 전역에서 국가두마 의원 선거가 실시되었다. 국가두마 의원 총선거에서 총11개 정당이 경합을 벌였으며, 등록된 유권자의 59.29%가 선거에 참여했다. 금번의 선거에서 푸틴을 지지하는 ≪통합러시아≫가 최종 집계 결과 64.30%를 득표하는 대승을 거두었다. ≪통합러시아≫는 전체의석 450석 중 315석을 확보하게 되면서 개헌 가능 의석인 3분의 2를 넘겼다. 제2당의 위치는 ≪러시아 공산당≫이 차지했다. 공산당은 11.57%를 득표하여 57석의 의석을 확보했다. ≪자유민주당≫이 8.14%를 득표하여 40석을 확보했고, ≪공정러시아≫가 7.74%를 득표하여 38석의 의석을 차지했다.

〈표: 17〉 2007년 총선 결과[7% 이상의 지지 정당 및 의석수]

정당	득표수(명)	득표율(%)	의석수
통합러시아	44714241	64.30	315
공산당	8046886	11.57	57
자유민주당	5660823	8.14	40
공정러시아	5383639	7.74	38

출처: *http://www.vybory.izbirkom.ru/*(검색일, 2008년 8월 18일)

상기와 같이, 4개의 정당이 비례대표 의석이 배당되는 7% 이상을 득표하여 국가두마에 진출하게 되었다. <통합러시아>의 총선 승리는 예상되고 있었으나, 총선 결과는 전 세계의 관심사가 되었다. 금번의 국가두마 선거가 내년 3월에 실시되는 대통령 선거와 내년 4월에 퇴임하게 될 푸틴의 정치적 거취와 관련이 있기 때문이었다.

<표: 18> 러시아연방 연방회의 구성

2010년 1월 1일 현재, 명

		전체	구분						
			성별		연령별				
			남성	여성	~29	30~39	40~49	50~59	60~
연방소비에트	연방주체 권력기관 대표(전체)	164	156	8	-	6	33	58	67
	입법부 대표	82	77	5	-	3	23	31	25
	행정부 대표	82	79	3	-	3	10	27	42
국가두마 [2008-2011 년 회기]	전체	450	385	65	6	61	116	160	107
	통합러시아당	315	269	46	5	41	80	117	72
	공산당	57	53	4	-	5	5	20	27
	자유민주당	40	36	4	1	9	22	5	3
	공정러시아: 조국, 연금수령자, 삶	38	27	11	-	6	9	18	5

Федеральная служба государственной статистики, *Россия в цифрах 2010. Краткий статистический сборник* (Москва: Росстат, 2010), с. 61.

(4) 2008년 3월의 대통령 선거

푸틴 대통령이 재임해 온 지난 8년 동안 러시아는 정치 및 경제적 안정, 그리고 국제무대에서 러시아의 위상이 크게 높아졌다. 따라서 그의 임기 말에도 푸틴에 대한 지지율이 80%를 넘나들었다. 여타 민주국가에서 나타나는 레임덕(Lame Duck) 현상은 찾아볼 수 없다. 이러한 시기에 푸틴은 메드베제프를 후임자로 지명했다. 그리고 푸틴은 2007년 12월 <통합러시아>당 전당대회에서 메드베제프 정부 하에서 자신이 총리직을 수행할 것이라고 했다. 메드베제프에 대한 지지 의사를 공식 표명한 것이다.

2008년 3월 2일 대선이 실시되었다. 총유권자의 70%가 참여한 본 선거에서 메드베제프 후보가 70.28%에 이르는 높은 지지율을 보이면서 대통령에 당선되었다.63) 2005년 이래 제1부총리 직을 수행해 온 그는 <통합러시아>당 후보로 푸틴 대통령의 후원을 받았다. 푸틴의 지지 하에 실시된 선거였기 때문에, 메드베제프가 당선될 것이라 예측은 여러 곳에서 제기되었다. 그러나 무명이었던 메드베제프가 1차 투표에서 70%가 넘는 압도적인 지지율을 보이면서 당선된 사실에 대해서는 부정선거 논란이 있었다.

〈표: 19〉 2008년 3월의 대통령 선거 결과

후보	소속 정당	득표수	득표율(%)
메드베제프	통합러시아	52530712	70.28
쥬가노프	공산당	13243550	17.72
지리노프스키	자유민주당	6988510	9.35
보그다노프	민주당	968344	1.30

출처: http://www.vybory.izbirkom.ru/region/(검색일, 2008년 8월 18일)

선거과정에서의 불공정성 문제를 제기해 온 서방 정부나 선거조사단들 조차 메드베제프가 러시아 유권자의 선택이라는 사실을 부정하지 않았다. 유럽회의(Council of Europe)가 파견한 22명의 선거참관단 역시 메드베제프가 러시아 유권자의 선택임을 인정했다. 다만 다원적, 경쟁적

---

63) 메드베제프는 1965년 레닌그라드(現명칭: 페테르부르크)에서 출생하여 1987년 레닌그라드 대학 법학부를 졸업하였으며, 1990년 모교에서 민법박사 학위를 취득하였다. 1991-1996년, KGB동독지부 활동을 마치고 귀향한 푸틴 밑에서 페테르부르크 시청의 대외관계위원회 법사를 맡았다. 동시에 1993년부터 1999년까지 페테르부르크 소재 한 펄프회사의 법률자문을 역임하였다. 그리고 1999년 12월 푸틴에 의해 대통령실 차장으로 임명되었다. 2000년 푸틴의 선거운동본부장, 2000년 가스프롬(국영가스회사) 이사장, 2003년 대통령 비서실장, 마침내 2005년 11월 제1부총리로 임명되어 지난 2여년 경제, 사회부문 주요 국가프로젝트를 지휘해 왔다.

선거가 아닌 대통령 신임투표라고 꼬집는 정도에 그쳤다. 미국, 영국, 프랑스, EU 등은 즉각 러시아의 선거 결과를 공식 인정했다. 그리고 조만간 들어설 메드베제프 정부와의 협력적 관계를 기대한다는 성명을 발표했다.64)

(5) 2011년 총선 분석

대통령 및 국가두마 의원의 임기 연장에 관련된 선거법 개정과 함께, 2011년 12월에 5년 임기의 총선이 실시되었다. 2011년 9월 23-24일 모스크바에서 개최된 통합러시아당 전당대회65)에서 12월 4일 실시 예정인 국가두마 의원 선거에서의 통합러시아당 후보 명부가 확정되었다.66) 그리고 9월 24일에는 지난 수년간의 각종 연설문67)에서 푸틴의 지도력 등에 대해 높게 평가해 왔던 메드베제프 대통령이 차기 통합러시아당 대통령 후보로 푸틴을 지지하면서 추천했다. 푸틴이 이를 수락했다.68) 그 동안 화제로 되어 왔던 푸틴의 대선 출마가 공식화되었다. 국내외 정치평론가들 사이에서 푸틴의 대통령 당선을 유력하게 보면서, 그의 지지율에 대한 평가는 다소 차이를 보이기 시작했다.

이러한 시기인 12월 4일 총선이 실시되었다. 총선에서 주목되는 내용은 통합러시아와 푸틴에 대한 국민들의 지지가 계속될 것인가의 문제였

---

64) 정은숙, "러시아 대선: 메드베데프의 출현,"『세종논평』No.102(2008.3.5)
65) Первый этап XII Съезда Всероссийской политической партии ≪Единая Россия≫.
66) 지역별 명부는 다음을 참조, http://er.ru/news/2011/9/24/(검색일: 2011년 10월 14일)
67) 2006~2007년 동안 메드베제프가 행한 인터뷰 및 각종 연설문은 다음을 참조. Дмитрий Медведев. Национальные приоритеты Статьи и выступления (Москва: Издательство ≪Европа≫, 2008).
68) http://er.ru/core/news/theme/34.html(검색일: 2011년 10월 14일)

다. 12월 4일 실시된 두마의원 선거에 7개 정당이 참여했다. 전체 유권자의 60.21%가 투표 행위에 참여했다. 12월 9일 러시아 중앙선거관리위원회가 선거 결과를 공식 발표했다. 발표된 자료에 따르면, ≪통합러시아≫가 49.32%를 획득했다. 그리고 ≪공산당≫ - 19.19%; ≪공정러시아≫ 13.24%; ≪자유민주당≫ - 11.67%; ≪야블라코≫ - 3.43%; ≪러시아 애국자≫ - 0.97%; ≪정의≫ - 0.60%를 각각 획득했다.

〈표: 20〉 2011년 12월 4일의 두마의원 선거 결과

정당	득표율(%)	의석수	2007년 12월 선거	
			득표율(%)	의석수
통합러시아≪Единая Россия≫	49.32	238	64.30	315
공산당≪КПРФ≫	19.19	92	11.57	57
공정러시아≪Справедливая Россия≫	13.24	64	7.74	38
러시아자유민주당≪ЛДПР≫	11.67	56	8.14	40
야블라코≪Яблоко≫	3.43		1.59	
러시아 애국자≪Патриоты России≫	0.97			
정의≪Правое дело≫	0.60			

선거 결과에 따르는 의석 분배는 전체 유권자의 지지도에서 7% 이상을 득표한 정당을 중심으로 득표율에 따라 배분하게 된다. 따라서 새롭게 구성될 국가두마에서 ≪통합러시아≫가 전체 450석 중에서 238석을 확보하게 되며, ≪공산당≫이 92석, ≪공정러시아≫는 64석, 그리고 ≪자유민주당≫이 56석을 각각 확보하게 되었다.

금번의 선거 결과가 발표되기 이전부터 모스크바를 비롯한 대도시에서 부정선거를 규탄하는 시위가 계속되었다. 선거 결과가 발표된 이후에

는 재선거를 요구하는 유권자들의 요구가 계속되었다. 부정선거 항의 집회에 대해, 푸틴을 비롯한 러시아 정부는 서방의 개입에 의한 대중 시위로 인식하면서 강력하게 대응하는 모습을 보여 왔다.

부정선거 여하를 떠나, 금번의 총선에서 보여 준 유권자들의 선택은 분명했다. 금번의 선거는 2007년 12월의 선거에서 ≪통합러시아당≫을 지지했던 세력들의 일부가 이탈하여 ≪공산당≫ 등 여타 정당들을 분산/지지하는 모습을 보여주었다. 그럼에도 불구하고, 푸틴 총리와 ≪통합러시아당≫에 대한 지지는 여전히 높다.

(6) 2012년 3월의 대선

푸틴 총리는 2011년 9월에 개최된 ≪통합러시아당≫ 전당대회에서 2012년 3월 4일 실시될 차기 대통령 선거에 출마할 뜻을 밝혔고, 11월 27일 ≪통합러시아당≫ 대통령 후보로 공식 확정되었다. 그리고 푸틴은 메드베제프 현대통령을 차기 정부의 총리로 임명할 것임을 밝혔다. 6년 임기의 대통령 선거에 푸틴의 출마가 공식화되자, 푸틴이 크렘린 궁에 재입성할 것인가의 문제가 화두로 떠올랐다. 푸틴의 당선이 유력해 보였지만, 지난 총선에서 보여 준 부정선거 및 푸틴의 정치적 행보 등 몇몇 변수가 푸틴의 대선가도에 다소 걸림돌로 작용할 수 있다는 지적이 제기되기도 했다.

첫째, 지난 12월 4일 실시된 총선에 대한 부정선거 논쟁과 그 후폭풍이다. ≪통합러시아≫가 전체 유효 투표의 49.32%를 획득하여 전체 450석 중에서 238석을 확보하자, 부정 선거 여파가 전국적으로 확산되었다. 선거 결과에 대한 공식 발표가 있기 전부터 시작된 부정선거 규탄 시위는 모스크바를 비롯한 대도시에서 10일 이상 계속되었다. 크렘린 궁은 미국 등 서유럽의 개입에 의한 시위로 인식하면서도, 부정선거에 대한 진상 조사를 약속했다. 이러한 부정선거 여파는 2012년의 대통령 선거에도 적지 않은 영향을 미칠 것으로 전망되었다.

둘째, 푸틴이 공언한 차기 정부에 <메드베제프의 총리 기용> 문제가 푸틴의 지지율을 추락시키는 또 하나의 요인이 될 것이라는 지적이 있었다. 푸틴은 메드베제프 현 대통령을 차기 정부의 총리로 임명할 것을 공언했다. 대통령과 총리가 자신의 자리를 서로 맞바꾼다는 것이다. <대통령과 총리직 자리바꿈> 정치는 러시아 유권자들의 의사를 무시하는 정치 행위에 다름 아니다. <자리바꿈> 공언이 있기 전까지 러시아 국민들의 푸틴에 대한 지지도는 상대적으로 높은 위치에 있었지만, <자리바꿈> 공언이 있은 후부터 푸틴의 인기가 다소나마 추락하는 경향이 이를 반증했다. 푸틴의 강력한 리더쉽을 국민들이 지지해 온 것은 사실이지만, <자리바꿈> 문제가 그의 지지도를 추락시키는 하나의 변수로 작용할 것이라는 논리였다.

<표: 21> 푸틴과 메드베제프의 <자리바꿈> 정치 일정

일시	푸틴[V.V.Putin]	메드베제프[D.A.Medvedev]	비고
2000.3 ~	・대통령[당선]	・푸틴 선거 캠프 지도, 대통령 비서실 [부]실장	・푸틴, 메드베제프에 대한 신임과 정치관계 구축
2004.3	・대통령[집권Ⅱ기]		
2005.11.		・제1부총리	
2007.12.	・차기 대통령 후보로 메드베제프 지명	・대통령 출마의 변	
2008.3	・대선 캠프 관장	・대통령 당선	
2008.5.	・국무총리[업무 시작]	・대통령[업무 시작]	
2009.1 ~	・자신의 조직을 통한 국정 관리	・자신의 정치노선을 표출하기 시작	・대통령과 총리, 갈등 표출

2011.9.24	・차기 대통령 선거에 출마 의사 표명	・차기대통령 후보로 푸틴을 추천	
2011.11	・대통령 후보로 공식 확정 ・메드베제프 현대통령을 차기정부의 총리로 기용할 의사 밝힘.		
2012.3	・대통령 당선	・국무총리(5.8)	

상기와 같은 변수에도 불구하고, 푸틴의 당선 가능성은 여전히 높아 보였다. 지난 총선은 ≪통합러시아≫를 지지해 왔던 일부 지지자들이 이탈하여 여타 정당에 대한 지지로 분산된 모습을 보여 주었다. ≪통합러시아≫를 지지했던 유권자들이 특정 정당을 지지하는 방향으로 쏠리지 않았다는 사실이 푸틴을 안도하게 만들었다. 이러한 현상은 대통령 선거에서도 푸틴 지지층의 소수 일부가 이탈되겠지만, 이탈된 지지층이 몇몇 야당 후보들에게 표를 분산시켜 줄 것이기 때문이었다.

2012년 3월 4일 6년 임기의 대통령 선거가 실시되었다. 정치 분석가들의 예상을 비웃 듯, 푸틴의 당선은 타의 추종을 불허했다. 5명의 후보들이 경쟁한 가운데 실시된 금번의 대통령 선거에서 푸틴의 지지도는 여전히 높았다. 중앙선거관리위원회의 추로프(В.Чуров) 위원장은 푸틴 총리가 63.60%를 득표하여 1차 투표에서 대통령에 당선되었음을 발표했다. 공산당의 쥬가노프(Г.Зюганов)는 17.18%를 획득하는 데 그쳤다.

〈표: 22〉 2012년 3월의 대선 결과

후보자	소속 정당	득표수	득표율	기타
푸틴[В.Путин]	≪통합러시아≫	45,602,075	63.70	・3선
쥬가노프[Г.Зюганов]	≪공산당≫	12,318,353	17.18	・부정선거 주장

프로호로프[М.Прохоров]	무소속	5,722,508	7.98	• ≪오넥심 그룹≫ 회장 • 새로운 지도자 부상
지리노프스키[В.Жириновский]	≪자유민주당≫	4,458,103	6.22	
미로노프[С.Миронов]	≪공정러시아≫	2,763,935	3.85	

http://www.vybory.izbirkom.ru/(검색일: 2012년 3월 6일) 내용을 중심으로 재정리

결국, 메드베제프 대통령은 푸틴으로부터 독립하지 못하고 임기를 마감했다. 메드베제프가 집권하는 시기부터 2012년 3월 현재까지 러시아를 비롯한 국제사회에서 푸틴을 마치 대통령으로 인식하는 듯 했다. <푸틴의 러시아>, <이것은 푸틴의 문제이다>, <이것은 푸틴의 결정이다>, <푸틴의 권력>, <푸틴의 정당>, <푸틴의 국가> 등과 같은 이야기들이 나돌고 있었다. 이러한 의미에서 푸틴은 자신을 중심으로 권력구조를 형성했던 스탈린에 근접했으며, 러시아 정치 사회에서 스탈린식 통치 체제의 요소들을 찾을 수 있도록 했다.69) 그러나 분명한 사실은 스탈린 시기에 소련의 정치 및 경제질서가 가장 안정적이었고, 푸틴 집권기에 러시아의 정치 및 경제상황이 가장 안정적이었다는 사실이다. 이러한 이유가 푸틴을 크렘린 궁으로 또 다시 유인한 것으로 보인다.

5. 끝맺는 말

1992년 1월부터 시작된 러시아의 정치체제 구축과정은 서로 다른 모습의 2단계로 진행되었다. 옐친시기에는 혼란된 모습으로 진행되었고, 푸틴 시기에는 중앙에 권력이 집중되는 과정과 함께 보다 안정적인 모습으

---

69) В.Р.Соловьев и Н.В.Злобин, *Путин - Медведев. Что дальше?* (Москва: Эксмо, 2010), сс. 106-107.

로 진행되었다. 옐친 집권기에는 서유럽의 정치체제를 이식시키는 방법으로 추진되었고, 푸틴 집권기에는 러시아의 정치 환경에 맞게 재구성하는 방식으로 전개되었다. 새로운 정치체제가 뿌리 내리지 못했던 체제전환기에 많은 문제점들이 노출되었지만, 2000년을 지나면서는 정치체제에 대한 불안이 사라졌다. 그리고 비민주적인 과정을 거치기는 했지만, 정치엘리트 충원 방식은 러시아 유권자들의 묵시적 동의하에서 안정적으로 정착되어졌다.

체제전환 기간 동안 치러진 수차례의 총선과 대선에서 러시아 국민들은 보수와 개혁으로 양분되는 모습을 보였다. 옐친의 경제개혁이 미친 파장과 그 영향력의 정도에 따라 러시아 유권자들의 정당에 대한 지지 성향이 양분 되었다. 시장경제 개혁의 중심에 있었던 모스크바와 페테르부르크市를 비롯한 대도시에서는 옐친의 개혁정책을 지지했고, 개혁정책에서 상대적으로 소외된 지역 또는 소외 계층들은 공산당을 지지하는 모습을 보였다. 러시아의 국제적 영향력 하락에 따르는 불만 세력들은 공산당과 민족주의 성향을 지닌 정치 엘리트들을 선호해 왔다.

옐친시기에 정치 및 경제질서가 불안정했지만, 군부에서는 중립을 지켰다. 이러한 현상이 정치민주화와 의회민주주의 체제가 정착되는 데 긍정적인 영향을 미쳤다. 개혁 초기에 결성된 수십 개에 달하는 정당들이 경쟁하는 혼탁 구조에서, 4-5개의 주요 정당을 중심으로 하는 다당제 정치구조가 정착되는 그러한 방향으로 나아갔다. 과거를 그리워하는 모습들이 점차적으로 사라졌고, 자유민주주의와 시장경제에 기초된 정치체제를 선호하는 방향으로 러시아 유권자들의 관심이 모아졌다.

푸틴은 중앙권력의 강화 속에서 정치안정, 경제 활성화, 그리고 국제적 영향력 증대를 준비하는 다양한 정책을 추진해 왔다. 중앙권력의 강화에 기초된 국가통일성 유지가 핵심이었으며, 이러한 방향에서 양원의 입법부 의원 및 지방정부 수장이 충원되는 모습으로 엘리트 충원구조가 변화되었다. 입법부에 비해 행정부의 권한이 강화되는 방향으로 나타났다.

푸틴 시기에 공고화 된 러시아의 정치시스템과 정치엘리트 충원 방식이 메드베제프 정부에서 대부분 그대로 유지되었다. 당시 푸틴 총리의 정치적 영향력이 강력하게 투사되고 있었기 때문에, 메드베제프 정부하의 정치시스템은 푸틴의 그것과 큰 차이를 보이지 않았다. 정치엘리트 충원 방식 역시 큰 폭에서의 변화는 없었다. 2012년 3월의 대통령 선거에서 푸틴이 재차 크렘린 궁의 주인으로 자리하고 있기 때문에, 기존의 정치체제는 당분간 더 유지될 것으로 보인다.

<참고 문헌>

강봉구, "푸틴 집권 2기 러시아의 대외정책과 한반도,"『국제지역연구』 Vol.4, No.1(2004년 봄호).

김유남, "민주적 지도자인가, 寡頭정치의 두목인가?"『월간 조선』 2000년 2월호.

김인성, "러시아 연방관계의 성격 - 제도적 안정성과 퍼포먼스의 문제를 중심으로 -,"『슬라브학보』제19권 2호(2004).

박정호, "러시아 연방관계의 변동: 현황과 전망," 기연수 편,『러시아, 위대한 강대국 재현을 향한 여정』(서울: 한국외국어대학교 출판부, 2009).

서동주, "러시아의 역대 국가두마 선거분석: 정당정치 특징과 對러 정책 시사점,"『국제문제연구』2004년 봄호.

이영형, "러시아 유권자의 정치적 성향. 국회의원 및 대통령 선거를 중심으로,"『동북아연구』1996년 제2호.

이영형,『현대 러시아 정치론』(서울: 엠에드, 1999).

이영형, "러시아의 정치엘리트 충원 방식과 연방제 구조의 성격,"『국제지역연구』14권 3호(2010).

장덕준, "러시아의 연방제도와 중앙-지방 관계," 현대러시아 연구회 편,『현대 러시아의 이해』(서울: 퇴설당, 2001).

정은숙, "러시아 대선: 메드베데프의 출현,"『세종논평』No.102 (2008.3.5.).

Peter D. Ekman, 'Yavlinsky's Turn at Bat,' *The Mowcow Times*, 16 March, 1999.

G.P.Herd, "Russia: Systemic Transformation or Federal Collapse?"

Journal of Peace Research, Vol. 36, No.3(1999).

D.R.Kempton, "Russian Federalism: Continuing Myth or Political Salvation?", *Demokratizatsiya*, 9-2(Spring 2001).

M.Zolotnik, "Russia's Governors: All the President's Men?" *Problems of Post-Communism*, 43-6(1996).

Бюллетень Центральной избирательной комиссии Российской Федерации no 10(21), 1994.

Вестник центральной избирательной комиссии российской федерации, no 1, 1996 г.

Вестник центральной избирательной комиссии российской федерации, no 14(34), 1996г.

Вестник центральной избирательной комиссии российской федерации, no 16(36), 1996г.

Вестник центральной избирательной комиссии российской федерации, no 13(103), 2000г.

Закон Российской Федерации о поправке к Конституции Российской Федерации от 30 декабря 2008г. N 6-ФКЗ "Об изменении срока полномочий Президента Российской Федерации и Государственной Думы"

Конституция Российской Федерации. Принята всенародным голосованием 12 декабря 1993 г. (Москва: Юридическая литература, 1993).

Федеральный закон "О выборах президента Российской Федерации" (Москва: Юридическая литература, 1995).

Федеральный закон "О выборах депутатов государственной думы федерального собрания Российской Федерации" (Москва: Юридическая литература, 1995).

Федеральная служба государственной статистики, Россия в цифрах 2010. Краткий статистический сборник (Москва: Росстат, 2010).

Дмитрий Медведев. Национальные приоритеты. Статьи и выступления (Москва: Издательство ≪Европа≫, 2008).

Б.Н.Ельцин, *Записки президента* (Москва: Огонёк, 1994).

В.Н.Краснов и др., *Россия: партии, выборы, власть* (Москва: Обозреватель, 1996).

Е.П.Ищенко и др., *Государственная дума федерального собрания Российской Федерации второго созыва* (М.: Весь Мир, 1996).

Москва. осень - 93. Хроника противостояния (Москва : Республика, 1994).

Ш.Огнаджанян, "Не предусмотренный конституцией," *Новые известия*, 2 сентября. 2004.

В.Р.Соловьев и Н.В.Злобин, *Путин - Медведев. Что дальше?* (Москва: Эксмо, 2010).

『뉴스 워크』제10권 제2호(통권 411호), 2000년 1월 12일.

『조선일보』, 2000년 4월 18일.

OMRI, *Russian Regional Report*, 1997/4/17.

Financial Times, 20 October, 1998.

Независимая газета, 4 марта 2000.

Парламентская газета, 24 декабря, 1999.

Российская газета, 7 апреля, 2000г.

Сегодня, 26 июля, 1996.

Сегодня, 22 ноября, 1996.

Сегодня, 30 декабря, 1999.

Сегодня, 21 февраля 2000г.

Советская Россия, 23 Май 2000.

http ://www. polit.ru/ documents/159369. html.

http://nas.na.go.kr/index.jsp(검색일, 2007년 9월 10일) 참조.

http://www.vybory.izbirkom.ru/(검색일, 2008년 8월 18일)

http://www.vybory.izbirkom.ru/region/(검색일, 2008년 8월 18일)

http://er.ru/news/2011/9/24/(검색일: 2011년 10월 14일).

http://er.ru/core/news/theme/34.html(검색일: 2011년 10월 14일).

http://www.vybory.izbirkom.ru/(검색일: 2012년 3월 6일)

[보론] 2012년 러시아 대선 회고:
대선 직전의 여론조사 분석과 정치 문화적 해석*

1. 들어가는 말

    2011년 12월 4일 실시된 러시아 총선의 부정선거와 푸틴의 장기집권에 항의해 반정부 집회가 대규모 시위로 확산되었다. 급기야 러시아 정교회 수장이 2012년 1월 7일 정교 성탄절을 축하하는 대국민 TV 담화 속에서 러시아 정부를 비판했다. 러시아 정교회의 키릴(Kirill) 총주교는 TV인터뷰를 통해 러시아 정부가 시위대의 뜻을 무시하는 것은 나쁜 징후(bad sigh)라고 지적하고 정당한 항의 표시는 정치과정에서 드러난 잘못을 바로잡아 줄 것이라고 했다. 그는 이러한 사실을 직시하는 것이 사안 해결의 핵심이라면서 당국이 시위대의 항의를 계속 무시하는 행위 자체가 당국이 사태를 바로잡을 능력이 없음을 보여주는 나쁜 조짐이라고 했다. 또한 키릴(Kirill) 총주교는 현재의 정치적 분열이 국가의 파괴를 초래할 수도 있다는 점을 우려하면서, 당국은 대화를 통해 그리고 사회에 귀를 기울임으로써 난국을 바로잡아 나가야 할 것이라고 했다.1)

    2011년 12월의 대규모 시위는 2012년 3월 4일 실시될 대통령 선거에 적잖은 파장을 미칠 것으로 예상되었다. 그러나 대규모 군중집회를 경험한

---
* 본 글은 시민정치학회에서 발표(2012.2.2)된 내용의 글을 수정 보완하였음.
1) http://www.rferl.org/(검색일: 2012년 1월 10일)

뒤인 2012년 1월 초중순의 여론 조사에 따르면, 48%가 푸틴(Путин В.В)을 지지하고 있는 것으로 나타났다. 이는 지난 해 12월에 비해 6% 상승한 수치다. 쥬가노프(Зюганов Г.А.)는 10%, 지리노프스키(Жириновский В.В.)는 9%, 미로노프(Миронов С.М)는 5%의 지지율을 각각 보여주고 있으며 무소속인 프로호로프(Прохоров М.Д.)는 3%, 야블린스키(Явлинский Г.А.)는 2%로 나타났다.2) 반면에, 푸틴에 대한 지지도는 50%를 육박했다.

지난 2000년부터 2008년 초반까지 대통령을 역임한 푸틴 총리와 메드베제프 현대통령 사이에 <대통령과 총리직 자리바꿈>을 공언한 뒤 실시된 총선과정에서 나타난 부정선거 여파로 인해 대규모 거리시위가 계속되었다. 러시아 정가가 진통을 겪고 있음에도 불구하고, 러시아 유권자들이 푸틴을 선호하는 이유는 무엇인가? 이러한 문제를 어떻게 해석할 것인가? 단순히 부정선거 문제로 해석할 수는 없다.

본 글은 2012년 3월의 대통령 선거 직전에 러시아의 각종 여론조사에서 보여 준 푸틴에 대한 높은 지지 성향과 함께, 앞으로 12년 더 푸틴의 정치권력이 연장될 수 있는 토대를 마련해 주고 있는 러시아의 정치문화를 해석하는 것으로 한다. 제3장에서 2011년 12월 총선에 대한 분석과 2012년 3월의 대선을 전망한 여론 조사 내용을 정리한다. 그리고 제4장에서는 대선에 미친 러시아의 정치문화 변수를 도출하고 분석한다. 부정선거, 反푸틴 정서가 계속된 상황임에도 불구하고 푸틴에 대한 높은 지지 성향을 가능하게 만들어 준 러시아 국민들의 정치문화를 살펴보기로 한다.

---

2) http://rus.ruvr.ru/2012/01/14/63846723.html(검색일: 2012년 1월 17일)

2. 연구 목적 및 연구 방법

1) 연구 목적

2000년부터 8년간 비민주적인 방법으로 국가를 관리해 온 푸틴의 정치행위에 대해 미국 등 서유럽 일각에서는 <러시아 민주주의 후퇴>를 논하기 시작했고, 이에 대해 푸틴은 주권민주주의를 운운하면서 대응해 왔다.3) 푸틴의 대통령 임기가 종료되기 직전인 2007년 12월에 차기 대통령 후보로 메드베제프 당시 제1부총리를 지명했고, 메드베제프는 2008년 3월의 대통령 선거에서 무난히 당선되었다. 그리고 푸틴은 메드베제프 정부에서 총리직을 수행해 왔다. 메드베제프가 푸틴의 허수아비라는 이야기가 나돌기 시작했다. 러시아의 헌법과 선거법 등에서 대통령 임기는 연속 중임까지만 가능하도록 되어 있기 때문에, 중임을 이미 거친 푸틴은 메드베제프 정부의 총리로 자리를 옮겨 국정을 관리하기 시작한 것이다.

메드베제프 대통령의 4년 임기가 만료되는 2012년 3월의 대통령 선거에서 푸틴이 다시 대통령 후보로 나섰다. 푸틴 총리는 2011년 9월에 개최된 통합러시아당 전당대회에서 2012년 3월 4일 실시될 차기 대통령 선거에 출마할 뜻을 밝혔고, 11월 27일 통합러시아당 대통령 후보로 공식 확정되었다. 현직 대통령인 메드베제프가 2012년 3월의 대선에 출마할 수도 있었지만, 푸틴에게 대통령 후보 자리를 양보한 것이다.

≪통합러시아≫ 당의 공식 대통령 후보가 된 푸틴은 자신의 차기 정

---

3) 러시아의 주권민주주의와 이를 가능하게 했던 환경 요인에 대한 자세한 내용은 다음을 참조. 이영형, "러시아의 민주주의 발전과정과 주권민주주의 자극요인," 『한국과 국제정치』 제25권 2호(2009) 참조.

부에서 메드베제프 현대통령을 총리로 임명할 뜻을 밝혔다. 푸틴과 메드베제프가 총리와 대통령직을 서로 맞교환하는 것을 의미한다. 푸틴이 대통령에 당선된 이후에 메드베제프 현대통령을 총리로 임명할 지에 대한 의문이 제기되었지만, 푸틴의 ≪통합러시아≫당 공식 대통령 후보는 그렇게 시작되었다.

푸틴 총리가 대통령 후보로 결정되는 전후의 시기에, 그에 대한 러시아 유권자들의 지지도는 메드베제프 대통령을 비롯한 타 후보의 그것을 압도하고 있었다. <레바다-센터>가 2011년 7월부터 11월까지 ≪다가올 대통령 선거에서 누구에게 투표할 것인가?≫라는 질문으로 여론조사를 실시해 왔고, 그 결과를 발표했다. 푸틴에게 투표하겠다는 여론이 압도적 우위를 차지했다.

[질문] 다가올 대통령 선거에 참여할 것인가? 참여한다면, 누구에게 투표할 것인가?

2011년	7월	9월	9.30-10.3일	10월	11월
푸틴	23	27	42	36	31
메드베제프	18	13	6	9	7
쥬가노프	5	6	10	6	8
지리노프스키	4	5	9	5	6
기타	3	3	3	3	4
지지자 미결정	23	21	-	24	23
투표 불참	12	11	8	11	12
투표 여부 미결정	12	13	17	10	10

http://www.levada.ru/25-11-2011/vybory-prezidenta(검색일: 2012년 1월 25일)

국민의 의사와 무관하게 독자적으로 결정된 <대통령에서 총리로, 총리에서 대통령으로>라는 권력분배 현상을 어떻게 해석할 것인가? 간접선거라면 권력욕의 문제로 해석할 수 있겠지만, 국민들의 직접 선거에서 그러한 현상이 발생되고 있는 것이다. 이러한 현실을 러시아 국민들의 절대다수가 수용하고 있다는 사실은 또한 어떻게 해석할 것인가? 정치학을 연구하는 학자들이 한번 쯤 고민해 볼 만한 문제일 것이다.

2) 연구 방법

본 연구는 러시아의 대표적인 여론조사 기관에서 실시해 온 각종 여론 자료에 기초해서, 2012년 3월의 대통령 선거 직전 상황을 분석하는 것으로 한다. 여론조사 기관은 ≪전러시아 여론 연구 센터≫(ВЦИОМ, Всероссийский центр изучения общественного мнения), ≪여론기금≫(ФОМ, Фонд общественное мнение)[4]; 그리고 ≪레바다-센터≫(≪Левада-центр≫)로 한다. 상기 여론조사 기관에서 실시한 각종 여론 수치를 활용하고, 이에 대한 해석은 러시아의 정치문화 변수를 통해서 이루어진다. 이러한 해석을 통해 러시아 대통령 선거과정을 보다 체계적이고 과학적으로 진단한다.

본 연구는 알몬드(G.A.Almond)와 버바(S.Verba)에 의해 분류된 정치문화 현상을 도입하면서 시작된다. 알몬드(G.A.Almond)에 의하면, 정치문화란 정치체계 구성원 개개인이 정치체계에 대하여 갖는 태도 및 정향성의 유형이라 했다. 정치문화란 정치체계에 관련된 태도의 집합 혹은

---

[4] ≪여론기금≫(ФОМ, Фонд общественное мнение)은 1992년까지 ≪전러시아 여론 연구 센터≫(ВЦИОМ)에 소속되어 활동해 왔지만, 1992년 중순부터 독자적인 여론 기관으로 독립하여 활동하기 시작했다.

유형화된 가치체계이다. 정치문화란 정치적인 것에 대한 관여 양식과 태도로써 표명된다. 정치적 대상은 정치체제 그 자체, 정치체제의 투입과정(input), 배출과정(output), 정치주체(즉, 정치행위자로서의 자기 자신) 등으로 구성된다.

알몬드(G.A.Almond)와 버바(S.Verba)는 정치적 대상에 대한 태도 여하에 따라 정치문화의 성격을 분류했다. 4가지 모두에 마이너스 반응 또는 무반응을 보이는 지방형 정치문화, 정치체제 일반 및 배출과정(위로부터의 강제나 명령에 의한 정책과 그것의 실시)에 관해서는 민감한 반응을 보이지만 투입과정(밑으로부터의 정책형성 과정)이나 정치참여에 대해서는 마이너스 반응을 보이는 복종형 정치문화, 정치적 대상의 모든 것에 플러스 반응을 보이는 참가형 정치문화가 그것이다.

[표: 1] 정치문화 분류표

정치문화	정치일반	투입과정	배출과정	정치주체 (정치참여)	정치상황에 대한 주민들의 의식 구조
지방형(parochial)	−	−	−	−	정치적 대상에 대한 기대나 관심이 미약.
복종형(subject)	+	−	+	−	정치참여에 대한 자각이 결여되어 있고, 수동적인 정치적 태도.
참가형(participant)	+	+	+	+	정치현상에 대한 평가와 정치과정에의 적극적 참여.

상기 3가지 유형의 정치문화가 혼합되어 나타나는 경우가 많지만 주된 경향이 어디에 있는가의 문제를 중심으로 특정 국가의 그것을 특정의 정치문화권에 포함시키기도 한다. 그리고 정치사회화(political socialization)5) 정도에 따라 정치문화가 적극성을 띠는 방향으로 변화되기도 한다.

본 글은 총선 및 대선에 관련된 여론조사 내용들 중에서 정치문화에 관련된 변수들을 추출하면서, 2011년 12월의 총선과 2012년 3월의 대통령 선거를 분석한다. ≪전러시아 여론연구 센터≫, ≪여론기금≫, ≪레바다-센터≫가 실시한 각종 여론 조사 내용들 중에서 선거와 정치기관에 관련된 내용을 해석하고, 러시아의 정치문화에 관련된 일반 학자들의 주장 내용을 첨가해서 해석한다.

3. 2011년 12월 총선 분석과 2012년 3월의 대선관련 여론 실태

1) 2011년 12월 총선 결과와 그 파장

(1) 총선 결과

2011년 9월 23-24일 모스크바에서 개최된 통합러시아당 전당대회[6]에서 12월 4일 실시 예정인 국가두마 의원 선거 관련 통합러시아당 후보 명부가 확정되었다.[7] 그리고 9월 24일에는 지난 수년간의 각종 연설문[8]에서 푸틴의 지도력 등에 대해 높게 평가해 왔던 메드베제프 대통령이 차기 통합러시아당 대통령 후보로 푸틴을 지지하면서 추천했다. 푸틴

---

5) 정치사회화(political socialization)란 특정 사회의 정치문화를 습득해 나가는 과정을 일컫는다. 사회구성원이 그 사회에서 정치적 태도와 행동 양식을 습득하는 과정을 의미한다.
6) Первый этап XII Съезда Всероссийской политической партии ≪Единая Россия≫.
7) 지역별 후보 명부는 다음을 참조, http://er.ru/news/2011/9/24/(검색일: 2011년 10월 14일)
8) 2006~2007년 동안 메드베제프가 행한 인터뷰 및 각종 연설문은 다음을 참조: Дмитрий Медведев. *Национальные приоритеты. Статьи и выступления* (Москва: Издательство ≪Европа≫, 2008).

이 이를 수락하면서, 그동안 화제로 되어 왔던 푸틴의 대선 출마가 공식화되었다.

푸틴이 대통령 후보로 공식 결정된 이후인 2011년 12월 4일 다가올 대선을 미리 진단할 수 있는 총선이 실시되었다. 총선에서 주목되는 내용은 ≪통합러시아≫와 푸틴에 대한 국민들의 지지가 계속될 것인가의 문제였다. 12월 4일 실시된 두마의원 선거에 7개 정당이 참여했다. 전체 유권자의 60.21%가 투표에 참여했다. 12월 9일 러시아 중앙선거관리위원회가 그 결과를 공식 발표했다. 발표한 자료에 따르면, ≪통합러시아≫가 전체 유효 투표의 49.32%를 획득했다. 러시아 선거법은 유권자의 지지도에서 7% 이상을 득표한 정당을 중심으로 득표율에 따라 전체 450석의 국회의석을 배분하도록 되어 있다. 따라서 ≪통합러시아≫가 전체 450석 중에서 238석을 확보했고, ≪공산당≫이 92석, ≪공정러시아≫는 64석, 그리고 ≪자유민주당≫이 56석을 확보했다.

[표: 2] 2011년 12월 4일의 두마의원 선거 결과

정당	2011년 12월 선거			2007년 12월 선거	
	득표수(명)	득표율(%)	의석수 [전체450석]	득표율(%)	의석수
통합러시아≪Единая Россия≫	32,379,135	49.32	238	64.30	315
공산당≪КПРФ≫	12,599,507	19.19	92	11.57	57
공정러시아≪Справедливая Россия≫	8,695,522	13.24	64	7.74	38
러시아자유민주당≪ЛДПР≫	7,664,570	11.67	56	8.14	40
야블라코≪Яблоко≫	2,252,403	3.43		1.59	
러시아 애국자≪Патриоты России≫	639,119	0.97			
정의≪Правое дело≫	392,806	0.60			

참고: 러시아중앙선거관리위원회(http://www.cikrf.ru/)의 자료를 중심으로 재구성;
출처: http://www.cikrf.ru/banners/duma_2011/itogi/result.html(검색일: 2012년 1월 13일).

≪레바다-센터≫(Левада-центр)가 총선 직후인 2011년 12월 11일 ≪통합러시아≫ 당을 지지한 유권자들을 대상으로 여론 조사를 실시했다. 여론 조사 결과에서 나타나는 흥미로운 사실은 푸틴에 대한 지지를 그대로 반영하고 있다는 점이다. 푸틴이 리더이기 때문에 ≪통합러시아≫를 지지했다는 응답자가 절반에 가까웠다. 따라서 이들의 다수는 다가올 대통령 선거에서 푸틴을 지지할 가능성이 높다.

[질문] 당신은 왜 통합러시아 당을 지지했는가?(통합러시아당을 지지한 유권자수 중에서)	비율(%)
푸틴이 리더이기 때문	48
정당이 마음에 들기 때문	38
지도자 명단에 메드베제프가 있기 때문	5
대답하기 어려움	9

금번의 총선은 2007년 12월의 총선에서 ≪통합러시아≫를 지지했던 세력들의 일부가 이탈되어 ≪공산당≫ 등 여타 정당들에게 골고루 분산 지지하는 성향을 보여주었다. 따라서 ≪통합러시아≫에 대한 지지율이 하락된 것은 사실이지만, 여타 정당의 약진을 두려워 할 필요성은 전혀 없어 보인다. 단일 정당에 대한 지지율이 현격한 상승 추세를 보인다면, 다가올 대선을 우려해야 되겠지만 그렇지 않기 때문이다. 다만, 금번의 투표 결과가 발표되기 전부터 모스크바를 비롯한 대도시에서 시작된 부정선거 규탄대회와 재선거를 요구하는 유권자들의 목소리에 귀를 기울일 필요성은 있어 보였다. 미국 등 서유럽의 개입에 의한 대중시위로 인식하면서 강력하게 대응할 것이 아니라, 국가통합을 위해 국민들 곁으로 한 발짝 다가서는 자세가 필요해 보였다.

(2) 총선 파장. SNS의 위력?

대도시의 길거리로 몰려나온 러시아 유권자들은 총선 무효를 주장하면서 재선을 요구하기 시작했다. 반(反)푸틴 시위로 이어졌다. 미국과 서유럽 일각에서는 반(反)푸틴 시위에 큰 역할을 한 것이 소셜 네트워크 서비스(SNS, Social Network Service)라고 보도하기 시작했다.[9] 이들의 각종 보도에 따르면, 총선에 대한 부정 의혹이 제기되자 시민들은 페이스북(Facebook)과 트위터(Twitter), 러시아 최대 SNS인 브콘탁테(vkontakte.ru)[10]를 통해 일정 및 장소를 공유하며 시위를 확산시켰다. 12월 5일 밤 모스크바 시내에 모인 시위대는 푸틴과 통합러시아당의 독재를 규탄했다. 5일의 모스크바 반(反)푸틴 시위에 참가한 변호사이자 유명 블로거인 알렉세이 나발니(Alexey Navalny)가 경찰에 체포되었고, 이러한 사실이 SNS를 통해 확산되면서 反푸틴 시위가 더욱 더 확장되는 모습을 보였다.

SNS의 힘은 시민의 목소리를 온라인 공간에서 집결하여 오프라인 행동으로 발전시키는 데 있다. 총선 다음 날, 부정선거에 분노한 시민들이 <반(反)푸틴>, <재선거> 등의 피켓을 들고 반정부 시위를 이어갔다. 수

---

[9] 소셜 네트워크 서비스(SNS, Social Network Service)는 온라인 인맥구축 서비스이다. 1인 미디어, 1인 커뮤니티, 정보 공유 등을 포괄하는 개념이며, 참가자가 서로에게 친구를 소개하여 친구관계를 넓힐 것을 목적으로 개설된 커뮤니티형 웹사이트이다. SNS는 2가지 효과를 가지고 있는데, 하나는 기존 오프라인에서 알고 있었던 이들과의 인맥 관계를 강화시키고, 다른 하나는 온라인을 통해 형성된 새로운 인맥을 쌓을 수 있는 장점을 가지고 있다. 따라서 SNS는 인터넷에서 개인의 정보를 공유할 수 있게 하고, 의사소통을 도와주는 소셜 미디어(social media), 1인 커뮤니티라고도 불린다.

[10] 브콘탁테(vkontakte.ru)는 얀덱스와 함께 글로벌 IT 기업인 구글이나 페이스북에 압도되지 않고 자기 영역을 고수하는 러시아 인터넷 기업 중 하나이다. 모스크바에 본사를 둔 브콘탁테는 2010년 기준 2,800만 명의 회원을 확보하고 있다.

백 명에 불과하던 시위 참가자는 수만 명으로 늘어났고, 모스크바와 상 트페테르부르크에서 여러 도시로 확산되었다. 젊은 시위자들은 SNS를 통해 시위 소식·일정·장소 등을 실시간으로 공유하면서 비판의 칼날을 푸틴 총리는 물론 메드베데프 대통령, 블라디미르 추로프 중앙선거관리위원장 등에게 겨눴다.

중앙선관위가 12월 9일 저녁 TV를 통해 <통합 러시아>가 국가두마 (하원) 총의석 450석 중 53%(238석)를 확보했다고 공식 발표하자, 시위대는 총선 결과 폐기, 중앙선거관위원회 위원장 사퇴, 선거부정 조사 및 책임자 처벌, 불법적으로 체포된 시위 가담자 석방, 자유로운 총선 재실시 등을 요구했다. 모스크바와 상트 페테르부르크 등 대도시를 중심으로 반푸틴 시위가 확산되었다. 모스크바의 경우 2만 명 이상이 페이스북을 통해 시위참가 의사를 밝혔고, 상트 페테르부르크에서도 약5천500명이 참여 의사를 보였다. 새로운 미디어인 페이스북이나 트위터 등 SNS가 이 같은 대중 집회를 가능하게 했다.

2011년 12월에 발생한 반정부 시위는 TV·신문·잡지 등 기성 언론을 통해 유권자들을 유혹해 왔던 아날로그 정치권에 맞서 SNS(인터넷·페이스북·트위터·유튜브) 등 디지털 사고로 무장한 젊은 세대들이 주도한 정치참여의 한 형태였다. 인터넷·페이스북·트위터 등 소통 채널의 다변화가 만들어 준 결집된 힘이었다.

2010년 현재 3,620만 명의 러시아 국민들이 SNS 활용자로 집계되었다. 특히 모스크바 650만 명(전 거주 인구의 68%), 상트페테르부르크 270만 명(전 거주인구의 66%), 노보시비르스크 80만 명(전 거주인구의 62%) 등 도시지역에서 SNS 활용률이 매우 높게 나타났다. 미국, 유럽 등에서 Facebook, Twitter 등 글로벌 SNS가 강세를 보이는 것과 달리,

러시아 SNS는 현지 서비스인 Vkontakte, Odnoklassniki를 중심으로 활성화되고 있다. 그리고 2011년 5월 러시아 모바일 인터넷 인구는 2010년 대비 2배 이상 성장한 2,200만 명으로 집계되었다. 러시아 모바일 폰 보유자는 수천만(7000만)명에 달한다는 보도가 있기도 하다. Media Forum에 따르면, 모바일 인터넷은 도시를 중심으로 활용되고 있으며, 24세 이상을 중심으로 확산되고 있다. 모바일 인터넷 유저들은 정보검색 및 SNS 활용을 주로 하는 것으로 조사됐다.

러시아에서 SNS 활용 빈도가 높아지고 있는 것은 사실이다. 그러나 SNS가 러시아의 정치과정을 변화시킬 수 있을 것인가에 대해서는 다소 부정적이다. 금번의 반정부 시위는 푸틴과 통합러시아당에게 국민의 힘이 무엇인가를 보여준 하나의 사례에 불과하다. 이번 시위를 통해 표출된 민의를 무시하고, 푸틴이 이전처럼 일방 통행을 계속하지는 못할 것이라는 관측이 나돌고 있다. 메드베데프에게 총리 자리를 약속한 지난날의 그것이 적당한 선에서 수정될 것이라는 지적이 제기되기도 한다. 그러나 금번의 반정부 시위는 푸틴과 통합러시아당에게 하나의 메시지를 전달하는 정도에 만족해야 될 것으로 보인다. 이러한 단정은 러시아의 정치문화에서 찾아진다. 러시아 국민은 푸틴 퇴진으로 인한 혼란을 원치 않으며, 현재의 야권 또한 국민의 신뢰를 얻지 못하고 있기 때문이다.

2) 2012년 3월의 대선관련 여론 실태

(1) 예비 후보들에 대한 신뢰도 분석

러시아의 대통령 선거는 2012년 3월 4일 실시되었다. 푸틴의 출마가 공식화되자, 푸틴이 크렘린 궁에 재입성할 것인가의 문제가 화두로 떠올랐다. 국내외 전문가들 사이에서 푸틴의 당선이 유력할 것으로 보는 분위기가 우세했지만, 금번의 총선에서 보여 준 부정선거 결과가 푸틴의 대선가도에 걸림돌로 작용할 수 있음을 지적하기도 했다. 이러한 기간 동안인 2011년 12월 말 현재, 6년 임기의 대통령 선거에 출마가 예상되는 정치인들이 속속 모습을 드러내기 시작했다.

[표: 3] 2012년 대통령 선거 예비 후보(2011년 12월 29일 현재)

No	후 보	추천 정당	출생년도	경력	거주지
1.	푸틴(Путин В.В)	《통합러시아》	1952	국무총리	모스크바
2.	미로노프(Миронов С.М.)	《공정러시아》	1953	두마의원, 《공정러시아》 당수	모스크바
3.	지리노프스키(Жириновский В.В.)	《자유민주당》	1946	두마의원, 《자유민주당》 당수	모스크바
4.	쥬가노프(Зюганов Г.А.)	《공산당》	1944	두마의원, 《공산당》 당수	모스크바
5.	야블린스키(Явлинский Г.А.)	《야블라코》	1952	샹트-페테르부르크 입법회의 의원, 《야블라코》 당수	모스크바
6.	하미예프(Хамиев Р.З.)	무소속	1971	㈜《조로》 대표이사	오렌부르크州
7.	페우노바(Пеунова С.М.)	무소속	1958	비상업 자치기관 《스베틀라나 페우노바 발전 아카데미》고문	사마라州
8.	체레프코프(Черепков В.И.)	무소속	1942	연금생활자	모스크바
9.	메젠쵸프(Мезенцев Д.Ф.)	무소속	1959	이르쿠츠크州 주지사	이르쿠츠크州
10.	프로호로프(Прохоров М.Д.)	무소속	1965	《오넥심 그룹》 회장	크라스노야르스크 크라이

http://www.cikrf.ru/banners/prezident_2012(검색일: 2012년 1월 13일)

러시아의 여론조사 기관은 상기 예비 후보들 중에서 출마가 기정사실화 되고 있는 대표적인 정치인들을 대상으로 국민들의 신뢰도를 조사해 왔다. ≪전러시아 여론연구 센터≫가 2011년 12월 10일부터 1주일 단위로 신뢰 정도를 묻는 여론을 조사해 왔다. ≪러시아 정치인들 중에서 당신이 보다 신뢰하는 정치인과 신뢰하지 않는 정치인 5~6명은 누구입니까?≫라는 질문을 1주일 단위로 제기했다. 각각의 여론 조사는 46개 행정주체[주, 크라이, 공화국 등]의 153개 거주지에 거주하는 1600명을 대상으로 했으며, 허용 오차는 3.4%를 넘지 않는다.

[표: 4] 러시아 정치인에 대한 신뢰 정도(%)

2011/2012년	12월 10일	12월 17일	12월 24일	1월 7일
메드베제프(Медведев Д.А.)	26	23	22	29
푸틴(Путин В.В.)	37	43	40	43
지리노프스키(Жириновский В.В.)	9	10	10	10
쥬가노프(Зюганов Г.А.)	12	14	12	12
쇼이구(Шойгу С.К.)	1	0	0	1
이바노프(Иванов С.Б.)	0	0	0	0
그리즐로프(Грызлов Б.В.)	0	0	0	0
루시코프(Лужков Ю.М.)	0	0	0	0

http://wciom.ru/169/(검색일: 2012년 1월 19일)

상기와 동일한 방법으로 러시아 정치인에 대한 불신 정도를 묻는 여론조사가 동시에 실시되었다. 각각의 여론 조사에서 지리노프스키(Жириновский В.В.)와 쥬가노프(Зюганов Г.А.)의 경우에는 불신하는 정도가 높게 나타났다. 지리노프스키의 경우에는 신뢰보다 불신의 정도가 높으며, 쥬가노프의 경우에는 신뢰와 불신의 정도가 거의 동일한 수치를 보였다. 반면에 메드베제프(Медведев Д.А.)와 푸틴(Путин В.В.)의 경우에는 불신의 정도에 비해 신뢰의 그것이 2배 이상 높게 나타났다.

[표: 5] 푸틴에 대한 신뢰 변화 추이(%)

연도	03	04	05	06	07	08	09	10년(분기별)				11년(분기별/월일)											12년
								1	2	3	4	1	2	3	4분기(월일)								1/15
															10	11				12			
																6	13	20	27	11	18	25	
신뢰	47	46	47	54	66	70	69	67	65	63	63	59	54	51	49	51	47	46	46	44	45	45	47
일부신뢰/일부신뢰않음	32	32	31	28	23	18	18	19	20	21	22	23	24	25	25	24	26	27	28	28	28	28	27
신뢰않음	17	17	18	14	8	8	10	11	12	12	12	15	19	20	22	21	23	22	21	24	23	24	22
대답하기 어려움	5	5	4	3	3	3	3	3	3	3	4	3	3	5	4	5	4	5	5	4	4	3	4

Фонд общественное мнение, *ДОМИНАТЫ. ПОЛЕ МНЕНИЙ. Социологический бюллетень*, № 01-02 (19 января 2012 года (Москва: 2012), с. 5의 내용을 재정리.

《여론기금》 역시 푸틴에 대한 국민들의 신뢰 정도를 조사해 왔다. <당신은 푸틴 총리를 신뢰하는가? 신뢰하지 않는가?>하는 질문을 계속해 왔다.11) 도표에서 보는 바와 같이 푸틴의 대통령 임기가 만료되는 2007~2008년에 최고의 신뢰 수준을 보였고, 그 이후 총리직을 수행하는 기간 동안 점차적으로 신뢰의 정도가 하락했다. 2011년 12월 중순까지 계속적으로 하락되어 최저 상태에 도달했다. 그러나 12월의 반정부 활동 이후, 푸틴에 대한 신뢰는 다시 증가 추세를 보였다.

---

11) 2008년 2월 24일까지는 <푸틴 대통령을 신뢰하는가? 신뢰하지 않는가?>라는 질문으로 실시되었고, 2008년 3월 8일부터 4월 27까지는 <푸틴을 신뢰하는가? 신뢰하지 않는가?>라는 질문으로 실시되었다.

(2) 예비 후보들에 대한 지지도 변화

대통령 선거 예비 후보들의 모습이 구체화되면서, 러시아의 정치 분석가들과 여론조사 기관들은 푸틴의 대선가도에 대해 조심스러운 평가를 내리기 시작했다. 2010년 말 푸틴의 지지율이 56%였고, 2011년 전반기에는 52%, 두마의원 선거 직전에는 41%였다. ≪통합러시아≫와 메드베제프 대통령, 그리고 권력구조에 대한 명백한 신뢰의 감소 형상이 나타난 것이다. 이러한 경향은 2011년 초부터 목격되기 시작했다. 따라서 ≪여론기금≫의 오슬론(А.Ослон) 대표는 2012년 3월의 대통령 선거에 대한 구체적인 전망을 내놓지 않았다. 그러면서도, 오슬론(А.Ослон)은 푸틴과 메드베제프, 그리고 ≪통합러시아≫에 대한 지지도 하락의 주된 원인을 물가와 대중 소비관련 서비스 가격의 급격한 상승에서 찾고 있다.12)

≪전러시아 여론연구 센터≫가 2011년 12월에 1주일 단위로 러시아 유권자들의 주요 정치인들에 대한 선호도 조사를 실시했다. ≪가까운 일요일에 대통령 선거가 실시된다면, 당신은 어떤 후보에게 투표하겠는가?≫라는 질문을 계속하면서 다가올 대통령 선거에서 러시아 유권자들의 표심 변화에 관련된 내용을 조사해 왔다. 각각의 여론조사는 러시아연방의 46개 주체(주, 크라이, 공화국 등)에 있는 153개 거주지에 거주하고 있는 1600명을 대상으로 했고, 허용 오차는 3.4%를 넘지 않는다.

---

12) *Вестник Кавказа*, 11 Января 2012; http://vestikavkaza.ru/(검색일: 2012년 1월 16일)

[표: 6] 러시아 유권자의 후보 지지 성향 변화(%)

2011/2012년	12월 10일	12월 17일	12월 24일	1월 7일
푸틴(Путин В.В.)	42	45	45	48
쥬가노프(Зюганов Г.А.)	11	12	10	10
지리노프스키(Жириновский В.В.)	9	9	8	9
미로노프(Миронов С.М.)	5	5	5	5
야블린스키(Явлинский Г.А.)	1	2	2	2
로고진(Рогозин Д.О.)	1	0	0	0
프로호로프(Прохоров М.Д.)	1	3	4	3
나발닌(Навальный А.А.)	1	0	0	0
셰프축(Шевчук Ю.Ю.)	0	0	0	0
넴쵸프(Немцов Б.Е.)	0	0	0	0

http://wciom.ru/168/(검색일: 2012년 1월 19일)

2012년 1월 12일, RIA Novosti는 2011년 12월 중순에 ≪레바다-센터≫가 실시한 여론 조사 결과를 인용해 러시아 국민의 다수가 현재의 총리인 푸틴이 2012년에 있을 대통령 선거에서 당선될 것으로 보도했다. 설문 대상자의 42%가 푸틴을 지지할 준비가 되어 있음을 밝혔고, 다음으로 쥬가노프와 지리노프스키가 각각 9%를 유지하면서 그 뒤를 따르고 있다. 그리고 전체 유권자의 절반 이상인 55%가 제1차 투표에서 푸틴이 승리할 것이며, 21%는 2차 결선투표에서 푸틴이 승리할 것이라는 전망을 반복해서 밝히고 있다. 그리고 4%는 푸틴의 패배를 전망하고 있다.13)

≪전러시아 여론연구 센터≫가 2012년 1월 14-15일 실시한 여론 조사에 따르면, 푸틴과 ≪통합 러시아≫의 지지도가 계속적으로 증가되고

---

13) РИА Новости, 12 Января, 2012.

있다. 이러한 상황 속에서 <만약 가까운 일요일에 대통령 선거가 실시된다면> 52%가 푸틴을 지지하는 것으로 나타났다. 이와 동시에 ≪통합 러시아≫의 지지율도 증가되어 지난 수주일 동안 34%에서 42%로 높아졌다. 기타 정당에 대한 지지율은 공산당(14-15%), 자유민주당(10-11%) 순이었다. 그리고 ≪공정 러시아≫은 지난 3주 동안 10%에서 7%로 하락했다. 기타 정당에 대한 지지율은 거의 변화가 없다. 푸틴의 지지율은 지난주의 45%에서 52%까지 증가되었고, 공산당의 쥬가노프는 10-11%, 자유민주당의 지리노프스키는 8-9%, ≪공정 러시아≫의 미로노프는 4-5%, 사업가인 프로호로프(М.Прохоров)는 2-4%, ≪야블라코≫의 야블린스키는 1-2% 수준에 머물렀다. 동일의 결과를 도출한 ≪전러시아 여론연구 센터≫의 여론 조사는 2012년 1월 14-15일 러시아의 138개 거주지에 거주하는 1600명을 대상으로 실시되었다.14)

≪여론기금≫ 역시 2012년 3월의 대통령 선거 예비후보자들을 대상으로 국민들의 지지성향 변화에 관련된 여론 조사 내용을 정리해서 발표했다. <아래 열거된 후보들이 참여해서 대통령 선거가 실시된다면, 당신은 누구에게 투표하겠는가?>15)라는 질문으로 여론 조사를 계속해 왔다. 가장 최근인 2012년 1월 14-15일 실시된 여론조사에는 러시아의 64개 행정주체에 있는 204개 거주지에 거주하는 3000명을 대상으로 했다. 수년 동안 실시된 여론조사 결과를 정리하면 다음과 같다.

---

14) *http://www.iarex.ru/news/23011.html* (검색일: 2012년 1월 26일).
15) 2011년 9월 25일까지의 여론조사는 <만약에 메드베제프가 선거에 참여하지 않는다면, 당신은 어떤 정치인에게 투표하겠습니까?>라는 질문으로 여론 조사를 실시했다.

[표: 7] 대통령 선거 후보자들에 대한 지지 성향 변화(%)

년월일	08	09	2010(분기별)				2011(월별)										11				12				2012
			1	2	3	4	1	2	3	4	5	6	7	8	9	10	6	13	20	27	30	11	18	25	1.15
푸틴	60	60	59	57	56	56	54	50	50	50	49	48	47	47	46	45	46	42	42	41	45	42	43	44	45
쥬가노프	7	6	6	6	6	6	6	7	7	7	8	8	8	8	8	10	9	11	10	10	10	10	10	12	11
지리노프스키	7	7	7	8	8	8	8	8	9	9	10	10	10	9	10	10	9	11	11	11	12	11	10	11	10
미로노프	-	-	-	-	-	-	-	-	-	-	-	-	-	-	-	2	3	3	4	4	6	4	5	4	3
프로호로프	-	-	-	-	-	-	-	-	-	-	-	-	-	-	-	-	-	-	-	-	-	-	-	4	3
야블린스키	-	-	-	-	-	-	-	-	-	-	-	-	-	-	-	-	-	-	-	-	-	-	-	2	1
기타	1	1	1	2	2	2	2	2	2	2	3	2	3	3	3	3	3	3	3	2	1	3	4	2	1
무효표 만들 것	1	1	1	1	1	1	1	1	1	1	1	1	1	2	2	1	1	1	2	1	1	1	1	1	1
선거 불참	10	11	12	12	13	12	12	13	13	14	13	14	14	13	14	13	11	12	12	11	9	11	11	9	10
대답하기 곤란	7	7	8	9	10	11	11	12	12	11	11	12	12	12	13	12	13	14	14	15	12	13	13	12	13

Фонд общественное мнение, *ДОМИНАТЫ. ПОЛЕ МНЕНИЙ. Социологический бюллетень*, № 01-02 (19 января 2012 года (Москва: 2012), с. 3.

≪여론기금≫은 또한 주요 대선 후보들을 상대로 국민들의 불신 정도를 조사했다. <2012년 3월의 대통령 선거에서 어떠한 경우에도 지지하고 싶지 않은 정치인은 누구인가?>라는 질문에서 지리노프스키가 가장 높은 수치를 보였다. 지리노프스키(26%), 쥬가노프(12%), 프로호로프(12%), 푸틴(11%), 야블린스키(9%), 미로노프(3%) 순으로 나타났다.[16] 이러한 현실을 감안한다면, 대통령 선거에서 푸틴의 당선이 자명한 사실로 받아들여진다. 다만, 1차 투표에서 과반수의 지지율을 얻을 수 있을 것인가의 문제가 제기될 뿐이다. 만약에 1차 투표에서 과반수를 얻지 못

---

16) Фонд общественное мнение, *ДОМИНАТЫ. ПОЛЕ МНЕНИЙ. Социологический бюллетень*, № 01-02(19 января 2012 года) (Москва: 2012), с. 4.

해 2차 결선투표로 간다고 하더라도 푸틴에 경쟁할 수 있는 후보가 없기 때문에 그의 당선이 유력하게 점쳐졌다.

4. 대선에 미치는 러시아의 정치문화

1) 행정부 우위에 대한 전통

러시아 국민들은 행정부 중시 전통을 유지하고 있다. 의회에 비해 행정부를 중시하는 경향이 강하다. 이러한 사실은 러시아의 오랜 역사·문화적 전통 속에서 발견된다. 과거로부터 러시아에서는 거대한 영토와 다양성 등으로 인해 정치적 안정과 경제적 복지증진을 위해 권력집중 및 상층엘리트에 대한 복종이 필요한 것으로 인식되어 왔다.

행정부 우위의 전통은 과거 차르 시대에서부터 소비에트 시기(1917-1991)에도 계속되었다. 정치권력이 소수 지배엘리트에 집중된 차르 시대의 중앙 집권화 된 귀족지배는 차르를 정점으로 하는 계서적인 권력구조를 기반으로 하고 절대복종을 요구했다. 소비에트 체제하에서도 중앙 집권화 되고 상하가 명확한 서열 구조를 지니고 있었다.[17] 이러한 역사·문화적인 전통이 소련 이후의 러시아가 새로운 국가를 건설하는 체제전환 과정 속에서도 유지되고 있다.

행정부 우위의 전통은 질서를 중시하는 경향과 연결된다. 균형 잡힌 질서에 대한 선호 문제이다. 옐친이 집권한 지난 10년 동안 자신의 국가가 혼란과 국제적 영향력 추락에 허덕이고 있던 모습을 본 러시아 국민들은 2000년을 전후한 시기에 강력한 지도자를 선택했다. 2000년 대통

---

17) 김경순, "러시아의 선거와 정치과정," 유세희 엮음, 『현대 러시아 정치론』 (서울: 오름, 2005), p. 196.

령 선거에서 푸틴 후보에 대한 압도적 지지는 질서·강력한 국가·강한 지도자에 대한 국민들의 열망을 반영한다.18) 2000년 이후에 실시된 수차례의 선거에서 러시아 국민들의 절대다수가 푸틴을 지지해주고 있음은 이를 입증한다. 푸틴의 강력한 리더쉽이 러시아 사회에 질서를 잡아갔고, 이러한 현실이 국민들에게는 민주주의보다 더 값진 선물로 받아들여진 듯하다.

1999~2000년에 러시아인의 <연령별 선호하는 정치체제>를 묻는 여론 조사에서 러시아인의 다수가 서구민주주의보다 소비에트 체제와 개량된 소비에트 체제를 선호하는 모습을 보여 주었다. 옐친시기에 전개된 민주적 개혁이 올바르지 않으며 소비에트 시기의 질서 잡힌 생활로 돌아가기를 원하는 경우가 많았다. 그리고 2001년 1월에 실시된 여론조사에 따르면 응답자의 75%가 비록 민주적 절차가 침해받고 개인적 자유가 축소되더라도 민주주의보다 질서가 더 중요하다고 응답했다.19)

행정부 우위의 전통은 정당에 대한 불신으로 이어지고 있다. 러시아에서는 정당이 출현할 수 있는 사회적 기반이 발달되어 있지 않으며, 정당이 사회 갈등적 세력을 대변하지 못하고 있다.20) 더불어 러시아 국민들이 소비에트 지배 이후 당의 개념에 대한 반감을 가지고 있다.21) 러시

---

18) Timothy J. Colton and Michael McFaul, "Putin and Democratization," in Dale R. Herspring, *Putin's Russia: Past Imperfect, Future Uncertain* (2004), p. 33.
19) Timothy J. Colton and Michael McFaul(2004), p. 30; -, "Back to the USSR? Understanding Putin's State," *Harriman Institute* (October 18, 2004); 이홍섭. "러시아의 권력구조와 민주주의: 제도적 특성과 정치문화," 『중소연구』 제29권 제1호(2005), p. 141.
20) 정은숙, "태동단계의 러시아 정당정치," 정한구·문수헌 공편, 『러시아 정치의 이해』 (서울: 나남, 1995), pp. 347-377 참조.
21) Stephen White, Mattew Wyman, Olga Kryshtanovskaya, "Parties and Politics in Post-Communist Russia," *Communist and Post-Communist Studies*, Vol.25,

아 국민들은 정당을 가장 불신하는 조직으로 보고 있다. 구세대에 비해 보다 민주적 성향을 지니고 있는 신세대층의 경우에도 여론 조사에 따르면 78%가 정당을 신뢰하지 못한다는 입장을 보였다. 정당에 대한 불신도 78%는 의회 62.8%, 비정부조직(NGO) 60.1%, 경찰 67.6%보다 낮은 신뢰수준이다.22) 필자가 참여하고 있는 국내 P대학의 <러시아 사회연구단>에서 2010년에 자체 설문 조사한 내용에서도 행정부(대통령 및 총리)에 비해 국가두마에 대한 신뢰가 상대적으로 낮은 것으로 나타났다.

러시아의 정당은 사회에 뿌리를 내리지 못하고, 정당의 기본적 기능을 제대로 수행하지 못하고 있다.23) 대의제 민주주의 하에서 정당은 정치사회화(political socialization) 차원에서 국민들에 대한 정치교육 기능을 비롯하여 여론 형성 및 조직화 기능을 수행하게 된다. 그러나 러시아의 정당은 국민들에게 정책의 의의를 설명하며, 그들의 관심을 정치에 집중시키며, 그들로 하여금 능동적으로 정치적 활동에 참여케 하는 정당의 교육적 기능에 소극적인 것으로 보인다. 이러한 현실이 러시아 유권자들로 하여금 정치엘리트 충원과정과 선거과정에서의 공정성 문제에 대한 관심보다 안정과 질서를 바라는 전통적인 정치문화에 더 높은 비중을 두도록 만들고 있는 것으로 보인다.

행정부 우위에 대한 전통은 <레바다-센터>가 지난 수년 동안 국가기관에 대한 신뢰 정도를 조사한 내용에서도 잘 나타난다. 2000년, 2004년, 그리고 2005년에 실시된 여론조사에서 대통령과 군[부대]에 대한 신

No.2(1995), pp 199-200.
22) Nadia Diuk, "Russian Democracy in Eclipse: The Next Genreation," *Journal Of Democracy*, Vol. 15, No. 3, p. 61; Tom Bjorkman, *Russia's Road to Deeper Democracy* (Washington, D.C.: Brookings Institution Press, 2003), pp. 34-36; 김경순(2005), pp. 200-201.
23) Stephen White, Mattew Wyman, Olga Kryshtanovskaya(1995), pp. 185-202.

뢰 정도는 높게 나타났고, 경찰, 국가두마[하원], 연방회의[상원], 그리고 장당에 대해서는 불신의 정도가 높았다. 대체적으로 행정부에 대해서는 신뢰가, 그리고 입법부와 정당에 대해서는 불신이 높게 나타났다.

[표: 8] 국가기관에 대한 신뢰 정도[기준: 각 년도의 9월]

	2000	2004	2005
대통령			
완전한 신뢰[Вполне заслуживает]	45	56	54
불완전한 신뢰[Не вполне]	33	28	30
불신[Совсем не заслуживает]	9	8	8
군[부대]			
완전한 신뢰	35	30	30
불완전한 신뢰	35	34	33
불신	16	20	21
안보기관[СЛУЖБЫ БЕЗОПАСНОСТИ]			
완전한 신뢰	21	21	23
불완전한 신뢰	36	32	32
불신	22	23	21
법원[СУДЫ]			
완전한 신뢰	-	14	16
불완전한 신뢰	-	34	36
불신	-	29	27
정부			
완전한 신뢰	20	17	15
불완전한 신뢰	41	43	42
불신	20	26	29

검찰			
완전한 신뢰	-	12	13
불완전한 신뢰	-	34	33
불신	-	26	28
경찰			
완전한 신뢰	14	10	12
불완전한 신뢰	39	35	37
불신	36	43	40
국가두마[하원]			
완전한 신뢰	10	11	10
불완전한 신뢰	43	44	41
불신	30	34	37
연방회의[상원]			
완전한 신뢰	12	12	10
불완전한 신뢰	40	36	37
불신	23	23	26
정당			
완전한 신뢰	7	5	4
불완전한 신뢰	31	29	29
불신	34	39	40

http://www.levada.ru/press/2005100506.html(검색일: 2012년 1월 25일)

　　상기 도표에서 보는 바와 같이, 러시아 국민들이 가장 불신하는 국가 기관은 입법 활동에 관련된 기관(국가두마, 연방회의, 정당)과 법집행 기관(경찰, 법원, 검찰)이다. 이러한 경향은 2007~2008년에 실시된 각종 여론조사에서도 그대로 나타났다. 반면에 국가의 최고 통수권자인 대통령과 군(軍)에 대한 신뢰 정도는 다른 어떤 기관보다 높게 나타났다.

2008년 초반에 푸틴의 임기가 종료되고 메드베제프 정부가 들어선 이후에도 신뢰와 불신의 대상은 변함이 없었다. 이러한 현상은 현재에도 유지되고 있다. <레바다-센터>가 2011년 10월 3~19일간 45개 행정지역의 130개 거주지에 거주하는 18세 이상의 농촌 및 도시 주민 1,520명을 대상으로 설문조사한 아래의 결과표에서도 유사한 모습을 보인다.

[표: 9] 국가기관에 대한 신뢰 정도[%]

당신의 신뢰 수준은?	완전한 신뢰			불완전한 신뢰			불신		
	2009	2010	2011	2009	2010	2011	2009	2010	2011
대통령	66	67	50	24	23	34	5	4	9
총리	70	67	52	20	23	21	5	4	9
군부(대)	38	38	37	32	32	36	17	16	13
정부	30	34	30	39	39	45	16	14	17
국가안보기관	34	33	26	33	31	37	10	12	16
연방회의[상원]	21	21	22	38	38	44	16	15	17
검사[국]	20	20	22	39	37	37	21	18	21
국가두마[하원]	20	21	21	47	46	47	21	21	22
경찰	19	16	20	39	41	40	32	33	29
법원	22	18	19	37	39	43	24	24	22
정당	7	10	10	39	40	44	34	33	30

http://www.levada.ru/24-11-2011/(검색일: 2012년 1월 25일) 내용 재구성

결국 행정부 우위의 전통은 균형 잡힌 질서를 원하는 방향으로 나타나면서 강력한 지도자를 선호하는, 그리고 그들에게 복종하는 문화를 생산했다. 그리고 소비에트 시기에 정착된 당에 대한 불신이 현재에도 그대로 이어지고 있다. 러시아 국민들에게 있어서 이러한 정치문화는 민주주의보다 더욱 값진 것이었다. 따라서 러시아 국민들은 강력한 리더쉽에

기초된 균형 잡힌 질서를 희망했고, 이러한 모습이 자연스럽게 푸틴에 대한 지지로 이어졌다.

2) 시민사회의 미성숙

현재 러시아의 시민사회는 초기 형성단계에 있는 것으로 보인다. 여론연구센터인 《국민의 목소리》(Глас народа)가 2008년 4월 24일부터 6월 19일까지 실시한 여론조사 결과에 따르면 러시아의 시민사회가 초급 수준에 머물러 있는 것으로 나타났다. 《국민의 목소리》는 당시 러시아의 7개 연방지구[24]에 소속된 21개 주체[25]를 대상으로 설문 조사를 실시했다. 각각의 설문대상 지역에 있는 7개 주요 그룹의 책임자(의장)을 설문 대상으로 했다. 행정기관의 대표자, 입법부의 대표자, 대기업의 책임자, 사적 비즈니스 소유자, 법률 보호기관의 책임자, 공공시설 책임자, 연방지구에 있는 대통령 전권대표부의 의장 등을 대상으로 했다. 설문에 참여한 전체 인원은 665명이며, 각각의 지역에서 94명 이상을 참여시켰다.[26] <현재 러시아에서 시민사회가 형성되었는가?>라는 질문에 대한

---

[24] 2000년에 집권한 푸틴은 중앙정부의 통제력 강화를 위해, 그리고 통치 효율성 증대를 위해 행정 구조를 재편성했다. 취임 일주일 만인 5월 13일, 89개 연방주체를 7개 연방지구로 묶어 관리하려는 조치가 취해졌다. 그리고 2010년 1월 19일 메드베제프(Медведев) 대통령의 명령에 따라, 남부연방지구에서 북 카프카스 연방지구가 분리되어 현재에는 8개 연방지구로 편성되어 있다.

[25] 설문조사가 실시된 지역은 모스크바와 샹트-페테르부르크市를 비롯하여, 1개의 공화국(타타르스탄), 13개의 州(모스크바주, 보로네쉬주, 아르한겔스크주, 프스코프주, 니제고로트주, 사마라주, 로스토프주, 스베르들로프스크주, 첼랴빈스크주, 듀멘주, 노보시비르스크주, 케메로프주, 사할린주), 5개의 크라이(크라스노야르스크 크라이, 하바롭스크 크라이, 연해 크라이, 크라스노다르스크 크라이, 스타브로폴 크라이) 등이다.

[26] Кинсбурский А.В., "Сформировалось ли к настоящему времени в России гражданское общество? Что из перечисленного точнее всего отражает суть

응답자 빈도를 아래와 같이 발표했다.

[질문] 현재 러시아에 시민사회가 형성되었다고 생각하는가?[그룹 단위의 %]

그룹[대상 인권]	확실히 그렇다	확실히 그렇지 않다	대답하기 어렵다
행정부[108명]	35	64	1
입법부[106]	38	60	2
공업회사[105]	25	73	2
개인회사[107]	13	84	3
법률보호기관[106]	34	65	1
공공시설[105]	28	71	1
연방지구 행정부[28]	50	50	0
전체[665]	30	69	1

Кинсбурский А.В., "Сформировалось ли к настоящему времени в России гражданское общество? Что из перечисленного точнее всего отражает суть понятия гражданское общество?," Общественная палата Российской Федерации, Эмпирические исследования гражданского общества. сборник материалов общественных слушаний (Москва, 2008), сс. 73-74.

≪국민의 목소리≫의 설문은 상당히 객관적이며 보다 균형적으로 실시된 것으로 보인다. 특정 지역 및 특정 그룹에 편중되지 않고, 러시아연방의 다양한 지역에서 다양한 그룹의 대표자들을 대상으로 하고 있다는 점에서 러시아 시민사회의 현주소를 보다 선명하게 파악할 수 있도록 한다.27)

상기 도표에서 보는 바와 같이, 설문조사에 참여한 러시아의 지방정

понятия гражданское общество?," Общественная палата Российской Федерации, Эмпирические исследования гражданского общества. сборник материалов общественных слушаний (Москва, 2008), с. 73
27) 러시아 시민사회에 관련된 자세한 내용은 다음을 참조.
http://www.oprf.ru/files/sbornikemp.pdf(검색일: 2012년 1월 26일)

부 엘리트들 중에서 약70%가 러시아 사회에서 시민사회가 형성되지 못하고 있다고 했다. 시민사회의 미성숙은 개인 및 가족수준에서 가치가 공유될 뿐이다. 이러한 사실은 러시아 국민의 절대다수가 여전히 전통적인 사고에 머물러 있음을 의미하며, 다수의 생각을 결집하여 분출시키는 데 제약성으로 와 닿는다.

3) 복종형(subject) 정치문화

비슈코프(Biryukov)와 세르게예프(Sergeyev)는 러시아에서 대의제 민주주의의 발전을 가로막는 것으로 가장 먼저 정치문화가 고려되어야 할 것이라고 지적하고 있다.28) 이러한 지적은 러시아 국민들이 행정부 우위에 대한 전통을 유지하면서 지배엘리트에게 복종하는 정치문화를 재생산하고 있음에 기인한다. 정당에 대한 불신과 시민사회의 미성숙이 이러한 정치문화를 유지하도록 하고 있다. 이러한 현상이 비민주적인 정치 행위에 대해서도 소극적으로 대응하도록 유도하고 있다.

≪레바다-센터≫(Левада-центр)가 2011년 12월 11일 시위에 관련된 여론 조사를 실시했고, 그 결과를 정리해서 발표했다.29) 아래 각각의 질문에 참여한 설문 대상자는 러시아 45개 행정주체의 130개 거주지에 살고 있는 18세 이상의 주민 1600명이었다. 허용 오차는 3.4%를 넘지 않는다. ≪레바다-센터≫의 아래 여론조사 결과에 기초해서, 대중시위와 총선과정에 대한 유권자들의 인식을 정리하기로 한다. 이러한 조사는 러

---

28) Nikolai Biryukov and Victor Sergeyev, *Russian Politics in Transition: Institutional Conflict in a Nascent Democracy* (Brookfield, VT.: Ashgate Publishing, 1997), p. 3.
29) 본문내용은 <레바다-센터>가 실시한 여론조사 결과물이다. http://www.levada.ru/28-12-2011/(검색일: 2012년 1월 10일)

시아 정치문화의 현주소를 파악하는 데 상당한 도움이 될 것으로 기대되기 때문이다.

첫째, 부정선거에 관련된 국민들의 의식 구조이다. 설문조사에 참여한 다수의 응답자에 따르면, 금번의 총선에서 부정선거가 있었다. 두마의원 선거가 정당하지 않게 실시되었고, 소수이기는 하지만 다양한 형태의 압력이나 압박이 존재했었고, 투표 방식이 사전투표를 비롯하여 투표 장소 이외에서의 기표 현상 등이 존재했었다. 그리고 선거 결과에 대한 조작이 있었음을 인정하고 있다.

[질문:1] 2011년 12월 4일 실시된 러시아 국가두마 의원 선거가 어느 정도 정당하게 실시되었다고 생각하는가?	비율(%)
절대적으로 정당했다	5
충분히 정당했다	30
그다지 정당하지 못했다	30
전적으로 정당하지 못했다	15
무응답	20
[질문:2] 금번의 선거운동 동안에 당신을 선거에 참여시키기 위해, 그리고 특정 정당 또는 후보를 지지하도록 유도하기 위한 어떠한 형태의 압력이나 압박이 있었는가? 만약에 그렇다면, 어떠한 형태이었는가?	비율(%)
지방 권력에 의해서	7
직장 상사에 의해서	7
직장 동료 및 주변 사람들에 의해서	5
아무런 압력이나 압박이 없었다	73
대답하기 어렵다	11

[질문:3] 당신은 투표소에서 직접 투표했는가? 아니면 당신의 집으로 투표함을 가져 왔는가? 또는 당신의 친척이나 가까운 사람(집안 식구)이 당신을 대신해서 투표했는가?	비율(%)
투표소에서 당일 직접 투표했다.	95
사전에 투표했다.	2
개봉된 용지에 투표했다	2
집으로 투표함을 가지고 왔다.	2
친척이나 가까운 사람(집안 식구)이 나의 신분증으로 투표했다.	0
기타(병원 등)	0
[질문:4] 금번의 선거에서 투표수 계산에 따르는 위반행위가 있었다고 생각하는가? 만약에 그렇다면, 어느 정도 존재했다고 보는가?	비율(%)
위법 행위가 없었다.	12
미미할 정도의 위반(문란)행위가 있었다.	30
상당히 많은 정도이지만, 투표 결과를 조작하지는 않았을 것이다.	20
현저히 많았고, 투표 결과가 근본적으로 조작되었을 것이다.	14
대답하기 어렵다.	23

둘째, 부정선거에 대항하는 대중적 거리 행동에 대한 국민들의 의식을 물어보는 내용들이다. 거리 행동에 SNS의 영향력이 미쳤음을 부분적으로 인정하는 경향이 보이기도 한다. 기술적 가능성(스마트폰, 움직이는 인터넷, 사회적 연계 망 등)이 파괴 행위를 능률적으로 폭로할 수 있도록 했다는 지적이 제기되었다. 그러나 설문에 응한 유권자들 중에서 다수는 부정선거를 인정하면서도 거리 행동에 대해서는 신중한 입장을 보인다. 특히, 자신이 거주하는 지역에서 저항 운동이 실시된다면 참여하지 않겠다는 입장을 보이는 주민들이 절대 다수이다. 이와 함께, 거리 운동이 기존의 선거 결과를 변화시킬 수 없음을 인정하고 있다.

[질문:1] 정상적인 선거행위에 대한 조직적인 파괴와 부정선거 결과에 항의하는 거리 행동을 지지하는가?	비율(%)
확실히 지지한다.	12
대체로 지지한다.	32
대체로 지지하지 않는다.	26
완전히 지지하지 않는다.	15
대답하기 어렵다.	15

[질문:2] 가까운 시기에 당신의 도시(지역)에서 부정선거와 그 결과에 대한 새로운 대중 저항운동이 실시된다면 당신은 그 운동에 참여하겠습니까?	비율(%)
확실히 그렇다	4
대체로 그렇다	11
대체로 그렇지 않다	30
확실히 아니다	47
대답하기 곤란하다	9

[질문:3] 블라디미르 푸틴은 저항 운동에 참가하는 많은 사람들이 미국의 지시에 의해 행동했고, 그들의 활동은 미국에 의해 보수가 주어졌다고 했다. 상기 논점에 대해, 당신은 아래의 어느 조항에 동의하는가?	비율(%)
그렇다. 저항활동은 미국에 의해 보답을 받는다.	23
푸틴은 자신의 지지자와 조언자들에 의해 잘못된 생각을 했다.	12
푸틴은 고의로 거짓 정보를 이용하면서 저항운동 조직자와 참여자의 위신을 실추시키려 시도한다.	22
대답하기 곤란하다.	43

[질문:4] 대중적 거리 저항 활동이 격화된다면, 결국에는 기존의 권력이 양보할 것이라고 보는가? 그렇지 않다면, 선거 결과에 대한 재검토를 허가하지 않기 위한 다른 어떠한 방법이 실시될 것으로 보는가?	비율(%)
결국에는 양보하면서 선거 결과를 재검토하게 될 것이다.	17
선거 결과에 대한 재검토를 허용하지 않기 위한 어떠한 방법이 실시될 것이다.	43
대답하기 어렵다.	40

[질문:5] 당신은 두마선거 결과를 취소하고, 새로운 선거의 실시를 요구하는 문제를 수용할 준비가 되어 있는가?	비율(%)
확실히 아니다	20
대체로 그렇지 않다	36
대체로 그렇다	15
확실히 그렇다	10
대답하기 곤란하다	20

상기 설문자료에 따르면, 러시아 국민들은 부정선거를 인정하면서도 집회 및 반정부 활동에 대해서는 부정적인 입장을 보인다. 질서를 원하는 러시아 국민들의 선택으로 보인다. ≪여론기금≫이 <만약에 가까운 일요일에 당신이 살고 있는 지역에서 집회, 시위행진, 항의 행동이 실시된다면, 당신은 그것에 참여할 생각입니까?>라는 질문을 계속해 왔다. 수차례 설문조사를 실시하여 내놓은 결과에 따르면, 절대다수의 러시아 주민들이 반정부 활동에 참여하지 않겠다고 대답한 것으로 나타났다.

[표: 10] 집회 및 반정부 행동에의 참여 여부에 대한 국민들의 의식(%)

	12월 11일	12월 18일	12월 25일	1월 15일(2012년)
참여	16	17	16	16
불참	77	74	76	76

Фонд общественное мнение, *ДОМИНАНТЫ. ПОЛЕ МНЕНИЙ. Социологический бюллетень*, № 01-02 (19 января 2012 года (Москва: 2012), с. 17 내용을 재정리.

셋째, 부정선거를 규탄하는 시민들의 거리 행진이 푸틴의 대선 가도에 별다른 영향력을 미치지 못했다. 총선 이후 부정선거를 규탄하는 시위가 러시아 유권자들을 거리로 불러내고 있었던 시기인 2011년 12월 16-20일, ≪레바다-센터≫가 45개 지역의 130개 거주지에 거주하고 있는 18세 이상의 성년 1600명을 대상으로 아래와 같은 설문 조사를 실시했다. 각각의 수치는 응답에 참여한 전체 대상자들 중에서의 비율이며, 허용 오차는 3.4%를 넘지 않는다.30) 아래의 설문 내용을 보면 부정 선거를 규탄하는 시민들의 목소리가 푸틴의 대선가도에는 별다른 영향력을 미치지 못하며, 오히려 강력한 리더 쉽을 지닌 푸틴을 지지하는 것으로 나타나고 있다는 사실을 알 수 있다.

[질문1] 2012년에 누가 러시아의 대통령이 될 것이라고 보는가?	비율(%)
푸틴	75
쥬가노프	3
지리노프스키	2
이바소프(Л.Ивашов)	2
프로호로프(М.Прохоров)	<1
미로노프(С.Миронов)	<1
리모노프(Э.Лимонов)	<1
체레프코프(В.Черепков)	<1
메젠초프(Д.Мезенцев)	<1
야블린스키(Г.Явлинский)	<1
기타 유명한 정치인	2
무명의 새로운 인물	2
대답하기 곤란	14

---

30) http://www.levada.ru/12-01-2012/(검색일: 2012년 1월 30일) 참조.

[질문2] 3월 4일의 대통령 선거에서 푸틴이 50% 이상을 득표할 것인가?	비율(%)
대통령 선거 1차 투표에서 푸틴의 승리	55
대통령 선거 2차 투표에서 푸틴의 승리	21
대통령 선거에서 푸틴의 패배	4
대답하기 어려움	21

[질문3] 대통령에 당선된 이후, 푸틴은 메드베제프를 총리로 임명할 것인가?	비율(%)
확실히 그럴 것이다.	29
그럴 것이다.	42
그렇지 않을 것이다.	8
확실히 그렇지 않을 것이다.	3
대답하기 어렵다.	18

　　결국, 러시아 국민들은 대중시위가 보다 공정한 선거를 가능하게 할 것이라는 것을 믿지 않는다.[31] 그리고 투표행위에 참여하지 않은 유권자들의 다수는 선거 불참의 이유를 <참여와 투표가 국가에 아무런 영향을 미치지 않는다.>고 대답했다. 정치적 대상에 대해 기대나 관심이 미약하다는 것을 의미한다. 다수의 러시아 국민들은 푸틴을 비롯한 정부의 잘못을 인정하면서도 대통령과 정부를 지지하고 있는 것이다. 정치참여에 대한 자각이 결여되어 있고, 수동적인 정치적 태도만을 보이고 있으며, 강력한 리더쉽을 보여준 푸틴에 대한 선호만 있을 뿐이다. 이러한 정치문화가 푸틴의 크렘린궁 입성을 보다 용이하게 했다.

---

31) *http://www.iarex.ru/news/23036.html*(검색일: 2012년 1월 26일)

5. 끝맺는 말

러시아 국민들은 정치참여에 대한 자각이 결여되어 있고 수동적인 정치적 태도를 보이고 있다. 질서를 희망하는 러시아 국민들은 강력한 리더쉽을 지닌 푸틴을 가장 러시아적인 지도자로 인식하고 있다. 러시아의 정치문화는 복종형 정치문화가 가깝다. 이러한 정치문화는 차르 시대에서 소비에트 시기를 지나오는 동안 러시아 국민들이 시민사회를 경험하지 못한 사실과 무관하지 않다. 과거의 정치문화가 현재의 러시아 국민에게 전수되면서 러시아의 민주화는 약한 시민사회의 기반 위에서 진행되고 있다. 이러한 상황에서 자발적이고 독자적인 사회집단들이 법제화된 틀 하에서 상호작용하고 이 때 발생하는 다양한 이해관계를 조정하는 제도화된 장치를 기대하기는 어렵다.

행정부 우위에 대한 전통, 안정과 질서에 대한 희망과 기대, 복종형 정치문화, 시민사회의 미성숙 등이 러시아를 바라보는 핵심어가 된다. 러시아의 정당정치가 제대로 가능하지 못하고 있다. 러시아의 정당은 사회에 뿌리를 내리지 못하고 있으며, 정당의 기본적 기능을 제대로 수행하고 있지도 못하다. 대의제 민주주의 하에서 정당은 정치사회화(political socialization) 차원에서 민중에 대한 정치교육 기능을 비롯하여 여론 형성 및 조직화 기능을 수행하게 되지만, 러시아의 정당은 이러한 기능을 제대로 수행하지 못하고 있다. 러시아의 많은 정당들이 전형적인 서구식 정당이 아니라, 엘리트의 이익을 대변하는 의사정당(pseudoparty)적 특성을 보이고 있다.

러시아의 다양한 여론조사 기관들이 내놓은 자료들에 따르면, 러시아 국민들은 강력한 리더쉽을 지닌 대통령을 가장 선호하는 것으로 나타났다. 부정선거 여파에도 불구하고, 러시아 국민들은 국가사회의 혼란을 원하지 않기 때문에 푸틴을 선호하고 있다. SNS가 러시아의 정치발전에 부분적으로 영향을 미치고 있는 것은 사실이지만, 정치과정에의 미약한 참여 수준을 벗어나지 못하고 있다. 각종 여론조사에 따르면, SNS가 정부의 파괴 행위를 폭로하고 있지만, 이러한 사실이 행정부 중시의 정치문화를 근본적으로 변화시키지는 못한다.

　　결국, 2012년 3월 4일 실시된 대통령 선거는 푸틴의 정치 행보를 합법적으로 뒷받침해주는 정치과정이었다. 2011년 12월 총선에서 보여준 통합러시아당에 대한 지지는 정당에 대한 지지가 아니라 푸틴에 대한 지지였다. 통합러시아당을 지지했던 다수의 유권자들이 그 정당의 리더가 푸틴이었기 때문에 지지했음을 상기한다면, 그리고 푸틴에 필적할 만한 정치인이 존재하지 않는다는 사실을 인정한다면 푸틴의 정치권력은 당분간 더 계속될 것이다. 그리고 행정부와 질서를 중시하는 복종형 정치문화가 계속되는 한, 정당과 시민사회가 제 역할을 담당하지 못하는 한 정권교체는 요원해 보인다.

<참고 문헌>

김경순, "러시아의 선거와 정치과정," 유세희 엮음, 『현대 러시아 정치론』 (서울: 오름, 2005).
이영형, "러시아의 민주주의 발전과정과 주권민주주의 자극요인," 『한국과 국제정치』 제25권 2호(2009).
이홍섭. "러시아의 권력구조와 민주주의: 제도적 특성과 정치문화," 『중소연구』 제29권 제1호(2005).
정은숙, "태동단계의 러시아 정당정치," 정한구·문수현 공편, 『러시아 정치의 이해』(서울: 나남, 1995).
Nikolai Biryukov and Victor Sergeyev, *Russian Politics in Transition: Institutional Conflict in a Nascent Democracy* (Brookfield, VT.: Ashgate Publishing, 1997).
Tom Bjorkman, Russia's Road to Deeper Democracy (Washington, D.C.: Brookings Institution Press, 2003).
Timothy J. Colton and Michael McFaul, "Back to the USSR? Understanding Putin's State," *Harriman Institute* (October 18, 2004).
─────, "Putin and Democratization," in Dale R. Herspring, *Putin's Russia: Past Imperfect, Future Uncertain* (2004).
Nadia Diuk, "Russian Democracy in Eclipse: The Next Genreation," *Journal Of Democracy*, Vol. 15, №. 3.
Stephen White, Mattew Wyman, Olga Kryshtanovskaya, "Parties and Politics in Post-Communist Russia," *Communist and*

Post-Communist Studies, Vol.25, №.2(1995).

А.В.Кинсбурский, "Сформировалось ли к настоящему времени в России гражданское общество? Что из перечисленного точнее всего отражает суть понятия гражданское общество?," Общественная палата Российской Федерации, Эмпирические исследования гражданского общества. сборник материалов общественных слушаний (Москва, 2008).

Д.Медведев. Национальные приоритеты. Статьи и выступления (Москва: Издательство ≪Европа≫, 2008).

В.Р.Соловьев и Н.В.Злобин, Путин - Медведев. Что дальше? (Москва: Эксмо, 2010).

Фонд общественное мнение, ДОМИНАНТЫ. ПОЛЕ МНЕНИЙ. Социологический бюллетень, № 01-02 (19 января 2012 года (Москва: 2012).

Вестник Кавказа, 11 Января 2012

РИА Новости, 12 Января, 2012.

http://www.cikrf.ru/.

http://vestikavkaza.ru/(검색일: 2012년 1월 16일)

http://www.cikrf.ru/banners/duma_2011/itogi/result.html(검색일: 2012년 1월 13일)

http://www.cikrf.ru/banners/prezident_2012/(검색일: 2012년 1월 13일)

http://wciom.ru/168/(검색일: 2012년 1월 19일)

http://wciom.ru/169/(검색일: 2012년 1월 19일)

http://www.levada.ru/press/2005100506.html(검색일: 2012년 1월 25일)

http://www.levada.ru/25-11-2011/vybory-prezidenta(검색일: 2012년 1월 25일)

http://www.levada.ru/24-11-2011/(검색일: 2012년 1월 25일)

http://www.levada.ru/28-12-2011/(검색일: 2012년 1월 10일)

http://www.levada.ru/12-01-2012/(검색일: 2012년 1월 30일)

http://www.rferl.org/(검색일: 2012년 1월 10일)

http://rus.ruvr.ru/2012/01/14/63846723.html(검색일: 2012년 1월 17일)

http://er.ru/news/2011/9/24/(검색일: 2011년 10월 14일).

http://www.iarex.ru/news/23011.html(검색일: 2012년 1월 26일)

http://www.iarex.ru/news/23036.html(검색일: 2012년 1월 26일)

http://www.oprf.ru/files/sbornikemp.pdf(검색일: 2012년 1월 26일)

제3절 러시아의 경제체제 구축과 경제 안정화

1. 들어가는 말

고르바쵸프의 페레스트로이카(perestroika) 정책과 함께 도입되기 시작한 러시아의 자본주의 시장경제 정책이 1992년 1월 1일부터 옐친 정부에 의해 본격적으로 실시되었다. 옐친의 시장경제 정책은 자본주의 경제논리에 따르는 구체적인 분석 없이 시작되었다. 자본주의 경제에 대한 환상 속에서 러시아 시장을 무한 경쟁의 국제시장으로 내몰았다. 1992년 1월 1일부터 자본주의 경제질서 구축을 위해 가격자유화 조치와 함께 국영기업의 사유화, 그리고 무역 자유화 정책을 취하기 시작했다.

러시아 국민들이 자본주의 시장경제 질서에 익숙하지 못한 상황에서 추진된 전면적이고 급진적인 체제전환 과정은 여러 가지 부정적인 문제를 낳았다. 체제전환 과정에서 나타난 충격과 혼란으로 러시아는 극심한 경제침체와 사회불안을 경험했다. 러시아 경제는 새롭게 형성된 극소수의 신흥 재벌들에 의해 좌우되었으며, 뇌물과 비리가 국가경제를 위협하는 그러한 상황에 직면했다. 옐친 정부는 국가 채무 급증, 국제 원자재 가격 폭락, 금융기관 부실 등에 효과적으로 대응하지 못했다. 1998년 8월 17일 모라토리움(Moratorium)을 선언하기에 이르렀다.

러시아의 경제는 푸틴이 국정을 관리하기 시작하는 1999년 하반기부터 안정과 성장 추세를 보이기 시작했다. 1999년 하반기부터 국제 유가의 상승과 함께 수출이 증가되고, 수입 감소로 인해 무역수지가 회복되기 시작했다. 실물경제가 회복세를 보임에 따라 플러스 성장을 보이기 시작했다. 푸틴의 강력하고 결단력 있는 정책으로 인해 국가경제가 안정화되기 시작했다. 러시아의 경제성장을 견인한 동력이 에너지 자원이기는 했지만, 푸틴의 통치력이 러시아 경제의 안정과 성장을 이끌어간 것은 사실이다. 푸틴이 집권하는 8년 기간 동안 러시아 경제가 꾸준한 성장세를 이어갔기 때문이다. 경제성장과 함께, 러시아는 2006년 7월 G-8(선진 8개국)의 순회 의장국을 맡아 G8 정상회의를 주관하면서 국제사회에 영향력을 유감없이 발휘했다.

러시아가 국제원자재 가격 변동에 취약한 경제구조를 지니고 있었기 때문에, 2008년 국제금융위기 발생으로 인해 큰 타격을 받았다. 러시아는 경제위기에 대비해 그동안 적립해 온 안정화 기금을 활용하는 등 적절한 거시경제정책을 통해서 IMF 등 외부 지원 없이 경제위기를 극복할 수 있었다. 2009년 상반기부터 메드베제프 대통령이 원자재 의존형 경제구조 탈피를 위해 첨단기술 산업에 기초한 혁신형 선진경제로의 전환을 주창해 왔지만, 현재의 러시아는 자원의존형 경제구조에서 벗어나지 못하고 있다. 러시아 경제를 지탱하는 우랄산 원유의 국제가격이 장기적으로 90달러 이상의 수준을 안정적으로 유지할 것으로 전망되기 때문에, 러시아의 경제성장률이 장기적으로 연평균 4~5% 수준을 지속할 것으로 보인다.

본 글은 지난 70년 동안 사회주의 경제체제를 운영해 왔던 러시아 사회가 자본주의화 정책을 추진하면서 경험하게 되는 다양한 문제점과 경제안정화 과정을 정리한다. 자본주의 경제질서를 위해 토대를 구축하는 옐친 시기, 푸틴에 의해 정착되는 러시아식 자본주의 시기, 그리고 메드베제프 정부시기에 나타나는 러시아 경제의 문제점 등을 살펴본다. 본 글은 러시아 경제상황을 체계적으로 분석하는 내용의 글이 아니라, 자본주의 경제정책이 낳은 구조적 문제점과 그 파장을 다루는 것으로 한다. 경제학적 관점에서 러시아 경제문제를 다루는 것이 아니라, 정치학 관점에서 경제에 관련된 국가정책과 그 특징을 다룬다.

2. 옐친과 러시아의 시장경제화 정책

1) 자본주의 사회를 위한 토대 구축

1917년 사회주의 혁명 이후 노동 착취를 근절하기 위해 사적 소유물을 강압적으로 국유 또는 공유화시켰지만, 1992년 1월부터 자본주의 체제로 전환되면서 국유 또는 공유된 재산을 역으로 개인에게 분배시켰다. 그러나 국유 및 공유재산이 일부의 내부자(당 및 권력 엘리트, 기업의 매니저와 노동자 집단)들에게 과도하게 집중되는 모습을 보였다. 사유화된 지분의 상당 부분이 구(舊)사회의 권력엘리트와 자본주의 체제에 발 빠르게 편승한 소수자에게 넘어가면서, 절대 다수의 국민들은 더욱 열악한 환경에서 보수와 개혁을 방황하게 된다.

(1) 가격 자유화 정책

옐친의 경제개혁 정책은 1992년 1월 2일 실시된 가격자유화 조치에서 시작된다. 1991년 12월까지 국가에 의해 통제되어 왔던 각종 제품의 가격을 시장에 맡기는 형태로 가격을 자유화시키는 조치였다. 1992년의 가격자유화 조치는 도매가격의 80%와 소매가격의 90%를 자유화시켰다. 다만, 생필품 관련 제품과 기타 관련 서비스 업종(빵, 우유, 유제품, 소금,

설탕, 식용유, 주류, 전력 및 연료, 공공시설, 대중교통 및 통신수단 등)은 가격 통제를 유지하였다.1)

생필품에 대한 정부통제에도 불구하고, 가격자유화 조치에 편승해서 빵, 소세지, 설탕, 우유, 육류 등과 같은 생활필수품 가격이 10-20배 상승하였다. 또한, 1992년 1-2월 사이에 소비자 물가가 350% 인상되었으며, 철도요금이 평균 5배 인상되었다.2) 가격자유화를 통해 각종 상품의 원활한 공급을 희망했던 개혁조치는 물가상승을 부채질했다. 그리고 러시아연방의 개별 공화국이 중앙에 물자를 공급하지 않아, 육류와 식료품의 심각한 부족 현상을 초래했다.

러시아 정부가 1992년 3월 24일 2차 가격자유화 정책을 실시(의약품, 유아식품, 에너지 임대료를 제외)하면서 생필품 가격이 자유화되었다. 낮은 가격으로 공급되어 오던 빵, 설탕, 분유, 소금 등 생활필수품에 대한 정부의 가격 통제가 해제되었다. 그리고 옐친은 석탄과 석유를 비롯한 연료에너지 가격의 자유화 문제를 놓고 고민해 왔다. 에너지 가격의 자유화가 여타 산업에 미치게 될 영향을 우려하는 비판의 목소리가 의회 내에서 강하게 제기되면서 에너지가격의 자유화 계획은 당분간 보류되었다.

옐친의 통제력은 사회침투 능력과 사회행위의 규제 능력을 상실한 상태였으며, 정부의 통제에도 불구하고 에너지 가격이 현실화되기 시작했다. 에너지 가격은 자본주의 시장경제에 편승하여 국제수준으로 현실화되고 있었다. 1992년 9월 17일 대통령 포고령을 통해 1992년 말까지 석유가격을 2배로 인상하고, 1993년에 완전 자유화시키게 된다. 옐친은

---

1) 이창재, "러시아의 개혁정책," 『러시아 정치의 이해』 (서울: 나남출판, 1995), p. 439에서 재인용.
2) Борис Н. Ельцин, *Записки президента* (Москва: Огонек, 1994), с. 222.

가격 자유화 조치와 동시에 상거래를 자유화시켰다. 그리고 러시아의 재정 적자를 극복하기 위해 각종 보조금과 국방비를 삭감하고, 정부 주도의 투자를 축소시켰다. 가격자유화와 개인 상거래 활동의 인정은 생산량의 급격한 감소와 높은 인플레를 유발시켰다.3)

결국, 가격자유화 조치가 확대 실시되면서 물가는 급등했다. 1992년 한 해 동안 소비자 물가 상승률이 전년도 260.4%에서 2608.8%로 증가했으며, 1993년 이후에도 연간 소비자 물가 상승률은 지속적으로 3자리 숫자의 백분율을 기록해 왔다.4) 그리고 가격자유화 조치는 상점에 물품이 조달되지 않았고, 진열된 상품의 가격은 높게 책정되는 결과를 초래했다. 그러나 임금 수준은 이에 편승하지 못하고, 제자리를 맴 돌고 있었다. 따라서 국민들의 생활수준은 물가 상승에 비례하여 하락하기 시작했다. 주요 도시에서 주민들이 보다 싼 가격으로 물품을 구입하기 위해 줄서기 대열에 합류하는 그러한 모습이 보이기 시작했다.

(2) 사유화 정책

가격자유화 조치와 함께 사유화 정책이 러시아의 체제이행 과정에서 핵심을 이룬다. 시장경제 체제로의 이행 과정에서 사적 소유권의 보장은 자연스럽고 당연한 수순이다.5) 따라서 1991년 12월 29일, 1992년도 사유화 계획에 대한 포고령을 발표했다. 사유화를 담당하고 있던 국가재산위원회의 추바이스(A.Chubais) 의장은 개혁 원년인 1992년에 러시아 국유재산의

---

3) 1992년 4월에 개최된 제6차 인민대의원 대회에서 하스불라토프를 비롯한 보수파들은 옐친의 경제개혁을 비판하기 시작했다.
4) 장덕준, "1990년대 러시아 사유화의 전개 : 개혁의 성과 또는 '크로니 자본주의'의 원천 ?," 한국슬라브 학회 발표(2000년 6월 17일) 논문, p 16에서 재인용.
5) 러시아의 사유화 과정과 성격에 대해서는 다음의 글을 참조하여 인용하고 있음을 밝힌다. 장덕준(2000년 6월 17일) 발표 논문.

25%, 상업과 서비스 부문의 60-70%의 사유화를 계획했다.6)

1992년 6월에 <국유 및 공유기업의 사유화 국가 프로그램>이 최고회의를 통과했다. 이 법안은 1,000명 이상의 종업원이나 5천만 루블 이상의 자본금을 소유하고 있는 기업(에너지, 광업, 군수산업, 교통 및 통신산업 등 국가 기간산업 제외)을 주식회사로 전환하도록 되어 있다. 이 법안에 따르면, 약2만5천개의 대상 기업이 주식회사로 전환된다.7) 옐친은 국영기업의 민영화를 위해서 <주식회사>라는 제도를 도입했다.

1992년 7월 1일 옐친은 모든 대기업을 주식회사로 전환하는 내용을 담은 포고령에 서명했다. 그리고 동년 10월에 공유재산의 사적 소유를 인정

하는 사유화 증서 <바우처>(voucher)를 러시아 전체 국민에게 분배했다.8) 액면 가격이 1만 루블9)인 바우처(voucher)를 통해 공공 소유의 생

---

6) 한종만, "옐친 10년의 평가: 체제이행과 경제개혁을 중심으로," 한국슬라브학회 특별학술대회 발표(2000년 4월 29일) 논문, p. 42.
7) Peter Rutland, "Privatization in Russia: One Step Forward: Two Steps Back?," *Europe-Asia Studies*, vol. 46, no. 7(1994), p. 1112.
8) 사유화 정책을 총괄하고 있던 추바이스는 <바우처>(voucher, ваучер)를 통해 대중 사유화 정책을 추진하게 된다. 추바이스 등은 유상분배 구상을 가지고 있었으나, 자유주의 경제학자 및 보수적 산업 엘리트 등을 비롯한 각계의 저항에 직면하여 무상분배로 방향을 수정한 것으로 알려지고 있다. 초기부터 유상으로 국유재산을 매각할 경우, 대부분의 국가재산 지분은 마피아 등 불법적인 사업가, 舊공산당 간부나 국가 관리, 그리고 외국인 등 일부 특권 계층에게 집중될 것이며, 이는 대중의 불만을 자극하여 개혁에 치명타를 초래하게 된다. Maxim Boycko, Andrei Schleifer, Robert Vishny, *Privatizing Russia* (Cambridge, MA: MIT Press, 1995), p. 71. 따라서

산 수단을 사유화 했다. 바우처(voucher)는 사유화 과정에서 주식 구매로 사용되고, 양도 역시 가능하도록 되어 있었다. 당시 평균 임금이 약2천 루블인 점을 감안한다면, 사유화 증서의 액면가격은 약5개월의 임금 수준에 해당된다.

1992년부터 1994년 상반기까지의 사유화 1단계는 사유화 증서와 경매를 통해 이루어졌다. 1992년 중에 674개의 대기업과 747개의 중기업 및 139개의 지사들이 주식회사로 전환되었다.10) 또한, 입찰이나 경매를 통해 중소기업의 사유화가 이루어졌다. 1992년 중 10만여 소기업 중에서 약3만5천개가 사유화되다. 이는 소매 유통업의 36%, 요식업의 22%, 일상 서비스의 40%에 해당된다. 그리고 13-14만 중기업 중에서 1992년 중에 1만1천개가 사유화되었다. 1992년에 사유화된 중소기업 중에서 71%가 소매유통, 요식업 및 일상 서비스 업종이다. 사유화가 점차로 확대되어 1994년 3월 말 현재 소규모 기업의 69% 이상이 사유화되었으며, 일부 지역에서는 사유화가 완료되었다.11) 1994년 중반까지 사유화된 사유기업에서 창출된 상품과 서비스는 러시아 국내총생산(GDP)의 62%를 차지하게 되었다.

1994년 여름까지 진행된 제1단계 사유화는 바우처(voucher)의 무상

추바이스 등은 국민들의 참여와 개혁에 대한 대중적 지지를 위해 무상분배로 방향을 수정하였다. 광범위한 대중들을 사유화 과정에 참여시키면서 이들을 경제개혁의 성공적 수행을 위한 지지 세력으로 흡수하려는 정치적 계산을 바탕으로 무상분배의 바우처를 통한 대중 사유화 정책을 추진한 것으로 볼 수 있다. Anders Aslund, *How Russia Became a Market Economy?* (Washington, D.C.: Brookings Institution, 1995), p. 233.

9) 1992년 12월 당시의 환율은 1$ 당 약400루블 정도였다. 따라서 1만 루블이면 25$ 정도가 된다.
10) 이창재(1995), p. 443에서 재인용.
11) *Russian Economic Trends*, Vol. 3, no. 1(1994), pp. 67-77.

분배에 입각한 대중적 사유화 성격을 지니고 있었으나, 실질적으로는 기업 내부에서 매니저나 노동자들의 절대적인 영향력을 인정하였다. 일반 러시아 국민들은 1만 루블의 사유화 증서를 받는 것으로 만족하는 듯 했다. 그리고 1단계 사유화가 끝난 1994년 11월 현재, 바우처(voucher) 사유화의 대상이었던 약2만5천개의 기업들 중에서 석유 및 가스 산업 등은 여전히 국가가 대주주로 남아있었다.12)

현금 사유화라고 불리는 제2차 사유화가 시작된다. 에너지 산업과 통신 산업 등 소위 전략산업을 포함해서 약5,000개의 기업들이 사유화 대상으로 선정되었다.13) 성장하기 시작한 러시아의 신흥자본가와 외국자본을 대상으로 대규모 국유재산의 매각을 통한 사유화가 진행되기 시작했다. 이는 현금 거래를 통한 국유기업의 경매와 주식의 발행과 매매, 그리고 기존의 사유화 기업의 인수/합병을 허용함으로써 효율적인 기업의 지배구조를 형성하고, 나아가 주식시장 등 자본시장을 창출 및 성장시키려는 목적을 지니고 있다.14)

현금 사유화 단계는 시장화 계획의 주요 목표라고 할 수 있는 효율성의 증대와 사적 부문의 성장을 가속화시킬 것으로 기대되었다.15) 그러나 현금사유화라 불리는 제2단계 사유화에 있어서도 투명성 및 공개성 그리고 경쟁이 결여된 상태로 국유재산의 매각이 진행되었다. 사실상 외부자들의 참여는 제한되고 일부 금융자본과 산업자본에 의한 국유재산의 독

---

12) 장덕준(2000), p. 8 참조.
13) 위의 글, p. 9.
14) Joseph R. Blasi, Maya Kroumova, Douglas Kruse, *Kremlin Capitalism: The Privatization of the Russian Economy* (Ithaca: Cornell University Press, 1997), p. 72.
15) Richard Sakwa, *Russian Politics and Society* (London : Routledge, 1996), p. 242.

점현상과 정경유착을 통한 부패현상이 심각하게 나타나게 되었다. 특히, 황금 기업을 염가로 불하 받은 과두 지배세력이 거대한 독점자본가 집단으로 성장하였다. 1994년 여름까지 진행된 초기 사유화 단계에서는 기업 내부자들(노동자들과 매니저 그룹)이 주도권을 장악했다면, 1995년 이후 진행된 사유화 과정에서는 이들 거대 자본가 집단이 지배적인 역할을 담당했다.16)

1996년 1월 1일 기준으로 사유화 율이 63.4%로 증가되었다. 그러나 1996년 1월 이후에는 사유화 작업이 완만하게 진행되었다. 한꺼번에 다수의 대기업을 매각할 경우에 주가의 대폭적인 하락과 이에 따르는 주식시장의 불안정을 초래할 위험이 존재했기 때문에, 1996년 이후에는 제한된 기업들을 단계적으로 매각하는 방식으로 사유화 작업이 진행되었다. 따라서 1999년 1월 1일 기준으로 전체 기업 290만 1천개 중에서 사유화 기업의 수는 214만 7천개이며, 이는 러시아 전체 기업 중에서 74%에 해당된다.17) 결국, 자본주의 시장경제를 위한 생산수단의 사적 소유가 정착되고 있었다.

2) 자본주의 시장경제로의 편입

옐친 정부의 가격자유화 및 사유화 정책으로 인해 자본주의 시장경제를 위한 국내의 기본적인 조건이 형성되었다. 1992년 1월 29일 대통령 포고령에 의하면, 누구나 법에 저촉되지 않는 모든 분야에서 상업 활동에 종사할 수 있게 되었다.18) 그리고 옐친은 러시아로 외국자본의 투자

---

16) 장덕준(2000), p. 10.
17) 한종만(2000) p. 44 재인용.
18) A.Aslund, "The Gradual Nature of Economic in Russia," in Aslund and R. Layard(eds.), *Changing the Economic System in Russia* (New York: St.Martin

유치를 위해 노력했다.19) 외국 기업체에 대한 불평등 조항을 삭제하고, 합작회사 설립을 적극적으로 모색해 왔다. 경제 활성화를 위해서 자유무역이 필연적이다. 자유무역은 경제활동의 자극뿐만 아니라, 소유자의 억압된 에너지 분출이었다.20)

러시아는 심각한 경제・사회적 어려움에 직면해 있었다.21) 러시아가 당면한 중요한 과제는 경제적 잠재력을 극대화시키는 것이었다. 그리고 대외 경제관계에서 경쟁력을 높이는 문제였다. 유럽과의 경제관계가 강조되었다. 서유럽 통합화 정책으로 인해 1993년 말까지 러시아의 상품유통이 독일을 비롯한 EC회원국에 집중되었다. 독일, 이탈리아, 프랑스, 네덜란드가 러시아 전체 수출의 30%를 차지했다.22) 수출입 구조에 대한 지정학적 편중은 국제시장에서 러시아의 위치를 극도로 약화시켰다. 따

Press, 1993) p 21.
19) 소련이 15개 국가로 해체되었지만, 러시아연방은 면적, 인구, 그리고 경제력에 있어서 CIS(독립국가연합) 중에서 가장 크다. 석탄과 이탄(泥炭) 매장량 그리고 목재의 9할 이상을 가지고 있으며, 철광석 매장량의 2/3 와 3/4 이 러시아연방에 집중되어 있다. 또한, 각종 지하자원이 풍부하게 매장되어 있다. 천연가스, 석유, 석탄 생산량은 CIS 전체에서 약80%에 달한다. 이영형, 『독립국가연합(CIS)의 이해』 (서울: 엠에드, 1999), c. 106.
20) О.М.Попцов, *Хроника времен "Царя Бориса"* (Москва: Совершенно секретно, 1995), c. 218.
21) 러시아 국내시장에는 급진적인 시장경제 논리가 도입되었지만, 무역에 있어서는 매우 제한적이었다. 수입규제가 제거되고 모든 기업이 외화 경매에 참여할 수 있도록 하는 등 일부 자유화 조치가 취해졌지만, 수출에 대해서는 수출세, 수출로 획득된 일정량의 외화에 대한 강제 매각, 수출 허가제, 수출 쿼터제 등과 같은 규제 조치가 오히려 강화되었다. 따라서 1992년 1/4분기의 수입은 전년 동기 대비 15% 증가하여 92억 1천 4백만 달러였지만, 수출은 전년 동기 대비 20% 감소한 69 억 6 천 2백만 달러였다. 결국, 22억 5천 2백만 달러의 무역적자 상태를 보여주고 있었다. Экономика и жизнь, no 17 (апрель 1992 г.)
22) В.Г.Сорокин, "О внешних аспектах экономической безопасности России," *Дипломатический вестник*, no 11-12 (Июнь), 1993 г., c. 58.

라서 수출구조 개혁에 대한 요구가 제기되었고, 러시아는 아랍제국을 비롯한 일본, 한국, 중국, 타이완, ACEAH 회원국 등 아시아・태평양 제국가와의 협력 체제를 모색해 왔다. 그러나 1995년의 수출입 구조는 여전히 EC 회원국에 집중되는 모습을 보였다. 특히, 러시아의 독일에 대한 수출입 비율은 각각 10.7%와 19.9%를 차지하고 있었다.[23]

1997년 3월 17일, 방만하게 운영되던 행정부에 대한 개각이 단행되었다.[24] 개혁정책의 효율적인 수행을 위해 제1부총리에는 러시아 개혁의 상징적인 인물로 알려진 추바이스(A.Chubais)[25] 전 대통령 행정실장과 민족주의자로 알려진 니제고르트州의 주지사인 넴쵸프(B.Nemtsov)가 등용되었다. 추바이스가 제1부총리 겸 재무부 장관을 겸직하면서 경제정책을 총괄 지휘하게 되었다. 넴쵸프는 사회정책을 비롯한 천연가스와 철강 산업 같은 국가독점 기업을 관장하는 업무를 맡게 되었다. 새로운 인물 중심으로 경제활성화 움직임을 보여 왔지만, 러시아 경제는 회복될 기미를 보이지 않았다.

1990년대 중반 이후 러시아 경제가 다소 회복세를 보이는 듯했다.

---

23) *Российский статистический ежегодник. Статистический сборник* (Москва: Логос, 1996), cc. 342-343.
24) 옐친은 3명의 제1부총리와 10명의 부총리로 구성된 행정체계를 2명의 제1부총리와 6명의 부총리로 축소하는 개각을 단행했다.
25) 추바이스는 막대한 권한과 함께 제1부총리로 재기용되었다. 추바이스는 공산당 등 보수 야당들의 강력한 도전에 밀려 1996년 1월 제1부총리 자리에서 밀려났지만, 지난 대선 기간 동안에 옐친 대통령의 선거 대책 본부장으로 활약하면서 재계로부터 막대한 선거자금을 동원하는 등 커다란 정치적 수완을 발휘하여 옐친의 두터운 신임을 받았다. 따라서 그는 옐친 신정부의 출범과 함께 8월부터 대통령 행정실장 겸 비서실장으로 임명되어 옐친이 심장병으로 병원에 입원해 있는 동안 대통령을 대신해 막강한 권한을 행사하며 실질적으로 국정을 운영해 왔다. 실각 1년 만에 다시 제1부총리로 복귀한 추바이스는 경제정책의 실질적인 수행뿐만 아니라, 유력한 차기 대권주자로 부각되었다.

그러나 러시아 산업의 수출에서 석유와 천연가스 등 연료와 원료 수출이 전체에서 3/4을 차지하고 있음을 인식해야 한다. 이러한 현상은 국제시장의 원유가에 따라 러시아 경제가 수동적으로 변화될 수밖에 없음을 의미하게 된다. 러시아의 대외 무역관계는 단순성을 면하지 못하고 있으며, 지하 및 천연자원을 수출하는 무역구조가 중심을 이루고 있다. 러시아의 경제개혁 조치는 빈약한 경제구조를 탈피하지 못했다.

옐친은 러시아 경제를 호전시키지 못했다. 시장경제 정책은 생산성 하락을 비롯한 각종 부작용만 노출시켰다. 국내총생산(GDP)이 지속적으로 하락했다. 그리고 舊소련의 분업체계가 붕괴되면서 공업생산물의 수요 감소로 인해 투자가 위축되었다. 가격 자유화 이후 대부분의 기업은 생산물의 극대화를 통한 이윤 추구보다는 생산 감소를 통한 가격상승 효과를 기대했다. 러시아는 엄청난 물가상승과 마이너스 성장, 그리고 루블 가치의 불안정 등을 경험했다.26) 개혁 과정에서 나타난 경제 상황의 악화는 실업률을 증가시켰다.

결국, 옐친이 추진하는 시장민주주의로의 개혁은 사회주의가 남긴 정신적 그리고 물질적 잔재를 해결해야 하는 어려운 과업이었다. 러시아 국민들이 직면하고 있는 개혁의 부작용에 따르는 고충은 익숙하지 않은 자본주의 경제의 혼돈과 결핍에서 유래되고 있다.27) 따라서 러시아인 다수가 시장원리에 따라 먹고, 일하며, 생활하는 그러한 경제조건을 수용하

---

26) US1$ 대비 루블 환율 추이(각 연도 말 기준)

년 도	1992	1993	1994	1995	1996	1997	1998	1999
환 율	415	1247	3550	4640	5560	5960	20.65	26.20

(1998년 1월 1일부터 舊1000루블 = 1루블).
27) 김유남, "사회주의 국가의 체제 전환에 관한 연구 - 러시아의 '시장민주주의'의 이양에 관한 사례 -",『世界地域硏究論叢』第13輯(1999), c. 264.

는 환경 조성이 우선시되었다. 그리고 국제원자재 가격의 변화 여하에 따라 러시아 경제가 요동치는 그러한 상황을 극복할 수 있는 중장기 계획이 중요한 과제로 부각되었다.

⟨표: 1⟩ 옐친 집권기 러시아의 주요 경제지표

	1992	1993	1994	1995	1996	1997	1998	1999
GDP 성장률(%)	-14.5	-8.7	-12.7	-4.1	-3.6	1.4	-5.3	6.4
수출(10억 달러)	-	-	67.4	82.4	89.7	86.9	74.4	75.6
수입(10억 달러)	-	-	50.5	62.6	68.1	72.0	58.0	39.5
해외부채(10억 달러)	-	111.8	118.5	114.8	125.8	135.2	136.2	131.2
외환보유고(10억 달러)	-	5.8	4.0	17.2	15.3	17.8	12.2	12.5
소비자물가지수(%)	2508.8	839.9	215.1	131.3	21.8	11.0	84.4	36.5
실업률(%, 연말기준)	-	-	-	-	-	9.0	13.2	12.4

한종만, "한·러 수교 20주년 회고와 전망: 경제 분야,"『슬라브학보』제25권 4호(2010), p. 449의 내용 재정리.

3) 시장경제 정책이 남긴 부정적 현상

(1) 모라토리움(Moratorium) 선언

옐친의 시장경제화 정책은 러시아 경제가 악순환을 거듭하는 결과로 나타났다. 국가경영이 어려운 상황으로 나아갔다. 따라서 옐친은 외국 자본을 도입하면서 국가를 경영하고 있었다. 외채가 축적되고 있었다. 러시아의 외채는 정부의 대외비로 간주되어 있기 때문에, 정확한 내용을 파악하기는 어렵다. 따라서 러시아의 경제 전문 잡지를 비롯한 경제관련 연구 기관의 통계 수치를 통해서 분석될 수밖에 없는 한계를 지닌다.

1998년 6월 말 기준으로 러시아의 총 대외부채 규모는 1950억 달러이며, 그 중에서 국가와 민간 대외부채가 각각 1500억 달러와 450억 달러로 추정되었다. 러시아는 국제기구(IMF, IBRD, EBRD 등)로부터 총 255억 달러를 차입한 것으로 알려졌다. 1996년 말까지 대외 총부채가 1250억 달러란 것을 고려할 때, 1년 반 동안 무려 700억 달러가 증가된 것이다.28) 따라서 러시아의 총 외채규모는 GDP 대비 1997년 말 57.8%, 에서 1999년에는 무려 82%에 달할 것으로 전망되었다.29)

러시아 정부의 외채 상환액은 1996년에 약187억 달러, 1997년 약 136억 달러, 1998년 약169억 달러가 도래했다. 그러나 1996년의 187억 중에서 77억을, 97년의 136억 중에서 75억 $ 만을 실행하는 등 막대한 양의 외채를 전액 상환하지 못하고 절반 이상을 채권자들과의 협상을 통해 만기일을 연기시켜 왔다.30) 그리고 러시아의 대외 신인도 하락으로 해외 투자 자금들이 지속적으로 이탈하면서 주가가 폭락하는 등 극심한 금융 혼란을 겪었다. 따라서 1998년 8월 17일 모라토리움(Moratorium)31) 선언과 루블화 평가절하를 단행했다.32)

모라토리움 선언은 과다한 정부 부채가 원인이었다. 넴쵸프(B.Nemtsov) 부총리에 따르면, 모라토리움을 선언한 전후의 시기에 대외 부채는 2천억 달러 정도이며, 그 중에서 1년 이내에 지급해야 될 단기국채(GKO)

---

28) 한종만(2000) p. 48에서 재인용.
29) 대외경제정책 연구원, 『세계경제』 1999년 2월호, p. 77 참조.
30) 위의 글, p. 79.
31) 모라토리움(Moratorium)이란 경제상황의 악화로 인해 채무이행이 어려울 경우 공권력에 의해 일정기간 동안 채무의 이행을 연기 또는 유예하는 것을 의미한다.
32) 1998년 8월 17일 러시아 정부에 의해 발표된 루블화 평가절하, 단기국채의 상환연기 및 상업차관에 대한 모라토리움 선언과 동시에 러시아는 극심한 경제적 혼란 상태에 빠졌다. 환율과 물가가 급등하였으며, 수입의 급격한 감소와 금융결제시스템의 마비로 인해 전반적인 경제 활동이 위축되었다. 대외무역 거래의 급격한 감소, 외환소득의 저하, 자본의 해외 도피 현상이 나타나고 있었다.

발행 규모만 해도 6백억-7백억 달러에 이른다. 루블화 표시 채권도 7백 50억 달러 정도에 이른다. 결국, 러시아는 매년 국내총생산의 6%에 이르는 재정 적자를 이자율이 연60-1백50%나 되는 고금리의 GKO 발행이나 차관도입으로 막아온 것이다.33)

 1998년 9월에 키리엔코(Kiriyenko) 총리가 해임되고 프리마코프(E.Primakov)가 신임총리로 임명되었다.34) 따라서 러시아 경제의 활성화 문제는 프리마코프에게 넘겨졌다. 그러나 외채 상환 문제는 여전히 숙제로 남겨져 있었다. 러시아가 1999년에 상환해야 될 대외 공공채무는 총175억 달러에 달했다. 이중에서 1992년 이후 러시아가 도입한 채무는 IMF에 대한 채무 48억 달러, World Bank에 대한 채무 8억 달러, Minfin Bank 13억 달러, 유로본드 18억 달러를 포함하여 총87억 달러였다. 나머지 88억 달러는 다수의 은행으로 구성된 파리클럽과 런던클럽에 대한 舊소련 채무 63억 달러와 기타 채무 25억 달러였다. 그리고 금년 민간부문이 상환해야 할 외채 290-330억 달러를 포함하면 1999년 러시아가 상환해야 될 외채총액은 약465-505억 달러에 이를 것으로 추산되었다.35)

---

33) 『국민일보』, 1998년 8월 18일; 『중앙일보』, 1998년 8월 18일.
34) 프리마코프 신내각은 11월 초에 경제위기를 극복하기 위한 대책을 담은 종합 프로그램을 제시했다. 이 프로그램에 따르면, 러시아 정부는 국민의 소득과 민생 안정을 위한 보조금 지원을 확대하고, 변동환율제도는 그대로 유지하되 외환거래에 대한 규제를 통해 환율을 안정시키는 것이었다. 그리고 기업세의 인하 및 정부의 적극적인 산업정책을 통해 산업생산을 활성화할 계획을 가지고 있었다. 결국, 이 프로그램은 기업에 대한 과세부담을 줄이고, 정부가 직접 산업 활성화를 지원하며, 체불 임금 및 연금 지불을 보장하는 내용을 담고 있었다. 대외경제정책연구원, 『세계경제』 1998년 12월호, p. 100.
35) 대외경제정책연구원, 『세계경제』 1999년 2월호, p. 82 참조. 한편, 마하일 자도르노프 재무장관은 러시아가 1998년에 1,130억 루블(161억 달러), 내년 2,600억 루블(371억 달러)의 채무를 갚아야할 실정이라고 했다. 『한국일보』 1998년 8월 21일

(2) 과두지배 체제의 구축

옐친의 개혁정책은 러시아 국민의 생활수준을 끊임없이 추락시켰다. 러시아 통계청 자료에 따르면, 1997년 8월 현재 최저생활비는 41만 8천 루블이었다.36) 그러나 최저생활비 이하의 월급을 받는 노동자가 전체의 20%를 넘고 있었다. 일반 국민들의 평균 월급이 100$ 정도에 머물러 있었으나, 이것 역시 체불되고 있었다. 따라서 이들은 부업을 통해서 생활해야 되는 어려운 상황에 직면했다.

〈표: 2〉 월평균 수입(기준: 1997년 8월 현재)

수입(1000루블)	국민 수(백만명)	구성 비율(%)
- 400	28.1	19.1
400.1 - 600	30.0	20.3
600.1 - 800	25.1	17.0
800.1 - 1000	18.5	12.6
1000.1 - 1200	13.1	8.9
1200.1 - 1600	15.6	10.6
1600.1 - 2000	7.8	5.3
2000.1 이상	9.3	6.2

최우익, "현대 러시아의 사회계층 변화", 한국슬라브학회 특별학술대회 발표(2000년 4월 29일) 논문, p. 66에서 재인용.

최저생활비 수준에서 겨우 살아가는 다수 노동자들을 외면한 체, 옐친은 자신의 정치적 가족들에게 경제적 특혜를 허용하고 있었다. 따라서

---

36) 매우 불규칙한 당시의 환율을 1$=5800 루블로 계산한다면, 이 금액은 약70-75$ 정도이다.

러시아를 주무르는 뉴러시안(New Russian, 러시아의 신흥 부유층)이라는 신조어가 생겨났다. 국영기업 민영화 과정에서 각종 특혜를 누렸고, 세금 등 국가예산을 독점하여 왔다. 러시아의 신흥 부유층들은 정부 부처에 입각되어 활동하면서 과두지배 체제를 구축하기 시작했다.

1998-1999년 당시 옐친은 3억8000만원에 달하는 연봉을 수령하면서, 세계 각국 지도자의 연봉 순위에서 5위를 차지했다. 추바이스는 크렘린 행정실장과 제1부총리를 지냈으며 1998년 4월부터 연합전력(UES) 사장을 맡아 왔다. 베레조프스키(B.Berezovsky)와 포타닌(V.Potanin)은 재무부 장관 등을 맡았다. 각종 공기업의 불하 과정에서 특혜를 받았다. ORT-TV 등 주요 언론과 아에로플로트(Aeroflot) 항공사를 비롯한 대규모 산업체의 주식과 지배권이 베레조프스키에게 넘어갔다. 포타닌은 전 세계 니켈 생산량의 40%를 차지하는 노릴스크 니켈(Norilsk Nickel)의 지배권을, 호도르코프스키(M.Khodorkovsky)는 시브네프트(Sibneft) 석유회사의 주식을 독점했다.

결국, 초기 러시아의 경제개혁 정책은 옐친과 자신의 추종 세력들에게 국유재산을 넘겨주는 그러한 모습으로 구체화되었다. 일반 대중이 배제된 채 과거 국영기업체의 노동조합 간부집단과 메니저 그룹들이 대규모 국유기업의 소유자가 됨으로 인해 시장화의 대중적 지지 기반을 상실했다. 투명한 시장경제 체제로의 민영화가 어렵게 되었으며, 과거 공산당 간부와 관료들 그리고 기업 매니저들과의 유착관계가 만연하게 되었다.

3. 푸틴의 경제정책과 러시아 경제의 안정화

1) 경제 활성화 조치

푸틴의 경제 활성화 조치는 중앙권력의 강화 조치와 함께 시작되었다. 2000년 취임과 동시에 방대한 러시아를 중앙에서 효과적으로 통제 및 관리하기 위해 7개 연방지구를 결성하여 대통령 전권대표를 파견하기 시작했다. 국가의 각종 자원을 중앙에서 효과적으로 관리하기 위한 방편의 일환이었다. 그리고 에너지를 비롯한 경제적 자원을 중앙에서 통제하면서 국가경제를 활성화하려는 조치들이 뒤따랐다.

경제활동에 대한 중앙정부의 통제 강화와 함께, 러시아 경제는 안정 및 성장 기조를 유지하기 시작했다. 사실 푸틴이 집권한 지난 7-8년간 연평균 GDP성장률이 6~7%를 기록했고, 국내총생산은 1999년 1865억 달러에서 2006년 8300억 달러로 성장했다. 이와 함께, 외환 보유고는 1999년 280억 달러에서 2669억 달러로 거의 10배에 가깝게 증가되었다. 오일 머니를 첨단산업에 투자하고 인프라를 구축하는 작업도 계속했다. 그리고 경제 활성화에 장애로 작용했던 미비한 분야에서의 법적[37] 장치 마련과 세제 개혁 작업이 계속되었다.

푸틴은 2005년 4월 25의 국정연설을 통해 전략산업의 범위 및 국가개

---

[37] 러시아 토지법이 2001년 10월 25 발효되었다. 러시아 영토의 약2%에 달하는 주거용, 상업용 토지에 대한 토지 거래가 자유화되었다. 동법은 토지에 대한 채무(저당권 등)의 종류를 정의하고, 건축 목적으로 토지 소유를 희망하는 개인 또는 기업에게 토지 소유권을 양도하거나 거부할 수 있는 기준을 규정하였다. 외국인의 경우도 국경 등 특수 지역을 제외하고는 내국인과 동일한 권리를 인정받게 되었다. 그리고 2002년 7월 27일, 농지거래법이 발효되었다. 이와 함께 러시아 영토의 26%에 달하는 농지에 대한 거래가 자유화되었다. 외국인은 농지를 소유할 수 없으며, 49년간 임차만 허용된다.

입 필요성, 조세 및 관세 행정 개선, 부패 청산, 도피 자본의 국내 환류, 낙후 지역에 대한 개발 대책 등 경제 현안에 대한 입장을 밝혔다. 외국인 투자 유입을 원칙적으로 환영하나 국가안보를 위해 일부 산업에 있어서는 제한이 불가피하다는 입장을 취했다. 기업 활동에 대한 여건 개선은 조세 및 관세 행정의 개선과 부패 청산, 그리고 공무원 보수 인상38) 등의 조치가 취해짐을 직간접적으로 언급했다. 그리고 해외도피 중인 러시아 자본의 국내 환류를 촉구했다. 환류되는 자본을 러시아내 은행에 예치하는 경우 소득세 13% 부과 외에 다른 제재 조치가 없을 것임을 강조했다. 이는 사실상의 사면 조치로 간주된다. 낙후지역 개발은 극동, 시베리아, 칼리닌그라드, 국경인접 지역 등 낙후 지역에 대한 정책적 지원이 강화되며, 통신, 운송, 에너지 인프라 구축 등이 중점 지원 분야가 될 것임을 지적했다.

푸틴은 건전한 경제활동을 위해 반부패 정책을 강력히 추진할 것임을 밝혔다. <2005-10년 행정개혁 프로그램>이 그것이다. 행정 개혁의 중점 방향으로 행정 절차의 간소화 및 관련 기능의 조정, 민원서비스 개선 등 소프트웨어 개선, 그리고 반부패 정책의 제도화에 두고 있다. 반부패 정책과 관련하여 대통령직속 반부패 위원회 및 연방·지방정부별 반부패 특별기구 설치, 부패감시 활동 강화, 부패취약 부문의 선정 및 대응 등을 핵심으로 하고 있다. 결국 <2005-10년 행정개혁 프로그램>의 주요 내용은 반부패 정책 강화와 행정기관의 소프트웨어 개선39)을 주요 내용으로 한다.

---

38) 효율적인 국가 건설을 위해서는 공무원들의 역할이 매우 중요하나, 공무원들이 아직도 군림하는 계급(arrogant caste)이라는 과거 의식에서 탈피하지 못하고 있다. 일부 공무원들은 사리를 위해서 정부의 권한을 이용하고 있으며, 수요자인 기업들도 이들 공무원들과 연계하여 비리를 조장하고 있다. 따라서 공직사회의 부패 청산을 위해, 공무원들의 보수를 향후 3년간 물가상승률을 초과하는 수준에서 인상할 예정이다.
39) 신속한 행정서비스 제공, 불필요한 행정절차 폐지가 중점 추진과제이다.

푸틴은 2005년을 전후한 시기에 對올리가르히(Oligarch; 신흥재벌) 정책을 추진했다. 조세권 발동을 통해 유코스(Yukos) 회장인 호도르코프스키(M.Khodorkovsky)에 대한 사법처리 이후,[40] 올리가르히들의 입지가 좁아지기 시작했다. 아브라모비치(R.Abramovich)는 주력회사인 시브네프트(Sibneft)를 국영 가스프롬(Gazprom)에 매각하기로 결정함으로써 정부의 압력을 피했고, 포타닌(V.Potanin) 인테로스(Interros) 그룹 회장은 2005년 10월 20 동시베리아 최대 원유 광구인 Verknechonskneftegaz의 지분 25.94%를 국영 로스네프트(Rosneft)에, 국내 최대 발전기 제조회사인 Power Machines의 지분 22.43%를 국영 전력회사(UES)에 매각하기로 결정했다. 또한, 그룹의 주력회사인 Norilsk Nickel을 국영 다이아몬드채굴 독점회사인 Alrosa(세계 제2위 규모)에 매각하기 위한 협의를 진행했다.

2) 러시아 경제의 안정화[41]

러시아는 1999년 6.4%의 GDP성장률을 계기로 지속적인 경제성장과 안정을 구가해 왔다.[42] 러시아 경제는 2002년 4.7%, 2003년 7.3%,

---

[40] 2003년 10월 러시아 최대석유 재벌이었던 유코스(Yukos)의 호도르코프스키(M.Khodorkovsky) 회장을 탈세, 사기, 횡령혐의로 구속하는 등 에너지 산업에 대한 국가통제를 강화하는 조치를 취하기 시작했다.
[41] 본 항의 내용은 아래 논문의 일부(pp. 156-158)를 중심으로 하고, 기타 관련 자료를 첨가하는 방식으로 구성되었음. 한종만, "푸틴 시대 러시아와 한국의 경제협력 현황과 평가,"『사회과학연구』제30집(2008), pp. 155-174.
[42] 1999년에 실제로 러시아 GDP가 성장했는지에 대해서는 러시아 학자들도 많은 의구심을 갖고 있다. 이 통계치는 푸틴이 2000년 대선에서 자신에게 유리한 환경을 조성할 목적으로 이용했을 가능성이거나, 혹은 러시아의 '회색경제'나 혹은 바터거래의 측면을 고려한 수치라고 추정하고 있다. V.Mikheev, "Keynotes of Economic Policy of the New Russian Government and Perspectives of Economic Development of Russian," 정여천 편,『한・러 경제교류 10년의 평가와 러시아 경제의 미래』(서울: 대외경제정책연구원, 2000), pp. 206-208.

2004년 7.2% 등 높은 성장률을 기록하고 있다. 러시아의 고성장은 정치적 안정과 높은 국제 원자재 가격 등 유리한 대내외 경제 환경에 기인한다. 성장은 석유, 가스 등 원자재 부문이 주도하고 있으나 기계공업 등 제조업도 높은 성장률을 기록하고 있다.43)

국제유가가 장기 상승한 2000~2008년 중반까지 러시아는 막대한 오일머니 유입에 힘입어 연평균 7%에 달하는 고도 경제성장을 달성했다. 1990년대 시장경제로의 체제전환 과정에서 '잃어버린 10년'을 완전히 극복하고, 글로벌 경제의 새로운 동력인 세계 4대 신흥대국(BRICs)의 일원으로 급상승하는 데 성공했다.44) 푸틴의 8년 임기 동안 러시아는 GDP

---

43) 2004년 무역량은 고유가에 힘입어 2,780억 달러로 증가하였으며, 860억 달러에 이르는 대규모 무역수지 흑자를 기록했다. 이전지출 등을 포함한 경상수지도 2004년 중 601억 달러 흑자를 달성하여, 2003년 흑자규모 359억 달러에서 크게 증가되었다. 대규모 경상수지 흑자의 영향으로 외환 보유고도 2004년 말 현재 1,245억 달러를 기록하고 있다. 연방정부 세입세출은 2004년 중 GDP의 4.2% 수준인 6,975억 루블(약251억 달러)의 흑자를 기록하는 등 건전재정 운영기조가 정착되어갔다. 2006년 러시아의 총수출은 전년 대비 25.1% 증가한 3,000억 달러를 넘었으며, 그 중 非CIS국으로의 수출은 전년 대비 24.3% 증가한 2,597억 달러, CIS국으로의 수출은 전년 대비 29.6% 증가한 423억 달러를 마크했다. 2006년 무역흑자 규모도 사상 최대치인 1,644억 달러를 기록했다. RIA Novosti, 2007/2/13. 2007년 무역규모도 전년 대비 23.6% 증가한 5,783억 달러로 非CIS국과 교역규모는 25.3% 증가한 4,939억 달러, CIS국과의 교역규모도 전년 대비 25.7% 증가한 854억 달러를 마크하고 있다. 러시아 대외교역에서 수출 비중이 61.1%, 그리고 수입은 38.9%를 차지하고 있다. RIA Novosti, 2008/2/8. 2007년 무역흑자 규모는 1,286억 달러로 전년 대비 378억 달러나 감소했다. 그 이유는 러시아경제 상황이 나아지면서 수입, 특히 자본재와 소비재의 수입이 큰 폭으로 증가했기 때문이다. 한종만(2008), pp. 156-158 참조.
44) 2008년 9월 미국투자은행 리먼 브라더스(Lehman Brothers)의 파산으로 촉발된 글로벌 금융위기가 실물부문으로 확산되면서 국제유가는 폭락세로 돌아섰다. 그 여파로 2009년 러시아 경제는 7.9% 마이너스 성장을 기록하며 심각한 경기침체와 국가신용등급 하락이라는 혹독한 대가를 치러야 했다. 이종문, "러시아 경제의 에너지자원 의존과 네덜란드병 징후 분석," 『슬라브학보』 제25권 4호(2010), pp. 291-292.

70%, 공업생산 75%, 투자규모 125%가 상승하면서 GDP규모면에서 10대 공업국으로 성장했다. 또한 지난 8년간 실질 소득은 2배 증가했으며, 2000년 30%의 빈민층 점유율이 2008년 초에 14%로 감소했다. 지난 8년 동안 평균임금은 2,200루블에서 12,500루블로 증가했고, 연금도 823루블에서 3,500루블로 상승했다.45)

〈표: 3〉 푸틴 집권기 러시아의 주요 경제지표

	2000	2001	2002	2003	2004	2005	2006	2007
GDP 성장률(%)	10.0	5.1	4.7	7.3	7.2	6.4	8.2	8.5
수출(10억 달러)	1050	101.9	107.3	135.9	183.2	243.6	304.5	355.2
수입(10억 달러)	449	53.8	61.0	76.1	97.4	125.3	163.9	223.1
해외부채(10억 달러)	115.5	102.0	95.7	96.9	95.5	69.9	43.2	35.8
외환보유고(10억 달러)	27.9	36.6	47.8	76.9	124.5	168.4	303.0	476.4
소비자물가지수(%)	20.2	18.5	15.1	12.0	11.7	10.9	9.0	11.9
실업률(%, 연말기준)	9.9	8.6	9.0	8.6	8.3	7.6	6.9	6.1

한종만, "한·러 수교 20주년 회고와 전망: 경제 분야,"『슬라브학보』제25권 4호(2010), p. 450의 내용 재정리.

러시아의 경제성장으로 절대적 빈곤층은 줄어들었지만 상대적 빈곤, 특히 부익부·빈익빈의 양극화 현상이 가속화되고 있다. 상위 10% 부자와 하위 10% 빈자와의 불평등 지수는 2000년 14배에서 2007년 17배로 증가되었다. 2000년 실업률은 10.2%에서 지속적으로 감소하면서 2007년에는 7.2%로 줄어들었다. 물가도 지속적으로 하향 안정화 추세를 보이면서 2006년 처음으로 1자리 수(9.7%)로 하락했다. 그러나 2007년 하반

---

45) *RIA Novosti*, 2008/3/1.

기부터 증가하여 목표치 8%보다 높은 11.9%로 증가했다. 지난 8년 동안 인플레이션은 거의 2배나 증가했다.46)

지속적인 경제성장과 경화 자본력이 풍부해진 러시아는 에너지 기업의 재국유화와 전략산업부문에서의 국가역할 강조는 물론 국가주도 하에 기업의 국내외 수직적 인수합병(M&A) 정책을 추진했다. 그리고 러시아로의 투자유치 전략과 러시아의 대 해외투자 정책을 강화하고 있다. 이와 함께, 루블화 환율도 안정세를 유지하고 있다. 2005년부터 루블화는 계속적으로 평가절상 되고 있다. 2007년 6월 30일에 1US달러 당 25.82루블에서 10월2일에는 24.87루블로 거래되었고, 2008년 5월 9일 기준으로 23.88루블로 지속적으로 평가절상 되어 왔다.47) 그러나 글로벌 금융위기로 루블화가 평가절하 되어 2008년 11월 22일 기준으로 1달러 당 27.5665루블을 기록하고 있다.48)

결국, 푸틴 대통령의 제2기 재임이 시작된 2004년부터 개혁정책이 다소 후퇴하면서 국가역할의 중요성, 특히 에너지 부문을 포함한 전략산업에서 국가의 중요성이 두드러지게 나타났다. 이와 같은 움직임은 메드베제프 대통령이 집권한 이후에도 계속되었다. 러시아 시장경제의 지속적인 성장과 안정을 위해서는 자원관련 사업의 지속적인 발전뿐만 아니라, 러시아 경제부문의 다양화와 중소기업 육성 등 非지하자원 관련 산업의 발전이 필수적으로 동반되어야 한다. 글로벌 스탠더드와 시장경제에 부응하는 제도와 법규 그리고 기업문화의 제반 개혁정책이 필요할 것이다. 투자에 장애가 되는 행정적 요인과 부정부패 등의 부정적 요인의

---

46) *RIA Novosti*, 2008/1/30.
47) *RIA Novosti*, 2008/5/9.
48) *RIA Novosti*, 2008/11/21.

제거는 물론, 경제의 투명성과 국제경쟁력 제고 노력이 뒷받침 되어야 할 것이다.

3) 안정화 기금(stabilization fund)과 러시아의 외환 보유고

푸틴은 에너지 자원을 수출하여 획득된 자금 활용과 관련된 구체적인 조치를 취했다. 국제유가의 급변동시 러시아 경제가 부득이하게 겪어야 할 경제 침체나 경제위기 충격을 예방하기 위한 준비자금(reserve fund) 기능이 주된 목적인 안정화 기금(Stabilization Fund) 제도를 2004년 1월부터 실행하고 있다. 동 기금(Fund)은 금융위기의 방지와 국제원유가격의 변화와 같은 외부 효과를 극소화하는 데 사용된다. 기금의 적립 및 운영 방식은 우랄 산 원유의 판매 가격이 배럴당 20달러를 초과할 경우 석유채굴세 및 수출관세의 일부를 떼어 적립하며, 반대로 유가가 기준가격 이하로 하락할 경우 그 손실을 보전해 주는 방식을 취하고 있다.49) 유가가 급등함에 따라 2006년 1월 1일부터는 원유 수출 가격이 1배럴(159리터) 당 27달러를 초과할 경우에 관련 세금의 일부가 안정화 기금으로 적립되었다.

2004년부터 석유수출관세로 적립한 안정화 기금은 석유가의 상승에 힘입어 1년 만에 5,000억 루블(180억 달러)을 기록했다. 러시아산 원유 가격이 인상되면서,50) 안정화 기금은 2006년 3월 1일에 520억 달러에서 1년 3개월 만에 2배 이상 증가했다. 러시아는 2006년 초까지 동 기금을 루블화로 단순 적립하는 형식을 취했으나, 물가상승으로 기금의 가

---

49) 이종문, "러시아 경제의 에너지자원 의존 탈피 가능성과 한계," 한국슬라브학회 2010년 추계 정기학술회의(9월 30일) 발표 논문집, p. 132.
50) 2005년에 러시아 원유 수출가격이 평균1배럴 당 46달러를 기록했다.

치가 하락하자 2006년 5월부터 달러, 유로, 파운드 등의 외국환으로 전환하여 중앙은행에 예치해 두거나 미국을 포함한 서방 선진 14개국의 정부 채권에 투자하는 것이 허용되었다.51) 결국 안정화기금은 경화로 보관되고 있으며, 그 구조는 유로와 달러가 각각 45%, 영국 파운드화가 10%이다. 안정화 기금(stabilization fund)은 2007년 6월 1일 기준으로 513억8,000만 달러, 398억8,000만 유로, 59억900만 파운드로 구성되어 있다. 2006년 12월 15일부터 2007년 5월 31일까지 안정화 기금을 통해 15억2000만 달러(394억7천만 루블)의 수입을 올리고 있으며, 그 수익률은 연간 8.04%라고 러시아 재무부가 발표했다.52)

쿠드린(Kudrin) 재무부 장관의 지적에 의하면, 2000-2007년까지 러시아는 석유 수출세를 통해 총4,750억 달러의 수입을 가져왔다. 이 금액의 72%인 3,400억 달러가 국가예산에 투입되었고, 국가지출에 30%, 해외부채 상환에 34%, 안정화 기금에 36%가 투입되었다.53) 2007년 7월 1일 안정화 기금(stabilization fund) 규모는 1,217억 달러에 이른다. 이러한 안정화 기금이 러시아의 해외부채 상환에 기여함은 물론이고, 국가의 사회·경제적 문제 해결에도 긍정적으로 영향을 미치고 있다.

러시아는 2008년 1월 말부터 안정화 기금이란 용어를 폐지하고, 안정화 목적의 적립금과 연금 개혁에 기여할 수 있는 사회복지기금으로 양분화 했다. 2008년 4월 1일 기준으로 러시아 적립금 규모는 1,305억 달러, 국민복지기금은 330억 달러에 이른다. 이러한 기금에 더해서, 해외에서 국내로 자금이 계속적으로 유입되고 있다. 2007년에 전년 대비 거의

---

51) 이종문, 『현대러시아경제』 (서울: 명경사, 2007), pp. 144-145.
52) RIA Novosti, 2007/6/1.
53) RIA Novosti, 2008/4/1

2배나 증가한 사상 최대치인 823억 달러가 유입되었다.54) 러시아의 경화 잠재력이 높아짐을 의미하며, 러시아의 정치 및 경제 상황이 긍정적인 방향으로 개선되고 있음을 의미한다.

러시아의 경화 잠재력이 외환 보유고와 연결된다. 이는 대외채무를 해결하는 데 활용된다. 2005년 말 현재 러시아의 외환보유고(금 포함)는 무역수지 흑자에 따른 대규모 외환 유입에 따라 전년 말 대비 577.0억 달러 증가한 1,822.4억 달러를 기록했고, 2006년 4월 말 현재 외환보유고(금 포함)는 2005년 말 대비 441.7억 달러 증가한 2,264.1억 달러를 기록했다. 외환보유고 중 보유외환(외국통화, 해외예치금, 외국정부 발행 채권)은 1,532.9억 달러이며, 이외에 SDR 7백만 달러, IMF 포지션 2억 달러, 금 78.9억 달러, 기타 자산 650.2억 달러 등으로 구성되었다.55)

<모스크바 타임즈>의 보도에 의하면, 러시아 정부가 2006년 8월 21일 225억 달러 상당의 대 파리클럽 채무 전액을 조기 상환했다. 러시아가 안정화 기금을 동원하여 225억 달러 상당의 대 파리클럽 채무 전액과 이자 13억 달러의 상환을 완료했다. 막대한 외환보유액을 바탕으로 러시아는 소련시대 파리클럽으로부터 차입한 채무와 1990년대 국제통화기금(IMF)으로부터 빌린 차입금을 2005~2006년 완전 상환함으로써 채무국 지위로부터 벗어나는 데 성공할 수 있었다. 이와 함께 러시아는 건전한 채무구조를 가진 국가로서 국제적 위상이 높아졌다.

결국, 경상수지 흑자와 러시아로의 해외투자 유입으로 1998년 모라토리엄 때 바닥이 난 외환보유고는 1999년부터 지속적으로 상승하여 2007년 상반기 말 기준 4,066억 달러를 기록했다.56) 1999년 말 110억

---

54) RIA Novosti, 2007/4/1.; RIA Novosti, 2008/1/11; 한종만(2008), p. 159 재인용.
55) http://rus-moscow.mofat.go.kr/(검색일: 2011년 2월 13일)

달러에 불과했던 외환보유액이 2008년 7월말 5,966억 달러로 53배나 급증함에 따라 러시아는 중국, 일본에 이어 세계 3대 외환보유국으로 급부상했다. 또한 2008년 말 글로벌 금융 및 경제위기가 발생했을 때 1,775억 달러와 235억 유로 등 총2,100억 달러를 기업 및 금융기관에 구제금융으로 제공했다.57) 글로벌 금융위기로 외환보유고가 2008년 11월 14일 기준으로 4,535억 달러로 감소되었지만,58) 러시아의 외환보유고는 외환시장에 개입하면서 환율을 안정화 시키는 데 기여할 수 있게 되었다.

4. 메드베제프(D.Medvedev) 정부의 경제정책과 발전 전망59)

1) 러시아 경제의 특징과 경제현대화 전략

(1) 러시아 경제의 특징

러시아는 2008년 국제금융위기 발생으로 석유·가스 등 원자재 수출가격이 급락하고, 원자재 수요도 크게 감소함에 따라 브릭스(BRICs)60)

---

56) *RIA Novosti*, 2007/7/28.
57) 이종문(2010), p. 125 재인용.
58) 한종만(2008), p. 159 재인용.
59) 본 내용은 2011년 8월에 주 러시아 한국 대사관이 러시아 정부기관 발표자료, 민간경제연구소 발간 보고서 및 현지 경제전문가들과의 면담을 통해 향후 러시아 경제 전망을 분석한 <러시아 경제의 장기 전망>보고서(2011. 8.12) 내용의 일부를 중심으로 재정리했음을 밝힌다. 자세한 내용은 다음 참조.
http://rus-moscow.mofat.go.kr/(검색일: 2012년 2월 18일).
60) 브릭스(BRICs)란 2000년대를 전후해 빠른 경제성장을 거듭하고 있는 브라질·러시아·인도·중국 등 신흥경제 4국을 일컫는 경제용어이다. 2011년 남아공이 제5의 회원국으로 포함되었다.

국가 중 가장 큰 타격을 받았다. 2009년 실질 GDP 7.8% 감소, 산업생산 9.3% 감소, 주요 수출품목인 석유가격 40% 및 가스가격 30% 하락 등으로 경제가 심각한 타격을 받았다. 2005~2008년간 GDP 대비 5~8% 수준의 재정흑자를 기록했으나, 글로벌 금융위기에 따른 대규모 경기부양 및 원자재 가격 하락에 따른 석유·가스 관련 세입 감소 등으로 2009년에는 GDP 대비 5.9%, 2010년에는 4.1%의 재정 적자를 기록했다. 그리고 2011년도에는 1.3% 적자가 전망되었다.

국제금융위기와 함께 러시아 경제가 위기에 봉착하게 된 주된 요인의 하나는 러시아 경제가 국제 원자재 가격 변동에 취약한 경제구조를 지니고 있기 때문이다. 석유·천연가스 등 원자재 수출액이 전체 수출액에서 차지하는 비중이 2009년 66.1%, 2010년 1~9월간 68% 수준이었다. 그리고 2010년 석유·천연가스의 채굴 및 수출에 관련된 세입이 전체 세입에서 46.1%, GDP의 8.6%를 차지했다. 특히, 수출 유종인 우랄산 유가가 배럴당 10달러 상승 시 세입이 170~200억 달러, 수출이 300억 달러 증가하는 것으로 분석되었다.61) 우랄산 유가가 1999년 배럴당 20달러 미만에서, 2006년 60.9, 2007년 69.5달러, 2008년 93.9달러로 상승함에 따라 1998~2007년간 연평균 7% 수준의 경제성장률을 달성했다. 그러나 글로벌 금융위기로 2009년 60.7달러로 급락함에 따라 -7.8%의 성장률을 기록하는 등 유가 변동에 대한 거시경제의 취약성을 드러내고 있다.62)

---

61) 재무부 차관은 2010년에 우랄산 유가 10달러 상승시 세입이 170억 달러 증가한다고 언급했다.
62) 우랄산 원유의 국제가격은 장기적으로 90달러 이상의 수준을 안정적으로 유지할 것으로 전망되었다.

<표: 4> 우랄산 유가 추이($/배럴, 기간 평균)

연도	2008(월)		2009(월)												2010(분기)				2011
	7	12	1	2	3	4	5	6	7	8	9	10	11	12	1	2	3	4	상반기
유가	129.3	38.1	41.9	42.2	45.4	48.7	56.5	68.2	64.3	72.0	67.0	72.4	76.0	73.7	75.2	76.7	75.5	85.1	108.3

출처: 중앙은행

러시아는 2008년의 국제금융위기를 적절한 거시경제정책을 통해서 IMF 등 외부지원 없이 극복할 수 있었다. 2009년 대규모 적자예산(GDP 대비 5.9%) 편성을 통한 경기부양, 외환보유고의 1/3을 투입한 약30% 수준의 루블화 평가절하, 그리고 2009년 6월부터 유가상승에 힘입어 경제위기를 극복할 수 있었다. 2009년 실질 GDP 성장률 -7.8%를 기록한 러시아 경제는 2010년 3분기부터 안정적인 회복세를 보이기 시작했다. 그러나 2010년 4% 성장에 이어 2011년에도 4% 성장에 그칠 것으로 전망되는 등 BRICs 국가들과 비교시 상대적으로 더딘 회복세를 보이기 시작했다. 그러나 2011년 상반기에는 전년 동기 대비 우랄산 유가가 42.7%나 상승하였음에도 불구하고, 산업생산 성장과 투자 증가세가 약화되고 민간소비 부진으로 실질 GDP 증가율이 3.9%에 그쳤다. 따라서 2011년도 목표치 4.2% 달성에 부정적인 전망이 제기되고 있다.

<표: 5> 러시아 주요 경제지표 추이

구 분	2007	2008	2009	2010
GDP(억 달러)*	12,940	16,600	12,292	14,651
- 1인당 GDP(달러)*	9,100	11,690	8,694	10,437
경제성장률(%)	8.1	5.6	-7.8	4.0

물가상승(%, 소비자)	11.9	13.3	8.8	8.8
연방세입(억 루블)	77,811	92,759	73,368	83,038
(GDP 대비) (%)	(23.5)	(22.5)	(18.8)	(18.7)
조세수입(억 루블)	46,337	52,326	38,965	44,019
연방세출(억 루블)	59,866	75,709	96,368	101,156
(GDP 대비) (%)	(18.1)	(18.4)	(24.7)	(22.7)
재정수지(억 루블)	17,945	17,050	-23,001	-18,118
(GDP 대비) (%)	(5.4)	(4.1)	(-5.9)	(-4.1)

보기: * IMF database 기준

러시아 경제는 국제금융 위기에도 불구하고, 무역수지 흑자 기조를 유지해 왔다. 2009년 약490억 달러, 2010년 711억 달러의 경상수지 흑자를 기록했다. 이와 함께, 외환보유고는 2009년 5월초 3,837억 달러에서 2011년 8월초 5,339억 달러로 크게 증가되었다. 러시아 재무부에 따르면 GDP 대비 정부부채 비율은 2010년 9%이며, 2011년 11%, 2012년 12.9%로 증가될 전망이다. 새로운 국제금융위기가 발생할 경우, 러시아 경제가 심각한 경제위기에 봉착할 수 있다. 이러한 사실은 러시아 경제가 여전히 국제 원자재 가격 변동에 취약한 경제구조를 지니고 있음을 의미하는 것에 다름 아니다.

〈표: 6〉 경상수지 및 외환규모

구 분	2007	2008	2009	2010
경상수지(억불)	778	1,037	494	711
외환보유고(억불)	4,764	4,262	4,394	4,793
외채규모(억불)	4,639	4,805	4,672	4,890

결국, 러시아 경제는 석유, 가스, 금속의 3대 원자재 수출이 제공하는 초과이윤(rent)을 정부가 세금으로 환수하여 사회복지예산 등을 통해 국민들에게 배분하는 초과이윤 의존형 경제(rentier economy) 구조를 지니고 있다. 러시아의 석유, 가스, 금속의 채굴비용은 연간 1,500억 달러인 반면, 수출가격은 연간 6,500억 달러이므로, 연간 초과이윤은 5,000억 달러에 달하는 것으로 추정된다. 석유는 연간 3,100억 달러, 가스는 연간 1,600억 달러, 금속은 연간 400억 달러의 초과이윤을 달성하는 것으로 추정된다. 원자재 수출에서 발생하는 연간 5,000억 달러 규모의 초과이윤의 58%는 광물채굴세 및 수출세 등 정부 세입으로, 18%는 석유·가스 등의 국내가격 보조로, 16%는 기업의 자본지출로, 8%는 주주배당으로 사용된다.

자원세는 석유에 대해서는 수출가격의 약70%를 수출세와 광물채굴세로 징수하는 반면, 가스에 대해서는 총27%의 세금을 부과하고 있다. 이에 따라 원자재 관련 세입이 전체 세입의 약50%를 차지한다. 정부는 막대한 원자재 관련 세입 때문에 소득세율을 13%로 낮게 유지할 수 있으며, 지난 7년간 연금 등 사회급여가 급속하게 증가되었다. 수출가격보다 낮은 국내가격 책정 정책에 따른 보조 규모를 살펴보면, 석유가격은 국제가격보다 크게 낮은 수준은 아니나, 국내 가스가격은 천세제곱미터당 100달러로서 유럽에 대한 공급가격 400달러와 비교시 연간 국내소비량 400bcm에 대해서 총920억 달러의 보조금이 지급되고 있다. 러시아 경제시스템은 상기 3대 원자재중 특히 가장 큰 초과이윤을 달성하는 석유의 국제가격에 의존할 수밖에 없는 구조이다. 즉 석유 등 원자재 가격이 상승하면 호황, 하락하면 불황이 오는 구조이다.

(2) 경제정책 기조와 경제현대화 전략

2008년 5월 7일 취임한 메드베제프(Dmitry Medvedev) 대통령은 자신이 추구할 경제·사회정책 방향을 4I로 설명하고 있다. 제도화(institutions), 인프라 건설(infrastructure), 혁신(innovation), 투자(investment)의 4I를 통해 러시아 사회와 경제를 고도화·선진화하겠다는 것이다. 4I는 제도개혁의 강화 및 정착, 인프라의 증설, 산업분야 혁신과 금융부분의 강화 및 발전, 대내외 투자를 통한 러시아 경제의 고도화와 선진화로 요약된다. 이는 2030년까지의 장기발전계획에 따른 경제·사회발전 프로그램의 구체적 계획들과 연관되어 있다.63)

경제·사회정책 방향인 4I 구상과 함께, 에너지 의존 경제에서 벗어날 수 있는 경제 다변화가 최우선 정책과제로 제기되었다. 메드베제프 정부는 원자재 의존형 경제의 취약성을 인식하고 경제정책 최우선 과제를 경제현대화로 전환했다. 국제 원자재 가격 변동에 취약한 경제구조를 다변화하고 제조업을 육성하기 위해, 2009년 상반기부터 메드베제프 대통령 주도로 경제현대화를 중점정책으로 추진하기 시작했다. 2009년 6월 메드베제프 대통령은 원자재 의존형 경제구조 탈피를 위해 첨단기술 산업에 기초한 혁신형 선진경제로의 전환을 주창하면서, 우선적으로 5대 핵심 산업(에너지 효율화, 원자력, 우주, 의료, IT)을 중점 육성할 것을 강조했다. 그리고 미국의 실리콘밸리와 유사하게 첨단기술 연구개발을 통해 경제 현대화의 근원지로 성장할 혁신센터를 모스크바 인근 스콜코보에 건설했다.

---

63) 『e-Kiet 산업경제정보』 제399호(2008.05.06) 참조.

<표: 7> 러시아의 경제·사회정책 방향

4I 정책	주요 내용
Investment	• 에너지 산업분야의 생산성 향상 및 영향력 유지를 위해, 신규 매장지에 대한 탐사와 기존 유정(油井)의 생산성 증대를 위한 해외자본과 첨단기술 도입
Infrastructure	• 발전을 위한 기초 인프라 건설 • 2020 및 2030 프로그램의 구체화 • 각지역별 중장기 프로젝트 달성을 위한 기초 인프라 건설
Innovation	• 러시아 경제의 구조개혁을 위한 혁신 • 원료 중심 경제에서 다양한 분야의 경쟁력 강화 • 중간 계층의 양성 • 소득 불균형 완화 등
Institution	• 관료제도 개혁, 행정 및 법률 제도의 개혁 • 개인 소유권 제도의 명확화 • WTO 등 국제기구 가입 등

출처: 『e-Kiet 산업경제정보』 제399호(2008.05.06) 참조.

　메드베제프 정부는 국영기업 민영화와 외국인 투자환경 개선 정책을 추진해 왔다. 2003년 이후 주요 산업부문에 대한 지분확대를 통해 국영기업 주도형 경제체제로 전환했으나, 경제 현대화를 위한 외국자본 및 선진기술·경영기법 도입을 위해 민영화를 추진키로 했다. 2011년 6월 메드베제프 대통령은 국가안보와 직결된 분야를 제외하고, 모든 국영기업에 대한 정부지분을 지배 지분(50%+1주)보다 감소시키는 방향으로의 개혁정책을 구체화하도록 지시했다. 2010년 7월 에너지 기업인 Transneft, Rosneft, 국영은행 Sberbank, VTB, 전력회사 RusHydro 등 11개 주요 국영기업을 민영화하되 정부 지분 50%+1주를 유지하는 방향에서 약200~300억 달러 규모의 민영화 계획을 발표했으나, 2011년 6월 상트 페테르부르크 국제경제포럼에서 메드베제프 대통령이 보다 적극적인 민영화 계획 수립을 지시했다. 이에 따라 재무부는 향후 3~5년간 최대 총750억 달러 규모의 민영화를 추진하여 석유·금융·통신·수송부문의 핵심 국영기업들의 지배 지분(50%+1주)을 민간에게 매각할 구체적인 방안을 마련 중에 있다.

메드베제프는 러시아 산업구조 개혁과 함께, 외국자본 유치를 위한 방안을 적극 모색하고 있다. 2011년 3월 메드베제프 대통령은 국정 최우선 과제인 경제 현대화를 위해서는 현저한 투자 증대가 필요하나 투자환경이 매우 열악하다고 평가했다. 그리고 정부 부처들에게 투자환경 개선을 위한 10대 조치를 지시했다. 10대 투자환경 개선 조치들은 가스프롬 등 17개 주요 국영기업에서 부총리 및 장관들이 겸직하고 있는 이사직을 독립이사로 교체하고, 민영화 일정 확정, 국영기업과 일반 상장기업의 지배구조 개혁, 취임 초부터 강력히 추진해온 부패척결을 위한 각종 조치, 기업들의 사회보험 부담률 인하 등을 주요 내용으로 하고 있다.

결국, 메드베제프 대통령이 경제현대화 차원에서 중점을 두고 추진하고 있는 영역은 부패 척결, 행정규제 및 진입장벽 완화, 법령 정비 등을 통한 투자환경 개선, 민영화, 산업경쟁력 강화 및 투자 증진, 국제금융센터 설립 등이다. 실질적으로 러시아의 경제현대화를 위해서는 법의 지배 및 재산권 보장 확립, 부패 척결, 행정규제의 대폭적인 완화 등을 통해서, 기업 활동 및 국내외 투자자들의 투자여건이 획기적으로 개선되어야 한다. 대다수 민간 전문가들은 이러한 경제현대화가 결실을 맺을 경우, 향후 10년간 연평균 5~6% 수준의 경제성장률이 가능하다고 전망한다. 일부 경제 전문가들은 경제현대화·국영기업 민영화 등이 성공할 경우 6~7% 이상의 연간 경제성장률이 가능하다는 시나리오를 제시하고 있지만, 이에 대해서는 지나치게 낙관적이라는 견해가 많다. 석유·가스·금속 등 3대 원자재의 채굴・수송비용과 수출가격과의 차이에서 발생하는 초과이윤을 정부가 직접 관리・배분하는 경제시스템 하에서는 경제현대화 및 민영화가 큰 의미를 가지지 않는다는 주장도 있다.

2) 경제발전 전망

유가 상승 및 세계경제 회복에 대한 낙관적인 전망 등으로 인해 2010년 4분기에는 주요 경제지표들이 크게 개선되었으나, 2011년 상반기에 유럽 재정위기, 러시아의 양대 선거를 앞둔 불확실성 증대 등으로 경제성장이 다소 불안정(fragile)해 졌다. 2008년 금융위기로 가장 큰 타격을 받은 고정자본 투자는 2009년 16.2% 감소한 후, 2010년 6% 증가에 그쳐 본격적인 투자심리 회복이 이루어지지 않고 있다. 이러한 상황 속에서 러시아 경제를 전망하는 학자들 사이에서 경제구조의 현대화를 주문하는 목소리가 강하게 제기되기 시작했다.

러시아 경제전문가들은 세계경제의 회복으로 우랄산 유가가 안정적인 수준을 유지할 경우 최소 연평균 4% 수준의 경제성장을 달성할 것으로 전망하면서도, 우랄산 유가가 배럴당 120달러 수준 이상으로 상승하더라도 성공적인 경제현대화 추진 없이는 5% 이상의 성장을 달성하기는 어렵다고 전망하고 있다.[64] 석유・가스관련 세입이 재정수입의 약50%를

---

[64] 우랄산 유가가 경제성장률에 미치는 영향에 대해서는 전문가들의 견해가 다르다. 유가와 경제성장률은 거의 연관성이 없다는 주장도 있으나, 대체적으로 유가 상승 시 경제성장률이 증가한다는 컨센서스가 형성되어 있다. 유가 상승이 경제성장률에 미치는 영향에 대해 발표된 자료들에 따르면, 우랄산 유가가 배럴당 10달러 상승 시 실질GDP 성장률이 약0.3~0.5%p 상승하는 것으로 분석되었다. 그러나 2011년 상반기 우랄산 유가 평균이 전년 동기 대비 42.7% 상승하였으나 실질GDP성장률은 오히려 0.4%p 감소(4.3%→3.9%)했다. 따라서 유가와 경제성장률간의 연관성이 높지 않은 것으로 분석한 결과물도 있다.

차지하며, 광업생산이 전체 산업생산량의 약23%를 차지하며, 원자재 가공업이 제조업에서 큰 비중을 차지하는 경제구조상 러시아의 경제성장률은 세계경제 성장률에 직접적으로 영향을 받지 않을 수 없음을 지적하고 있다. 그리고 일부의 경제 전문가들은 유가 수준보다 유가 안정성이 러시아 경제에 미치는 영향이 크다는 입장을 내놓고 있다. 2008년 금융위기 때와 같이 유가가 단기간에 급격하게 하락할 경우 경제에 심각한 타격을 주게 되지만, 안정적으로 하향 추세를 보일 경우에는 경제에 미치는 부정적 영향이 예상보다 적다는 분석을 내놓는다.65) 이와 함께, 2011년 6월에 러시아 경제개발부가 주요 경제관련 지표를 제시하면서 수년간의 러시아 경제를 전망하고 있다.

〈표: 8〉 러시아 경제개발부의 주요 경제지표 전망(2011년 6월)

	2010	2011	2012	2013	2014
GDP 성장률(%)	4.0	4.2	3.5	4.2	4.6
수출액(억 달러)	4,001	5,038	4,944	5,123	5,365
수입액(억 달러)	2,487	3,087	3,524	3,960	4,446
고정자본투자 증가율(%)	6.0	6.0	8.8	7.7	9.6
소비자물가 상승률(%)	8.8	6.5~7.5	5~6	4.5~5.5	4~5
실질임금 증가율(%)	4.6	3.3	4.3	4.5	5.0
연간 평균 환율(루블/달러)	30.4	28.4	27.9	27.9	28.0
월 최저생계비(루블)	5,688	6,359	6,900	7,779	8,378
최저생계비 미만 빈곤층 비율	13.1	12.9	12.5	12.6	12.4
실업률(%)	7.7	6.8	6.6	6.3	5.8
우랄산 원유 국제가격(달러/배럴)	78.2	105	93	95	97
천연가스 가격(달러/천큐빅미터)	267	337	349	342	350
석유 생산량(백만톤)	504.9	505	505	505	506

65) 2020년까지 우랄산 유가는 세계경제 위기가 재발할 경우 배럴당 60달러 수준으로 하락할 가능성이 있지만, 80~120달러 수준을 유지할 것으로 전망되고 있다.

석유 수출량(백만톤)	250.1	242	241	240	241
가스 생산량(억 큐믹미터)	6,490	6,640	6,910	7,190	7,290
천연가스 수출(억 큐빅미터)	1,779	2,013	2,207	2,406	2,464
LNG 수출(백만 톤)	10.7	9.3	9.7	9.9	9.9

메드베제프 대통령, 푸틴 총리, 쿠드린 재무장관 등은 향후 10년간 민간투자 증대, 국영기업 민영화를 통한 민간주도 경제로의 전환, 경제현대화의 지속적인 추진 등 경제정책의 연속성을 유지할 것이라는 입장을 표명하고 있다. 5대 핵심 산업(에너지 효율화, 원자력, 우주, 의료, IT) 육성, 스콜코바 혁신센터를 근원지로 한 창조적 파괴의 확산, 제조업 육성을 통한 원자재 의존형 경제의 탈피, 외국인 투자환경개선을 통한 외국자본・경영기법 도입 등을 강조하고 있다. 쿠드린 재무장관은 2011년 6월 외국인 투자자 등을 대상으로 한 컨퍼런스에서 향후 10년간 석유부문은 성장하지 못하고 현재의 채굴량 수준을 유지할 것이라고 했다. 서부지역의 유전 광구는 고갈될 것이고, 동부지역의 신 광구가 이를 대체하더라도 석유 채굴은 증가하지 못할 것이라고 전망했다. 쿠드린 재무장관은 지난 10년간 경제성장의 견인차였던 석유 부문이 성장한계에 직면함에 따라, 향후 10년간은 석유 이외의 제조업 등 신 성장 동력이 경제를 주도하는 새로운 성장모델을 구축하는데 주력할 것이라고 강조했다.

민간 경제연구소들은 향후 10년간 경제현대화가 지속적으로 추진되더라도 석유・가스 등 원자재 부문이 러시아 경제의 성장 주축을 유지할 것이라고 예상했다. 그러면서도 석유와 가스의 역할이 다소 차이를 보이게 됨을 전망하고 있다. 석유수출은 240~350 백만 톤에서 정체될 것이며, 동시베리아 및 북극에서의 새로운 유전 개발이 있어야 현행 유전의 고갈을 대체할 수 있으므로 향후 경제성장 동력 역할을 기대하기는 다소 어렵다고 본다. 천연가스 수출은 북극 개발로 석유에 비해 다소 낙관적이나, 에너지 효율화 정책을 강력히 추진하고 있는 미국과 유럽 등 가스시장의 수요 유지 여부가 다소 불확실한 것으로 분석하고 있다.

경제현대화 정책이 효과를 내지 못하고 원자재 의존형 경제구조를 탈피하지 못한다면, 세계 경제가 침체국면이나 위기에 또 다시 진입할 경우 러시아 경제는 2009년과 같은 극심한 타격을 받을 가능성이 높다. 그리고 정부의 위기대응 능력은 2008년 국제금융 위기시보다 크게 제한될 전망이다. 2008년 상반기까지 유가의 지속적인 상승에 따른 석유·가스 관련 세입 증대분의 일정 부분을 경제위기에 대비해 적립해 온 결과 2008년 4월 적립기금이 1,304.8억 달러에 달했으나, 경제위기 극복을 위한 재정적자 충당으로 2011년 8월 초에는 265.5억 달러로 감소된 상태이다. 그리고 석유·가스 관련 세입으로 연금 인상을 위해 적립한 국민복지기금은 2009년 초 879.7억 달러에서 2011년 8월 초 현재 927억 달러로 증가했으나, 국민들에 대한 연금인상 약속을 감안할 경우 재정적자 충당에는 사용하기 어렵다.

2009년 이후 재정적자가 누적되고 있으며, 경기부양용으로 준비된 적립기금도 고갈위험에 직면하고 있어 세계경제 침체 또는 위기 재진입 시 유가 등 원자재 가격 하락 및 원자재 수요 감소로 나타나는 재정수입 감소와 이에 따르는 재정위기 대응능력이 극히 제한될 전망이다.

5. 끝맺는 말

옐친의 체제전환 과정은 국가경제의 구조적 모순에 관련된 구체적인 인식이 결여된 상태에서 추진되었다. 시장경제로의 이행이 당면한 경제문제를 해결할 것이라는 환상 속에서 체제전환 작업이 강행되었다. 국가경제를 뒷받침할 수 있는 건실한 산업을 갖지 못한 상태에서, 그리고 국민들을 대상으로 하는 시장경제에 대한 교육과 구체적인 발전 전략을 제시하지 못한 상태에서 위로부터 강행된 체제개혁 정책이었다. 따라서 시장경제로의 체제전환 과정에서 엄청난 체제전환비용(System Transformation Cost)을 지불했다. GDP가 끊임없이 추락했고, 높은 인플레이션과 실업이 만연했다. 정치, 사회, 문화 등 모든 부문에서 총체적 위기를 경험했다. 1996년부터 찾은 안정이 국가경제를 호전시키지 못했다. 따라서 1998년 8월 모라토리움(Moratorium)을 선언하게 되었고, 사실상의 국가 파산 상태에 직면했다.

1999년 8월에 총리가 된 푸틴이 국정을 관리하기 시작했다. 그리고 2000년부터 대통령 신분으로 러시아 경제를 총괄 지휘하기 시작했다. 푸틴은 경제 위기 극복과 강력한 국가 건설을 비교적 성공적으로 수행해 왔다. 러시아 의회에서 강력한 지도력을 행사해 왔으며, 중앙정부의 지방정부에 대한 통제력이 크게 강화되었고, 불안정한 사회가 안정화되었다. 그리고 정국안정 속에서 경제는 성장세를 유지해 왔다. 에너지를 무기로 서구를 압박하게 되었고, 국제무대에서 자신의 목소리를 키워갈 수 있게 되었다. 러시아는 2006년 7월 15-17일 G-8(선진 8개국)의 순회 의장국을 맡아 G8정상회의를 주관하면서 국제사회에 영향력을 유감없이 발휘했다.66) 러시아는 G-8의 명실상부한 회원국이 되었다. 러시아의 부상에는 자신의 에너지 자원이 중요한 역할을 담당했다. 에너지 자원을 무기

---

66) 옐친 전 대통령이 1997년 6월 미국 덴버에서 열린 G7 정상회의에 참석하면서 G8이라는 명칭이 처음 사용됐을 때만 해도 러시아는 냉전 강국으로서 정치적 위상만 남아있을 뿐이었다. 이후 1998년 러시아는 대외채무 지불유예라는 모라토리움을 선언하면서 G8회원국이라는 이름이 무색할 만큼 정치/경제적 퇴보를 거듭했다.

삼아 CIS 국가 및 서유럽에 보다 강력한 영향력을 행사할 수 있었다.

러시아는 2008년 국제금융위기로 석유·가스 등 원자재 수출가격이 폭락하고, 원자재 수요도 크게 감소함에 따라 브릭스(BRICs) 국가 중 가장 큰 타격을 받았다. 국제금융위기와 함께 러시아 경제가 위기에 봉착하게 된 주된 요인의 하나는 러시아 경제가 국제원자재 가격 변동에 취약한 경제구조를 지니고 있었기 때문이었다. 러시아는 경제위기에 대비해 그동안 적립해 온 안정화 기금을 활용하는 등 적절한 거시경제정책을 통해서 IMF 등 외부 지원 없이 경제위기를 극복할 수 있었다.

2009년 상반기부터 메드베제프 대통령 주도로 경제현대화를 중점정책으로 추진하기 시작했다. 메드베제프는 원자재 의존형 경제구조 탈피를 위해 첨단기술 산업에 기초한 혁신형 선진경제로의 전환을 주창하면서 5대 핵심 산업(에너지 효율화, 원자력, 우주, 의료, IT)을 중점 육성할 것을 강조했다. 이와 함께, 첨단기술 연구개발을 통한 경제 현대화에 적극적으로 나서고 있다. 메드베제프는 러시아 산업구조 개혁과 함께, 국영기업 민영화, 외국인 투자환경 개선 등을 적극적으로 추진하고 있다. WTO회원국에 걸 맞는 경제 환경을 조성하기 위해 노력하고 있으나,[67] 에너지 경제에 대한 의존도는 당분간 더 유지될 것이다.

러시아 경제를 지탱하는 우랄산 원유의 국제가격은 장기적으로 90달

---

[67] 러시아의 부상은 2011년 말에 WTO 가입을 가능하도록 했다. 2011년 11월 10일 제네바 WTO 본부에서 열린 최종 실무그룹 회의에서 러시아의 WTO 가입 서류가 예비 승인되었다. 그리고 2011년 12월 16일 제네바에서 열린 제8차 WTO 각료회의에서 153개 회원국 대표들이 천연자원과 에너지 대국인 러시아의 WTO 가입을 승인했다. 따라서 러시아 의회는 2012년 6월 15일 이전까지 WTO 가입을 비준해야 하며, 비준이 있은 후 30일 후에 정식 회원국이 된다. 그 이후 러시아는 관세 인하와 서비스 부문 개방 등을 위한 이행기를 거치면서 국제무역질서의 안정화에 적극적으로 참여하게 된다.

러 이상의 수준을 안정적으로 유지할 것으로 전망된다. 이에 따라 러시아 경제는 장기적으로 연평균 4~5% 수준의 경제성장률을 시현할 것으로 보인다. 러시아 경제의 안정화 및 성장은 외교력을 뒷받침하는 훌륭한 자원으로 활용된다. 러시아는 유럽과 아시아에서 동시에 배척당해 왔던 옐친의 그것과는 달리, 유럽과 아시아에서 동시에 대접받는 위치에 서게 되었다. 이러한 배경에는 러시아 경제의 안정과 성장이 자리했다. 푸틴에 이어 메드베제프의 러시아는 국제정치 및 경제의 중심지로 부상하고 있는 아태지역에 보다 강력한 영향력 행사를 준비하기 시작했다. 한반도 문제에 주도적으로 참여함은 물론, 한·중·일에 자신의 의지를 강력하게 주장하기 시작했다.

<참고 문헌>

김유남, "사회주의 국가의 체제 전환에 관한 연구 - 러시아의 '시장민주주의'의 이양에 관한 사례 -", 『世界地域硏究論叢』 第13輯 (1999).
이영형, 『독립국가연합(CIS)의 이해』 (서울: 엠에드, 1999).
이종문, 『현대러시아경제』 (서울: 명경사, 2007).
이종문, "러시아 경제의 에너지자원 의존과 네덜란드병 징후 분석," 『슬라브학보』 제25권 4호(2010).
이창재, "러시아의 개혁정책," 『러시아 정치의 이해』 (서울: 나남출판, 1995).
장덕준, "1990년대 러시아 사유화의 전개 : 개혁의 성과 또는 '크로니 자본주의'의 원천 ?," 한국슬라브 학회 발표(2000년 6월 17일) 논문.
최우익, "현대 러시아의 사회계층 변화", 한국슬라브학회 특별학술대회 발표(2000년 4월 29일) 논문.
한종만, "옐친10년의 평가: 체제이행과 경제개혁을 중심으로," 한국슬라브학회 특별학술대회 발표(2000년 4월 29일) 논문.
한종만, "푸틴 시대 러시아와 한국의 경제협력 현황과 평가," 『사회과학연구』 제30집(2008).
한종만, "한·러 수교 20주년 회고와 전망: 경제 분야," 『슬라브학보』 제25권 4호(2010).
V.Mikheev, "Keynotes of Economic Policy of the New Russian Government and Perspectives of Economic Development of

Russian," 정여천 편, 『한·러 경제교류 10년의 평가와 러시아 경제의 미래』 (서울: 대외경제정책연구원, 2000).

대외경제정책연구원, 『세계경제』 1998년 12월호.

대외경제정책 연구원, 『세계경제』 1999년 2월호.

『e-Kiet 산업경제정보』 제399호(2008.05.06.)

『국민일보』, 1998년 8월 18일.

『중앙일보』, 1998년 8월 18일.

『한국일보』, 1998년 8월 21일.

『조선일보』, 2000년 1월 31일.

A.Aslund, "The Gradual Nature of Economic in Russia," in Aslund and R. Layard(eds.), *Changing the Economic System in Russia* (New York: St.Martin Press, 1993).

A.Aslund, *How Russia Became a Market Economy?* (Washington, D.C.: Brookings Institution, 1995).

Joseph R. Blasi, Maya Kroumova, Douglas Kruse, *Kremlin Capitalism: The Privatization of the Russian Economy* (Ithaca: Cornell University Press, 1997).

Maxim Boycko, Andrei Schleifer, Robert Vishny, *Privatizing Russia* (Cambridge, MA: MIT Press, 1995).

Peter Rutland, "Privatization in Russia: One Step Forward: Two Steps Back?," *Europe-Asia Studies*, vol. 46, no. 7(1994).

Richard Sakwa, *Russian Politics and Society* (London : Routledge, 1996).

Б.Н.Ельцин, *Записки президента* (Москва: Огонек, 1994).

О.М.Попцов, *Хроника времен "Царя Бориса"* (Москва: Совершенно секретно, 1995).

В.Г.Сорокин, "О внешних аспектах экономической безопасности России," *Дипломатический вестник*, no 11-12 (Июнь), 1993 г.

Российский статистический ежегодник. Статистический сборник (Москва: Логос, 1996).

Russian Economic Trends, Vol. 3, no. 1(1994).

Экономика и жизнь, no 17 (апрель 1992 г.).

Российская газета, 28.01.2009.

Российская газета, 16.12.2011.

RIA Novosti, 2007/2/13.

RIA Novosti, 2007/4/1.

RIA Novosti, 2007/6/1.

RIA Novosti, 2007/7/28.

RIA Novosti, 2008/1/11.

RIA Novosti, 2008/1/30.

RIA Novosti, 2008/2/8.

RIA Novosti, 2008/3/1.

RIA Novosti, 2008/4/1.

RIA Novosti, 2008/5/9.

RIA Novosti, 2008/11/21.

http://rus-moscow.mofat.go.kr/(검색일: 2011년 2월 13일; 2012년 2월 18일).

http://mon.gov.ru/dok/ukaz/obr/6306/(검색일: 2012년 2월 15일)